U0905138

普通高校“十二五”规划教材
国际经济与贸易系列

国际经济合作

江　沿　孙雅玲　黄锦明　编著

清华大学出版社
北　京

内容简介

本教材系统性与逻辑性相结合，系统地介绍了国际经济合作的基本知识，理论框架明晰，逻辑脉络突出，便于读者掌握课程内容；新颖性与前瞻性相结合，引用最新的研究成果和最新的数据资源，反映国际经济合作领域中最新的发展动向，在内容安排和分析角度上尽可能具有前瞻性；理论性与实践性相结合，吸收国内外同类教材的精华，特别注重国际经济合作理论和中国对外经济合作实践的紧密联系，针对性更强。

本教材中特别设计了"典型案例"、"研讨案例"（供学生专题研讨），"延伸阅读"等栏目，力求实现传授知识、掌握技能与开拓视野、提升能力并重的专业培养目标。

本教材适合应用型本科院校国际经济与贸易专业学生使用。

图书在版编目(CIP)数据

国际经济合作/江沿，孙雅玲，黄锦明编著. —北京：清华大学出版社，2012.10(2020.8重印)
（普通高校"十二五"规划教材·国际经济与贸易系列）
ISBN 978-7-302-30252-0

Ⅰ.①国… Ⅱ.①江… ②孙… ③黄… Ⅲ.①国际合作－经济合作 Ⅳ.①F114.4

中国版本图书馆CIP数据核字(2012)第230200号

责任编辑：刘志彬
封面设计：汉风唐韵
责任校对：王荣静
责任印制：宋　林

出版发行：清华大学出版社
网　　址：http://www.tup.com.cn，http://www.wqbook.com
地　　址：北京清华大学学研大厦A座　　邮　　编：100084
社 总 机：010-62770175　　邮　　购：010-62786544
投稿与读者服务：010-62776969，c-service@tup.tsinghua.edu.cn
质 量 反 馈：010-62772015，zhiliang@tup.tsinghua.edu.cn
课 件 下 载：http://www.tup.com.cn,010-62770175-4506
印 装 者：涿州市京南印刷厂
经　　销：全国新华书店
开　　本：185mm×230mm　　印　　张：27.5　　字　　数：559千字
版　　次：2012年10月第1版　　印　　次：2020年8月第6次印刷
定　　价：65.00元

产品编号：045918-02

前言

改革开放以来，我国对外经济合作的发展取得了举世瞩目的成就，在我国经济发展中的战略地位不可动摇。但是，随着国际金融危机深层次影响的不断显露以及欧洲债务危机的延续，今后我国对外经济合作的发展环境将更加复杂。一方面，世界经济结构加速转型，国际经济秩序加速变革，我国经济社会发展呈现的新变化和国内基础条件的进一步成熟，都将为我国经济合作事业提供新的契机，创造新的发展空间；另一方面，全球经济进入减速调整期，国内要素成本进入集中上升期，再加上这些年我国对外经济合作发展自身存在的问题，如粗放型的对外经济合作增长方式、自主研发和自主创新能力不足、外资利用效率低下等，使我国对外经济合作面临诸多前所未有的挑战。因此，面对国内外形势的新发展、新变化，对于日趋多样化的国际经济合作与交往方式，迫切需要进行系统地研究和总结。本书着重围绕生产要素在国际间移动和重新组合配置的问题，通过对国际经济合作相关理论和合作方式的诠释，结合当前国际经济合作方式的具体实践，分析我国和几个经济大国在该领域的发展状况，使读者有一个比较系统、全面的理解和认识，希望能够达到学以致用的目的。

本书适合应用型本科院校国际经济与贸易专业学生使用。2011 年教育部发布了《关于“十二五”普通高等教育本科教材建设的若干意见》，要求高等教育本科教材建设要以服务人才培养为目标，反映人才培养模式和教学改革的最新趋势，使教材为提高高等院校本科教学质量和人才培养质量发挥更大作用。根据这一基本精神，在本书中，我们特别设计了“典型案例”、“研讨案例”(供学生专题研讨)、“延伸阅读”等栏目，力求实现传授知识、掌握技能与开拓视野、提升能力并重的专业培养目标。

本书在编写中体现了以下特点：

1. 系统性与逻辑性相结合。本书系统地介绍了国际经济合作的基本知识，理论框架明晰，逻辑脉络突出，便于读者掌握课程内容。

2. 新颖性与前瞻性相结合。本书引用最新的研究成果，使用最新的数据资料，反映国际经济合作领域中最新的发展动向，在内容安排和分析角度上尽可能具有前瞻性。

3. 理论性与实践性相结合。本书吸收国内外同类教材的精华，特别注重国际经济合作理论和中国对外经济合作实践的紧密联系，针对性更强。

本书由浙江万里学院江沿、孙雅玲、黄锦明共同编写，具体分工如下：第 1 章至第 5 章由江沿编写，第 6 章至第 9 章由黄锦明编写，第 10 章至第 13 章由孙雅玲编写。全书由江沿统稿。

在编写过程中，本书吸收了许多同行的宝贵意见，并参考了大量文献资料，在此向他们一并表示深深的谢意！

由于时间关系和编者水平有限，书中难免存在不足和欠妥之处，恳请各位专家和广大读者批评指正。

编　者

2012 年 6 月于浙江万里学院

目录

第 1 章 导论

学习目标：

通过本章的学习，学生应该能够：

1. 重点掌握国际经济合作的概念、类型与方式；
2. 掌握生产要素国际流动与国际经济合作的联系；
3. 了解国际经济合作的产生与发展。

第二次世界大战以后，从整个世界范围看，在第三次科技革命浪潮的推动下，生产力水平日益提高，国际分工进一步深化，一种全新的国际经济交往方式——国际经济合作应运而生并在国际经济生活中发挥着越来越重要的作用，逐渐成为国家之间以及国家与国际组织之间经济交往的重要内容和主要方式之一，极大地促进了参与合作国家国民经济的增长和世界经济的发展。

第一节　国际经济合作概述

一、国际经济合作的概念

国际经济合作(international economic cooperation)是指世界上不同国家(地区)政府、国际经济组织和超越国家界限的自然人与法人为了共同的利益，在生产领域和流通领域中以生产要素的国际移动和重新组合配置为主要内容进行的较长期的经济协作活动。国家(地区)之间的经济政策协调也是国际经济合作的重要内容。

二、国际经济合作的内涵

根据以上国际经济合作的定义可以看出，国际经济合作应该涵盖以下 5 个方面的内容：

（一）国际经济合作的主体

在当代国际经济合作中，参与的主体十分广泛，既包括主权国家、国际经济组织、主权国家的企业和国际企业法人，也包括主权国家的非法人机构、学术团体和个人等。国际经济合作主体之间的合作超越了国界，因此不同于一国国内各地区之间法人及自然人之间的经济合作，其特点是必须拥有经济上的自主权。只有这样，才能根据各自的条件和需要，为实现其经济利益开展各种形式的国际经济合作。

（二）国际经济合作的内容

国际经济合作从内容上看，不但包括经济活动，而且包括经济政策协调。首先，国际经济合作的主要内容是不同国家（地区）生产要素的优化配置。由于各国的自然条件不同，经济发展水平不平衡，生产要素禀赋存在差异。通过国际经济合作，各国可以输入自己经济发展所必需而又稀缺的各种生产要素，输出自己具有优势的或者剩余的生产要素，从而达到生产要素的优化组合，使各国的生产要素充分发挥作用，推动各国生产力的发展。其次，国际经济合作还包括国际经济政策协调。国际经济合作是国际社会为稳定区域经济和世界经济而进行的经济政策协调活动，不同国家（地区）和国际经济组织应该通过协商、谈判以及建立经济一体化组织和行业组织等形式对国际经济关系进行联合调解，解决国际经济合作过程中出现的各种利益矛盾和纠纷。

（三）国际经济合作的原则

国际经济合作的原则是平等互利。当代国际经济合作是随着殖民体系的全面崩溃而逐渐发展起来的全新的经济范畴，因此它不同于历史上宗主国对殖民地、附属国的掠夺、侵略与剥削，也有别于在不平等条约之下形成的国与国之间的经济关系。在国际经济合作过程中，不论国家大小强弱，企业规模如何，其地位都应当是平等的，合作各方都有权享受合作带来的利益，即各合作主体在经济交往中，根据需要与可能性，有来有往，互惠互利。

（四）国际经济合作的范围

国际经济合作的范围涵盖生产领域和流通领域。国际经济合作的范围过去只局限于流通领域，随着科学技术和生产力的发展，国家间的经济联系不断加强，国际分工从过去的产业间和产品间分工发展到产业内和产品内分工，现代化的大生产要求在全球范围内实现生产资源和要素的最优配置，以取得最佳的经济效益。因此国际经济合作的领域越来越广泛，既包括流通领域的合作，同时也进一步拓展到生产领域的合作，有时二者交织在一起，兼而有之。例如，在国际三边合作项目中，甲乙双方将共同合资生产的产品在第三国销售,就是融生产、流通领域于一体的国际经济合作模式。

(五) 国际经济合作的周期

国际经济合作要求合作各方建立一种较长期而稳定的经济协作关系,共同开展某些经济活动,因此它不同于传统的国际贸易。传统的国际贸易一般是就某些商品的交易进行磋商,达成协议并签订合同,待买卖双方货款两讫后,合同即告终止,从而完成交易,每笔交易持续的期限一般不长。国际经济合作则要求合作各方建立一种较稳定的协作关系,共同开展某些经济活动,因此合作的周期较长,有些大型项目的合作周期可达数十年。由于合作的时间长,所以一般来讲其风险也较大。

第二节 国际经济合作的类型与方式

一、国际经济合作的类型

国际经济合作的内容十分丰富,既有关于资本、技术、劳动力、管理和信息等生产要素的移动、组合与配置等合作内容,也有政府之间、国际经济组织与政府之间、地区之间的经济协调等内容。从不同的角度着眼,可以把国际经济合作划分为不同的类型。

(一) 按国际经济合作的范围划分

按照国际经济合作的范围,可以将国际经济合作划分为广义国际经济合作和狭义国际经济合作。广义国际经济合作是指一切超越国家界限的各种形式的经济往来活动,不仅包括生产领域里的经济协作活动,而且包括国际商品贸易和国际金融服务等内容。狭义国际经济合作则仅指以生产要素国际移动为本质内容的、主权国家间及国家与国际经济组织间的经济协作活动。关于广义国际经济合作和狭义国际经济合作在国内外学术界一直存在着不同的看法。

(二) 按参加国际经济合作的主体划分

按照参加国际经济合作的主体,可以将国际经济合作划分为宏观国际经济合作和微观国际经济合作。宏观国际经济合作是指不同国家政府之间以及不同国家政府同国际经济组织之间通过一定方式开展的经济合作活动。具体内容包括签订双边或多边条约,调整和确定本国的涉外经济法律、法规及措施,对有关的国际经济合作活动提供法律保护,通过经济外交形式协调本国与其他国家间的经济合作关系等。微观国际经济合作是指不同国籍的自然人和法人之间通过一定方式开展的经济活动,其中主要是指不同国家的企业或公司间的经济合作活动。如兴办独资或合资企业、对外工程承包、技术转让等。宏观国际经济合作对微观国际经济合作的主体、范围、规模和性质有较大影响，但宏观国际经济合作服务于微观国际经济合作，多数形式的宏观国际经济合作最终落实到微观国际经济合作上来，微观国际经济合作是宏观国际经济合作的基础。

（三）按宏观经济合作参加方的数量划分

按照宏观经济合作参加方的数量，可以将国际经济合作划分为双边国际经济合作和多边国际经济合作。双边国际经济合作是指两国政府之间进行的经济合作活动。多边国际经济合作是指两个以上的国家政府之间以及一国政府与国际经济组织之间所进行的经济合作活动。一国政府与国际经济组织之间、国家集团之间、区域经济组织内部的经济合作等均属于多边国际经济合作，如欧盟、北美自由贸易区、亚太经合组织等区域经济组织内部间的合作。近年来，又出现了洲际间经济合作日益加强的趋势，如欧亚会议、亚非会议、欧非会议、博鳌亚洲论坛、中国——东盟自贸区等。

（四）按参加方的经济发展水平及合作涉及的领域和内容划分

按照参加方的经济发展水平及合作涉及的领域和内容，可以将国际经济合作划分为水平型国际经济合作和垂直型国际经济合作。水平型国际经济合作是指经济发展水平接近的国家、技术和生产水平接近的厂商或者商品生产处于同一产品阶段的企业之间开展的经济合作活动。垂直型国际经济合作是指经济发展水平差距较大的国家、技术和生产水平差异较大的厂商或者商品生产处于不同阶段的企业之间开展的经济合作活动。垂直型国际经济合作和水平型国际经济合作一般都包括宏观国际经济合作与微观国际经济合作。

二、国际经济合作的方式

根据对国际经济合作概念的界定和当代生产要素在国际间移动的种类、特点及国际经济合作的业务性质，可以将当代国际经济合作的方式归纳为以下8种：

（一）国际直接投资合作

国际直接投资合作是指一个国家引进其他国家的直接投资和在其他国家进行的直接投资。其具体方式有合资经营、合作经营、独资经营、BOT等。

（二）国际间接投资合作

国际间接投资合作是指国际信贷投资和国际证券投资两种方式，具体包括外国政府贷款、国际金融组织贷款、国际商业银行贷款、出口信贷、混合贷款、吸收外国存款、国际租赁信贷、发行国际债券和股票等。

（三）国际技术合作

国际技术合作包括国家和地区间的有偿技术转让和无偿技术转让两种方式。有偿技术转让即国际技术贸易，采取专利、专有技术或商标使用权交换等多种许可贸易方式进行。无偿技术转让一般以科技交流和技术援助的形式出现，其具体方式有交换科技情报、召开科技专题讨论会、专家互换与专家技术传授、建立联合科研机构和提供某些方面的技术援助等。

（四）国际服务合作

国际服务合作是指提供服务的企业和其他机构与国外企业或承包人根据服务合同的规定所进行的合作。国际服务合作包括境内服务和境外服务两种具体形式。境内服务是指一国的企业和其他机构与本国以外的企业或承包人在本国境内所进行的合作，境内服务合作形式包括加工贸易、科研生产与文化艺术合作、国际旅游、咨询服务等。境外服务是指一国的企业和其他机构与本国以外的企业或承包人在境外所进行的合作，境外服务合作形式包括对外承包工程、派遣技术、劳务人员参加外国企业和承办人承办的项目服务等。服务外包是国际服务合作的主要内容之一，它是指作为生产经营者的业主将服务流程以商业形式发包给本企业以外的服务提供者的经济活动，目前主要包括商业流程外包（BPO）、信息技术外包（ITO）和知识流程外包（KPO）。服务外包广泛应用于 IT 服务、人力资源管理、金融、会计、客户服务等众多领域。

（五）国际土地合作

土地要素是一种特殊的生产要素，包括土地及附于其上的生态环境和蕴藏于其中的自然资源。土地要素参与国际经济合作是以自由贸易区、出口加工区、科学园区、经济开发区等经济特区的形式出现的，同时包括对外土地出售和出租、土地有偿定期转让、土地入股、土地合作开发等。

（六）国际经济信息与经济管理合作

国际经济信息合作是指不同国家之间经济信息的交流与交换。国际经济管理合作的具体方式有对外签订管理合同、聘请国外管理集团和管理专家、开展国际管理咨询、联合管理合营企业、交流管理资料与经验、举办国际性管理讲习班等。

（七）国际发展援助

国际发展援助是指发达国家或高收入的发展中国家及其所属机构、有关国际组织、社会团体以提高资金、物资、设备、技术或资料等方式，帮助发展中国家发展经济和提高社会福利的具体活动。国际发展援助主要渠道是多边援助和双边援助,具体方式主要有财政援助、技术援助、项目援助和方案援助等。

(八)国际经济政策的协调与合作

国际经济政策的协调与合作包括两类情况。一类是以联合国系统、区域性经济组织等为主对各国经济进行的协调活动,这种协调活动主要通过政府首脑会议及国家领导人之间的互访、签订双边或多边协定等方式进行;另一类是以区域经济一体化的方式进行,如建立自由贸易区、关税同盟、共同市场及经济同盟等,以使各成员方的经济贸易投资政策趋同。

第三节 生产要素的国际流动与国际经济合作

当今世界几乎没有哪一个国家能够游离于国际分工和国际生产领域之外生存和发展,生产要素在国际间的直接流动是国际经济合作活动的实质内容,对各国资源的合理配置以及产业结构调整有着极大的促进作用。

一、生产要素的概念和种类

(一)生产要素的概念

生产要素(factor)又称生产因素,是指进行社会生产经营活动时所需要的各种社会资源,是使具体的生产过程得以正常进行所必需的基本因素及其环境条件。最早提出生产要素这一概念的是法国经济学家让·巴蒂斯特·萨伊(J. B. Say,1766—1832)。

(二)生产要素的种类

对生产要素种类的界定,在国际经济学界至今仍存在着不同的看法。西方经济学对生产要素种类的认识经历了二要素论、三要素论、四要素论到六要素论的发展过程。

1. 二要素论

古典经济学大多没有清晰的生产要素概念。1662 年,被马克思誉为“英国政治经济学之父”的威廉·配第(William Petty,1623—1687)在其代表作《赋税论》一书中最早提出了劳动价值论,指出劳动是商品价值的基础,但他同时又指出:“所有物品都是由两种自然单位即土地和劳动来评定价值,换句话说,我们应该说一艘船或一件上衣值若干面积的土地和若干数量的劳动。理由是，船和上衣都是土地和投在土地上的人类劳动所创造的。”[①]“土地是财富之母，劳动则为财富之父和能动要素”。[②] 其后，法国经济学家理查德·坎蒂隆(Richard Cantillon，1680—1734)又指出，“土地是所有财富由以产生的源泉或质料，人的劳动是它的形式”。[③] 据此可以推断，配第和坎蒂隆虽然没有明确提出生产要素的概念，但两人都认为生产要素包括土地和劳动，这就是所谓的生产要素二元论。

2. 三要素论

“三要素论”的提出者是萨伊。他认为，商品的效用，从而商品的价值是由劳动、资本和土地这三个生产要素共同创造的，是由三要素在创造效用中各自提供的“生产性服务”所决定的。萨伊指出：“事实已经证明，所生产出来的价值，都是归因于劳动、资本和自然力这三者的作用和协力，其中以能耕种的土地为最重要因素，但不是唯一因素。除这些外，没有其他因素能生产价值或扩大人类的财富”[④]；萨伊以“三要素论”为基础，提出了“三位一体”的分配公式，即劳动的所有者得到工资，资本的所有者得到利息，土地的所有者得到地租。

3. 四要素论

新古典经济学有了清晰的生产要素概念，对生产要素的分类也更为准确。在萨伊“三要素论”的基础上，英国经济学家阿弗里德·马歇尔(Marshall Alfred，1842—1924)几乎用一本书的篇幅专门对生产要素进行研究，他从国民收入分配的角度对萨伊的生产要素观点进行了补充，进而提出了“四要素论”。他认为，除了劳动、资本、土地三要素外，还有一个要素参加了生产过程，这就是企业家才能，而利润是对企业家所提供的管理和组织的报酬。他认为，企业家在生产中具有两个功能：一是作为生产的组织者，他必须具有预测和判断生产和消费的趋向、甘冒经营风险、掌握有关行业生产技术的能力；二是作为领导者，他必须具有知人善用、建立被领导者对他的信任和启发他们创造的能力，全面掌握企业的次序合作和其他一切的能力。[⑤] 由此可见，马歇尔作为新古典经济学的集大成者，进一步发展了生产要素理论，丰富了生产要素理论的内容。“四要素论”是马歇尔的一个独创。

4. 六要素论

第二次世界大战以后，科学技术在推动经济发展中发挥着越来越重要的作用，西方学者顺应国际经济的发展变化，赋予了生产要素以新的内涵，扩展了生产要素的范围。他们认为，技术进步是除资本和劳动力之外的现代经济增长的第三个源泉。与此同时，随着知识经济的兴起和信息高速公路的普及，信息在生产中的地位也日益重要，“六要素论”逐渐

---

① 威廉·配第. 配第经济著作选集. 北京：商务印书馆，1981：42.

② 威廉·配第. 配第经济著作选集. 北京：商务印书馆，1981：66.

③ 理查德·坎蒂隆. 商业性质概论. 北京：商务印书馆，1986：3.

④ 萨伊. 政治经济学概论. 北京：商务印书馆，1982：328.

⑤ 马歇尔. 经济学原理. 北京：华夏出版社，2005：121.

形成。“六要素论”认为，生产要素通常包括资本、劳动力、技术、土地、经济信息和经济管理等六种。其中，资本要素包括资本货物（机器设备、厂房建筑物和原材料等）和金融资产（股票、债券和借款等）；劳动力要素包括体力劳动者和脑力劳动者；技术要素既包括文字、表格、数据、配方等有形形态，也包括实际生产经验、个人的专门技能等无形形态；土地要素既包括其本身，也包括地下的矿藏和地上的自然资源；经济信息要素是指与产品生产、销售和消费直接相关的消息、情报、数据和知识等，经济信息要素在所有生产要素中最具流动性；经济管理要素又称生产组织要素或企业家才能要素，是指人们为了生产和生活需要而采取的对经济活动过程的一定自觉的控制，具体表现为决策能力和协调能力，这也正是马歇尔所表述的企业家的两种能力。

二、生产要素国际流动及其原因

（一）生产要素国际流动的概念和形式

1. 生产要素国际流动的概念

生产要素国际流动(international transfer of production factors)是指劳动力、资本、技术、企业家才能等生产要素跨越国界的流动。

2. 生产要素国际流动的形式

生产要素国际流动的形式有两种：一种是单一生产要素的流动，即劳动力、资本或技术等要素分别独立地从一国转移到另一国，再与流入国当地的生产要素配合成一定的生产能力；另一种是综合要素流动，即一国的劳动力、资本、技术、企业家才能等按一定技术系数配合成一定的生产能力，作为一个整体转移到另一国。比如国际直接投资就是把资金、企业家才能、技术等组合在一起从一国转移到另一国。

（二）生产要素国际流动的原因

第二次世界大战以来，在国际贸易发展的同时，以生产要素国际直接流动为主要内容的国际经济合作逐步成为国家间经济交往的又一种主要方式。然而如何从理论的角度揭示生产要素国际直接流动的原因，仍是一个摆在我们面前的重大课题。生产要素国际流动的原因主要有以下几个方面：

1. 各国（地区）间生产要素禀赋存在差异

生产要素禀赋是一国（地区）经济发展的重要因素，甚至是最关键的因素，它决定一国（地区）的经济优势。各国（地区）的生产要素禀赋是存在着差异的，具体表现为在资本、劳动力、技术、土地、信息和管理等生产要素方面的差异。

(1) 资本要素差异

世界各国（地区）由于历史形成的原因以及经济与科技发展水平的不同，其资本要素也会存在差异，有的国家资本较丰裕，有的国家资本较稀缺。与发展中国家相比，发达资本主义国家具有资本优势，因此发达国家与发展中国家在发展经济所需的资本要素方面具有显著的差别。不仅如此，即使在发展中国家之间和发达国家之间的资本要素也存在一些差异。正是由于这些差异，才会产生资本的跨国流动。资本丰裕的国家要为国内的剩余资本谋求出路，通过输出资本以实现资本的增值；资本稀缺的国家为发展本国经济，从资本丰裕的国家引进资本。可以看出，资本要素的国际流动一般表现为从资本丰裕国家向资本稀缺国家的单向流动。

(2) 劳动力要素差异

各国(地区)间的劳动力要素具有差异也是一个现实存在。劳动力要素差异既包括劳动者数量上的差异，也包括劳动者能力上的差异。从数量上看，发展中国家的劳动力比较丰裕，在劳动密集型产品的生产上具有优势。因此，第二次世界大战后劳动密集型产品的生产主要集中在发展中国家。但从劳动者的能力上看，除天然资质和从业时间等因素外，主要取决于其受教育的程度。一般而言，接受教育多的劳动者比接受教育少的劳动者能生产出更多更好的产品。由于发达国家在教育方面较发展中国家更先进，因此在劳动者的整体能力方面具有优势。

劳动力要素的国际流动表现为不同国家(地区)间的双向流动。一方面，由于一些发达国家的人口增长速度缓慢，甚至出现零增长或负增长，其劳动成本较高，在不同程度上存在着对普通劳动力的需求，因此会利用发展中国家的移民或劳务引进来解决劳动力短缺的问题；而发展中国家大多人口增长过快，劳动力市场供大于求，失业问题比较突出，通过劳务输出可以缓解这一问题。另一方面，发展中国家普遍存在熟练工人、专门人才特别是科技人员严重不足的现象，需要通过国际经济合作引进这些人才，学习和借鉴发达国家先进的工艺、技术和经营管理经验。

(3) 技术要素差异

人类社会迄今为止经历过三次科学技术革命，每次科学技术革命都推动了各国劳动生产率的提高。但是，科学技术革命对于每个国家来说是不同步的。发达资本主义国家在科学技术上的优势决定其在技术密集型产品生产方面具有比较有利的条件。对于发展中国家来说，可以通过引进发达国家的科技成果，促进本国经济的发展，同时利用技术国际转移的机会，积极培养本国的技术人才，着力消化、吸收已经引进的技术，并在此基础上进行复制和创新，推动本国科学技术的进步。对于发达国家来说，则可以通过引进技术节约时间和资金、弥补特定领域和方面科技人才的不足，加速科学技术的发展。

(4) 土地要素差异

由于各国(地区)在地理位置上的不同，使得它们在土地的肥沃程度、地理地貌、气候条件以及自然资源等方面都存在天然的差异；同时由于社会和历史等人为因素的影响，各国(地区)在国土面积、资源利用、环境保护等方面也存在差异。有些国家(地区)的土地要素丰裕，有些国家(地区)的土地要素稀缺；有些国家(地区)的土地要素质量优良，有些国家(地区)的土地要素质量较差。土地要素丰裕或质量较差的国家(地区)，其价格相对低廉；反之，土地要素稀缺或质量优良的国家(地区)，其价格相对昂贵。正是由于各国(地区)土地要素的差异，导致了土地要素的国际流动。

由于自然状态下的土地要素无法在空间上实现国际间的流动，因此它与其他生产要素相比具有特殊性，其主要表现形式有土地出售、土地出租、土地入股、土地有偿定期出让、土地合作开发以及建立各种类型的经济特区等。比如一个国家可以通过土地有偿定期出让和建立各种形式的经济特区，推动本国对外贸易的发展。设立经济特区一般都不同程度地包含有引进更多的国外资金、技术和管理经验的目的，这一点对发展中国家尤其重要。把土地出售、出让或出租给外国的自然人或法人，还能获得本国比较短缺的外汇收入。

(5) 经济信息要素差异

人类之所以把经济信息作为一种生产要素来需求，主要是因为各种形式(文字、声音、图像等)的经济信息不仅本身可以通过与劳动者、劳动工具、劳动对象等相结合共同创造社会财富，实现经济效益放大的功能，而且它还是一种内含于其他要素中的非独立要素，可以有效改善其他生产要素的质量，从而推动生产力实现跳跃式发展。现代信息技术可以对经济信息进行提炼、加工、贮存使之广泛传播和应用，因此其生产力功能是在经济信息要素和信息技术要素有机结合的条件下实现的。从这个意义上可以说，一国的信息技术水平直接决定了其信息要素的拥有量和使用效率，而先进的信息传输技术主要掌握在西方发达国家手中，美国、欧盟、日本的信息业产值已超过 GDP 的 50%以上，特别是美国一直稳居全球信息产业市场份额的霸主地位，其信息的生产、分配、交换和消费已成为社会经济的主要活动。而发展中国家在信息技术方面显然大大落后于发达国家，它们需要通过广泛的国际信息合作学习发达国家先进的信息技术。

(6) 经济管理要素差异

各国(地区)在经济管理要素方面的丰裕程度也不尽相同。与市场经济密切相关的经济管理既包括对整个国民经济的宏观管理，也包括对企业的微观管理。从总体上看，经济管理需求是随着生产规模的不断扩大和劳动生产率的不断提高而逐渐增强的，因此发达国家和发展中国家在经济管理水平上的差异实际上体现的是他们在生产规模和劳动生产率上的差异。由于经济管理资源的丰缺影响到生产效率和生产成本，经济管理也就直接影响到一国的比较优势地位和对外贸易的各个环节。发展中国家应该通过国际经济合作学习发达国家先进的管理经验。

2. 各国(地区)间经济发展水平存在差异

世界各国(地区)的经济发展水平存在着极大的不平衡，有的国家(地区)经济发展水平高，有的国家(地区)经济发展水平低。然而，不论是发达国家还是发展中国家，都面临着进一步发展本国经济的任务，其中生产要素的国际流动是不同经济发展水平国家（地区）合理配置资源和追求更高要素收益，最终实现其经济发展目标的需要。

（1）生产要素的国际流动是各国（地区）合理配置资源的需要

① 各国（地区）的生产要素不均衡。世界各国（地区）的生产要素资源是不均衡的，而现实生产力有赖于各种生产要素按照一定比例进行合理的配置，单项要素的优势或少数几项要素的随机组合不可能构成一国（地区）生产力的整体优势。对于一国（地区）来说，生产要素的数量总是有限的，各种生产要素的比例也不会完全满足本国或本地区经济发展的需要。一些生产要素存在剩余，而另一些生产要素存在缺口。因此，要达到生产要素的均衡，就必须跨越国界，在世界范围内组织和配置生产要素，发挥生产要素的最大效用。而且，参与生产要素流动和优化重组的每个国家（地区）均能从生产要素流动所产生的组合效应中受益，这种利益关系和对生产要素的不同需求动机，构成了国际间生产要素流动的动力。

② 各国（地区）的经济发展不平衡。发展不平衡是世界经济的基本规律，这种不平衡既表现为经济发展不同国家之间的不平衡，也表现为经济发展相近国家之间的不平衡。首先，从经济发展水平不同国家（地区）之间的关系来看，离不开生产要素的国际流动。比如，就发展中国家而言，它们比较稀缺的是资本、技术、管理等生产要素。而要摆脱经济不发达的现状，提高本国的经济发展水平，就必须进行资本、科技的大量投入，实行科学的管理，引进和利用发达国家（地区）的资本、技术和管理等要素就成为必然的选择；就发达国家而言，它们比较稀缺的往往是劳动力、土地等生产要素，为了降低生产成本，提高本国产品的国际竞争力，就必须引进和利用其他国家的劳动力和土地等要素。其次，从经济发展水平相近国家之间的关系来看，也存在着不平衡的现象。如第二次世界大战后初期，美国一度处于绝对优势地位，欧洲和日本经济遭到战争重创；发展中国家之间的经济发展差距更加明显。正是由于发展不平衡规律的作用，导致生产要素在发展水平相近国家之间的相互流动，互通有无，以改善各国的要素禀赋现状，摆脱要素短缺的困境。

（2）生产要素的国际流动是各国（地区）追求更高要素收益的需要

追求要素收益最大化是资本主义国家生产的终极目的，其他不同社会制度的国家对要素收益的追求也是生产的主要目的之一。如果说发达国家为过剩资本寻求出路、追求高额利润是生产要素国际流动的重要动因，那么发展中国家对资金、技术和管理等要素的渴求则是又一个重要动因。一国（地区）的要素供求状况会对其产业结构和产品结构产生重大影响，进而影响要素的收益水平。首先，从要素需求方面看，由于各国（地区）的生产和技术水平存在差异，导致它们在生产能力和产品结构上不一致，从而对要素在数量、质量和种类上的需求必然会不一致；其次，从要素供给方面看，各国（地区）在要素禀赋和要素创造能力上存在差异，导致其在要素供给的数量、质量和种类上也不一致。以上供求两方面的因素将直接造成要素在各国市场上供求状况的差异，进而造成要素价格上的差异。

比如发展中国家劳动力和土地等要素的价格相对较低，而同样是这些要素，在发达国家的价格则要高得多。各国(地区)在获取更高要素收益动机的驱使下，必然会促使生产要素的跨国流动，即从价格较低的国家流向价格较高的国家。当然，在现实的经济生活中，由于要素配置在数量和质量上的相对固定性所导致的刚性需求，或对要素价格在未来某个时期可能提高的预期以及强大的非经济因素作用等，也不排除某种生产要素由价格相对较高的国家向价格相对较低的国家流动的情形。

3. 各国政府对生产要素国际流动进行干预

各国政府为了实现本国的经济社会发展目标，往往采用行政、法律、经济和国际协调等手段对生产要素的国际流动实施干预，其干预的措施包括鼓励性措施和限制性措施两类。以资本要素为例，多数发达国家在符合本国经济政策的前提下，一般允许并支持对外投资，实行鼓励对外投资的一系列政策，如采取税收抵免、税收饶让、延期纳税、免税等财政支持政策，贷款支持、股本融资、贷款担保等金融支持政策，以及信息与技术支持政策，同时出台《海外投资法》等给予法律方面的支持。而发展中国家大多资本紧缺，存在较大的储蓄和投资缺口，更加之资本流失的困扰，一般会倾向于实施限制性的资本政策。当然，近年来，一些发展中国家的政府也意识到，通过公共和私人渠道广泛地进入国际资本市场，可以弥补储蓄和投资两个缺口，因此采取比较市场化的资本政策，如税收优惠、金融支持等，有些国家还出台了涉及资本输入的法律、法规，如外商投资法、经济特区法和有关土地出售出租方面的法规等。尽管政府干预的动机各不相同，但就经济动机来考察，各国政府的一切干预措施都着眼于鼓励本国充裕要素流出和稀缺要素流入，以缓解本国在生产要素数量、质量和结构方面的不平衡，直接或间接地提高本国要素的收益水平。

4. 其他特殊原因导致生产要素国际流动

由其他特殊原因导致的生产要素国际流动的情况各不相同，主要有：由于地震、海啸、农业歉收等自然灾害的原因，一国的劳动力、资本和技术等要素转移到其他国家；由于宗教迫害的原因，一国的劳动力被迫从一国逃亡到别国；由于政局动荡的原因，资本要素不得不跨国寻求避难；此外，还有国家之间基于政治或军事战略等方面考量的资金、技术援助等。

三、生产要素从国际间接流动到国际直接流动是一个过程

生产要素的国际直接流动不是一蹴而就的，而是从较长时期的国际间接流动发展而来的，即从国际贸易领域逐步拓展到国际经济合作领域的。

(一) 早期的生产要素国际流动是通过国际贸易间接实现的

最初的生产要素国际流动只是表现为初级产品跨国界的交换，即通过国际贸易得以间接实现。早期的西方经济学是建立在一系列假定条件基础上的，例如在考察国际分工

与国际生产时,假定生产要素在一国范围内可以完全自由流动,而在国际间则完全不能流动。这样,生产要素自然禀赋不同的国家,只能依据本国具有优势的生产要素参加国际分工,即集中生产密集使用本国禀赋丰裕的生产要素的商品,然后通过国际贸易方式同其他国家进行交换,各国在交换中都能获利。在国际贸易模式下,各种生产要素的国际流动是通过物化于相互交换的商品中得以实现的,取代生产要素国际流动的是商品的国际流动。

(二) 生产国际化趋势的加强使生产要素的国际直接流动成为可能

随着世界经济的发展,特别是生产国际化趋势的加强,各国之间经济交往的规模和方式不断扩大和多样化,出现了生产要素在国际间日益频繁的直接流动。当然,在国际经济领域更多出现的是生产要素国际间接流动(国际贸易)与生产要素国际直接流动交互作用的情形,二者之间表现为较强的互补性和替代性。其中,互补性表现为一国通过商品出口带动生产该商品所使用的各种生产要素的国际流动;反之,生产该商品所使用的各种生产要素的流动也扩大了国际贸易。替代性则表现为,如果要素的国际流动存在障碍,国际贸易仍然存在替代生产要素国际流动的基础;同时如果一国完全依赖本国要素生产产品的成本较高,就会通过使用别国生产要素的方式达到降低产品成本的目的。当然,从实质上讲,国际贸易与生产要素国际流动的起因是相同的,即都是生产要素禀赋不同所导致的生产要素价格的差异。同时,二者都可能使各国生产要素价格趋向均等化。

(三) 生产要素的国际直接流动与重新组合配置是国际经济合作的实质和主要内容

生产要素的国际直接流动使各国各地区原本相互独立的生产过程逐渐转向国际化和一体化,使国家和地区间经济关系的重心由传统的流通领域进入到生产领域,各个国家和地区在生产领域依据一定的原则进行较长期和稳定的经济合作活动。而国家和地区间借助生产要素的直接流动与重新合理组合配置所进行的生产活动正是国际经济合作的实质和主要内容。

第四节　国际经济合作的产生与发展

国际经济合作是在传统的国际经济联系的基础上产生和发展起来的,是国际经济关系在一定历史条件下所采取的特殊方式。从这个意义上说,国际经济合作是一个历史性的经济范畴,其产生与发展有着深刻的社会和历史原因,因此必须在整个国际经济关系的发展历史中进行考察。

一、国际经济合作的产生和初期阶段

国际经济合作是一个历史范畴。从人类社会发展的历史来看,有分工就有合作。原始社会后期出现了阶级和国家,原始的、不发达的社会分工出现在相邻的国家之间,这些国家之间发生的一些物质交换行为可被看作是国际经济合作的胚胎形态。后来经过三次社会大分工,商品交换的范围不断扩大,远距离贸易、海外贸易开始出现并迅速发展起来,相邻的国家在关卡的通行以及货物的运输等方面有了一定程度的合作,这就是原始的国际经济合作。

早期的国际经济合作是围绕国际贸易出现的。在公元前5世纪,由于地中海贸易的开展,希腊与地中海沿岸各国之间的贸易往来日益频繁,逐渐出现了国与国之间为保证贸易顺利进行而约定互为对方船只提供优惠等属于国际经济协作的行为。到14世纪中叶,以德国北部地区吕贝克城为中心,包括英国的伦敦、挪威的卑尔根、俄国的诺夫哥罗德等在内的近200个商业城市结成了一个旨在维护商业利益的组织——"汉萨同盟"。"汉萨同盟"存续长达300多年,对于沟通广大原料产地和手工业的联系,促使北欧和西北欧形成历史上第一个统一的经济区域进而促进整个欧洲经济的发展都起到了积极的作用。

在奴隶社会和封建社会长达2 000余年的历史中,虽然已经出现了国际经济交往,但是由于那时的商品生产尚不发达,交通工具也很缺乏,各国国内所需的物质资料基本上处于自给自足的状态,因而国际经济合作并不常见,而且处于很低的阶段,一般表现为偶然的、局部的、暂时的合作。

到了商品生产占据统治地位的资本主义社会,国际经济合作才有了较为迅速的发展。在自由资本主义时期,殖民主义国家在争夺殖民地的过程中,为了规避和减少战争可能给航运带来的危险和损失,在国际海运业务中出现了"共同海损"方式的航运合作,即由船方、货方和运输方对船、货因脱离危险和海难等支出的特殊费用按价值比例进行分担,这一原则成为至今在国际贸易海运业务中各方认可和遵守的通用原则。到了垄断资本主义时期,资本主义各国更是签订了一系列的国际公约、协定和规则等,如《约克—安特卫普规则》、《保护工业产权巴黎公约》、《商标注册国际马德里协定》等。这一时期,国际直接投资成为国际经济合作的主要方式。如英国的帝国化学公司、德国的法本康采恩、美国的福特汽车公司等成为最早的一批跨国公司。在这一时期的国际经济关系中还出现了一种新的合作形态,即以苏联为代表的社会主义国家与资本主义国家之间的经济合作关系,即东西合作关系。

二、第二次世界大战后国际经济合作的发展

第二次世界大战以前,国际经济合作尚处于萌芽状态。那时,国际经济联系的最主要

形式是商品贸易，各国生产要素的流动表现为以商品贸易为中间媒介的间接流动，即每个国家分别进行具有相对优势商品的生产并向其他国家出口；同时进口本国处于相对劣势的商品。这种状况在第二次世界大战以后发生了明显变化，各国之间的经济联系不再局限于商品贸易范畴，而是扩展到了更广阔的领域，特别是生产领域，以生产要素国际间流动为主要内容的国际经济合作逐渐成为国际经济关系中最重要的内容。战后国际经济合作的产生和发展有着深刻的社会和历史原因。

（一）战后世界政治、经济格局的变化为国际经济合作创造了良好的条件

第二次世界大战的结束宣告了旧殖民体系的瓦解，世界政治经济格局发生了根本性的变化，出现了多元化的局面。第一，尽管战后几个主要的资本主义国家仍然在世界政治经济领域占据主要地位，但是已经不再能够完全主宰整个世界。第二，战后在亚洲、非洲和拉丁美洲出现了大批新独立的国家，它们已经摆脱了殖民统治，获得了独立与自由，加入了发展中国家的行列，并逐渐成为世界政治经济舞台上的一股不可忽视的力量。第三，战后涌现出许多社会主义国家，这些国家也成为影响世界政治经济生活的新生力量。

从以上 3 点可以看出，战后世界上形成了由发达资本主义国家、社会主义国家、发展中国家三股政治经济力量共同发挥作用的多元国际政治经济新格局，这一格局的形成客观上为世界范围内国家之间广泛开展经济合作活动提供了可能性。一方面，发展中国家为争取经济独立和发展民族经济，需要引进发达国家的资金、技术、管理经验等生产要素；另一方面，发达国家需要通过资本输出和技术输出等方式继续进入发展中国家的市场，并以此带动相关设备、零部件及半成品的出口。总之，不同社会制度和经济发展水平的国家建立在平等互利原则基础上的经济合作，极大地促进了世界各国经济的发展。

（二）第三次科技革命是国际经济合作产生和发展的原动力

第二次世界大战以后，人类在科学技术领域不断取得新突破，出现了对国际经济影响至深的第三次科技革命，并由此产生了以电子计算机为核心的电子技术，以激光和光导纤维为主的通信技术以及生物技术、生物工程、海洋工程、宇宙空间工程、新材料、新能源等一系列新学科、新技术，这次科技革命在规模和深度上都大大超过以往的科技革命。随着科学技术成果在生产中的广泛运用，技术密集型产品大量涌现，技术要素也日益商品化，一种新的独立的生产要素市场——技术市场得以产生并日益成熟起来。在资本、劳动力、土地资源等其他生产要素中，技术要素的作用越来越明显，成为影响一国生产力水平的最重要的因素。

科技革命使发达国家的经济结构发生了巨大变化，随着新兴产业部门的不断涌现和迅速发展，这些国家的传统产业部门比重逐渐下降，一些落后的生产部门在国内遭到淘汰，需要向国外转移。在此背景下，作为生产要素在国际间流动与重新优化配置的微观主

体——跨国公司应运而生。与此同时，越来越多的发展中国家也面临着摆脱经济落后局面和赶超发达国家的紧迫任务，它们抓住世界科技革命的难得机遇，积极开展与发达国家之间在资本、技术、管理等生产要素诸方面的合作。

（三）战后国际分工的新发展是国际经济合作产生和发展的基础

在第三次科技革命的影响下，国际分工不断向广度和深度发展，出现了一些新的特征。第一，国际分工产生的基础发生了变化。“二战”前国际分工产生的基础主要是自然条件，而“二战”后自然条件在国际分工中的作用明显下降，科学技术水平以及由此决定的一国综合竞争力的作用日益提高。第二，国际分工的地域和范围不断扩大。随着国家间经济联系的进一步加强，包括大国与小国、强国与弱国、发达国家与发展中国家、资本主义国家与社会主义国家的几乎所有国家和地区都被纳入到当代国际分工体系中。第三，国际分工由以部门间分工和产品间分工为主转向以部门内分工和产品内分工为主。现代化产业和产品的结构和生产工艺的复杂性，不仅要求国内许多部门和许多企业进行专业化协作，而且要求按照规模经济的目标，在公司内部与外部按产品、规格型号、零部件、生产工艺流程等进行国际分工，各国的直接生产过程成为统一的世界生产过程的组成部分。与此相适应，各类生产要素不断地在国家间进行流动与重新组合配置，出现了各国在生产领域中进行国际经济合作的各种方式。第四，混合型国际分工成为国际分工的主要类型。战前，国际分工主要表现为宗主国与殖民地之间的垂直型分工；战后，虽然垂直型和水平型国际分工依然存在，但居主导地位的是二者结合而成的混合型国际分工。第五，国际分工从商品领域逐渐向服务业扩展，并出现了相互结合与相互渗透的趋势。第六，国际分工的性质发生了改变。战前的国际分工是建立在宗主国与殖民地之间不平等基础上的分工，战后随着世界政治经济格局的变化，广大发展中国家纷纷独立，国际分工的性质随之演变成各国之间建立在平等基础上的分工。

（四）经济生活国际化和国家间的相互依赖是国际经济合作发展的重要因素

战后世界经济的一个显著特点就是经济生活国际化趋势和相互依赖关系的迅速发展和加强，国家间的经济生活国际化成为当代世界经济发展的主要方向。当代经济生活国际化主要表现在生产国际化、资本国际化、市场国际化和经济调节国际化 4 个方面。

1. 生产国际化

生产国际化是经济生活国际化的基础。为适应现代化大工业生产的要求，各国在生产领域的合作大大加强，共同致力于新产品的开发、研制和生产，使生产的社会化发展成为生产的国际化。跨国公司利用不同国家和地区的不同生产条件，与这些国家和地区的企业合作，通过生产要素在全球范围内的流动与组合，联合生产资本密集型和技术密集型的产品并在全世界范围内销售。跨国公司的这种生产与经营活动促使国际间经济交往的重点从流通领域向生产领域转移。

2. 资本国际化

生产国际化程度的提高必然加速资本的国际流动，而资本国际流动性的增强又必然推动生产国际化的发展。战后资本国际化主要表现在以下几点：

(1) 资本在全世界范围内流动和使用，即资本输出或向外扩张的势头不断加强；

(2) 资本来源地多元化，新的国际化投资场所不断涌现出来；

(3) 发达国家相互输出资本；

(4) 部分发展中国家根据自身需要积极开展对外投资。

3. 市场国际化

市场国际化是战后各国对国际市场依赖加深的结果。从发达国家看，商品经济全球化的趋势在加速发展，各国都把越来越多的商品投放到国际市场中去，使得国际贸易的增长速度超过了国民生产总值的增长速度。在国际贸易增长的带动下，国际金融、保险、旅游、运输、技术、劳务等服务贸易交换也得到了更快的发展。

4. 经济调节国际化

经济全球化的发展使各国经济相互依赖的程度不断提高，同时也增加了国家间以及国家与地区间的矛盾与利益冲突。各国和地区为了维护其共同的利益，往往采取联合干预的措施，在世界或区域范围内对贸易、金融、技术转让、劳务合作等经济活动进行有效的调节。

（五）跨国公司的迅猛发展是国际经济合作产生和发展的直接推动者

战后特别是 20 世纪八九十年代以后，跨国公司利用不同国家和地区的各种有利条件进行全球扩张，使其很快成为国际生产一体化的主要载体。1982—1997 年跨国公司海外分支机构的总产值增长了 38 倍，销售额增长了 39 倍。1997 年跨国公司海外分支机构总资产达 126 060 亿美元，总产值达 21 000 亿美元，总销售额达 95 000 亿美元，总出口额接近 20 000 亿美元，后两者分别相当于当年全球出口总额(65 000 亿美元)的 146%和 31%，也就是说，1997 年跨国公司海外分支机构的销售额比全球贸易总额高出 3 万亿美元，出口额约占全球贸易总额的 1/3。

进入 21 世纪以来，跨国公司在数量、规模、经济实力、科研开发能力等方面都得到了空前的发展。据联合国贸易与发展会议最新公布的《2011 年世界投资报告》显示，2010 年跨国公司海外分支机构销售额和产品增值分别达到 33 万亿美元和 7 万亿美元，出口量达 6 万亿美元，约占当年全球出口量的 1/3。在全球范围内，跨国公司的总产值达 16 万亿美元，约占全球经济总产出的 1/4。跨国公司通过生产要素的国际流动与优化配置，与其子公司、分公司以及其他国家企业之间开展各种形式的经济合作，有力地促进了各国之间在生产领域和流通领域的合作，加快了世界经济一体化的进程。

（六）国际经济组织在国际经济合作发展中发挥重要作用

国际经济组织包括全球性经济组织和区域性经济组织。第一，全球性经济组织。战后成立的全球性经济组织主要有国际货币基金组织(IMF)、世界银行、关贸总协定(GATT)以及1995年1月1日正式运行、1996年取代了GATT的世界贸易组织(WTO)等。这些经济组织成为维护世界经济秩序的主体，在战后的国际经济交流与合作中起到了重要作用。第二，区域性经济组织。区域性经济组织是一种有限的或较小型的国际组织，其成员国主要以某一地区为范围，具有局限性。战后成立的区域性经济组织主要有欧洲联盟、北美自由贸易区、亚太经济合作组织、东南亚国家联盟、西方七国首脑会议、石油输出国组织、77国集团、拉丁美洲一体化协会、加勒比共同体等。这些组织在促进南南合作、南北合作特别是在协调国家间的经济发展目标、进行区域经济合作方面发挥了良好的作用。

三、国际经济合作的发展趋势

以国际间生产要素流动为主要内容的国际经济合作自产生以来极大地推动了各国经济的发展和人民福利水平的提高，并在某些方面发挥着国际贸易难以发挥的独特作用，这已成为世界各国的共识。国际经济合作的发展趋势有如下几个方面：

（一）竞争将更加激烈

国际经济合作领域同国际贸易领域一样存在着激烈的竞争，今后这种竞争将呈现加强的趋势。第一，在资本要素市场上呈现买方竞争的趋势。无论是发达国家还是发展中国家，都在为吸引更多资本流入本国而想方设法，如为了吸引更多的外商投资，各国都努力创造良好的国内投资环境，推出具有吸引力的优惠政策等。第二，在劳动力要素市场上呈现卖方竞争的趋势。从总体上看，目前国际劳务市场的供给远远大于需求，因此劳动力输出国之间为争夺劳务市场的竞争，其激烈程度丝毫不亚于为争夺有形商品市场而展开的竞争。目前，国际上劳务输出较多的发展中国家主要有菲律宾、墨西哥、印度、印度尼西亚、巴基斯坦、孟加拉国、埃及等，中国是一个潜在的劳动力供应大国。竞争特别激烈的领域集中于海事、计算机服务、医疗服务、科教服务、建筑等。此外，更多类型的服务人员输出竞争也正在悄悄地显现出来。

（二）日益趋向集团化

由于生产要素流动日益趋向集团化，因此各经济集团之间以及各经济集团内部、各个国家之间的经济合作业务将有较大增加，这将促进区域经济集团化的发展，各种区域性的经济合作组织也会大量涌现出来，形成以各区域为活动范围和联系主体的经济网络。参加区域经济合作组织的国家可以更加便利地依靠区域内的各种有利条件，寻求更广泛和更深层次的合作，促进各参加国经济的发展。目前，不同层次、不同形式和不同内容的区域性经济合作组织有 100 多个，发展层次较高的区域经济一体化经济集团主要集中在发达资本主义国家，因此可以说，国际经济合作中出现的集团化趋势实际上是发达国家之间经济合作不断加强的表现。

（三）经济合作形式多样化

形式是为内容服务的，国际经济合作形式随着国际经济合作业务内容的发展而日趋多样化。近年来，在以往的国际直接投资、国际信贷合作、国际租赁等形式的基础上又出现了诸多国际经济合作的新形式，主要有非股权形式的国际投资、BOT 投资、联合研究与开发新技术或新产品、带资承包工程、带资移民、劳务支付形式的补偿贸易、对外加工装配等形式的境内国际劳务合作、跨国性经济特区等。随着国际经济合作的进一步发展，还会出现更多新的合作形式。

（四）经济政策协调经常化和制度化

国际间经济政策的协调属于宏观国际经济合作范畴。随着各国对外经济活动规模和范围的扩大，国与国之间的经济依赖性不断增强，生产要素的国际流动开始加快，改善外部条件和利用国际资源已成为各国的重要任务。而外部条件的改善既不能听凭市场机制的自发调节，也不能单靠本国的政策干预，需要有关各国的相互配合。因此，为保障和推动生产要素国际流动的顺利进行，加强国际经济政策协调势在必行。现在，美日之间、美欧之间、欧盟成员国之间、其他发达资本主义国家之间、发展中国家之间以及在联合国和 WTO 内部进行的经济政策协调日趋频繁，各个国家由政府或有关国家官方机构出面，或通过签订国际协议，或结成区域性的一体化经济集团，或在更大范围内参加跨区域的国际性组织，或通过主要资本主义国家的首脑定期会晤进行相互之间的经济政策协调，目前这种协调正在向定期化和制度化方向发展。

杭州着力增强民企参与国际经济合作的能力

改革开放 30 多年来，杭州已拥有一大批知名的民营企业和有智慧、有魄力的民营企业家，杭州民营企业已成为“引进来”、“走出去”，融入全球产业链的重要力量，成为参与国际经济合作的典范。

“十一五”期间，杭州累计新批对外投资项目 327 个，对外投资中方投资额累计 20.84

亿美元，年均增长203.96%。2010年，杭州对外投资额跃居全国大中城市首位，有74家企业进入全国民营企业500强，民营企业与世界500强对接项目数量占全市一半，连续8次蝉联全国民营经济第一大市。

杭州是如何推动民营企业参与国际经济合作的呢？其主要做法可以总结为以下3个方面：

一是着力支持"以民引外"。为鼓励民营企业与世界500强企业和全球知名跨国公司对接，杭州市将文化创意、旅游休闲、金融服务、电子商务、信息软件、先进装备制造、物联网、生物医药、节能环保、新能源等十大产业确定为产业发展的突出重点，这十大产业中最活跃的主体是民营企业。杭州合力推动十大产业增加值总量在"十二五"末占全市GDP的50%以上，力争达到60%。为达到这一目标，杭州支持民营企业发挥主业优势，加强与国外大公司产业链上下游的合作，提升全市整体产业档次；加强资本合作，创新引资模式，积极引入国外投资基金，鼓励境外投资者以股权投资、并购重组等多种方式来杭投资；通过民营企业引进国外中介服务公司，加快生产性服务业发展；加快与国外企业在教育、医疗卫生等公共服务领域内的合作，引进先进技术和管理，提供多元化服务，满足差异化需求。

二是着力支持民营企业"走出去"。全球合作日趋紧密，杭州民营企业实力日益壮大，"走出去"并在更大舞台深度参与国际经济合作，是做强杭州民营经济的大趋势。为此，杭州积极鼓励民营企业加快科技合作、营销合作、在国外承接工程等多种方式的"走出去"。

三是着力为民营企业参与国际经济合作创造良好氛围。环境的营造体现在硬件、政策和具体服务上。杭州不断完善总结好经验、好做法，为企业深化国际经济合作提供支持。如加强进出口银行等政策性银行与企业的合作，为"走出去"提供融资便利；完善支持民营企业参与国际经济合作的政策体系，市、区两级投入200亿元资金扶持十大产业发展；争取国家和浙江省的多方支持，进一步规范和优化服务，让企业在遇到国际贸易摩擦等困难时能及时得到政府服务；为民营企业引入的优秀科研人员提供工作、生活便利，搭建科技公共服务平台，为企业排忧解难。

资料来源：杭州网，2011-05-09. http://hangzhou.zjol.com.cn.

问题：

1. 评价杭州推动民营企业参与国际经济合作的主要做法。
2. 杭州推动民营企业参与国际经济合作的经验对其他地区有何启示？
3. 查找相关资料，说明参与国际经济合作对我国民营企业的发展有何作用。

本章小结

本章从4个方面对国际经济合作这门课进行了概括性的介绍。首先交代了国际经济合作的基本内涵；然后介绍了国际经济合作的类型与方式；论述了生产要素国际流动的原因、生产要素市场的主要类型、生产要素国际流动与国际经济合作的关系；概要介绍了国际经济合作产生与发展的历程。通过本章的学习，可使学生对国际经济合作的基本概念和基本知识有一个概括性的了解与把握，从而为后面的学习打下良好的基础。

复习思考题

1. 国际经济合作的含义及主要内容是什么？它有哪些类型和方式？
2. 生产要素国际流动及其主要原因是什么？
3. 简述国际经济合作产生与发展的过程。

"金砖四国"的由来及其国际经济合作

2001年11月，高盛集团首席经济学家吉姆·奥尼尔发表《全球需要更好的经济之砖》(*the World Needs Better Economic*,BRICs)，首次将巴西、俄罗斯、印度和中国的英语国名首字母连起来构造了BRICs一词，并认为上述四国将对全球经济发展产生重要影响。"BRICs"与英语"brick(砖)"一词接近，"金砖四国"概念由此形成并迅速走向国际社会。

1. 经济迅猛发展，国际地位显著提升

20世纪80年代起，经济全球化与产业结构调整的浪潮极大地改变了世界经济发展格局，一批新兴经济体开始崛起。"金砖四国"更因其较大的经济规模和突出的发展成就，相继引起世界的瞩目。1999—2008年的10年中，四国(以BRIC为序)经济年均增长率分别达到3.33%、6.99%、7.22%和9.75%，大大高于同期世界平均的3.07%和美国的2.58%。四国占全球国土总面积的26%，人口的42%，资源丰富，产业布局空间较大。四国的发展模式不尽相同，但其共同特点是抓住了经济全球化与产业调整的历史机遇，发挥本国的比较优势。

四国的发展以不同的方式为世界经济作出了贡献。巴西和俄罗斯为世界提供原材料与能源，印度和中国为世界提供廉价的软件服务和制造业产品。中、印两国在全球最具投资吸引力的国家排名上仅列美国之后。规模因素在四国的发展中构成了显著的经济优势，国内市场潜力巨大，对外购买力与投资吸收能力迅速上升，使四国的发展成为世界经济的重要拉动力和积极的稳定因素。

经济增长不仅迅速提升了四国在世界经济中的地位，而且在一定程度上影响了世界经济与政治格局。四国GDP总量占世界的比重从1999年的7.46%上升到2008年的14.47%。就四国对世界经济增长的贡献度而言，2007年达49%；2009年在世界经济负增长的情况下，新兴经济体整体为125%，而“金砖四国”则达到90%，其中中国超过60%。

“金砖四国”的崛起产生了深刻的国际影响。四国以各自不同的发展结构使世界产业布局和贸易流向发生了重要变化，改变了世界的经济版图。巨大的外汇储备和不断上升的经济实力，在一定程度上导致世界金融结构发生变化。四国的经济成就为广大发展中国家摆脱贫困实现发展增强了信心，提供了多方面的有益经验。

2. 共同的发展要求推进了国际经济合作

“金砖四国”属于新兴经济体，有着与发达国家不同的发展要求，在许多情况下更接近于发展中国家的发展需要。面对发展的新挑战，“金砖四国”在优化本国产业结构，改善外部发展环境和提升自身国际地位等方面有着共同的目标与要求。

四国充分认识到在国际事务中加强合作的必要性。2008年5月和2009年6月，四国外交部长和国家首脑先后在俄罗斯叶卡捷琳堡会晤，分别发表了外长《联合公报》和首脑《联合声明》。在一系列重大国际经济问题上，四国表明了相同的态度。

在世界经济体制问题上，四国认为，只有在一个公正的全球经济体系内，充分考虑各国利益，才能实现世界经济长期可持续发展，解决当今时代紧迫的全球性问题。

在最不发达国家发展问题上，四国支持在全球伙伴关系基础上加强对话，推动实现国际社会商定的发展目标，特别是联合国千年发展目标；支持国际社会在抗击贫困和饥饿方面的努力，强调南南合作是传统发展援助的补充。国际社会需要加强向受国际金融危机严重影响的最贫困国家提供流动性支持的力度，发达国家应兑现援助承诺，进一步向发展中国家增加援助、减免债务、开放市场和转让技术。四国愿意在关键的社会领域加强合作，增加国际人道主义援助，降低灾害风险。

在能源、环境等可持续发展问题上，四国积极合作，提出要加强多边努力，实现能源生产国、过境国和消费国之间的利益平衡；支持有关能源项目，包括加大能源的可及性，提高能效，发展和应用符合可持续发展要求，包括生物能源在内的新能源与可再生能源等。支持在《联合国气候变化框架公约》和《京都议定书》框架下加强国际合作，共同应对气候变化，落实《巴厘行动计划》。

在金融领域，四国的合作日益提升。四国呼吁所有国家和相关国际组织积极落实二十国集团领导人伦敦金融峰会共识，承诺推动国际金融机构改革，使其体现世界经济形势的变化；要求国际货币基金组织(IMF)7%的份额和世界银行6%的份额现在就转移到新兴经济体。四国运用其较为充裕的外汇资源已开始为IMF提供贷款和购买债券，充实其资金，帮助支持新兴市场的可利用信贷。四国的本国货币在国际上尚缺乏影响力，同时巨大的外汇储备要求保值增值，因此对国际货币体系的改革和汇率的稳定有着强烈需求。

目前，“金砖四国”加强合作，对世界经济的影响正在增强。四国的合作正以循序渐进、积极务实、开放透明的方式不断推进。在许多方面四国“用一个声音说话”，其主张不仅符合新兴经济体的共同利益,而且符合广大发展中国家的共同利益。四国代表了世界经济的新生力量,其合作的增强更清楚地表明,世界的多极化趋势是一个客观的进程。在危机后世界经济格局的形成和国际货币体系的改革中四国将具有更多发言权。因此,四国合作的增强对于推动建设一个持久和平、共同繁荣的和谐世界是十分积极而有益的。

3. 不同的发展特点与比较优势增强了经济合作的基础

"金砖四国"的经济各具优势,发展模式呈现不同的特点,使相互合作具有较大的互补性和发展空间。四国的合作大大增强了共同利益,既抓住了经济全球化的历史机遇,又体现了和平与发展的时代要求。

巴西 GDP 已经进入世界前 10 位。发达的农牧业使其成为世界蔗糖、咖啡、柑橘、玉米、鸡肉、牛肉、烟草和大豆等产品的主要生产出口国。工业各部门发展比较全面,其中石化、矿业、钢铁、汽车等较发达,民用支线飞机制造和生物燃料产业还在世界上处于领先地位;服务业占 GDP 近 60%。铁矿砂等 29 种矿物储量丰富,被称为世界的原料生产国。

俄罗斯在苏联时期建立了强大的航天产业和军事工业。丰富的石油天然气和煤炭资源是俄罗斯的主要优势,这些资源的开采和出口为联邦提供了 30%的预算收入和 45%的外汇收入。

在"用电子革命把印度带入 21 世纪"的口号下,从 20 世纪 80 年代起,印度计算机和软件产业获得了大发展,一大批世界知名 IT 企业迅速成长,美国最大的 1 000 家公司有 1/4 使用印度开发的软件,印度因此获得"世界办公室"的称号。而且,印度国内金融市场发挥了资源配置的积极作用。以信息技术为基础的服务业占印度经济总量的一半以上。服务业的整体发展不但创造了大量就业岗位,而且减少了对资源的需求。

坚持改革开放的中国抓住了经济全球化的历史机遇,外资大量涌入,出口迅猛发展,经济高速增长。丰富的劳动力资源和不断优化的投资环境形成了中国发展的重要优势。在国际产业转移的历史机遇中,一大批出口加工型劳动密集型产业发展起来,"中国制造"成为当今世界的重要现象。自主创新、转变经济发展方式,已成为中国新阶段的发展目标。

四国经济发展虽然成绩显著,但各自又都有不足。40 多年来,巴西经济经历了多次波动,受国际金融危机的冲击,增长率严重下滑。俄罗斯建立在高能源价格基础上的增长是不稳定的,经济结构调整已是实现长期稳定增长的主要任务,需要发展能源以外的其他工业部门和服务领域。印度的主要问题是基础设施薄弱,财政赤字过高,吸收外资能力低,能源和原材料对外依赖度高,文盲率较高。中国依靠制造业产品出口的发展模式遇到贸易保护主义障碍,资源能源的约束日益明显,自主创新、经济发展方式的转型任务艰巨。当前世界经济原有格局还未根本变化,四国远未能引领世界经济走向,相反在技术上相对落后,在外资、外贸等方面相当程度上依赖于发达国家,承受外部冲击的能力仍然不足,国内市场的开发有待推进。这些问题要求四国增强合作,实现优势互补,从而扩展发展空间与整体实力。

4. 加强“金砖四国”合作是中国国际经济合作战略的重要组成部分

中国高度重视“金砖四国”这一合作平台，积极推进同巴西、俄罗斯和印度的双边合作关系，取得了显著的进展。

中国和巴西于2009年5月发表《关于进一步加强中巴战略伙伴关系的联合公报》，双方签署涵盖政治、司法、农牧产品贸易、科技、金融、能源、港口等多个领域的合作文件。国家主席胡锦涛在与来访的卢拉总统会谈时提出，两国要深化平等互信的政治关系，扩大互利双赢的务实合作，促进内涵丰富的人文交流，密切协调配合的多边合作。

至2009年10月13日，中俄总理已经举行14次定期会晤。两国合作涉及石油、天然气、核电、文化、高速铁路、航空航天、科技、通信与信息技术、林业、交通基础设施、海关、商业银行、知识产权保护等广泛领域，还将加强在宏观经济、财税与金融、重大国际经济问题上的政策沟通与协作，研究和制定拉动贸易额增长的新举措，规范双边贸易秩序，全力落实两国《中国东北地区与俄罗斯远东及东西伯利亚地区合作规划纲要(2009—2018)》。广泛的合作已成为中俄战略协作伙伴关系的重要组成部分。

中国和印度于2006年11月发表《联合宣言》，并签订《促进和保护投资的协定》以及农业、教育等合作协议，2008年1月又签订《关于二十一世纪的共同展望》，两国10多个相关部门签订了合作谅解备忘录。中印贸易发展迅速，中国已是印度最大贸易伙伴，印度是中国在南亚最大贸易伙伴。中方帮助印度改善基础设施条件，两国相互投资也已开始发展。

中国与“金砖四国”其他三国的双边合作具有深远的战略意义。一方面，这些合作增强了四国的政治经济联系，有利于在重大国际问题上的立场更趋一致，共同维护新兴市场经济与发展中国家的整体利益；另一方面，这些合作扩大了中国的资源与能源供应，有利于弥补中国经济的某些弱点，增强经济的稳定性。加强“金砖四国”的合作已是中国整体外交与国际经济合作战略中的一个重要组成部分。

资料来源：张幼文.“金砖四国”的由来及其国际经济合作.求是.2010(8).

第 2 章 国际经济合作理论

学习目标：

通过本章的学习，学生应该能够：

1. 重点掌握国际分工理论、区域经济一体化理论；
2. 掌握国际直接投资理论；
3. 了解国际相互依赖理论；
4. 了解国际宏观经济政策协调理论。

国际经济合作是世界经济发展到一定时期的产物，在国际经济交往中所起的作用越来越大。不同历史时期的学者分别从各个不同的角度揭示了国际经济合作产生、发展的动因及规律，这些成果可以帮助我们从理论层次上更好地解释和指导这一经济交往方式。

第一节 国际分工理论

国际分工是国际经济合作的基础，是社会分工从一国国内向国外延伸的结果，是社会生产力发展到一定阶段的产物。伴随着国际分工的发展，相关的国际分工理论也在不断发展变化，对国际分工的新现象加以解释，并试图预测国际分工的发展趋势。在国际分工实际发展的基础上，国际分工理论大体上经历了 3 个发展阶段。

一、传统国际分工理论

15 世纪至 16 世纪的地理大发现促进了国际分工的出现。早期的国际分工理论与国际贸易理论相联系，就国际分工产生和存在的必要性做出了最初的有益探索。早期国际分工理论以亚当·斯密的绝对优势理论和大卫·李嘉图的比较优势理论为代表，这两种理论分别通过国家之间的绝对优势和比较优势来说明国际分工产生和存在的必要性。

（一）绝对优势理论

绝对优势理论是由英国古典经济学家亚当·斯密(Adam Smith,1723—1790)在其代表作《国民财富的性质和原因的研究》(又称《国富论》)中提出的,是最早的国际分工理论。该理论认为,国际贸易产生于各国之间商品生产成本的绝对差别,国际贸易可以实现国际分工,各国在分工中分别生产具有绝对成本优势的商品,然后进行国际贸易,参加贸易的国家都可以从中获得利益。但斯密忽略了一点,即并不是每个国家都具有绝对优势。按照斯密的理论,那些不具备任何绝对优势的国家将被排除出国际贸易领域,但事实并非如此。因此,斯密的理论不能完全解释国际分工产生的原因。

（二）比较优势理论

比较优势理论是由英国经济学家大卫·李嘉图(David Ricardo,1772—1823)在其著作《政治经济学与赋税原理》中提出的,这一理论发展了亚当·斯密的绝对优势理论。李嘉图认为,即使一国劳动生产率处于绝对劣势,而另一国处于绝对优势,只要某国生产的一种产品与另一种产品相比较具有相对优势,就可以利用这种比较优势参与国际分工,两国仍可以进行国际贸易,并从贸易中获得比较利益。比较优势理论不仅是国际分工理论的重大发展,也对国际投资等国际经济理论产生了深远的影响。

二、国际分工理论的发展

18 世纪和 19 世纪末,先后出现了两次工业革命,机器大工业生产方式的最终确立使国际分工在深度和广度上都达到了空前的水平。在前人探索的基础上,这一时期西方学者对国际分工展开了更为深入的理论研究。其中最具代表性的是赫克歇尔——俄林的要素禀赋论和里昂惕夫反论。

（一）要素禀赋论(H—O 理论)

要素禀赋论是由瑞典经济学家赫克歇尔(Eli. Heckscher,1879－1959)和俄林(Bertil Ohlin,1899—1979)提出的。该理论的基本观点是:每个区域或国家利用其相对丰裕的生产要素(土地、劳动力、资本等)从事商品生产,产品成本就会降低,生产就会处于比较有利的地位;利用其相对稀缺的生产要素从事生产,生产就处于相对不利的地位。国际贸易的直接原因是由于要素丰裕度造成的产品价格差别,因此,为实现根据生产要素禀赋进行国际分工的利益就应实行自由贸易政策。由此可见,H—O 理论进一步完善了李嘉图的比较优势理论,生产要素禀赋的差异既决定了各国的相对优势和贸易格局,又是进行国际贸易的基本原因。

虽然 H—O 理论对国际分工理论的探讨仍然局限于国际贸易领域,并未涉及生产领域，但是这一理论最有意义的是引入了“资源禀赋”这一概念，从生产要素供给的角度分析了国际分工产生的原因。该理论认为，各种生产要素不能相互代替，不同商品的生产对各种要素的数量有着不同的组合要求。根据商品中所包含的要素密集程度，可以将商品划分为劳动密集型商品和资本密集型商品，每个国家都以本国相对丰裕的生产要素从事商品的专业化生产和国际交换而获利。这一思想比较接近地触及到了国际经济合作的核心内容，即各经济主体在生产领域中进行的以生产要素流动与重新组合配置为主要内容的经济协作活动。

（二）里昂惕夫反论

根据传统的要素禀赋理论，一个国家将生产并出口自己相对丰裕、密集的生产要素生产的产品，进口自己相对稀缺的生产要素生产的产品。在这样的推论下，一般认为，资本充足而劳动力稀缺的美国应该在生产、出口机器设备等资本密集型的产品方面具有相对优势，而需要进口劳动密集型产品。但美国经济学家华西里·里昂惕夫（Wassily Leontief，1906—1999）采用投入产出法对战后美国对外贸易发展状况进行分析后却发现，美国进口的是资本密集型产品，出口的是劳动密集型产品。这与要素禀赋论刚好相反。由于要素禀赋论已经被西方经济学界广泛接受，因此里昂惕夫的结论被称为“里昂惕夫之谜”或“里昂惕夫反论”。

1953 年，里昂惕夫在费城的美国哲学协会上宣读了题为《国内生产与对外贸易：美国资本状况的重新检验》的论文。该论文根据 1947 年美国公布的数据资料，将 200 个行业归纳为 50 个部门（其中 38 个部门的产品是直接进入国际市场的），并制定出“投入——产出表”进行一系列的计算。在表 2-1 中，美国出口品所需的资本比进口替代品约少 16%，出口品所需劳动比进口替代品约多 7%～8%。对此，里昂惕夫认为，美国平均每 100 万美元的出口与国内生产等量的进口替代品相比较，在出口中包含较少的资本和略多的劳动，说明美国参加国际分工是以劳动密集型产业的专业化为基础，即美国进行对外贸易的目的在于节约其资本而处理过剩的劳动。里昂惕夫指出，过去广泛流行的美国经济的特征与世界其他地区相比是资本相对有余而劳动相对短缺的看法已被证明是错误的。

表 2-1　美国平均每 100 万美元出口与进口替代产品对国内资本与劳动的需求

项　目	1947 年		1951 年	
	出口产品	进口替代产品	出口产品	进口替代产品
资本/美元	2 550 780	3 091 339	2 256 800	2 303 400
劳动/(人/年)	182.313	170.004	173.91	167.81
人均年资本量/美元	13 991	18 184	12 977	13 726

后来，里昂惕夫根据 1951 年的材料，对 1947 年的计算结果进行了复核和修正，在

1956年提出了第二个研究报告，题为《生产要素比例与美国贸易结构的进一步理论和经验分析》，结果仍发现美国进口替代品所占有的资本高于其出口品约6%，如果把投入——产出系数中的资本替代也考虑在内，则高出17.57%。里昂惕夫反论依然成立。

三、当代国际分工理论

在第三次科技革命浪潮的推动下，世界经济得到了飞速的发展，同时对国际分工也产生了革命性的影响，出现了以新要素理论和产品生命周期理论为代表的国际分工的新理论。

（一）新要素理论

1. 人力技能要素理论

西方经济学家认为，国家之间在劳动要素生产率上的差异，从实质上看是人力技能的差异。因此，人力技能也应该是一种生产要素，而且是越来越重要的生产要素。由于人力技能是人力投资的结果，所以人力技能又称人力资本。主张人力技能要素的经济学家提出了人力技能要素理论。所谓人力技能是指人的劳动技术熟练程度，是通过储蓄和投资形成的，实际上也可以看成是人力投资。人们通过对劳动力进行投资（如教育、职业培训、保健等），可以提高劳动力的素质和技能，使劳动生产率得到提升，从而对一国参加国际分工的比较优势产生积极作用与影响。该理论认为，一个国家只有重视人力投资，提高人力技能，才能产生新的比较优势。

2. 研究开发要素理论（R&D理论）

一些西方经济学家在注重技术要素作用的同时，进一步研究了推动技术进步的形式、途径及其与贸易的关系，提出了研究开发要素理论。研究与开发要素是指经济发展过程中用于研究与开发的各种新项目、新技术、新产品的投资。在实际衡量中多用开发经费占销售额的比重来计算。研究开发要素理论强调研究与开发作为新生产要素对于国际贸易比较利益的重要作用，认为雄厚的资金、丰裕的自然资源和高质量的人才是从事研究开发的必要条件，而市场对新产品的需求是实现研究与开发产业化的基础，研究与开发密集度高的产品就是知识密集型或技术密集型的产品。

3. 技术进展理论

技术进展理论认为，技术是过去对研究与开发进行投资的结果，也可以作为一个独立的生产要素。技术进展同人力技能、研究与发展等要素一样，也决定着一国的生产要素禀赋状况及其在国际贸易中的比较利益。由于该理论是在上述理论的基础上发展起来的，所以强调技术进展对国际贸易比较优势的决定作用，实际上也是强调研究与发展要素的作用。

4. 信息贸易理论

西方经济学家认为,在现代经济生活中,企业除了需要土地、劳动和资本等传统生产要素外,也越来越离不开一个新的要素——信息。信息是来源于生产过程之外但能作用于生产过程并带来利益的一切信号的总称。信息要素有别于其他传统生产要素,它是能够创造价值并进行交换的一种非物质资源。随着市场在世界范围内的拓宽以及各种经济贸易活动的日益频繁,社会每时每刻都产生着巨量的信息。这些信息在不同方面、不同程度上影响着社会的经济活动,也影响着企业的经营决策和行为方式,甚至决定企业的命运。

(二) 产品生命周期理论

1. 技术差距理论

在新要素理论的基础上,美国学者 M. V. 波斯纳(Michael V. Posner)提出了技术差距理论。1961 年,波斯纳在《国际贸易与技术变化》一文中提出了国际贸易的技术差距模型。该理论引入模仿时滞的概念来解释国家之间发生贸易的可能性,认为由于各国技术投资和技术革新的进展不一致,创新国和模仿国之间存在一定的技术差距。技术资源相对丰裕或技术领先的创新国具有较强开发新产品和新工艺的能力,从而有可能暂时享有生产和出口某类高技术产品的比较优势。当一种新产品在创新国成功、模仿国掌握此技术之前,创新国具有技术领先优势,可以向模仿国出口这种产品。但随着专利权转让、技术合作、对外投资或国际贸易的发展,创新国的领先技术会流传到国外,模仿国开始利用自己的低劳动成本优势,自行生产这种商品并减少进口。这样,创新国就会逐渐失去该产品的出口市场,因技术差距而产生的国际贸易量逐渐缩小,以技术差距为基础的贸易也随之消失。1963 年,哥登·道格拉斯(Gordon Douglas)运用模仿时滞的概念解释了美国电影业的出口模式。1966 年,盖·瑞·胡佛鲍尔(G. C. Hufbauer)利用模仿时滞的概念解释了合成材料产业的贸易模式。技术差距理论对要素禀赋理论做了有益的补充,并根据创新活动的连续性使要素禀赋论动态化。

2. 产品生命周期理论

在技术差距理论的基础上,美国哈佛大学教授雷蒙德·弗农(Raymond Vernon)在 1966 年发表的《产品周期中的国际投资与国际贸易》一书中提出了产品生命周期理论。该理论将国际直接投资与国际分工相联系,从技术进步、技术创新及技术传播的角度分析了现代国际分工的基础。弗农把产品生命周期分为 3 个阶段,即新产品阶段、成熟产品阶段和标准化产品阶段。在新产品阶段,创新国利用其拥有的垄断技术优势,开发和生产新产品。由于竞争者和替代产品少,市场竞争并不激烈,国内市场就能满足其攫取高额利润的要求,产品极少出口。而在成熟产品阶段,由于创新国技术垄断和市场寡占地位被打破,竞争者和替代产品增多,市场竞争日趋激烈,较低的产品成本开始处于越来越有利的地位。为降低成本,企业纷纷到发展中国家投资建厂。在标准化产品阶段,产品的生产技术、规模及产品本身已完全成熟,原来新产品企业的垄断技术优势不复存在,这时发展中国家已具备明显的成本优势,创新国和一般发达国家为进一步降低生产成本,开始大量地在发展中国家投资建厂,再将产品远销至别国和第三国市场。在以上3个阶段中,要素的投入是随着产品生命周期的变化而发生变化的。在新产品阶段,需要大量科技的投入,这时的产品属于技术密集型;在成熟产品阶段,技术工艺基本定型,大规模的批量生产需要资金的投入,因此这时的产品转为资本密集型;在标准化产品阶段,技术工艺完全成熟,对技术的要求降低,而资本方面的不足可以由劳动替代,这使得产品生产转入劳动力丰富而资本短缺的发展中国家,这时的产品属于劳动密集型。

第二节 国际相互依赖理论

一、国际相互依赖的概念

关于国际相互依赖的定义,联合国国际货币基金组织的刊物《金融与发展》是这样表述的,"一个国家的经济情况将因其他国家发生的事件而受到影响;一个国家要做的事情,在一定程度上取决于其他国家的行动和政策"。这一表述说明,国际经济相互依赖意味着任何一国的经济发展都会受到其他国家的行为和政策的影响。依据这一表述,我们认为,国际相互依赖是指国家之间或其他国际行为主体之间广泛的、一般的相互影响和相互制约关系。

国际相互依赖所涉及的范围,既包括国际之间在政治、军事、经济方面的相互依赖,也包括广泛的社会生活领域中的相互依赖,其中经济方面的相互依赖最为突出,是整个国际相互依赖关系的基础。

二、国际相互依赖的主要理论

(一) 复合相互依赖理论

1970年,美国学者罗伯特·基欧翰(Robert Keohane)和约瑟夫·奈(Joseph Nye)提出了复合相互依赖理论。他们对经济自由主义者盲目乐观的"依赖引发和平"的观点进行了批判和修正,他们认为,当代世界已与现实主义描绘的受权力支配的世界不同,是一种"复合相互依赖"关系的社会。他们发明了"敏感性"和"脆弱性"两个重要概念,成功地解释了国际关系中各国权力的转换。1977年出版的由罗伯特·基欧翰和约瑟夫·奈合著的《权力与相互依赖》一书更是被推崇为"每一个国际关系学者都应时时翻阅的书籍",标志着新自由主义国际关系学派挑战(新)现实主义理论霸主地位的开始,构成了新自由制度主义兴起的理论基石。罗伯特·基欧翰和约瑟夫·奈将复合相互依赖的社会归纳为以下 3 个特征：

1. 多渠道的社会联系

多渠道的社会联系包括政府间的官方正式外交关系与政府人士间的非正式关系、非政府人士间的非正式关系、跨国公司和跨国银行等跨国性组织的内部关系等，这些渠道促使国际相互依赖关系变得复杂化和多样化。其中跨国组织的作用最为突出，如跨国公司以其雄厚的经济实力，通过严密的全球经营战略，使其活动范围遍及全世界及各个领域，对整个世界的生产、金融、技术、劳务及贸易等诸方面产生了重大影响。

2. 各种问题被提到国家间关系的议事日程

在国际关系的议事日程中，各种问题不再严格地按照轻重缓急的先后顺序排列，特别是军事安全问题不再始终处于首要位置。许多问题越来越难以划清国内界限和国际界限，一国在制定国内政策时往往要立足国际大背景、结合外交政策的考虑，过去属于国内经济政策的问题也大多被放在国际经济谈判桌上进行双边或多边的讨论。

3. 政府间一般不使用武力解决问题

尽管一国政府在考虑与敌对国家或敌对集团之间的政治和安全关系时，不能完全排除使用军事力量的可能，但在相互依赖关系日益加强的地区内，政府之间在解决多种问题时，一般不再以使用武力作为主要手段。

在上述观点的影响下，西方国际相互依赖论者又提出了一套相应的政策主张，主要有：国际关系的中心问题是社会经济问题而非安全、军事和势力范围等问题；必须加强国际间的合作，应当放弃“你存我亡，我存你亡”的传统法则；不同国家应该结合在“相互依赖网”中，使国家之间在经济命运上相互依赖，以达到减少冲突、维护安全的目的；在相互依赖关系的国际社会中，必须考虑多种问题的内在联系和相互影响，要从全球视角探寻解决问题的办法，各有关国家共同制定对各方都有利的方案。

（二）勃兰特委员会关于南北方国家间相互依赖与合作的观点

1977 年 11 月，为协调南北关系，根据当时的世界银行行长 R. S. 麦克纳马拉的建议，联合国设立了非官方学术团体“国际发展问题独立委员会”（又称“南北委员会”），委员会主席为原联邦德国前总理维利·勃兰特（Willy Brandt，1913—1992），因此又称作“勃兰特委员会”。1980 年，勃兰特委员会发表了题为《北方与南方：一项生存的纲领》的报告，1982 年，勃兰特委员会又在渥太华会议上通过了题为《共同的危机：南北合作争取世界经济回升》的备忘录。两份报告从发达国家和发展中国家之间现存矛盾的角度，分析了国际经济和社会各方面存在的严重问题，并对国际经济关系中的相互依赖与国际经济合作提出了新的见解，主要观点有以下两个方面：

1. 人类解决日益增多的问题需要具有国际性

勃兰特委员会认为，不同政治制度的社会面临着相当数量的共同性问题，也可称为跨制度问题，如能源危机、环境污染、消除饥饿和粮食问题、金融和贸易、国际经济协调、控制军备和争取和平等。所有这些问题不只是南方国家的问题，而且是全球性的问题。因此，解决这些问题的办法也不可避免地具有国际性，这就要求各国之间以及各国人民之间实现相互谅解，共同承担义务，寻找解决全球问题的可行办法。

2. 解决南北问题的有效途径是对话与合作

勃兰特委员会强调，一个国家的经济能否实现增长，越来越依赖于其他国家的做法。南方如果没有北方的协助就不能获得充分的发展；反之，如果南方没有取得更大的进步，北方也不可能繁荣。因此，通过对抗的办法不能有效地解决工业发达国家和发展中国家之间的任何重要问题，只有通过南北对话与合作，才能缩小南北方国家之间的差距，进而消除歧视，逐渐实现机会均等，这些不仅是谋求正义的问题，也符合南北方各国的利益。

（三）依附理论

第二次世界大战以后，随着旧殖民体系的解体，亚非拉三大洲的一大批国家摆脱了殖民地和附属国的地位，纷纷获得了政治上的独立，建立了拥有独立主权的民族国家。但从经济上看，这些国家还没有摆脱落后的状态，有些国家还不得不依附于西方发达国家。一些学者对世界经济格局中的这种现象进行了经济学分析，依附理论应运而生。早期依附理论的主要代表人物有阿根廷的劳尔·普雷维什、英国的 A. G. 弗兰克以及埃及的萨米尔·阿明等。他们提出的外围国家摆脱对中心国家依附的对策各具特色：普雷维什主张致力于外围国家的工业化，弗兰克主张调整和改善国际经济秩序，阿明则主张彻底消灭资本主义制度。在以上理论的基础上，20 世纪 70 年代以后又兴起了“新依附论”。

1. 普雷维什的“中心——外围论”

依附理论最具影响的代表人物是阿根廷学者劳尔·普雷维什(Raul Prebisch，1901—1986)。他的依附理论又称作“中心——外围论”。早在 1944 年，他就在布宜诺斯艾利斯大学的课堂上第一次提出了“中心——外围”的概念。1949 年 5 月，普雷维什向联合国拉丁美洲和加勒比经济委员会(简称“拉美经委会”)递交了一份题为《拉丁美洲的经济发展及其主要问题》的报告，系统和完整地阐述了他的“中心——外围”理论。该理论认为，世界是一个经济体系，发达资本主义国家构成世界经济的中心，发展中国家处于世界经济的外围。中心和外围之间的经济关系是不平等的，外围国家在贸易、技术、资本诸方面依赖于中心国家，受到中心国家的剥削和控制，因而这些国家得不到应有的发展。

2. 弗兰克的“宗主——卫星论”

A. G. 弗兰克(A. Gunder Franck)把普雷维什的“中心”称为宗主，把“外围”叫做“卫星”。弗兰克在 1966 年发表的代表作《不发达的发展》中指出，在整个世界经济体系中，“宗主——卫星”关系不仅存在于世界层次，即发达国家和不发达国家之间，也存在于每个卫星国内部的政治经济和社会生活中。发展中国家的贫困既是宗主国对殖民地剥削压迫的历史遗物，又是现今发达国家即中心国对发展中国家即卫星国的剥削与控制所造成的，必须通过发动社会主义革命消除这种悲惨的现实。弗兰克在 1967 发表的论文《发展的社会学与社会学的不发达》以及同年出版的专著《资本主义与拉丁美洲的不发达》中进一步阐述了上述思想。

3. 阿明的“中心——外围积累论”

相对于弗兰克而言，萨米尔·阿明(Samir Amin)的理论更为系统，他着重从中心国家资本自主积累、外围国家外向型依附地位及经济发展被动反应方面阐述国家间竞争的依赖性问题。他强调资本主义经济体系对外围国家发展的制约与剥削。他认为，“资本主义已经成为一个世界体系。矛盾并不存在于各个孤立考虑的国家中的资产阶级和无产阶级之间，而是存在于世界资产阶级和世界无产阶级之间”。

4. 新依附论

20 世纪 70 年代以后，巴西、东亚在经济发展上取得了巨大成就，几位巴西的学者根据这些新的现实，将发展和依附联系起来，提出了“新依附论”。其中最具影响的是卡尔多索、多斯桑托斯和布鲁克菲尔德。新依附论是对 20 世纪 60 年代至 80 年代拉美国家经济发展的一种完整的反映。

费尔南多·卡尔多索(Fernand. H. Cardoso)在 20 世纪六七十年代研究的中心论题一直是不发达资本主义国家的社会经济发展问题，其代表作主要有《拉丁美洲的依附和发展》(与法莱托合著，1961 年)、《巴西南方的奴隶和资本主义》(1962 年)、《巴西的经济发展和工业家》(1964 年)、《政治发展和社会依附》(1971 年)、《巴西政治模式》(1973 年)和《独裁与民主化》(1975 年)等。在这些论著中，他强调指出，发展和依附不是相互对立、相互排斥的两个范畴，而是同时发生、并存的一个过程，而发展中国家应利用与资本主义世界经济体系的联系为本国的发展服务，而不应像原先所主张的脱离资本主义世界体系。

多斯桑托斯(Dossantos)在 1978 年出版的代表作《帝国主义与依附》中指出，对当代不发达问题研究的重点应放在生产领域，而不是流通领域。他认为发展中国家对发达国家的依附有 3 种形态，即商业——出口依附、金融——工业依附和技术——工业依附。多斯桑托斯从社会制度层面揭示出发展中国家摆脱依附的对策，指出发展中国家的发展道路只有两种选择，“要么是向法西斯发展的强权政府，要么是朝社会主义发展的人民革命政府。在矛盾的现实当中，中间道路的解决方法已经表明是行不通的。只是空想而已”。多斯桑托斯强调附属国与统治国关系的不能改变性，而且由于附属国受国际和国内依附结构的影响，会走向更加不发达的地步，依附性结构也会影响其生产率。多斯桑托斯还指出，对于发展中国家来说，依附性与发展并非水火不相容，在依附的状态下也可以有发展，这种发展应称为“依附性发展”，被结合进入国际经济体系的第三世界国家可以取得依附性发展，甚至可以实现工业化。

1975 年，布鲁克菲尔德(H. Brookfield)在《相互依赖的发展》一书中进一步论述了发达国家与发展中国家之间的相互依赖关系。他指出,发达国家的经济发展不仅比不发达国家更依赖于资源和资本密集的技术,而且也依赖不发达国家的资源、劳动力和市场。受依赖关系的影响,不发达国家的内部变革也使得它们越来越依赖于发达国家的资源和资本。所以很难区分它们谁依赖谁,实际上是相互依赖,宗主国的经济发展依赖于外围国家,就像外围国家依赖它们一样,在世界范围内,如果没有相互依赖,经济和社会的发展就无法进行下去。

第三节 区域经济一体化理论

20 世纪 50 年代以后,随着经济生活国际化的发展,经济一体化日益成为世界经济发展的一种趋势和潮流,对战后的国际政治经济格局的变化产生了重要的影响。在此背景下,关于经济一体化方面的理论研究成果也层出不穷。

一、区域经济一体化的概念

首先需要说明的是,严格意义上的世界经济一体化至今并未形成,目前所说的经济一体化是通过区域经济一体化表现的。

区域经济一体化是指地理位置相邻的两个或两个以上的国家,为了获得最大利益,组合成为更大规模的经济集团或共同体,通过签订某种政府协定或采取某些共同的对内、对外政策,相互协调,相互协作,促进商品、劳务、资本、技术等要素在区域内自由流动,最终形成一个政治、经济高度协调统一的有机体。

目前世界上影响较大的区域经济一体化组织有欧洲联盟、北美自由贸易区、亚太经济合作组织、东南亚国家联盟、东北亚经济合作区等。在这些区域中,既有跨国的,也有几个国家各自一个行政区的组合。

二、区域经济一体化理论的形成和发展

对区域经济一体化的效应、原则等问题,一些经济学家从多方面进行了研究和论证,提出了各种理论及衡量区域经济一体化效应的方法。区域经济一体化理论的形成与发展是一个逐渐演变的过程,并在实践中得到不断的充实与完善。

(一) 关税同盟理论

1. 关税同盟理论的提出和发展

作为区域经济一体化理论核心的关税同盟理论是从 19 世纪 20 年代开始出现的。这一时期,古典学派的经济学家在分析关税同盟时就涉及了某些优惠条约,如 1703 年英国和葡萄牙签订的《梅休因条约》、1860 年英国和法国签订的《科布登条约》都规定互减关

税。对于上述两个条约,亚当·斯密和大卫·李嘉图等人都曾对其中有关优惠条件的内容进行过评论。他们认为,国家之间之所以互相承诺降低关税,主要原因是贸易转移的作用。

此外,作为 19 世纪最典型的关税同盟,1834 年成立的日耳曼关税同盟在建立之初,麦卡洛克(Mcculloch)等经济学家就对同盟的条款作了详尽的剖析,其中对贸易转移的作用给予了特别的关注。1885 年德国经济学家弗里德里希·李斯特(Georg Friedrich List,1789—1846)则进一步指出,关税同盟可以促进工业发展和对工业的保护。同时也有一些经济学家认为,关税同盟和自由贸易区等组织应该得到提倡,因为取消伙伴国之间的贸易限制,在区域内实现自由贸易,可以使全世界的经济福利得到净增加,从而实现稀缺资源的最有效率的配置。

1950 年,美国经济学家雅各布·瓦伊纳(Jacob Viner,1892—1970)出版了《关税同盟问题》一书。他认为,关税同盟可以在成员国之间实现自由贸易,但同时对非成员国实行差别待遇的保护贸易。因此,它的建立并非意味着世界福利的增加,对此他提出了"贸易创造效应"和"贸易转移效应"两个重要概念。其后,许多经济学家在分析区域经济一体化时都借用了这两个概念,并将《关税同盟问题》一书作为关税同盟理论形成的标志。

在瓦伊纳之后,经过众多经济学家的不懈努力,关税同盟理论得到了迅速发展,出版和发表了大量的著作和论文,如金德尔伯格(C. P. Kindlebeger,1910—2003)和彼得·H. 林德特(Peter H. Lindert)的《国际经济学》详细地论述了关税同盟的动态效应、规模经济效应、竞争刺激效应和投资刺激效应,至此关于区域经济一体化的完整理论体系已经形成。

2. 关税同盟理论的主要内容

在经济一体化理论研究中,关税同盟理论占有重要的地位,这一理论最具影响的代表人物当属美国经济学家瓦伊纳,他从静态方面对经济一体化的福利效应进行了分析。后来,理查德·利普西(R. lipsey)等经济学家进一步扩展了这一理论。

(1) 贸易创造效应

贸易创造效应(trade creation effect)是指建立关税同盟后,关税同盟某成员国的一些国内生产品被同盟内其他生产成本更低的产品的进口所替代,从而提高了资源的使用效率,扩大了生产所带来的利益;同时,通过专业化的分工,减少了本国该项产品的消费支出,并将节省下来的资本用于其他产品的消费,这样就扩大了社会需求,其结果是贸易量的增加。

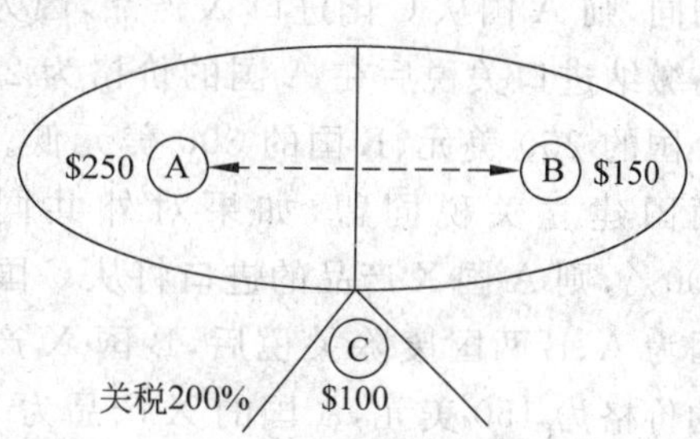

实线：结成同盟前　虚线：结成同盟后

图 2-1　贸易创造效应示意图

如图 2-1 所示,假定在 A、B、C 三国中,A、B

两国成立关税同盟，A、B、C三国X产品的价格依次为250美元、150美元、100美元。关税同盟成立前，A国对X产品征收200%的进口税(从价税)，这时对A国国内市场来说，A、B、C三国X产品的价格依次为250美元、450美元、300美元，显然，A国X产品的价格最具竞争力，因而A国在200%的关税保护下会选择自行生产X产品。A、B两国成立关税同盟后，如果它们对外的共同关税仍保持200%，B国生产的X产品在A国国内的价格就变为150美元，C国仍为300美元。因此，A国会选择从B国进口X产品，于是X产品的生产就从价格较高的A国转移至价格较低的B国，A、B两国间创造出新的国际分工(专业化)，X产品的贸易在两国间得到了创造。这时，A国可以用150美元买到X产品，从而减少消费支出，提高福利水平。由于生产从高成本转向了低成本，A国节省了资源，提高了资源的配置效率。对C国来说，因为它原本就未同A、B两国发生贸易关系，所以仍和新的贸易开始前一样，没有任何不利的变化。如果把关税同盟国家增加收入、增加进口的动态效应计算在内，C国也有获得利益的可能。因此，贸易创造对整个世界来说都是有利的。

(2) 贸易转移效应

贸易转移效应(trade diversion effect)是指缔结关税同盟之前，某个国家不生产某种商品而从世界上生产效率最高、成本最低的国家进口该商品；建立关税同盟后，如果世界上生产效率最高的国家被排斥在关税同盟之外，则关税同盟内部的自由贸易和共同的对外关税使得该国该商品在同盟成员国内的税后价格高于同盟某成员国相同商品在关税同盟内的免税价格，这样同盟成员国原来从非成员国进口的成本较低的商品转而从关税同盟内部生产效率最高、生产成本最低的国家进口。

如图2-2所示，如果在关税同盟成立前，A国自己不生产X产品，而是从世界上生产效率最高、成本最低的国家进口，关税同盟成立后，A国X产品转向同盟内生产效率最高的B国进口。如果同盟国内该产品生产效率最高的国家不是世界上生产效率最高的国家，其结果会增加进口成本，扩大消费开支，从而使A国的社会福利水平下降，这就是贸易转移效应。假定成立关税同盟前，A国对X产品课征100%的进口税，其他条件与前例相同，则A国从C国进口X产品，因为C国X产品缴纳进口关税后在A国的价格为200美元，较A国的250美元、B国的300美元低。现在A、B两国建立关税同盟，如果对外共同关税仍为100%，则A国X产品的进口将从C国转向B国，因为A、B两国废除关税后，B国X产品在A国的价格为150美元，A国的X产品为250美元，C国为200美元。结果，X产品生产从成本较低的C国转移至成本较高的B国，这就是贸易转移效

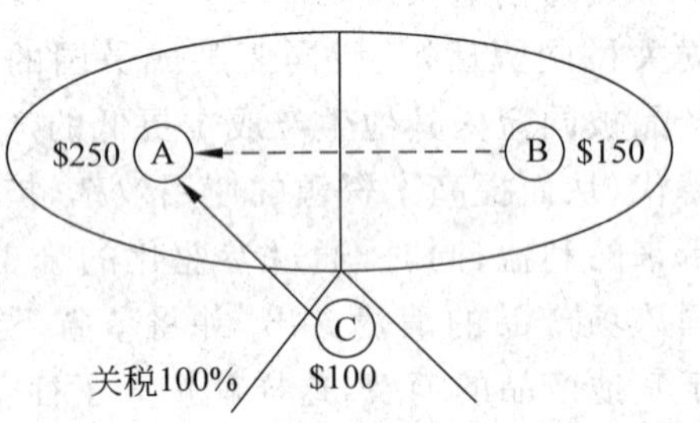

实线：结成同盟前　虚线：结成同盟后

图2-2　贸易转移效应示意图

应。A 国的损失来自于该国为从 B 国进口 X 产品而增加的资源流出(进口每单位 X 产品多支出 50 美元),而 C 国的损失来自于市场的丧失。从全球资源配置效率来看,也由于 X 产品在 B 国生产的扩张和在 C 国的减少而降低。

(3) 贸易扩大效应

如前两例中,关税同盟成立后,A 国国内 X 产品的价格无论在贸易创造条件下还是在贸易转移条件下都比成立前低,分别从 250 美元、200 美元降低到 150 美元。因此,如果 A 国 X 产品存在需求价格弹性,则 A 国对 X 产品的需求就会增加。这种需求的增加将使 A 国的 X 产品进口数量增加,这就是贸易扩大效应(trade expansion effect)。贸易扩大效应是从需求方面形成的概念,而贸易创造效应和贸易转移效应则是从生产方面形成的概念。关税同盟无论是在贸易创造条件下还是在贸易转移条件下,都能产生贸易扩大效应。从这个意义上说,关税同盟的建立通常可以促进成员方之间贸易的扩大。

(4) 其他静态效应

除上述 3 个效应外,区域经济一体化对成员方的静态效应还应包括一些制度方面的内容,主要有以下 3 点:

① 减少行政支出。关税同盟建立以后,由于成员方彼此之间废除了关税,因而可以减少各国征收关税的行政支出。

② 抑制走私。关税同盟建立以后,商品可以在关税同盟国之间自由地流动,这样就消除了产品走私的部分根源,不仅可以减少查禁走私的费用支出,还有助于提高社会的道德水准。

③ 增强集体谈判力量。关税同盟建立以后,经济力量明显增强,各成员方不再是“单兵作战”,而是联起手来,在对外谈判时可以发挥集体的力量,有利于关税同盟国贸易地位的提高和贸易条件的改善。

(二) 大市场理论

1. 大市场理论的提出

当经济一体化演进到共同市场后,区域内的各成员方之间不仅实现了贸易的自由化,而且实现了生产要素在区域内的自由流动,从而形成了一种超越国界的共同市场。共同市场比关税同盟更进了一步。建立共同市场的目的就是消灭贸易保护主义,把被保护主义分割的小市场统一为一个大市场,通过大市场内的激烈竞争,实现专业化、大批量生产等方面的利益,使区域内的资源配置效益乃至各成员方的生产力都得到提高。对共同市场的理论分析发展出了大市场理论。与关税同盟理论不同的是,大市场理论是从动态角度对区域经济一体化的经济效应进行分析的,最主要的代表人物是匈牙利经济学家提勃尔·西托夫斯基(T. Scitovsky,1910—2002)和德纽(J. F. Deniau)。

2. 大市场理论的主要内容

西托夫斯基从西欧的现状入手进行研究，他指出，由于人们交往于狭隘的市场、竞争不激烈、市场停滞和阻止新的竞争企业的建立等原因，高利润长期处于平稳停滞状态。因为价格高昂，耐用消费品等普及率很低，不能进行大量生产，因此西欧陷入了高利润率、低资本周转率和高价格的矛盾，存在着"小市场与保守的企业家态度的恶性循环"，打破这种恶性循环的途径是共同市场或贸易自由化条件下的激烈竞争。竞争激烈和价格下降都会迫使企业家停止过去旧式的小规模生产，转而进行大规模生产。同时，随着消费者实际收入的增加，过去只供高收入阶层消费的高档商品将被多数人消费，其结果是出现一种积极扩张的良性循环。

德纽对大市场带来的规模化生产进行了描述，他认为，大市场化、机器的充分利用、大量生产、专业化、最新技术的应用、竞争的恢复，所有这些因素都会使生产成本和销售价格下降，加上取消关税也可能使价格有所下降，这一切都将导致购买力和实际生活水平的提高。购买某种商品的人数增加之后，又可能使消费和投资进一步增加。他最终得出结论："这样一来，经济就会开始其滚雪球式的扩张。消费的扩大引起投资的增加，增加的投资又导致价格下降、工资提高、购买力提高……只有市场规模迅速扩大，才能促进和刺激经济扩张。"

大市场理论的核心有两个：一是通过扩大市场获得规模经济效益；二是依靠因市场扩大而竞争激烈化的经济条件获得规模经济效益。二者是目的与手段之间的关系，前者是目的，后者是实现目的所采取的手段。

（三）协议性国际分工理论

1. 协议性国际分工理论的核心观点和分析过程

大市场理论试图用内部市场的扩大来解释欧洲共同体的发展动力，但是日本学者小岛清(Kiyoshi Kojima，1920—2010)认为，区域经济一体化不是实现规模经济效益的唯一途径，共同市场内部的协议分工同样可以达到实现规模经济的目的。小岛清于20世纪70年代提出了协议性国际分工理论，这一理论的核心观点是：区域经济集团组建以后，原来由不同经济体构成的分散的小市场结成为统一的大市场，企业从而摆脱了市场规模方面的限制，同时各成员方能够通过协议共同分享规模经济效益。

小岛清认为，比较优势理论可能导致各国企业生产的垄断和集中，并且影响共同体内部分工和贸易的和谐发展，因而有必要提出一种与比较优势理论不同的国际分工原理，即协议性国际分工原理。他指出，以前的国际经济学论述的是在成本递增条件下通过比较优势形成国际分工，对成本递减或成本不变的情况却没有涉及。然而世界经济的客观现实证明，成本递减是一种普遍的现象，经济一体化的目的在于通过市场扩大化来实现规模经济，这实际上也是成本长期递减的问题。在成本递减或成本不变的情况下，通过经济一体化的大市场来实现规模经济，在相互竞争的各国之间扩大分工和贸易，也能达到贸易创造的目标。在经济一体化组织内部，如果仅仅依靠比较优势理论进行分工，不可能完全获得规模经济的益处，相反却可能导致各国企业的集中和垄断，影响经济一体化组织内部分工的和谐发展和贸易的稳定。在这种情况下，必须实行协议性国际分工。通过两国之间达成的相互提供市场的协议，使一国放弃某种商品的生产，并把国内市场提供给另一国；另一国放弃另外一种商品的生产，并把国内市场提供给对方，两国都能获得规模经济效益。因而，小岛清认为，必须引进共同市场的内部分工原理，并在其指导下通过两国间的协议来实现国际专业化分工。

2. 关于协议性国际分工条件的论述

为了使两个协议参加国达成协议性的国际分工，必须满足以下 3 个条件：

(1) 协议参加双方在要素禀赋及经济发展水平等方面相近

协议分工最主要的条件是参加协议的国家与地区的生产要素禀赋比例差别不大，工业化水平和经济发展水平相近，协议性分工的对象产品在两个国家均能生产。在这种条件下，互相竞争的各国之间扩大分工和贸易，既是关税同盟理论的贸易创造效应的目标，也是协议性国际分工理论的目标。而在要素禀赋比例和发展阶段差距较大的国家之间，由于某个国家可能因比较成本差距很大而陷入单方面的完全专业化，比较优势理论仍起主导作用，不会产生进行协议性国际分工的需求。

(2) 作为协议分工对象的商品必须能够获得规模经济效益

随着国际竞争的日益加剧，各国都在努力降低产品的成本以期赢得更广阔的市场，而在一般情况下，企业的长期平均成本是随着产量的增加而递减的。因此协议性国际分工的产品应该是能够获得显著规模经济效益的产品，这样两国在协议分工的基础上各自生产一种商品，通过生产的专业化和生产规模的扩大就能达到取得规模经济效益从而提高国际竞争力的目的。这也很好地解释了在协议分工实践中为什么重工业最多、轻工业次之、第一产业最少的原因。

(3) 协议参加双方生产任何一种协议性对象商品的成本差别不大

对于参加协议分工的两个国家或地区来说，生产任何一种协议性对象商品的成本应该差别不大。也就是说，本国实行专业化的产业和让给对方的产业之间没有优劣之分，否则就不容易达成协议。这种利益或产业优劣主要决定于规模扩大后的成本降低率、随着分工深化而增加的需求量及增长率。所以，一般协议分工是同一范畴商品内更细的分工。

(四) 综合发展战略理论

综合发展战略理论是对发展中国家经济一体化现象进行阐述的较有影响的理论，这一理论由鲍里斯・塞泽尔基(Boris Sezeerji)在《南南合作的挑战》一书中提出，系统论述有效的政府干预对于发展中国家经济一体化的重要性。

综合发展战略理论认为，发展中国家的经济一体化是变革世界经济格局、建立国际经济新秩序的重要组成部分。发展中国家在进行经济一体化时应综合考虑经济、政治、机构等因素。经济因素主要包括：区域内经济发展水平及各国间的差异；各国间经济的相互依赖程度；新建区域经济合作区的最优利用情况，特别是资源与生产要素的互补性及其整体发展潜力；与第三国经济关系的性质，外国经济实体（如跨国公司）在特定经济集团中的地位；特定集团在一定条件下选择的一体化政策模式和类型的适用性。政治和机构因素主要包括：各国间社会政治制度的差异；各国间有利于实现一体化的“政治意志”状况及稳定性；该区域集团的对外政治关系模式；共同机构的效率及其有利于集团共同利益的创造性活动的可能性。

综合发展战略理论的原则是：第一，区域经济一体化是发展中国家的一种发展战略；第二，它不限制市场的统一，也不必在一切情况下都寻求尽可能高的其他一体化形式；第三，生产和基础设施是其经济一体化的基本领域；第四，通过区域工业化来加强相互依存性；第五，两极分化是伴随一体化出现的一种特征，只能通过强有力的共同机构和政治意志制定系统的政策来避免它；第六，鉴于私营部门在发展中国家一体化进程中是导致其失败的重要原因之一，故有效的政府干预对于经济一体化的成功至关重要；第七，发展中国家的经济一体化是集体自力更生的手段和按新秩序逐渐改变世界经济的要素。

第四节　国际直接投资理论

国际直接投资是当今国际经济合作中最为复杂而又最具影响力的活动，第二次世界大战以后，尤其是进入到20世纪60年代以后，国际直接投资特别是跨国公司的国际直接投资得到了空前的发展，引起了国际经济学界的普遍关注，形成了许多观点各异的关于国际直接投资的理论。

一、垄断优势理论

在20世纪60年代之前，学术界尚没有对国际直接投资进行专门的研究，当时西方的主流观点将对外直接投资视为由利率差异导致的国际资本流动的一部分。国际直接投资理论的系统研究始于美国经济学家斯蒂芬·赫伯特·海默（Stephen Herbert Hymer，1934—1974）的垄断优势论，代表作品是海默于1960年发表的博士论文《国内公司的国际经营：对外直接投资研究》，海默被称为“跨国公司理论之父”。垄断优势理论后经海默的导师金德尔伯格（C. Kindleberger）及凯夫斯（R Z. Caves）等学者补充和发展，成为研究国际直接投资最早的、最有影响的理论。此后，西方对外直接投资理论迅速发展，理论成果颇丰，逐渐形成了一个相对独立的研究分支。

（一）垄断优势理论的主要内容

1. 市场不完全是垄断优势的根源

垄断优势理论的核心内容是“市场不完全”与“垄断优势”。传统的国际资本流动理论认为，企业面对的海外市场是完全竞争的，即市场参与者所面对的市场条件均等，且无任何阻碍市场正常运作的因素。完全竞争市场所具备的条件是：有众多的卖者与买者，其中的任何人都无法影响某种商品市场价格的涨跌；所有企业供应的同一商品均是同质的，相互之间没有差别；各种生产要素都在市场无障碍地自由流动；市场信息通畅，消费者、生产者和要素拥有者对市场状况和可能发生的变动有充分的认识。海默认为，对市场的这种描述是不正确的，“完全竞争”只是一种理论研究上的假定，现实的经济活动中普遍存在的是不完全竞争市场。所谓市场不完全，是指由于各种因素的影响而引起的偏离完全竞争的一种市场结构，即受企业实力、垄断产品差异等因素影响所形成的有阻碍和干预的市场。海默认为，正是由于外部市场不完全，才使跨国公司得以保持其所拥有的垄断优势。

海默认为，市场不完全体现在以下 4 个方面：第一，商品市场不完全，包括商品的差异性、商标、特殊的市场技能以及价格联盟等；第二，要素市场不完全，即技术水平差异和获得资本的不同难易程度，具体表现为专利、技术诀窍、资本获得能力等差异；第三，规模经济和外部经济的市场不完全，即企业由于大幅度增加产量而获得规模收益递增；第四，由政府干预程度、税收、利率和汇率等政策导致的市场不完全。基于以上 4 个方面的认识，海默指出，市场不完全是企业对外直接投资的基础，因为在完全竞争市场条件下，企业不具备支配市场的力量，它们生产同样的产品，同样地获得生产要素，因此对外直接投资不会给企业带来任何特别的利益。而在市场不完全的条件下，企业则有可能在国内获得垄断优势，并利用这种垄断优势，通过对外直接投资在国外进行产品的生产。由此可见，海默摒弃了传统的市场完全性假设前提，突破了传统国际投资理论的局限，代之以新的研究方法和视角来解释快速成长中的国际直接投资现象。

2. 垄断优势是进行国际直接投资的动因

与东道国相比较，对外投资企业不仅要承担远距离经营的额外成本，而且在了解当地法律、法规和民族文化、适应自然地理环境以及信息获取等方面都处于劣势地位，因此大大增加了投资的不确定性风险。垄断优势理论认为，进行国际直接投资的跨国公司一般都具有多方面的垄断优势，这些垄断优势足以抵消进行跨国竞争和在国外经营所面对的种种不利因素，并且能够凭借这些优势排斥东道国企业的竞争，维持垄断高价，以致形成不完全竞争和寡占的市场格局，这是企业进行对外直接投资的主要原因。跨国公司的垄断优势主要有以下几个方面：

① 市场垄断优势。跨国公司的市场垄断优势主要包括产品性能差别、特殊销售技巧、控制市场价格的能力等。

② 生产垄断优势。跨国公司的生产垄断优势主要包括经营管理技能、融通资金的能力优势、掌握的技术专利与专有技术等。

③ 规模经济优势。跨国公司的规模经济优势是指通过横向一体化或纵向一体化，在供、产、销各环节的衔接上提高效率。

④ 信息与管理优势。跨国公司的子公司、分公司及各类销售机构分布在不同类型的国家，而统一的管理和全球一体化的战略原则又把这些分支机构联为一体，使它们能够通过获得的信息和情报在总体利益一致的前提下互相交流和学习。

⑤ 规避关税壁垒的优势。政府的课税、关税等贸易限制措施所产生的市场进入或退出障碍，导致跨国公司较少采取对外贸易的方式而较多采取对外直接投资的方式来利用其垄断优势，从而成功绕过进口国的关税壁垒。

（二）垄断优势理论的进一步发展

20 世纪 70 年代，继海默开创国际直接投资理论研究的新思路之后，多位西方学者在垄断优势理论框架下，从不同的角度对跨国公司的国际直接投资行为进行了更为深入的研究，进一步充实和发展了这一理论。研究结果显示，跨国公司具有的垄断优势来自于其独有的一些核心资产。

1970 年，美国学者约翰逊(H. G. Johnson)在其发表的论文《国际公司的效率和福利意义》中指出："知识资本在公司内部的转移是直接投资过程的关键"，跨国公司的垄断优势主要来源于其对知识资产的控制。制造简单的产品只需要简单的技术和知识，而且容易袭用仿制；制造复杂的产品需要复杂的技术和知识。但是，与其他资产相比，这些资产的生产成本较高。如果通过国际直接投资方式对这些资产加以利用，则会大大降低其成本，同时可以在公司内部进行转让，从而使垄断优势得以保持。

1971 年，美国经济学家凯夫斯(R. E. Caves)在其发表的《国际公司：对外投资的产业经济学》一文中，从产品差别能力的角度对垄断优势理论进行了补充。凯夫斯认为，跨国公司所拥有的重要优势之一是使产品发生异质的能力。跨国公司能够凭借其强大的人才、资金和技术等方面的优势，针对不同层次和不同地区的消费者偏好对产品进行设计和改造，使产品在形态、性能、包装等方面与其他同类产品形成差异，并通过其强有力的广告宣传、公关活动等销售技能，促使消费者偏爱和购买这些产品。

1973 年，美国经济学家尼克博克(F. T. Knickerbocker) 在其发表的《寡占反应与跨国公司》一文中，从竞争心理的角度分析了企业对外进行直接投资的动机。他指出，在寡占市场结构中只存在少数大厂商，这些厂商彼此警惕对手的市场行为，从而经常发生企业跟从行为(即寡占反应)，这是对外直接投资的主要原因。各个企业随时准备在竞争对手采取对外直接投资行动之后，紧随其后实行跟进战略。寡占反应行为的主要目的在于尽可能抵消竞争对手率先投资所产生的优势，避免给自己带来风险。尼克博克认为，寡占反应行为必然导致对外直接投资的成批性，因为只有处于高利润率行业的跨国公司才拥有雄厚的资金实力，才能迅速作出防御性反应。尼克博克分析了美国 1948—1967 年对外直接投资的状况，发现美国跨国公司在国外的子公司有一半是集中在 3 年内建立的，并且这些跨国公司的集中程度也较高。

二、内部化理论

（一）内部化理论的产生

内部化理论又称市场内部化理论，代表人物主要有英国里丁大学学者巴克莱(Peter. J. Buckley)、卡森(Mark Casson)和加拿大学者拉格曼(A. M. Rugman)等。

所谓市场内部化，是指把外部市场建立在公司内部的过程，即由于市场不完全，跨国公司为了其自身利益，以克服外部市场的某些失效，以及由于某些产品的特殊性质或垄断势力的存在，导致企业市场交易成本的增加，而通过国际直接投资，以内部市场取代原来的外部市场，从而降低外部市场交易成本并取得市场内部化的额外收益。

内部化理论的渊源可以追溯到英国学者罗纳德·科斯(R. H. Coase)于 1937 年发表的《企业的性质》一文中的产权经济学理论。科斯认为，由于市场失效，市场不完全将使企业的交易成本大大增加，包括签订合同的签约费用、信息收集费用以及签订合同后发生的各种费用。企业为了避免这些额外增加的成本，便产生了“内部化”即以企业内部市场取代不完全的外部市场的倾向。1976 年，巴克莱和卡森在《跨国公司的未来》一书中，运用交易成本理论和垄断优势理论，正式提出了内部化理论。加拿大学者拉格曼在 1981 年出版的《跨国公司的内幕》和 1982 年出版的《跨国公司新理论》等作品中进一步发展和完善了这一理论。

（二）内部化理论的主要内容

1. 内部化理论的基本假设条件

内部化理论的基本假设条件有 3 个：

① 厂商在存在各种障碍的不完全竞争的市场条件下，将追求利润最大化作为其经营的目标；

② 当生产要素市场特别是中间产品市场不完全时，厂商就可能对外投资建立厂商间的内部市场，以替代外部市场；

③ 厂商内部化行为一旦超越国界就产生了跨国公司。

内部化理论仍然以市场不完全作为关键性的假设，认为市场的不完全性不仅表现在最终产品上，更重要的是表现在中间产品市场方面。所谓中间产品，不仅包括半加工的原材料和零部件，更重要的是包括各种技术、专利、管理技能及市场信息等。当厂商在外部市场遭遇交易时滞和较大交易成本时，就可能将中间产品市场在一个厂商中进行内部化，从而置于共同的所有权控制之下，以内部市场来代替外部市场组织交易，以谋求厂商整体利润的最大化。

2. 市场内部化的动因

(1) 防止技术优势流失

技术优势是跨国企业赖以与东道国企业进行竞争的所有权优势的重要组成部分。而知识产权、技术诀窍则具有公共物品的性质，即可以被众多使用者共同使用的特性，跨国企业凭借巨额研究和开发费用所形成的技术优势，只有通过内部化贸易才能保证其垄断地位。

(2) 满足特种产品交易需要

在跨国公司生产过程中，有些中间产品在性能、规格等方面具有特殊的要求，而通过外部市场难以获得这类中间产品，抑或存在着供给不稳定性。所以，跨国企业要通过内部化贸易将这类中间产品的生产纳入整个公司的生产体系之中，从而确保跨国企业全球生产链的正常运转。

(3) 追求规模经济效益

跨国公司通过市场内部化获得规模经济效益包括两个层面。首先，在跨国公司总公司的整个系统内部进行资源统筹与合理配置，在实现整体利益最大化的目标下来安排生产、销售、研究与开发、资本管理、流动资金管理等，获得规模经济效益；其次，在跨国公司各子公司和分公司实行内部专业化生产和国际分工，避开外部市场的阻碍和高成本，合理安排产品的生产和分配，获得规模经济效益。

(4) 利用内部转移价格

内部转移价格是指跨国公司内部的母公司与子公司之间以及各子公司之间相互约定的出口和采购商品、劳务和技术时所规定的价格，该价格在一定程度上不受市场供求关系法则的影响，它不是独立各方在公开市场按“独立竞争”原则确定的价格，而是根据跨国公司的全球战略目标和谋求最大利润的目的，由总公司上层决策者所确定。利用内部转移价格可以使跨国公司达到获取高额垄断利润、规避外汇管制以及逃税等目的。

3. 市场内部化的影响因素

从理论上讲，只有当内部化的边际收益大于边际成本时，才是可行且有效的选择。根据内部化理论学者的研究，企业针对市场不完全实行的内部化受到产业特定因素、区域因素、国别因素及企业因素的影响。

① 产业特定因素。产业特定因素包括产品的特性、规模经济以及产品外部市场的竞争结构等。

② 区域因素。区域因素是指有关区域内的地理和社会特点，如地理距离、社会心理、文化环境差异等。

③ 国别因素。国别因素包括有关国家的政治制度、法律制度和财政金融政策对公司行为的影响。

④ 企业因素。企业因素是指不同企业组织内部交易的能力和内部化后所增加的管理成本、企业的控制和协调能力等。

在上述4个因素中，内部化理论将分析的重点放在产业特定因素和企业因素上，表现为其内部化的边际收益和边际成本。

三、国际生产折衷理论

（一）国际生产折衷理论的提出

国际生产折衷理论又称国际生产综合理论，其代表人物是英国里丁大学教授约翰·邓宁(John M. Dunning)。邓宁认为，20世纪50年代以来的各种国际直接投资理论可以概括为产业组织理论、厂商理论和金融理论3大类，这些理论分别从商品贸易、资源转让、国际直接投资等不同的侧面分析了国际直接投资的动机和行为，但是都只是从一个侧面孤立地对国际直接投资作出了部分解释，没有形成一整套将国际贸易、资源转让和国际直接投资等有机结合的一般理论，因此不可避免地存在片面性，不能对各国的国际直接投资动机和行为作出全面的解释。要克服以上问题，就应该将上述理论有机地结合起来。1977年，邓宁发表了题为《贸易、经济活动的区位与跨国企业：折衷理论方法探索》的论文，第一次提出了国际生产折衷理论。1981年，在他出版的《国际生产与跨国企业》一书中对这一理论进行了系统的论述。

（二）国际生产折衷理论的主要内容

邓宁认为，现代国际直接投资活动的动因是多重的，只从一种或两种因素来分析企业对外直接投资活动缺乏全面性。邓宁总结出决定国际企业行为和国际直接投资的3个基本要素：所有权优势(ownership)，内部化优势(internalization)，区位优势(location)，这就是所谓的“OLI模式”。

1. 所有权优势

所有权优势又称垄断优势或厂商优势，是指一国企业所拥有或能够获得国外企业所没有或无法获得的无形资产、规模经济等方面的优势。

① 技术优势。技术优势是指国际企业对外投资应具有的生产诀窍、销售技巧和研究开发能力等方面的优势。

② 企业规模优势。企业规模优势有两方面的含义：一是企业规模越大，研究和开发能力就越大，就越有利于技术创新；二是企业规模越大，就越容易向外扩张，从而在国内和国际两个市场上均获得规模优势。

③ 组织管理优势。组织管理优势是指大公司在对外扩张中能充分发挥它所具有的组织管理能力与企业家才能。

④ 金融与货币优势。金融与货币优势是指大公司往往有较好的资金来源渠道和较强的融资能力，从而能在对外直接投资中发挥优势。

2. 内部化优势

内部化优势是指企业为避免不完全市场给企业经营带来的不利影响，将其拥有的资产加以内部化而保持企业所拥有的优势。实行内部化的前提条件包括：签订和执行合同需要较高的费用；买者对技术出售的价值不确定；需要控制产品的使用。

邓宁认为，企业内部化的根源在于外部市场失效。邓宁把市场失效分为结构性市场失效和交易性市场失效两类。结构性市场失效是指由于东道国贸易壁垒、政府干预所引起的市场失效；交易性市场失效是指由于交易渠道不畅或有关信息不易获得而导致的市场失效。

3. 区位优势

区位优势是指投资的国家或地区对投资者来说在投资环境方面所具有的优势，是投资国与东道国多种因素综合作用的结果。

区位优势可分为直接区位优势和间接区位优势。直接区位优势即东道国的有利因素，包括东道国的要素禀赋和政治经济制度。东道国的要素禀赋主要指有效率和技能的低成本劳动力、丰裕的自然资源条件、规模较大和发展较快的市场等；东道国的政治经济制度主要指良好的基础设施、政府吸引外国投资的优惠政策、完善的法律、法规以及健全的金融体系等。间接区位优势即投资国的不利因素，包括生产要素成本较高、东道国贸易保护主义对本国商品出口的限制、商品出口存在运输费用等。可见，企业开展海外直接投资进行区位选择必须对东道国和投资国两方面的因素进行比较分析。

邓宁认为，如果企业仅有所有权优势和内部化优势但不具备区位优势，就意味着缺乏有利的海外投资场所，因此企业只能将有关优势在国内加以利用，然后依靠产品出口来供应当地市场；如果企业只有所有权优势和区位优势，则说明企业拥有的所有权优势难以在内部利用，只能将其转让给外国企业；如果企业具备了内部化优势和区位优势但无所有权优势，则意味着企业缺乏对外直接投资的基本前提，海外扩张无法成功。因此，企业必须同时兼备所有权优势、内部化优势和区位优势，才能从事有利的海外直接投资活动(见表 2-2)。

表 2-2 可选择的国际经济活动方式

方　　式	所有权优势	内部化优势	区 位 优 势
国际直接投资	√	√	√
出口	√	√	×
技术转让	√	×	×

注：“√”代表具有或应用某种优势；“×”代表缺乏或丧失某种优势。

四、边际产业扩张理论

（一）边际产业扩张理论提出的背景

第二次世界大战使得日本的经济遭到了巨大的破坏。据统计，到 1945 年 8 月，日本国民财富的 45%以上被战争所耗费。1946 年，日本的主要生产指标均大大低于战前水平，工业技术水平比美国落后了 30 年，劳动生产率比英、法等国也低得多。

"二战"结束后，美国对日本实行了单独军事占领，并按照波茨坦公告精神，在日本推行旨在铲除军国主义社会经济基础的民主改革。在政治和军事上修改了日本宪法，废除了"天皇制"，规定军费开支不得超出国民生产总值的 1%；在经济上进行了"三大改革"，即农地改革、解散财阀和劳动立法。到 1955 年，日本的主要经济指标基本达到或超过了战前最高水平。

1956 年到 1973 年，日本经济进入高速发展时期，其工业生产年平均增长率达到 13.6%，对外贸易从 1965 年开始出现顺差，到 1973 年的 8 年中增长了 3.5 倍，国民生产总值占资本主义世界的比重从第 6 位跃升到第 2 位，成为仅次于美国的世界第二经济大国。这种长期、持续的高速增长在资本主义经济发展史上是罕见的，被西方学者称为创造了资本主义经济发展的"奇迹"。随着日本经济的高速发展，其国际地位也得到了极大的提高，与美国、西欧共同构成了国际直接投资的"大三角"格局。

然而，日本对外直接投资与欧美国家不同，需要用不同于欧美国家的适用性理论加以研究和解释。20 世纪 70 年代末，日本一桥大学的小岛清教授运用比较优势理论并结合日本国情，着重分析了对外直接投资的贸易效果，提出了对外直接投资的边际产业扩张理论。由于该理论主要以日本跨国公司对外直接投资为研究背景，所以又被称为"日本式的对外直接投资模式"。

（二）边际产业扩张理论的研究依据

1978 年，小岛清在其代表作《对外直接投资》一书中系统地阐述了边际产业扩张理论。小岛清认为，各国的经济情况均有特点，依据美国对外直接投资状况形成的理论无法解释日本的对外直接投资，只能依据日本的实际选择适宜的对外投资模式。日本对外投资与美国相比较主要有以下 3 点区别：第一，美国的海外企业大多分布在制造业，从事海外投资的企业多处于国内具有比较优势的行业或部门；而日本对外直接投资主要分布在自然资源开发和劳动力密集型行业，这些行业是日本已失去或即将失去比较优势的行业，对外投资是按照这些行业比较成本的顺序依次进行的。第二，美国从事对外直接投资的多是拥有先进技术的大型企业；而日本的对外直接投资以中小企业为主，所转让的技术也多为适用技术，比较符合当地的生产要素结构及水平。第三，美国对外直接投资属于贸易替代型，由于一些行业对外直接投资的增加而减少了这些行业产品的出口；与此相反，日本对外直接投资的行业在本国已处于比较劣势但在东道国却正在形成比较优势或具有潜在的比较优势，所以对外直接投资的增加会带来国际贸易量的扩大，这种投资属于贸易创造型。

（三）边际产业扩张理论的主要内容

小岛清在将微观分析作为既定前提的基础上，从宏观角度尤其是国际分工的角度对跨国公司的对外直接投资行为进行了深入的研究。边际产业扩张理论的主要内容是，对外直接投资应该从本国已经处于或即将处于比较劣势的产业（边际产业）开始，并依次进行。这些产业是指已处于比较劣势的劳动力密集部门或者某些行业中装配或生产特定部件的劳动力密集的生产环节或工序。这些产业虽然在投资国已处于或即将处于比较劣势的地位，但在东道国却是具有明显或潜在比较优势的部门，但如果没有外来的资金、技术和管理经验，东道国这些优势就不能被利用。凡是在本国已趋于比较劣势的生产活动都应通过直接投资依次向国外转移。这样做的结果，不仅可以使国内的产业结构更加合理，促进本国对外贸易的发展，而且还有利于东道国产业的调整，促进东道国劳动密集型行业的发展，对双方都会产生有利的影响。

五、投资发展周期理论

（一）投资发展周期理论的提出

20 世纪 70 年代，邓宁试图通过国际生产折衷理论来寻求一个普遍适用的跨国投资理论框架。但是，国际生产折衷理论主要是根据西方私人对外投资行为提出的，对发展中国家投资行为的解释力较差。1981 年，邓宁将其国际生产折衷理论动态化，创立了投资发展周期理论。实质上，投资发展周期理论是国际生产折衷理论在发展中国家的运用和延伸。

邓宁以实证分析的方法，对 67 个国家在 1967 年到 1978 年间以人均国民生产总值（GNP）为标志的经济发展阶段与对外直接投资（资本流出）的关系进行了研究。研究认为，一国的国际投资规模与其经济发展水平有着密切的关系，人均 GNP 越高，其对外直接投资净额越大。发展中国家对外直接投资的倾向取决于它们所处的经济发展阶段和所拥有的所有权优势、内部化优势和区位优势。邓宁根据人均 GNP 将上述国家分为四组，相应地将投资发展周期划分为四个阶段（见表 2-3）并用国际生产折衷理论来解释这几个阶段：

表 2-3　投资发展周期

经济所处阶段	人均 GNP /美元	FDI 流入时 OIL 优势	FDI 流出时 OIL 优势	FDI 流入量	FDI 流出量
第一阶段	400 ↓	外国所有权优势显著；外国内部化优势显著；本国区位劣势	本国所有权劣势；本国内部化优势不适应；外国区位优势不适应	低	低
第二阶段	400～1 500	外国所有权优势显著；外国内部化优势可能下降；本国区位优势上升	本国所有权优势较少；本国内部化劣势、专业化程度低；外国区位优势开始出现	增加	低
第三阶段	2 000～4 000	外国所有权优势下降或更专业化；外国内部化优势可能上升；本国区位优势下降	本国所有权优势上升；本国内部化优势仍受限制；外国区位优势上升	增加	增加
第四阶段	4 000～5 600	外国所有权优势下降和更专业化	本国所有权优势上升	下降	增加

资料来源：J. H. Dunning. *International Production and the Mnteprise*. George Allen and Vnwin LTD. 1981,P117.

通过实证分析，邓宁得出一般结论：一国的所有权优势和区位优势与引进国外直接投资呈正相关关系，与对外直接投资呈负相关关系；内部化优势既可以促进对外直接投资，也可以促进外国直接投资，其作用大小取决于投资国和东道国市场不完全的程度。一国的经济发展水平决定了所有权优势、内部化优势和区位优势的强弱，而上述优势的均衡又决定了一国的净国际直接投资地位。

（二）投资发展周期理论的发展

在邓宁提出投资发展周期理论之后，日本学者小泽辉智和美国学者迈克尔·波特都对这一理论进行了发展。

小泽辉智(Tereto Ozawa)的国际直接投资理论也被称之为新的综合国际投资阶段发展论，其理论核心是强调世界经济结构特点对经济运行特别是对投资的影响。他认为，世界经济表现出如下结构特点：一是每个经济实体内部的供给方和需求方存在差异；二是企业是各种无形资产的创造者和交易者；三是各国经济发展水平和实力的分层结构明显；四是各国经济结构升级和发展具有相应的阶段性和继起性；五是各国政策中有一种从内向型向外向型转变的趋势。在以上这些内容中，小泽辉智认为第三点和第四点最重要。前者说明经济发展水平的差异决定利用外资和对外投资的形式和速度；后者则说明一个国家的产业结构升级是一个循序渐进的过程，这一过程是利用外资和对外投资经验积累的过程。小泽辉智还指出，发展中国家应先从引进外国投资开始，然后逐步过渡到对外投资。

当今世界商业管理界公认的“竞争战略之父”美国学者迈克尔·波特(Michael E.

Porter)根据竞争的动态化和演进过程,在 1990 年的《国家竞争优势》一书中提出了竞争发展理论,对投资发展周期理论进行了发展。波特将产业参与国际竞争的过程分为四个阶段:资源要素驱动阶段、投资驱动阶段、创新驱动阶段和财富驱动阶段。在第一阶段,产业国际竞争优势几乎都得益于某些基本的生产要素,如拥有自然资源或丰富廉价的劳动力。在第二阶段,产业国际竞争优势的升级主要由投资供给推动,而不是由需求拉动,在投资选择上更倾向于那些能使生产要素向更高级方向发展以及现代化基础设施等领域,产业国际竞争趋于白热化。此外,政府能否在这一阶段实施适当的政策也非常重要。在第三阶段,生产要素的自然禀赋优势对产业国际竞争力的贡献率越来越少,相反,生产要素的劣势刺激企业不仅要引进和运用国际先进技术,而且要不断地对这些生产技术进行改进和创新。特别需要强调的是,企业消化吸收和创新改造外国先进技术的能力是一国产业达到创新驱动阶段的关键,也是创新驱动与投资驱动的根本区别所在。在第四阶段,出现了越来越多的产业内外的企业兼并和企业收购,折射出企业希望通过减少竞争来增强稳定性的意愿,而这样做实际上并不能从根本上提高企业的竞争优势和产业的国际竞争力,相反企业还会因竞争程度的减弱失去进一步开拓创新的斗志。因此,这一阶段是产业国际竞争力的衰退期,获得经济财富是这一阶段的驱动力。

根据世界经济结构的特征,结合波特的竞争阶段论,小泽辉智又指出,国际直接投资模式只应是一种与经济结构变动相适应的资本有序流动。第一,要素(资源与劳动)驱动阶段的国家,吸引的一般是属于资源导向型或劳动力导向型的外国投资。第二,当一个国家处于劳动驱动向投资驱动过渡的阶段,主要在资本品和中间产品业中吸收外资;而在劳动密集的制造业中,会产生向低劳动成本国家的对外直接投资。第三,从投资驱动阶段向创新驱动阶段过渡的过程中,将会在技术密集产业吸引国外直接投资;而在中间品产业中会发生对外直接投资。

六、小规模技术理论

(一) 小规模技术理论产生的背景

传统的国际投资理论把拥有或获取垄断技术优势及规模经济作为企业进行对外投资的必要条件,但是对于为数众多的发展中国家来说,要想具备以上优势是非常困难的。那么,发展中国家对外投资的优势有哪些呢? 对此问题,美国哈佛大学研究跨国公司问题的著名教授刘易斯·威尔斯(Louis T. Wells)进行了卓有成效的研究。1977 年,在其发表的《发展中国家企业的国际化》一文中提出了发展中国家对外投资的适用性理论——小规模技术理论。20 世纪 80 年代初期,他与其助手建立了发展中国家跨国公司数据库,对发展中国家企业获取竞争优势的问题进行了更为深入的研究。1983 年,他出版了专著《第三世界跨国公司》,对小规模技术理论进行了比较系统的阐述,被公认为是研究发展中国家跨国公司的开创性成果。

（二）小规模技术理论的主要内容

威尔斯的小规模技术理论没有泛泛地认为发达国家所有企业都具有竞争优势，而是对不同产品和不同市场加以区别，指出在民族产品、与小规模技术相联系的非名牌产品以及发展中国家市场上，发展中国家的企业与发达国家的企业相比也可以具有竞争优势。

1. 发展中国家跨国公司的小规模技术优势

威尔斯认为，发展中国家跨国公司的竞争优势主要表现在以下 3 个方面：

(1) 拥有为小市场需要服务的小规模生产技术

低收入国家商品市场的一个普遍特征是需求量有限，大规模生产技术无法从这种小市场需求中获得规模效益，许多发展中国家正是由于开发了满足小市场需求的生产技术而获得了竞争优势的。

(2) 在民族产品和海外生产上具有优势

一些发展中国家对外投资的需求对象主要是海外同一种族的消费群体，其生产往往利用母国的当地资源，从而享有成本优势。根据威尔斯的研究，以民族为纽带的对外投资在印度、泰国、新加坡、马来西亚以及中国台湾、中国香港等地区的投资中都占有一定的比例。

(3) 低价产品营销战略

发达国家跨国公司的营销策略往往是投入大量的广告费用，树立产品形象，创造品牌效应。与发达国家跨国公司的产品相比，物美价廉是发展中国家产品的特点。这一特点也自然成为发展中国家跨国公司提高市场占有率的有力武器。

小规模技术理论强调发展中国家跨国公司具有的竞争优势不是绝对优势，而是相对优势。这个“相对”主要包括两个方面的含义：一方面相对于发达国家的跨国公司，发展中国家的跨国公司拥有适合当地市场条件的生产技术，因而在同类型发展中国家市场具有竞争优势；另一方面，相对于欠发达国家的当地企业，许多发展中国家的跨国公司具有先进的生产技术，因而具有竞争优势。

2. 发展中国家跨国公司对外直接投资的动机

威尔斯认为，发展中国家企业的对外直接投资动机主要包括如下 4 个方面：

① 保护出口市场。对于制造业企业来说，保护出口市场是发展中国家企业对外投资的一个非常重要的动机。也就是说，许多发展中国家企业的对外直接投资行为是防御性的，是在其国外市场受到威胁时才进行的。威尔斯根据对亚洲、南美洲等多个国家的调查指出，由于贸易壁垒的存在，商品出口不是长久的国际经营方式，资本输出才使他们的大多数市场得到保护。

② 谋求低成本。一些发展中国家和地区的企业也在寻求工资比本国水平更低的劳动力，以对付其他各国的出口竞争；还有一些资本投向了第三国，目的是节约运输成本。

③ 种族纽带。如前所述，种族纽带在一些华人企业和印度等亚洲其他国家的企业表现较为明显。

④ 分散风险。一些发展中国家国内政治不稳定，使企业生产经营的风险增大。为了分散风险，有条件的企业会更多地选择对外投资。

除上述动机外，发展中国家跨国公司对外直接投资的动机还包括东道国政府和评估机构的倡议、企业培训管理人员甚至为亲戚寻找职业等。

七、技术地方化理论

（一）技术地方化理论的提出

英国牛津大学教授、国际著名发展经济学和跨国公司问题专家沙加亚·拉奥(Sanjaya Lall)在对印度跨国公司的竞争优势和投资动机进行了深入的研究以后指出，发展中国家跨国公司的技术特征尽管表现为规模小、使用标准化和劳动密集型技术，但这种技术的形成却包含着企业内在的创新活动。在这一点上，拉奥的观点与小规模技术理论不同。他认为，欠发达国家对外国技术不是被动的模仿和复制，而是对技术的消化、改造和创新。1983 年在他出版的《新跨国公司：第三世界企业的发展》一书中，提出了技术地方化理论，以此来解释发展中国家对外直接投资的行为。技术地方化理论假设发展中国家企业在前沿技术和营销手段方面不具有比较优势，他们特有的优势是建立在使用成熟技术和对非差异化产品的特殊营销技能的基础之上的。这一理论弥补了小规模技术理论的缺陷。

（二）技术地方化理论的主要内容

拉奥认为，在特定条件下，发展中国家企业可以把成熟技术作为特有的企业优势，并借以同发达国家的企业展开竞争，其原因有以下几点：

第一，发展中国家技术知识的当地化是在不同于发达国家的环境中进行的。这种技术可能是发展中国家企业自身的技术创新，也可能是对从国外进口技术的消化和改进。虽然该技术并非新技术，但它往往更适应发展中国家的需要，符合东道国消费者的要素价格条件和发展中国家东道国对产品质量的要求。

第二，发展中国家通过对进口的技术和产品进行某些改造，使其产品能更好地满足当地或邻国市场的需求。只要发展中国家企业能够通过创新活动，比发达国家的企业更好地生产出满足特定市场需要的产品，就必然会形成竞争优势(见表 2-4)。

表 2-4　跨国公司垄断优势的来源

发达国家跨国公司	发展中国家跨国公司
1. 企业规模优势	1. 家族企业或国有企业的所有制优势
2. 进入资本市场融资的能力	2. 适应发展中国家条件的技术
3. 专利技术和未申请专利的技术	3. 少数的差异化产品
4. 产品差异化能力	4. 其他营销手段
5. 营销诀窍	5. 适应发展中国家条件的管理技能
6. 管理技能	6. 低成本的管理和技术人员
7. 获得廉价中间投入品的能力	7. 文化优势
8. 对要素市场和产品市场的垂直控制	8. 东道国政府的优惠政策
9. 东道国政府的优惠政策	

资料来源：Sanjaya Lsll. *The New Multinationals: the Spread of Third World Enterprises*[M]. New York: Wiley, 1983.

第三，除了在技术和产品上的优势之外，发展中国家企业的技术创新还具有小规模技术的倾向。与发达国家企业技术创新的大规模生产技术相比，小规模技术更能适应一些发展中国家东道国狭小的国内市场，因此具有更高的经济效益。

第四，对一些大的发展中国家企业而言，利用他们的优势往往能开发出与发达国家企业的品牌产品不同的差异化的消费品。特别是当东道国市场较大，消费者的品位和购买能力存在很大差别时，来自发展中国家的产品仍具有一定的竞争能力。

第五，所有上述优势都可能因为在发展中国家东道国投资而得到加强，或者由于东道国政府对其他发展中国家企业的青睐，或者由于发展中国家东道国与母国之间共同的文化和语言背景等。

在满足上述条件的情况下，发展中国家的企业能够在较低的技术水平上形成对外直接投资的特有优势。这种优势不仅可以带动他们对其他发展中国家的对外直接投资，而且发展中国家企业对成熟技术的创新还可以促进他们对发达国家的投资。

八、技术创新产业升级理论

（一）技术创新产业升级理论的提出

20 世纪 80 年代中期以后，发展中国家对外直接投资出现了加速增长的趋势，特别是一些新兴工业化国家和地区向发达国家投资并成为当地企业有力的竞争对手。如何解释发展中国家对外直接投资的新趋势，是国际直接投资理论界面临的重要挑战。英国里丁大学研究技术创新与经济发展问题的著名专家坎特韦尔(John A. Cantwell)和他的学生托兰惕诺(Paz Estrella E Tolentino)通过对发展中国家对外直接投资问题的系统考察，于 1989 年共同提出了发展中国家技术创新产业升级理论。该理论解释了发展中国家尤其是新兴工业化国家和地区对外投资的结构由发展中国家向发达国家、由传统产业向高技术产业流动的轨迹，对于发展中国家通过对外投资加强技术创新与积累，进而提升产业结构和加强国际竞争力具有普遍的指导意义，受到了西方经济理论界的高度评价。

（二）技术创新产业升级理论的主要内容

1. 基本命题

技术创新产业升级理论以技术积累为内在动力，以地域扩展为基础解释发展中国家和地区的对外直接投资活动，从而将这一过程加以动态化和阶段化。随着技术积累所固有的能量的扩展，对外直接投资逐步从资源依赖型向技术依赖型发展，而且对外投资的产业也逐步升级，其构成与地区分布的变化密切相关。坎特韦尔和托兰惕诺提出了两个基本命题。第一，发展中国家和地区产业结构的升级，说明发展中国家企业技术能力的稳定提高和扩大，这种技术能力的提高和扩大是一个不断积累的结果。第二，发展中国家和地区企业技术能力的提高是与其对外直接投资的增长直接相关的。现有的技术水平是影响其国际生产活动的决定性因素，同时也影响发展中国家跨国公司对外投资的形式和增长速度。

坎特韦尔和托兰惕诺认为，技术创新是一国产业和企业发展的根本动力，对一国的经济发展具有促进作用。发展中国家企业在技术创新上与发达国家不同，发达国家的技术创新主要依靠大量的研发投入，而发展中国家不具备这些条件，因此研发能力较弱，主要是利用特有的学习经验和组织能力来掌握和开发现有的技术。

2. 基本结论

在上述两个命题及论述的基础上，坎特韦尔和托兰惕诺得出基本结论：发展中国家和地区跨国公司对外直接投资的产业分布和地理分布是随着时间的推移而逐渐变化的，并且是可以预测的。

根据他们的研究，发展中国家跨国公司对外直接投资受其国内产业结构和内生技术创新能力的影响。在产业分布上，首先是以自然资源开发为主的纵向一体化的生产活动，然后是进口替代和出口导向为主的横向一体化的生产活动。从海外经营的地理扩展看，发展中国家跨国公司在很大程度上受“心理距离”的影响，其对外直接投资遵循以下的发展顺序：首先是在周边国家进行直接投资，充分利用种族联系；其次随着海外投资经验的积累，种族因素的重要性下降，逐步从周边国家向其他发展中国家扩展直接投资；最后，在经验积累的基础上，随着工业化程度的提高，产业结构发生明显变化，开始从事高科技领域的生产和开发活动。同时，为获得更先进和（包括文化、习惯和语言等）更复杂的制造业技术，开始向发达国家进行投资。

第五节　国际宏观经济政策协调理论

随着国际经济一体化范围和深度的不断发展，宏观经济政策协调在国际经济中的作用日益凸显。在经济存在相互依存的条件下，一国实现内外均衡目标必须进行政策的国际协调，以避免分散决策带来的损失。正是在此背景下，最近几十年间发展起来的国际经济学的一个重要分支——国际宏观经济政策协调理论得到了快速发展并受到了国际经济理论界的广泛关注。在国际宏观经济政策协调的实践过程中，经济学者设计了很多具有特定规则的协调方案，对国际宏观经济政策协调及其制度安排产生了重大的影响。

一、国际宏观经济政策协调理论的产生

随着 20 世纪 50 年代以后世界各国经济联系的不断加强，西方经济学者就注意到了宏观经济政策在国际间协调的重要性。国际宏观经济政策协调理论是从罗伯特 · A. 蒙代尔(Robert A. Mundell)等人的研究开始的。20 世纪 60 年代，蒙代尔和马库斯 · 弗莱明(John Marcus Fleming)发表了一系列研究开放经济条件下货币和财政政策的论文，阐述了内外均衡政策问题。1962 年，蒙代尔提出"政策配合说"与"有效市场分类原则"。所谓政策配合与有效市场分类原则是指每一个目标应当指派给对这个目标具有最大影响力、在影响政策目标上有相对优势的工具。根据这一原则，蒙代尔区分了财政政策、货币政策在影响内外均衡上的不同效果，强调以货币政策促进外部均衡，以财政政策促进内部均衡。他在开放经济下的两国模型中分析了两国经济的相互依存性及其政策的传导效应。相互依存意味着一国政策当局要实现自己的目标就必须与其贸易伙伴国采取的政策协调一致。蒙代尔提出的以特定工具实现特定目标的观点，丰富了开放经济条件下的政策调控理论。

20 世纪 60 年代后期，理查德 · 库珀(Richard N. Cooper)开始研究国际经济关联和国际经济政策的协调与合作问题，研究的重点是国家间相互依存经济的政策设计及政策调整的动态性等。在 1968 年出版的《相互依存经济学：大西洋社会的经济政策》一书中，库珀分析了没有政策协调的后果。他指出，蒙代尔关于有效市场分类原则的理论存在缺陷，在各国经济依存性日益加深的情况下，针对某项目标的经济政策，通过国与国之间的经济联系会对他国产生溢出效应，这种效应反过来又会影响本国宏观经济的运行和本国所采取的政策工具的有效性。他通过建立一个简单模型，描述了两个具有固定汇率与不变价格的对称依赖的经济。他认为，政策协调的收益会随经济依赖程度与政策协调程度的变化而变化。国家间经济联系的加深，使一国实现本国宏观经济政策的难度加大，缺乏国际间的经济政策协调将付出高昂的代价，如拖延国家关于充分就业和增长率目标的实现，增加国际储备的需要等。因此库珀的基本结论是，广泛开展国际经济政策协作是十分

必要的。

二、国际宏观经济政策协调理论的发展

20 世纪 70 年代以后，随着国际货币制度安排由固定汇率制转向浮动汇率制，国际宏观经济政策协调开始吸引学术界的更多注意。有关国际宏观经济政策协调的研究在引入了制度经济学、计量经济学特别是博弈论的新成果后，出现了大量的理论和实证文献，进入了一个富有成果的发展时期。

（一）哈马达模型

从 20 世纪 70 年代中后期开始，日本经济学家滨田宏一（Y. Hamada）对货币领域的国际协调问题进行了策略分析，建立了著名的“哈马达模型”。哈马达模型分析了相互依存条件下的货币政策决策问题。在该模型中，假定存在着互相博弈的两个参与者：国家 1 和国家 2，同时假定各国的货币政策制定者都以稳定价格和充分就业作为货币政策的主要目标，他们通常会根据通货膨胀的冲击程度来确定其货币政策的最优水平。一国在选择某一货币政策时，会力图选择那些蒙受损失最小的货币政策。比如失业和通货膨胀之和的绝对值越小，其货币政策就越好。该模型论证可以推广到多国条件的情形中。在国际货币政策协调过程中，有时两国会争做领头国，有时两国又都不愿意出头做领头国。协调产生的合作均衡有利于双方福利水平的提高，不过协调产生的利益如何分配（即双方福利水平提高的多少）取决于博弈双方的谈判力量。国际间的经济政策不协调是无效率的，而通过国际间经济政策的协调可以达到帕累托效率。[①] 但滨田模型忽视了公众部门和参与货币政策协调的相对国的理性预期因素，也忽略了时间不一致性和货币政策的可信度等因素。

（二）麦金农方案

在国际货币制度于 20 世纪 70 年代初由固定汇率制转向浮动汇率制后，许多经济学家对此非常不满，提出了各种在恢复固定汇率制基础上进行国际协调的方案，其中最为著名的是 1974 年美国斯坦福大学教授、当代金融发展理论奠基人罗纳德·麦金农（Ronald I. Mckinnon）教授提出的“麦金农方案”。麦金农方案对国际经济政策协调的设计主要包括以下两个方面。

---

① 这个概念是以意大利经济学家维弗雷多·帕累托的名字命名的，他在关于经济效率和收入分配的研究中最早使用了这个概念。帕累托效率（pareto efficiency）也称为帕累托最优（pareto optimality），是博弈论中的重要概念，并且在经济学、工程学和社会科学中有着广泛的应用。帕累托效率是指资源分配的一种状态，在不使任何人境况变坏的情况下，不可能再使某些人的处境变好。

① 各国应依据购买力平价[①]确定彼此之间的汇率水平，实行固定汇率制。麦金农认为，购买力平价是良好的均衡汇率确定标准，它可以在较长时期内维持一国国际竞争力的稳定，为各国实现国际收支均衡创造条件。麦金农还具体规定了这一购买力平价的计算方法，即采用批发物价指数，并且只包括可贸易商品。在固定汇率制的实施方法上可以先在美国、德国、日本这三个主要工业国家间实行，通过逐步缩小汇率波动区间的方法最终过渡到固定汇率制。

② 各国应通过协调货币供给的方法维持固定汇率制。从全球角度讲，货币供给数量的确定依据应该是在考虑经济增长的基础上维持全球物价水平的稳定。这一全球货币供给量在各国间的分配原则如下：在考虑各国经济具体情况的差异(例如经济增长情况、不可贸易商品部门发展情况、货币流通速度等因素)后，能使各国可贸易商品的相对比价维持稳定，从而使依据购买力平价确定的名义汇率保持稳定。麦金农认为，引起汇率不稳定因素的主要原因是货币替代[②]以及各国间金融资产的替代活动，因此在发生这一类的冲击时，各国应采取对称的、非冲销性的外汇市场干预措施[③]来稳定汇率，由此带来的货币供给的调整，实际上是全球货币供给根据各国货币需求的变动而自发调节其在各国之间的分配。这样，通过货币供给的国际协调就能实现全球的物价与汇率稳定，实现各国的内外均衡。

麦金农方案作为最典型的以恢复固定汇率制为特征的协调方案受到广泛重视。但是它在实现汇率稳定性的同时，牺牲了汇率的灵活性。而且它以协调各国货币供给来维持固定汇率制的设想是难以实现的。

(三) 汇率目标区方案与理论

汇率目标区(exchange target zone)是指政府设定本国货币对其他货币的中心汇率并规定汇率上下浮动幅度的一种汇率制度。这是一种有管理的汇率制度安排，即一国允许其汇率在一个特定的区间内波动，一旦汇率波动超出了这个区间，货币当局(即中央银行)就要进行干预。

1976 年，荷兰财政大臣杜森贝里(Duilsenbery) 首次提出建立欧洲共同体六国货币

---

① 购买力平价(purchasing power parity，简称 PPP)在经济学上是一种根据各国不同的价格水平计算出来的货币之间的等值系数，以对各国的国内生产总值进行合理比较。但是，这种理论汇率与实际汇率可能有很大的差距。

② 货币替代(currency substitution)是指在开放经济与货币可兑换条件下，在本国出现较为严重的通货膨胀或一定的汇率预期时，公众出于降低机会成本与保持相对高的收益的考虑，减少持有价值相对较低的本国货币而增加持有价值相对较高的外国货币的现象。

③ 外汇市场干预措施分为冲销干预和非冲销干预两种。冲销干预(sterilized intervention)又叫中和干预，是指中央银行在进行外汇买卖的同时，通过公开市场操作对国内市场进行反向操作，达到本币供应量不变的目的。非冲销干预(non-sterilized intervention)通常是指中央银行在外汇市场买卖外汇，从而改变国内市场上的货币供应量，达到调整汇率目的的一种手段。

汇价变动的目标区计划。1985 年,美国著名学者约翰·威廉姆森(John Williamson)和伯格斯坦(Bergsten)共同提出了详细的汇率目标区设想及行动方案。这一方案与“麦金农计划”有着明显的区别,它主张实行更有弹性的汇率制度。其建议包括:预先确定一个基础的均衡汇率作为中心汇率,同时宣布即期汇率围绕这一中心汇率波动的范围;中心汇率的确定不以购买力平价为基础,而是以基本均衡汇率来确定,即政府追求的中期(一般指 5 年)内实现的经济内外均衡的汇率;政府通过运用货币政策,必要时辅以外汇市场干预,将名义汇率维持在波幅内,并在边界达到前进行阶段性的调整。1987 年 2 月,7 国集团中的 6 国财长在巴黎会议上将汇率目标区思想写入会后发表的《卢浮宫协议》。1991 年,保罗·克鲁格曼(Paul Krugman)在《经济学季刊》上发表了《目标区和汇率动态》一文,创立了汇率目标区的第一个规范理论模型——克鲁格曼的基本目标区理论及模型(克鲁格曼汇率目标区理论),揭示了在目标区管理体制下汇率同基本经济变量的动态关系,引起了学术界对汇率目标区问题的浓厚兴趣。克鲁格曼模型有两个关键假设,其一是汇率目标区完全可靠,其上下限能永远保持不变;其二是目标区仅由“边际”干预防卫,也即只有当汇率运行到上下限时,货币当局才出手干预,而在目标区内,没有干预发生。

(四) 宏观经济政策协调的博弈分析

第二次世界大战结束以后,国际上曾酝酿一种谋求实现世界政治经济一体化的思潮,试图建立一个超国家的全球性的权力机构,对国际事务包括国际经济事务进行全面管理。这种设想虽然在现在和未来相当长的时间里不可能实现,但是从此我们可以看到国际社会探索协调各国之间关系有效办法的美好愿望和积极努力。冷战结束后,一方面,各国依然强调国家主权的至高无上,坚持自身的权益不肯放弃,各国间的经济竞争日趋激烈;另一方面,国家间的相互依赖程度不断加深,每一个追求自己利益最大化的国家都需要根据其他国家的政策变化来调整自己的政策。这就形成了国家间的经济博弈关系。在这种机制下,独立国家的政府必须在相互竞争中谋求彼此间的合作与协调。西方学者针对这一现象进行了有益的探索,其中坎佐尼里和汉德森的研究成果最具影响力。他们在研究中运用了博弈论,将第一代博弈论引入国际经济政策协调理论中,将注意力集中于政策协调可产生的解优于各方独立行动时会产生的解的可能性。

1. 宏观经济的两国和三国博弈模型

1991 年,坎佐尼里(Canzoneri)和汉德森(Henderson)对当时在国际战略相互作用的分析中出现的博弈论进行了系统的阐述。他们假定:宏观经济模型中的两国为本国和外国;两国各自生产自己的产品;货币政策是有效的;福利由就业和通货膨胀目标来定义;政策的外部性通过进出口交换比率来表现;一国贸易平衡的正变化意味着另一国的负变化。在宏观经济调整的一次性博弈分析中,他们考虑了世界经济的两种变化:世界生产力的变化和世界需求从外国商品转移到本国商品。他们的结论是:维护主权的政策制定者的非合作行为没有使外部性内部化。如果政策的制定者选择合作,并且利用政策的溢出效应为他们的共同利益服务,他们就会得到福利的改善。

后来,坎佐尼里和汉德森在宏观经济两国博弈模型分析的基础上又加入了第三国来研究政策制定者的联盟。他们把其中一国称为欧洲,然后将其分为两个不同的经济体,形成联盟对抗另一国——美国。如果联盟内支持合作的机制允许一个很强的承诺程度,那么他们的合作就会达到预期的效果。

2. 重复博弈分析

(1) 合作博弈与非合作博弈

根据能否达成具有约束力的协议,可以将博弈分为合作博弈和非合作博弈。合作博弈(cooperative game)又称正和博弈,是指博弈双方的利益都有所增加,或者至少一方利益有所增加,而另一方利益不受损害,因而整个社会的利益有所增加。合作博弈研究的是人们达成合作时如何分配合作得到的收益即收益分配问题。非合作博弈(non-cooperative game)是指参与者不能达成具有约束力的协议的博弈类型。非合作博弈研究的是人们在利益相互影响的局势中,如何选择决策而使自己的收益最大化即策略选择问题。

(2) 重复博弈

重复博弈(repeated game)是一种特殊的博弈,在博弈中相同结构的博弈重复多次甚至无限次。在重复博弈中,每个参与人可以使自己在每个阶段选择的策略依赖于其他参与人过去的行为。有时一方做出一种合作的姿态,可能使其他博弈方在今后一段时间里采取合作的态度,从而实现共同的长期利益。

(3) 重复博弈分析

当一次性博弈扩展到有限次的重复博弈时,每个阶段博弈出现的都是一次性博弈的均衡结果,而对投机行为的发生没有抑制效果,因此不能使博弈双方都选择合作的帕累托最优策略组合,最终结果通常也是非合作均衡。在无限次的重复博弈中,如有参与方选择不再与其他参与方合作,就有招致报复的可能,违约或欺骗方会遭受长期的惨重损失,因此每个参与方都不会轻率地做出违约或欺骗的行为。坎佐尼里和汉德森想要验证的是,在无限重复的博弈中运用博弈论观点的有效的非合作结果的可能性。

2005 年的诺贝尔经济学奖得主罗伯特·奥曼(Robert J. Aumann)和托马斯·谢林(Thomas C. Schelling)通过合作博弈分析,指出冲突各方基于必须在未来与对手不断地打交道(重复博弈),会认识到“合作是有利于自身的好策略”,从而增加各方合作的机会。在争端发生时,“强硬”与“让步”是两种可能的选择:如果双方均采取“强硬”就可能发生“战争”致使两败俱伤;如果势均力敌的双方都坚信自己的实力,用“持久战”的办法尽可能拖垮对方,那么这种做法的结果可能是“和平”与“合作”。尽管世界普遍存在着冲突,但各方长期共存是有可能的,和谐社会的建立非但存在必要性,而且完全能够成为现实。合作博弈理论对解决经济冲突、建立长期合作有着极其重要的指导意义。

三、国际宏观经济政策协调理论研究的新进展

自布雷顿森林体系建立以后,西方发达国家就开始了国际货币合作的实践。目前,西方发达国家主要在货币政策制订和外汇市场干预两个方面进行国际合作,但国际货币合作是否真正能够达成合作各国的预期目标,经济理论研究揭示:国际货币合作可能取得政策协调效果并带来合作成员的净福利增加,但也可能较之不合作的孤立政策决策的效果更差,后者被称为国际货币的“逆效合作”。

1. 以微观经济为基础的国际货币政策的相互依赖与合作博弈研究

1995年,莫瑞斯·奥伯斯法尔德(Maurice Obstfeld)和肯尼斯·罗戈夫(Kenneth Rogoff)在《政治经济学》杂志上发表了著名论文《再论汇率动态变化》,为建立一个开放经济宏观经济分析提供了新的基本框架。新开放经济宏观经济学的一个重要特征就是引入微观经济基础来重新审视经济学中关于国际货币政策的相互依赖性与合作博弈。

罗戈夫假定,两个国家的政府都希望增加货币供给,从而减少国内失业,促进经济发展。在没有实施国际货币合作前,一国增加货币供给会导致国内利率下降,从而发生资本外流,引起汇率下降。如果该国政府非常重视汇率稳定,该国就不太可能实行扩张性的货币政策。如果实施国际货币合作,那么两个国家可以同时增加货币供给,由于两国利率下降的幅度相似,那么两国之间的汇率不会发生太大的变动,所以实施扩张性货币政策可行(这里暗含的假定是两国经济)。但是,如果两个国家的市场主体都是理性的,他们能够预期到这种协调,因此事先提高对通货膨胀的预期,那么扩张性的货币政策就会无效。在这种情况下,国际货币合作的结果是对失业没有改善,只是推进了通货膨胀。

2. 与欧元区相关的宏观经济政策协调研究

1999年欧元的发行标志着欧洲货币联盟(EMU)的正式成立,同时与此相关的宏观经济政策协调的理论研究也进入了一个崭新阶段。欧洲货币联盟中宏观经济政策协调的必要性在于联盟内存在的制度和地区的双重外溢性。制度外溢性是指欧元区内货币政策实现中央化,统一于欧洲中央银行;而财政政策保持非中央化,分散在成员国政府控制下,由于欧洲中央银行和成员国政府关于通胀和产出的政策目标偏好差异,必然会产生联盟内货币政策和财政政策间的相互溢出。地区外溢性是指由于联盟内要素流动性和信息公开性的提高,成员国财政政策执行彼此间将产生外溢性,同时联盟层次的政策执行也会对地区层次带来外溢性。与欧元区相关宏观经济政策协调的研究主要集中在以下几个问题:第一,共同货币当局独立性和信誉问题;第二,货币政策和财政政策相互作用的问题;第三,财政约束和协调问题;第四,财政竞争问题。

从"TPP"看中国参与区域经济一体化

中外区域贸易协定的实施极大地促进了我国产品的出口。以 2010 年 1 月 1 日建成的中国与东盟自由贸易区为例，中国向东盟的出口在签署框架协议的 2002 年仅为 235 亿美元，2010 年则高达 1 382 亿美元。2011 年 1 月到 9 月为 1 240 亿美元，全年出口总额超过 2010 年是显而易见的。由此看来，我国政府将加快自由贸易区建设作为一项国家战略是非常正确的。

到 2011 年 12 月 11 日，中国加入世界贸易组织(WTO)满 10 个年头。由于 WTO 允许其成员在遵守 WTO 规则的前提下开展区域经济合作，在 WTO 于 1995 年 1 月 1 日成立后，区域经济一体化协定的签署数量大幅度增加，并迅速发展成为与 WTO 多边贸易体系相并行的国际经济规则。入世 10 年以来，我国参与区域经济一体化活动也有了长足的发展。最近一段时间以来，围绕中国是否应该参与"TPP"谈判，引发了中国如何构建自由贸易区战略之争。

何为"TPP"？"TPP"是"trans-pacific partnership"的英文缩写，意思是指《跨太平洋伙伴关系协定》。实际上，早在 2005 年 7 月 18 日，文莱、智利、新西兰和新加坡就签署了《跨太平洋战略经济伙伴协定》(*Trans-Pacific Strategic Economic Partnership Agreement*，简称"TPP")。该协定于 2006 年已经生效。这是一项综合性的区域经济一体化协定，它不仅涵盖了传统的货物贸易条款，也涵盖了竞争政策、知识产权、服务贸易、临时入境、透明度、战略伙伴关系等新内容。可以说，这是一项内容全面和自由化程度较高的区域经济一体化协定。尽管如此，由于参加国数量有限，经济和贸易影响力不足，使得该协定在 2010 年之前并没有引起各国的足够关注。

"TPP"受到国际社会的高度关注始于美国政府的加入。根据"TPP"的规定，亚太经合组织(APEC)的任何经济体或者其他国家均可按照缔约各方同意的条件加入该协定。为了扩大美国产品的出口和创造更多的就业机会，美国于 2009 年 12 月决定启动参加"TPP"的谈判。此后，澳大利亚、马来西亚、秘鲁和越南也加入谈判。经过九轮谈判，"TPP"的四个原始缔约方与上述五国就协定的框架和基本原则达成一致。在 2011 年 11 月召开的 APEC 第 19 次领导人非正式会议上，加拿大、墨西哥和日本也表达了加入"TPP"谈判的愿望。至此，"TPP"谈判囊括了亚太地区的大部分主要经济体。

有专家预言，如果"TPP"谈判成功，将对亚太区域经济一体化的格局产生深远影响。甚至有评论者认为，美国参加"TPP"谈判是美国重返亚洲的重要信号，通过主导和加入"TPP"，美国将实现重塑亚太经济版图、巩固其在亚太地区经济核心地位的目的。

那么,中国应该如何看待“TPP”?自新中国成立以来,随着国际和国内环境的不断变化,我国的对外关系经历了从“结盟”到“不结盟”再到积极建立伙伴关系3个阶段。在经济合作领域,我国于1991年11月加入APEC,这是我国参加的第一个区域性国际经济组织。2000年5月23日,我国又成为《曼谷协定》(2005年更名为《亚太贸易协定》)的缔约国。入世后,我国充分利用WTO规则,开始积极主动地参与区域经济一体化活动。到2011年12月5日,我国先后与东盟、智利、巴基斯坦、新西兰、新加坡、秘鲁、哥斯达黎加签署了7项区域贸易协定。

我国政府对自由贸易区问题高度重视。目前,我国正在与海湾合作组织、澳大利亚、冰岛、挪威、南部非洲关税同盟、瑞士进行自由贸易协定谈判,与印度完成了区域贸易安排联合可行性研究工作,与韩国和日本正在进行自由贸易协定的可行性研究并力争在2012年启动中日韩自由贸易区谈判。

对于中国是否应该参加正在进行的“TPP”谈判,目前各界看法不一。尽管各国的自由贸易区战略具有一定的政治考量,但区域经济一体化安排首先是一个经济问题。因此,我国在决定是否参加“TPP”谈判之前必须考虑这样一些重要问题:第一,所有区域经济一体化协定都会产生贸易转移效应,如果不参加“TPP”,作为中国重要出口市场的美国和日本将会在多大程度上减少从中国的进口转而购买“TPP”缔约方的产品和服务?第二,如果日后单独与美国进行自由贸易协定谈判,我们将会付出怎样的谈判代价?第三,如果“TPP”对缔约方提供更加优惠的投资待遇,将对中国吸引外资和海外投资产生多大影响?第四,“TPP”中纳入的竞争政策、知识产权等新问题是否对缔约方创设了实质义务,还是仅仅停留在非义务层面?第五,如果加入“TPP”谈判,如何处理与“TPP”谈判各方先前签署的自由贸易协定?因为一旦加入“TPP”,必将改变中国过去苦心经营的区域经济一体化安排和布局。总之,对于加入“TPP”谈判,中国既不可贸然为之,也不可掉以轻心。我们应该在充分研究美国和其他“TPP”谈判方区域贸易协定范本的基础上尽快作出我们的抉择!

资料来源:史晓丽.从“TPP”看中国参与区域经济一体化.法制日报,2011-12-09.

问题:

1. 何谓“TPP”?中国应如何看待“TPP”?
2. 中国是否应该参与“TPP”谈判?为什么?
3. 如果“TPP”谈判成功,将对亚太区域经济一体化的格局产生何种影响?
4. 如果中国参加“TPP”谈判,应重点考虑哪些方面的问题?为什么?

本章小结

本章着重介绍的是国际经济合作的相关理论。首先介绍了国际分工理论,包括绝对优势理论、比较优势理论、要素禀赋论、里昂惕夫反论、新要素理论、产品生命周期理论;介绍了国际相互依赖理论和区域经济一体化理论,其中,区域经济一体化理论包括关税同盟理论、大市场理论、协议性国际分工理论和综合发展战略理论;介绍了国际直接投资理论,包括垄断优势理论、内部化理论、国际生产折衷理论、边际产业扩张理论、小规模技术理论、技术地方化理论和技术创新产业升级理论;介绍了国际宏观经济政策协调理论。通过本章的学习,可使学生对国际经济合作的相关理论有一个比较全面的了解与把握,从而为后面的学习打下良好的理论基础。

复习思考题

1. 关于国际分工的理论有哪些?
2. 西方学者关于国际相互依赖的主要理论有哪些?
3. 简述关于区域经济一体化的理论。
4. 关于国际直接投资的理论有哪些?
5. 什么是国际宏观经济政策协调理论?

中国—东盟自由贸易区的建立对中国经济的影响

2010 年 1 月 1 日中国—东盟自由贸易区正式启动,至今已建成两年多,中国商务部近日表示,随着自贸区《投资协议》的深入实施,双方的经贸关系得到突飞猛进的发展,在引领和带动区域经济一体化建设方面产生显著的"示范效应",对抵御全球经济风险起到了"稳定器"作用。

1. 2012:中国—东盟实施行业对接为当务之急

中国海关总署公布的数据显示:2011 年中国与东盟双边贸易总值为 3 628.5 亿美元,增长 23.9%,高出同期中国进出口总体增速 1.4 个百分点。中国对东盟出口 1 700.8 亿美元,增长 23.1%;自东盟进口 1 927.7 亿美元,增长 24.6%;对东盟贸易逆差 226.9 亿美元,扩大 37.1%。相较于欧美日传统市场,中国对东盟国家贸易增长强劲。2011 年,东盟首次成为中国第三大贸易伙伴,中国继续保持是东盟的第一大贸易伙伴。东盟首次成为中国企业在国外投资的第一大市场。

(1) 认清障碍和挑战

中国与东盟山水相连,彼此相依,民众间有着历史悠久的往来和传统友谊。2011 年中国—东盟建立正式关系已走过 20 年,双方在贸易、投资、旅游等方面取得了长足发展。双方贸易额正从 20 世纪 70 年代的 5 亿美元将迈向 2015 年的 5 000 亿美元。中国—东盟自贸区惠及了中国和东盟10国的经济稳定和增长，促进了东盟国际地位的提升和内部凝聚力的增强。然而，我们也应清楚地认识到，双方合作中客观存在的障碍和挑战。

东盟国家对于中国的快速发展，都在根据自身利益预期进行判断，在享受与中国合作成果的同时也对中国产生疑虑和担心，导致东盟国家利益选择充满矛盾。中国与东盟在制造业存在竞争，进而在国际资本和国际市场等方面都存在竞争。中国与东盟国家的经济合作涉及的经济体、国家或地区都不是完整的体系和结构，这种结构性问题，不仅在中国东盟之间，在东盟内部也存在。中国与东盟的发展模式是外向型，因此，在对外经济结构中长期形成了以发达国家为主的对外经济贸易格局。但随着发达国家传统市场容量增长缓慢，扩大速度下降，使中国与东盟国家贸易市场的趋同性通过竞争明显地反映出来。同时，世界范围的金融危机使欧洲、美国、日本等西方国家经济受到严重打击，恢复缓慢，直接或间接影响了中国东盟的对外贸易与外资引进。此外，中国东盟在相互开放市场中的合作仍存在一定的粗放性，有些合作缺乏务实性，自贸区优惠政策企业利用率不足30％。

(2) 当务之急是实施行业对接

面对国际形势不确定、不稳定因素仍然很多，中国与东盟唯有加强合作，才能实现共同发展。2012年，自贸区建设要持续达到互利共赢的目的，当务之急是双方积极实现行业对接和产业合作。取消关税后，尽快实施行业对接已成为自贸区建设的当务之急，这也是双方企业合作发展的需要。加强中国与东盟的行业合作可集双方的创新合作、务实合作、互利合作为一体，具有现实意义和战略意义。在相互开放市场中，打造好新的优势互补的产业链是行业对接的作用所在，是实现互利共赢目的的必然选择。这关系到自贸区的生命力、活力和竞争力。

另外，我国应进一步对东盟开放市场。东盟十分想通过自贸区政策来分享中国大市场。我国应尽快减免部分特有产品的关税，或对部分仍有关税的产品实施单方临时性减免关税。比如，东盟盛产中粒咖啡，目前我国进口东盟盛产的中粒咖啡仍有8％的关税。我国种植的是小粒咖啡，生产速溶咖啡需中粒咖啡和小粒咖啡2∶1的配置，故我国需进口大量的中粒咖啡，这种进口不影响我国小粒咖啡的种植和销售。所以，当前完全可以取消中粒咖啡进口关税，这既可满足我国扩大生产速溶咖啡的需要，又可减少我国对印尼、越南等有关东盟国家贸易的顺差，是双赢。

(3) 人文交流不亚于经济合作

随着中国—东盟自贸区的建成，双方经济合作的全面、深入展开，离不开双方民众的相互了解。双方经济合作越密切，越需加强人文合作，否则经济合作、政治合作的成效就会“打折”。

在中国—东盟第二个五年合作规划(即《2011—2015年行动计划》)中，在中国领导人与东盟国家领导人会见会谈时，均强调加强双方的人文交流，让友好关系深入人心。近些年来,双方在文化、教育、媒体、青年等领域已开展了广泛合作,取得了一定成效。但双方的人文合作较之经济合作尚显不足。

我国发展与东盟国家友好关系的一个基本着眼点和落脚点就是要惠及民众。要将中国与东盟的睦邻友好关系根植于广大民众,增进睦邻感情指数,就需要突出体现双方人文合作的务实性,将合作落在实处,讲究合作质量,而不要形式大于内容;需要建立一系列合作机制,实施有重点、有组织、有计划的推动合作;需要正视目前存在的问题,采取切实有效的措施着力解决,而不是回避或责怪对方;需要切实充分发挥非政府组织的作用,调动社会团体的积极性,发挥其灵活性、广泛性的优势开展合作;需要我国各有关机构加强协调,统筹运作,以提高对东盟人文合作的效益。

2. 浙商转战东盟市场大步掘金

根据商务部通报的情况,2012 年 1 月到 4 月,我国与欧盟双边贸易总值 1 705.3 亿美元,增长仅 0.3%。与此同时,2012 年以来,我国对欧盟的出口已经连续 4 个月出现同比下降。而根据杭州海关公布的情况,前 4 个月浙江省对欧盟出口 156.4 亿美元,同比下降 6.4%。在对欧盟进口方面,同比也下降了 6%。不过在欧盟市场不“给力”的情况下,浙商在东盟区域的开拓却一直没有放慢脚步。2012 年同期,浙江省对东盟的进出口总量都有较大幅度的增长。

(1) 浙江对欧盟进出口“双降”

商务部发布的数据显示,2012 年 1 月至 4 月,在我国与俄罗斯、巴西、美国、东盟等地的双边贸易都保持较高增长的同时,我国与欧盟的双边贸易同比只增长了 0.3%。“4 月份我国对欧盟出口负增长 2%,因为欧盟是我们第一大出口市场,这个下降对我们总体出口的增长有很大的负影响”。商务部新闻发言人沈丹阳说,“这已经是今年以来中国对欧盟出口的连续第 4 个月出现同比下降。”

在利用外资方面,我国与欧盟之间的情况也不容乐观。2012 年初到 4 月,欧盟 27 国对华实际投资 19 亿美元,同比下降 27.9%,跌了近 3 成。“中欧经贸关系因为受危机的影响,现在总体上看是比较低迷的。”沈丹阳说。杭州海关统计,2012 年 1 月至 4 月,浙江省对欧盟的进、出口也出现了“双降”态势。前 4 个月浙江省对欧盟出口 156.4 亿美元,同比下降 6.4%,其中对欧元区出口 114.5 亿美元,同比下降 10.4%;自欧盟进口 34.3 亿美元,同比下降 6%。

(2) 出口下降但没有大问题

最近由于欧债危机的影响,欧盟对华投资是持续下降的,中国对欧出口也出现下降或者是增幅非常低。这已经是 2012 年以来中国对欧盟出口连续 4 个月出现同比下降。尽管如此,中方还是希望能够继续扩大同欧盟的经贸合作关系,无论是在投资、贸易,还是经济技术合作方面,中欧双边都有很好的合作基础,欧盟是中国的第一大贸易伙伴。不过,目前我国虽然外贸出口额有所下降,但并没有出现什么大问题。除了外需低迷、国际市场大宗商品价格下降以外，4月、5月节假日较多，工作日减少，也是一个因素。

(3) 浙江对东盟贸易高增长

虽然浙江省的对外贸易在欧盟市场不“给力”，但在新兴的东盟市场，近年来一直保持着高速增长的态势。2012年前4个月，浙江省对东盟出口47.6亿美元，同比增长9.1%；自东盟进口35亿美元，同比大幅增长20.2%。值得关注的是，在浙江省与东盟进出口快速增长的情况下，4月份浙江省对菲律宾出口1.2亿美元，同比下降10.8%；自菲律宾进口0.35亿美元，同比下降近一半，达到47.5%。

资料来源：人民日报(海外版). 2012-01-16；青年时报. 2012-05-16.

第 3 章 国际直接投资

学习目标：

通过本章的学习，学生应该能够：

1. 重点掌握国际直接投资的概念、特点、方式、动机与条件；
2. 掌握国际直接投资环境的概念和分类；
3. 了解国际直接投资环境的评估方法。

国际直接投资是国际经济联系的较高级形式，是国际贸易发展到一定阶段的产物。如果说国际贸易是以商品为载体的生产要素的国际流动，那么国际直接投资就是国际间生产要素的直接流动。近年来国际直接投资发展很快，其增长速度超过了国际贸易，已成为国别、区域和全球经济增长的重要引擎。同时，国际直接投资也成为将各国经济联系在一起的一个重要机制，成为国家间经济合作最普遍、最重要的形式，因而大大地推动了经济全球化的进程。

第一节　国际直接投资概述

一、国际直接投资的概念

国际直接投资(international direct investment，FDI)是指一国的自然人、法人或其他经济组织单独或共同出资，在其他国家的境内创立新企业，或增加资本扩展原有企业，或收购现有企业，并且拥有有效控制权的投资行为。一些海岛国家出于地理上的原因，也将国际直接投资称之为海外直接投资。

根据国际货币基金组织的解释，有效控制权是指投资者拥有一定数量的股份，因而能行使表决权并在企业的经营决策和管理中享有发言权。

二、国际直接投资的动机与条件

（一）国际直接投资的动机

国际直接投资的动机有时也称为国际直接投资的动因或目的，它主要是从必要性的角度阐明投资者在进行投资决策时所考虑的主要因素，也就是说投资者为什么要进行某一特定类型的投资。国际投资者进入他国投资，其最终目的是获取比在国内投资更大的收益，既可以表现为直接的货币收益，也可以表现为间接的物质性收益，如资源、跨国公司战略目标等。国际投资的动机具体可表现为以下几个方面：

1．开发和利用国外自然资源

20世纪八九十年代以来，世界经济以较快的速度发展，急速膨胀的世界工业需要大量石油、矿产品及林业产品等不可再生资源，而工业国家内部的资源供应远远不能满足其需要，资源短缺的矛盾日益突出。企业为寻求稳定的资源供应，最佳的选择就是进行对外直接投资，开发和利用国外的自然资源。这种动因的投资也被称为自然资源导向型投资，在国际直接投资中占有较大的比例。

2．降低经营成本

按照经济学的观点，各个国家的资源禀赋是有差异的，一国的既有资源有时不能满足其经济发展的需要。比如在生产要素中，土地是不能在空间上转移的，一些土地资源稀缺的国家不可能局限于本土开展各种经济活动；劳动力虽然可以流动，但往往要受到多方面的限制，如很多国家都制定了比较严格的移民政策和劳务进出口政策；资本要素流动的根本动机是获取利润，投资者为了得到尽可能高的利润，就要利用其他国家的资本。所以，开发和利用国外的自然资源、利用国外廉价的劳动力和丰裕的资本来降低生产成本就成为国际直接投资的根本动机。这种动因的投资也被称为成本导向型投资或效率导向型投资。

3．分散和减少风险

投资不同于贸易，它所经历的时间一般比较长，而且具有一定的投资周期，因此存在着许多不确定的因素，从而给投资者带来很多风险。为了分散风险，企业可以进行分散风险型投资。从经济方面看，这种分散风险型的投资可以取得较稳定的收益。在通常情况下，分散风险型的国际直接投资主要是出于对国际投资市场的考虑，但在有些时候也有可能是出于对国内投资市场的考虑，当国内政局不稳或者经济萧条时，到国外投资可以达到分散和减少风险的目的。

4．实现全球发展战略

由于跨国公司实行的是生产要素全球化、生产过程全球化、商品销售全球化、财务收益最大化的经营思路，为确保全球范围内的资源得到充分的整合和有效地利用，跨国公司就会在全世界范围内建立自己的研发体系、生产体系、营销体系和财务体系。这些体系的有效运行有赖于在不同国家和地区投资企业。全球战略是跨国公司国际直接投资的较高层次,也是跨国公司发展到一定阶段后的必然选择。

5. 保护原有市场和开拓新市场

维护和提高市场占有率是企业追求的目标之一。拥有了一定的市场占有率,才有可能赢利。随着各国自我保护意识的提高,对外来商品经常采取限制性的措施,使原来靠出口赢利的企业不得不采用直接投资来确保境外市场。这是一种以市场为导向的对外投资,主要方式有以下 3 种:

(1) 为绕开贸易限制而进行的直接投资

当东道国实行贸易限制措施,阻碍企业正常出口时,企业就不得不选择对外直接投资的方式,在境外设厂生产以维持原有的市场;同时企业也可以转向没有出口限制的第三国投资办厂,然后出口到对该国没有进口限制的原市场所在国。

(2) 为稳定与扩大市场而进行的直接投资

当企业产品的出口市场需求规模达到一定程度后,外资企业就在当地直接投资办厂并就地销售,这样既可以稳定市场,又可以利用国内生产比进口商品价格低廉的优势赢得更大的市场。一般来说,就地生产和就地销售比出口贸易更有利可图。

(3) 为开辟新市场而进行的直接投资

如果投资企业在东道国原本没有市场,而只有投资后才会拥有一定份额的市场,那么在很多情况下,拥有技术优势和规模经济优势的企业会选择以开拓新市场为目的的投资。

6. 利用国外先进技术和管理经验

发达国家在技术、装备、设计、工艺、配方、产品、管理等方面处于领先地位,由于这些先进的技术和管理经验通过公开购买的方式不易得到,于是企业可以通过对发达国家进行直接投资,建立研发中心,更便捷地获取他们的先进技术和管理经验,生产出高新技术产品,去占领新的市场制高点。这种投资属于追求知识型的投资。

以上国际投资的动机在投资实践中经常是相互交叉的,一笔对外投资可以有一个动机,也可以有两三个动机,同时并存的动机越多,对投资者的好处一般就越大;不同类型的国家之间直接投资的主要动机也会不同,发达国家之间的投资多出于开拓市场和分散投资风险的动机,发展中国家之间的投资多出于开拓市场和降低成本的动机,发达国家向发展中国家的投资多出于拓展市场和降低成本的动机,发展中国家向发达国家的投资多出于拓展市场、获得先进技术与管理经验以及分散风险等动机。

(二) 国际直接投资的条件

在当代国际经济领域,国际直接投资的条件主要包括国际分工的新发展、科技革命引起的社会生产力发展以及国际经济一体化趋势的加强等方面。

1. 国际分工的新发展是国际直接投资发展的客观前提

国际分工是生产力发展和科学技术进步的必然结果，是社会分工超越国界的产物，也是国际经济交往的客观前提。第二次世界大战以后，世界政治格局发生了根本性的变化，旧有的帝国主义殖民体系土崩瓦解，许多弱小的国家摆脱了帝国主义的控制，成为独立的主权国家，新的国际经济秩序开始建立。同时，随着战后经济的恢复和发展，涌现出许多新兴工业部门，各国在产业部门间的分工日益多样化，国际分工不断向纵深发展。国际分工的新发展使不同经济发展水平的国家进行更为复杂的分工，这就为国际直接投资提供了广阔的舞台。

2. 科技革命引起的社会生产力发展是国际直接投资发展的物质基础

自 20 世纪 50 年代开始的以原子能、电子计算机、空间技术、材料科学、生物工程为基础的第三次科学技术革命极大地推动了世界生产力的发展，由于科学技术自身规模的宏大及其物化为生产手段过程的加速，在短短的几十年中，现代科学技术特别是高端技术已经融合、渗透、扩散到生产力诸要素中，遍及各科学和技术领域，特别是交通、通信的现代化和管理的计算机化使人类在联系上的空间大大缩短，为跨国公司在世界范围内组织生产创造了物质前提。

3. 国际经济一体化趋势的加强为国际直接投资活动提供了渠道

世界经济是以各国经济为主体，通过各种纽带联结，在世界范围内所进行的生产、分配、交换和消费等经济活动的总和。以信息技术和生物技术为代表的新技术革命对国际生产活动的布局产生了深远的影响，国家间在经济发展中的相互关系越来越紧密，任何国家都不可能在全封闭的状态下求得生存和发展。日益增强的国际经济一体化趋势为国际直接投资的发展创造了良好的外部环境，同时国际直接投资发展所导致的资本、技术和劳动力等要素在各国间更为自由地流动，也进一步加快了国际经济一体化的进程。国际经济一体化既是跨国公司在全球范围内进行大规模的国际直接投资活动的结果，又为其更大规模的扩展提供了通畅的渠道。

三、当代国际直接投资的特点和发展趋势

（一）当代国际直接投资的特点

20 世纪 90 年代以来，国际直接投资出现了以下几个显著的特点：

1. 投资的总体规模较大，但呈明显波动态势

由于 20 世纪 90 年代以来世界经济的快速增长，全球跨国直接投资进入黄金发展期。2000 年达到 13 929.6 亿美元。此后几年受世界经济低速增长影响，全球跨国直接投资出现连年下降的趋势。据联合国贸发会议《2004 年世界投资报告》公布的数据显示，2001 年世界对外直接投资总额为 8 176 亿美元，比 2000 年下降 41.1%；2002 年为 6 788 亿美元，

比上一年下降17%；2003年为5 596亿美元，比2002年又下降了17.6%。从2004年起，随着世界经济形势的好转和跨国公司经营状况的改善，全球跨国直接投资开始回暖。2004年当年全球跨国直接投资达6 112亿美元，比2003年增长了9%，2006年达1.2万亿美元，2007年更是达到了1.8万亿美元，大大超过2000年的水平。但是，2008年世界金融危机的发生又使国际直接投资额呈现波动趋势。2008年全球外商直接投资额为1.7万亿美元，同比下降17%；2009年为1万亿美元，下降41%。此后，随着全球经济和金融状况的改善，投资者信心逐步增强，据联合国贸发会议发布的《全球投资趋势监测报告》统计，2010年全球对外直接投资增至1.3万亿美元，增长了13%。然而，其水平仍比危机前2005—2007年的平均水平低10%左右，较2007年的历史最高水平低40%。

2. 发达国家始终占据对外投资主导地位，但发展中国家投资比重明显增加

20世纪90年代以来，发达国家在对外直接投资中始终占据主导地位和绝对大的比重。1997年，发达国家对外直接投资3 595.5亿美元，占流出总额的84.8%。2008年以后，受金融危机及经济下滑影响，发达国家金融市场出现严重的清偿危机，造成流动性紧张，导致其对外直接投资活动缩减，资本输出量降低。美国、英国和法国等全球最重要FDI流出国的FDI流出量出现大幅下降。2010年，随着世界经济的逐渐复苏，发达国家的对外直接投资额出现反弹，达到9 695亿美元，同比增长9.9%。分区域来看，欧洲地区5167亿美元，增长2.6%。其中欧盟4 500亿美元，增长3.8%。美国仍是世界最大的对外投资国，达到3 255亿美元，增长31.2%，占全球的比重高达24.2%；瑞士583亿美元，增长75.2%；西班牙223亿美元，增长128.7%，增幅最高。

与此同时，发展中国家成功地吸收到越来越多的外国直接投资，并且以不断递增的规模进行着对外直接投资，对外投资比重由1990年的3%上升到1997年的14.4%。进入新世纪以来，对外投资比重快速增长，2007年增幅达15%，2010年更是增加到28%。2010年，发展中经济体对外直接投资额为3 161亿美元，同比增长22.7%。其中，拉美和加勒比地区839亿美元，增长76.4%；亚太2 281亿美元，增长11.0%；东南欧和独联体606亿美元，增长24.3%。"金砖四国"对外直接投资额合计为1 449亿美元，占全球FDI总额的10.8%。其中，俄罗斯517亿美元，同比增长18.4%；中国680亿美元，同比增长20.3%，达历史最高水平。详见表3-1。

表3-1　2010年全球FDI前15大经济体

序号	国家(地区)	对外投资额/亿美元	与上年相比/%
1	美国	3 255	31.2
2	法国	1 229	−16.5
3	德国	1 049	34.1
4	中国香港	761	18.9

续表

序号	国家(地区)	对外投资额/亿美元	与上年相比/%
5	中国	680	20.3
6	瑞士	583	75.2
7	日本	567	−24.1
8	俄罗斯	517	18.4
9	加拿大	369	−5.0
10	荷兰	319	18.5
11	比利时	311	
12	瑞典	301	16.6
13	英国	248	−44.1
14	意大利	231	−41.0
15	西班牙	223	128.7

资料来源：根据联合国贸易和发展会议发布的《2011 年世界投资报告》整理而成。

3. 资本流向呈现多向式和全球化流动

第二次世界大战以前，国际直接投资的流向基本上是单向的，通常是资本主义国家将其资本投向自己的附属国、附属地。战后国际直接投资的资本流向由单向式向多向式转变，20 世纪 90 年代以来更是出现了资本全球化流动的特点，具体表现在以下 3 个方面：

(1) 国际直接投资的资本以发达国家内部流动为主

20 世纪 90 年代以来，国际直接投资发展的一个主要特征就是发达国家之间的相互投资非常活跃，其中美国、欧盟和日本处于举足轻重的地位，被称为国际直接投资的“大三角”，美欧日三角关系的特点是彼此都是对方最大的投资伙伴，其相互投资占发达国家总资本输出的 90%和资本输入的 93%。进入 21 世纪以来，随着发展中经济体和转型经济体的经济呈现快速发展的趋势，其投资环境也在不断改善，这些国家和地区吸引越来越多的外国直接投资，发达国家在全世界外国直接投资中所占的比例出现了下降的趋势，但是从绝对投资金额上看，它们在全球 FDI 流动中占统治地位的格局没有改变，资本在美日欧之间的相互对流仍然是当今及未来一个时期内国际资本运动的主流。

(2) 国际直接投资的资本向发展中国家的流动显著增长

近几年，流入发达经济体的外国直接投资进一步萎缩，2010 年为 5 270 亿美元，比 2009 年下降约 7%。随着一些发展中国家和转型经济体经济发展的加快，他们不断加大吸收发达国家境外直接投资的力度和规模，成为最受欢迎的直接投资目的地。2010 年流入发展中国家和转型经济体的国际直接投资增加约 10%，占到当年国际直接投资总量的 53%。其中，流入东亚、东南亚、南亚的国际直接投资比上年增长 18%，占当年流入发展中国家和转型经济体的国际直接投资总额的 46.4%。流入中国、中国香港、新加坡、印尼、马来西亚和越南的直接投资大幅增长。流入拉美地区的国际直接投资占 23.8%，增长 21%。流入发展中国家的投资在总体增长的态势下，也存在着的分布不均衡的问题，例如，2010 年流入印度的直接投资就下降了 32%。

(3) 发展中国家向发达国家投资及发展中国家间的资本流动显著增加

20 世纪 90 年代以来，发展中国家尤其是处于经济转型期的一些新兴工业化国家和地区，如中国、巴西、印度、俄罗斯等国进入对外直接投资加速增长时期，逐渐成为全球对外直接投资的主要来源之一，一些国家把对外直接投资的触角直接伸向了发达国家，并成为当地企业有力的竞争对手。当然，发展中国家的对外投资主要还是在发展中国家之间进行，尤其是地理位置相互临近的国家(或经济体)之间较多见。这一特点是发展中国家对外投资的内在动机、外在驱动因素以及企业特有优势相互作用的结果。具体而言，是由于地理位置相互临近的国家之间在消费者市场、技术水平以及资源禀赋类型等方面存在的相似性或对东道国当地经济、文化较高的熟识程度使得市场寻求型的投资模式可以更好地进行。2005 年，发展中国家之间的直接投资达 1 170 亿美元，其中流入非洲的直接投资达 310 亿美元，南非是最大的受益国。2010 年，发展中国家和转型经济体的外国直接投资流出量达到创纪录的 3 880 亿美元，占全球外国直接投资流出总量的近 30%，其中大部分投资流向了其他发展中国家。

4. 投资方式和投资领域多样化

(1) 投资方式多样化

在 20 世纪 90 年代中期之前，国际直接投资以绿地投资为主，从 1995 年以来，全球跨国并购浪潮风起云涌。1995 年跨国并购占国际直接投资总额的比重首次超越 50%，达 59.8%。进入 21 世纪，跨国并购取代传统的绿地投资成为最主要的投资方式，2001 年达 80.8%，全球并购数量增加到 8 098 件，交易额达到 7 304.4 亿美元，成为全球境外直接投资的主导方式。此后出现暂时的萎缩。2004 年以后，跨国并购重新活跃，形成了新一轮跨国并购的浪潮。2006 年，跨国并购额增长至 8 804.6 亿美元，仅次于 2000 年创下的 1.1 万亿美元的历史最高纪录，占国际直接投资的比重也提高到 67.4%。2007 年全球并购数量达到创纪录的 10 145 件，交易额达到 1.64 万亿美元。根据汤森路透的统计数据，全球并购从 2009 年 4～6 月后呈恢复趋势，进入 2011 年后更趋活跃，特别是资源和原材料行业的并购较多。2011 年以来的全球并购额同比大增 62%，达 3 770 亿美元，为 2007 年以来的最高水平。

(2) 投资领域多样化

第二次世界大战之前，国际直接投资的领域主要集中在采掘业和初级产品加工业。战后，随着发展中国家石油、矿产资源的国有化和民族经济的发展，外国垄断资本对制造业部门投资的比重明显上升。20 世纪 90 年代以来，投资领域更是加快了向多元化发展的趋势，扩大到包括农业特别是各种服务业在内的所有领域，而且国际产业转移主要发生在现代服务业领域。联合国跨国公司中心《1993 年世界投资报告》显示：1990 年，服务产业的对外直接投资超过了一、二产业的总和，达 50.1%。据联合国贸发会议统计，2003—2005 年间，全球服务业吸收跨国投资额为 4 355 亿美元，占全部跨国投资的 58%。其中，金融业比重最高，占 20%；居第二、第三位的分别是商务服务业和批发零售业，比重为 16.7%和 7.6%。又据该组织统计，2004—2006 年间，服务业跨国并购额累计达 11 575.1 亿美元，占同期全球跨国并购总额的 58.5%。其中，金融业是跨国并购最活跃的部门，占 15.5%；居第二、第三位的分别是交通运输业和商务服务业，比重为 13.9%和 13.0%。2010 年，中国对外直接投资覆盖了国民经济的所有行业类别，其中存量在 100 亿美元以上的行业有商务服务业、金融业、批发零售业、采矿业、交通运输业、制造业，以上这六个行业累计投资存量 2 801.6 亿美元，占中国对外直接投资存量总额的 88.3%。

5. **投资策略理性化**

境外直接投资在 20 世纪 70 年代急剧增长，2000 年达到顶峰，近几年则持续下降，继 2007 年达到 1.8 万亿美元以后，2008 年受世界金融危机的影响，全球外商直接投资额为 1.7 万亿美元，同比下降 17%；2009 年为 1 万亿美元，又下降 41%。虽然 2010 年的全球对外直接投资增至 1.3 万亿美元，增长了 13%，但是远没有达到金融危机前的水平。这种情况是投资更加理性化的表现，是今后发展的必要调整，特别是跨国公司在并购决策时普遍更加谨慎。与此同时，随着大公司进行全球扩张，中小企业也配套跟进。例如，近几年来，在跨国公司不断向中国进行产业转移的同时，欧美及日本的中小企业也逐年加大了对华投资的力度。

（二）当代国际直接投资的发展趋势

随着国际分工和经济全球化的不断深化和发展以及国际贸易和投资自由化进程的加速推进，以资本和技术要素为主的各种生产要素的国际流动也进一步加快，国际直接投资活动呈现出新的发展趋势。

1. **国际直接投资的外部环境趋好，但不利因素和风险依旧存在**

一方面，随着各国经济的逐步复苏，宏观经济环境日益好转，各跨国公司的盈利能力有所增加，提振了企业对外投资的信心。这些有利因素将推动跨国公司利用其现金流（仅发达国家跨国企业就握有 4 万亿至 5 万亿美元的现金）进行投资。同时，跨国公司也需要通过战略性投资加强其在后危机时代的战略地位。各国为进一步改善本国经济，也纷纷实行对外国投资者总体有利的政策，良好的投资环境也为今后几年外国投资较好的前景提供了支撑。另一方面，影响全球外国投资的不利因素和风险仍然存在，如汇率剧烈波动、主权债务以及投资保护主义的风险仍可能使全球 FDI 的增长受挫。

2. **流入发达国家的 FDI 比例呈下降趋势，但流入发展中国家的 FDI 比例增加**

联合国贸发会议发布的《全球直接投资 2011 年回顾与 2012 年展望》显示，2011 年全球外国直接投资 1.5 万亿美元，增长 17%。流入发达经济体的外国直接投资在连续三年下降后出现强劲反弹，达 7 530 亿美元，较 2010 年增长 18%。其中流入欧洲地区的外资增长 23%，而美国则下降 8%。同期，发展中经济体吸引外资继续占全球外国直接投资的 52%，达到 6 420 亿美元。印度、巴西、俄罗斯等新兴经济体国家成为跨国公司战略布局的新热点。从地区分布看，东亚、东南亚和南亚分别吸引外资 2 090 亿美元、920 亿美元和 430 亿美元。其中，流入中国的外国直接投资增长 8%，为 1 240 亿美元。拉美和加勒比地区吸引的外国直接投资增长 35%，达 2 160 亿美元。外国投资者继续被南美丰富的自然资源所吸引，同时该地区不断扩大的消费市场吸引力也在增强。流入东南欧和独联体转型经济体的外国直接投资强劲增长 31%，这主要归因于俄罗斯能源领域的几项大的跨境并购。此外，投资者还被转型经济体持续增长的消费市场以及新一轮的私有化所吸引。预计全球外国直接投资在 2012 年将出现温和增长，可望达到 1.6 万亿美元，但同时 2012 年外国直接投资实现增长的风险和不确定因素依然存在。全球经济复苏脆弱、欧洲主权债务危机、金融市场动荡加剧等因素都会影响全球外国直接投资的流向。

3. 全球各地区各行业境外直接投资的流向前景不同

尽管 2010 年以来全球外国直接投资总体呈现上升趋势，但是在不同区域、部门以及模式上仍旧表现出不均衡发展的状况。首先是地区不均衡。不论是从资本的流入量还是流出量来说，各地区都会继续维持不平衡的态势。发展中国家和转型经济体在全球 FDI 流入量中占一半以上。其次是不同部门和产业不均衡。服务业的境外直接投资在国际金融危机以来一直低迷，但流入制造业的外资有所复苏，其项目数占全球外国直接投资总项目数的近一半。最后，进入模式不均衡。联合国贸发组织发布的《全球投资趋势监测报告》称，2011 年跨国并购大幅度增加，而绿地投资项目金额连续第三年下滑。

4. 大型跨国企业扩张态势明显

跨国企业的国际生产规模、海外销售额、就业和资产规模等都在继续扩张。2010 年，跨国企业创造了约 16 万亿美元的增加值，占全球国内生产总值的 1/4，仅其海外分支企业所创造的增加值就占了全球国内生产总值的 1/10 和全球出口额的 1/3。尤其是国有跨国企业开始在全球外国直接投资中扮演越来越重要的角色，尽管数量只占全球跨国企业总数的不到 1%，但国有跨国企业外国直接投资却占到 2010 年全球外国直接投资流出总量的 11%。目前，全球至少有 650 家大型国有跨国企业，其国际生产经营网络已经遍布世界各地，总共拥有超过 8 500 家的海外分支机构。

5. 经济民族主义抬头，安全审查成为跨国投资的严重障碍

近年来的国际直接投资也并不总是一帆风顺，而是经常受到一些经济和非经济因素的影响。其中，国家安全因素日益凸显。许多跨国投资案都受到所谓国家安全审查或基于国家安全理由的社会公众压力，有的跨国投资案因此夭折。一方面是发达国家实施经济民族主义，如美国、法国、德国、加拿大等发达国家或通过制定相关的法律，或以“经济爱国主义"、"反恐"等为由对外国企业收购本土企业的行为采取种种限制措施。另一方面是发展中国家的经济民族主义和投资保护主义也有所抬头，如委内瑞拉、玻利维亚、阿尔及利亚等国对能源、电信、石油天然气等战略性产业也相继做出限制性的规定。

第二节 国际直接投资方式

国际直接投资主要通过两种方式进行：一是跨国并购；二是在东道国创建新企业，也叫"绿地投资"。跨国经营的企业在进行对外直接投资时，必须在这两种方式之间做出选择，选择的基本依据是这两种方式本身的特点。一般来说并购多为企业所有者的更改，创建新企业则会直接导致生产能力、产出水平和就业的增长等。至于到底拥有多少资产或股份才能控制目标企业，成为直接投资者，各国规定的标准不尽相同，一般在10%～25%之间。

一、跨国并购

（一）跨国并购的概念

跨国并购(cross-border mergers and acquisitions，M&A)是跨国兼并和跨国收购的总称，是指一国企业(又称并购企业)为了达到某种目标，通过一定的渠道和支付手段，将另一国企业(又称被并购企业或目标企业)的所有资产或足以行使运营活动的股份收买下来，从而对另一国企业的经营管理实施实际的或完全控制的行为。

并购包括兼并和收购两层含义。兼并指公司的吸收合并，即一个公司将其他一个或数个公司并入本公司，使其失去法人资格的行为，是企业变更、终止的方式之一，也是企业竞争优胜劣汰的正常现象。在西方公司跨国并购中，企业兼并可分为两类，即吸收兼并和创立兼并。收购又称购买，是指一个企业通过购买其他企业的全部或部分资产或股权，从而实现对该公司企业的实际控制的行为，有接管(或接收)企业管理权或所有权之意。按照其内容的不同，收购可分为资产收购和股份收购两类。

从经济学角度而言，企业兼并和收购的经济意义是一致的，即都使市场力量、市场份额和市场竞争结构发生变化，对经济发展也产生相同的效益，企业的经营管理权最终都控制在一个法人手中。正是在这个意义上，西方国家通常把企业兼并和企业收购统称为企业并购。

（二）跨国并购的类型

企业之间的跨国并购往往出于不同的动因，有的是为了增强企业的市场势力，有的是为了降低交易成本，有的是为了获取先进的技术和管理经验，有的则是为了实现多样化的经营。跨国企业的并购动机不同，其并购的方式也会有所不同。

1. 按并购双方的行业关系划分

按照并购双方的行业关系，可以将跨国并购划分为横向并购、纵向并购、混合并购和联合并购。

(1) 横向并购

横向并购又称水平式并购，是指同属于一个产业或行业生产或销售同类产品的企业之间发生的并购行为。在横向跨国并购中，由于并购双方有相同的行业背景和经历，所以比较容易实现并购整合。横向跨国并购是跨国并购中经常采用的形式。

(2) 纵向并购

纵向并购是发生在同一产业的上下游企业之间的并购行为。纵向并购的企业之间一般是原材料供应者或产品购买者，所以对彼此的生产状况比较熟悉，并购后比较容易整合。

(3) 混合并购

混合并购又称复合式并购，是指生产和经营彼此没有关联的产品或服务的企业之间发生的并购行为。混合并购往往会导致多元化经营。

(4) 联合并购

联合并购是指一个投资者联合同一行业的其他投资者通过达成某种协议或默契，积极配合，共同进行并购的行为。

2. 按并购行为的结果划分

按照并购行为的结果，可以将跨国并购划分为部分并购和全部并购。

(1) 部分并购

部分并购又称参与股份，是指并购企业收购占一家上市公司一定比例(少于 100%)的股份而获得该公司控制权的行为。

(2) 全部并购

全部并购是指并购企业取得被并购企业的全部资产所有权。这种并购的结果一般是被并购企业不复存在，或成为并购企业资产组成中的一部分。

3. 按并购时的支付方式划分

按照并购时的支付方式，可以将跨国并购划分为现金并购、股票并购、综合证券并购和杠杆并购。

(1) 现金并购

现金并购是指并购企业以现金为支付工具，以支付给目标公司股东一定数额的现金来达到并购目标公司的目的。需要说明的是，即使是收购方以发行某种形式的票据所进行的收购也属于现金并购。在后一种情况下，被收购企业的股东在并购发生时获得收购方某种形式的票据，但这种票据中不含任何股东权益的因素，它实际上是一种推迟了的现金支付，这种票据安排可以被认为是被并购企业的股东向并购方提供了资金融通。

(2) 股票并购

股票并购是指收购方增加发行收购方企业的股票，以新发行的股票替换被并购企业的原有股票的并购行为。采用这种并购方式，并购方不需对外付出现金，因此不至于对企业的财务状况发生影响，而且被并购企业的股东不会失去其所有权，而是被转移到并购企业，并随之成为并购企业的新股东。

(3) 综合证券并购

综合证券并购是指在并购过程中，并购企业支付的不仅有现金、股票，而且还有认股权证、可转换债券等多种方式的混合。这种并购方式同时具有现金并购和股票并购的特点，并购企业既可以避免支付过多的现金，保持良好的财务状况，又可以防止企业控制权的转移。

(4) 杠杆并购

杠杆并购是指一家或几家企业在银行贷款或在金融市场借贷支持下进行的企业并购行为。这种并购的一般做法是由并购企业设立一家直接并购企业，再以该企业的名义向银行借贷，或以该企业的名义发行债券向公开市场借贷，以借贷的资金完成企业并购。由于这种并购方式可将并购方的现金开支降低到最小程度，故而被称为杠杆并购。杠杆并购完成之后，并购企业一般会将被并购企业的资产分拆并变卖其中的一部分，或利用其流动资金，以偿还因并购所借的贷款和所发行的债券，从而使并购后的企业达到新的平衡。

4. 按并购方进行并购的态度划分

按照并购方进行并购的态度，可以将跨国并购划分为善意并购、敌意并购和“熊抱”。

(1) 善意并购

善意并购也称直接并购或友好接管，是指并购企业根据自己的战略规划，直接向目标企业提出获取所有权的要求，或者目标企业因经营不善以及遇到难以克服的困难而向并购企业主动提出转让所有权的要求，经双方磋商达成协议，完成所有权转移的做法。由于在直接并购的条件下双方可以密切配合，因此并购成本一般较低，成功的可能性较大。

(2) 敌意并购

敌意并购也称间接并购，是指并购企业在没有向目标企业发出并购请求的情况下，通过在证券市场上购入目标企业的股票取得对目标企业控制权的行为。由于间接并购不是建立在共同意愿的基础之上，极有可能引起企业之间的激烈对抗。与直接并购相比，间接并购受法律规定的制约较大，成功的概率也相对较小。

(3)“熊抱”

“熊抱”是介于善意并购与敌意并购之间的一种并购方式，是指收购方先向目标企业提出收购协议，如果目标企业接受，并购方将以优惠的条件收购之；否则，收购企业将在二级市场上大举购入目标企业的股票，以恶劣的、敌意的条件完成收购。

（三）跨国并购的优点和缺点

1. 跨国并购的优点

① 可以利用目标企业的现有厂房、设备、技术人员和熟练工人，获得并购企业发展所需的技术、专利和商标等无形资产，同时可以缩短项目建设周期。

② 可以获得现成的经营管理人才。

③ 可以有效降低进入新行业的壁垒。

④ 可以利用目标企业的原有分销渠道，快速进入当地及他国市场。

⑤ 可以迅速扩大经营范围，增加产品种类，促进产品的多样化和生产规模的扩大。

⑥ 可以减少市场上的竞争对手。

⑦ 通过收购后再次出售目标企业的股票或资产，可以使收购企业获得更多利润。

2. 跨国并购的缺点

① 由于目标企业所在国的会计准则与财务制度往往与投资者所在国存在差异，难以准确评估目标企业，导致并购成本的提高。

② 东道国反托拉斯法的存在以及对外来资本股权和被收购企业行业的限制，形成并购行为在法律和政策上的限制因素。

③ 当对一国企业的并购数量和金额较大时，常会受到当地舆论的抵制。

④ 目标企业原有契约或传统关系的束缚可能成为对其进行改造的障碍。

二、绿地投资

（一）绿地投资的概念

绿地投资（greenfield investment，G 方式）又称创建投资，是指跨国公司等投资主体在东道国境内依照东道国的法律设置的部分或全部资产所有权归外国投资者所有的企业。新创建的企业在性质上主要有国际合资企业、国际合作企业和国际独资企业 3 种。投资主体采取何种方式从事国际直接投资，取决于自身条件和国际投资环境。

（二）绿地投资的基本方式

1. 国际合资企业

（1）国际合资企业的概念

国际合资企业是指由两个或两个以上属于不同国家和地区的企业或其他经济组织，经东道国政府的批准，在东道国境内设立的以合资方式组成的经济实体。国际合资企业属于股权式合营企业，是当前国际直接投资中最常采用的形式。

（2）国际合资企业的特点

国际合资企业的特点是：各方共同投资、共同经营、共担风险、共享利润。

（3）国际合资企业的优点和缺点

国际合资企业的优点主要有：可以充分发挥各投资方在资金、技术、原材料、销售等方面的优势，形成组合优势；不易受到东道国民族意识的抵制，容易取得优惠待遇，减少投资风险；在经营上较少受到限制，有助于进入新的市场。

国际合资企业的缺点主要有：由于投资各方的出发点不尽相同，短期和长期利益不尽一致，因此在共同的经营管理中可能会产生分歧和冲突，影响企业的正常运转。

（4）国际合资企业的组织形式

国际上通行的合资经营企业一般采用公司形式，其组织形式包括以下几种：

① 无限责任公司。无限责任公司是指由两个以上股东组成的对公司承担无限责任的公司，即所有股东用自己全部财产对公司债务承担责任，而不只是用投入企业中的资本承担公司债务。

无限责任公司的特点是：全体股东对公司债务负有连带责任；股东有权直接参与公司事务的管理，公司所有权和行政管理权完全融为一体；股本可以任意增加或减少，无需得到当地政府的批准；不必公开任何经济账目，包括董事会和审计员的报告。

② 有限责任公司。有限责任公司是指由两个以上股东组成的仅以投入企业中的资本额承担债务的公司。

有限责任公司的特点是：不得发行股票，股东各自的出资额一般由股东协商决定，股东交付股金后，公司出具股份证书，作为股东在公司中享有权益的凭证；股份不允许在证券交易所公开出售，也不得任意转让，特殊情况需要转让，必须经全体股东一致同意，对股东转让的股份，其他股东有优先购买权；股东人数较少，西方国家公司法对股东人数有最高限额的规定；股东可以作为公司雇员直接参加公司管理，法律允许公司所有权和行政管理权合二为一。

③ 股份有限公司。股份有限公司是指通过法定程序，向公众发行股票筹集资本，股东的责任仅限于出资额的一种公司企业组织。

股份有限公司的特点是：股份可以自由转让，其股票可以在社会上公开出售；股东个人的财产与公司财产分离，股东对公司债务不负任何责任，一旦公司破产或解散后进行清算，公司债权人无权直接向股东起诉，股份有限公司以本身的全部资产对公司的债务负责；绝大多数公司的股东不担任公司的管理者，负责股份公司日常营业活动的是董事会和经理，其中经理通常需以自己的全部财产对公司负责；账目必须公开，在每个财政年度结束时公布公司年度报告，包括董事会的年度报告、公司损益表和资产负债表等。

④ 两合公司。两合公司一般有两种形式：一种是无限责任的两合公司；另一种是有限责任的两合股份公司。无限责任的两合公司由无限责任股东和有限责任股东共同组成

公司，不通过发行股票筹集资本。无限责任股东用自己的全部财产对公司负责，有限责任股东仅以投放在公司的资本对公司债务负责；无限责任股东负责公司的管理工作，有限责任股东一般只是负责监督。有限责任的两合股份公司一般通过出售股票筹集资本，这种公司目前已不多见。

2. 国际合作企业

（1）国际合作企业的概念

国际合作企业是指国外企业依照东道国相关法律，与东道国企业在签订合同的基础上共同设立的企业。国际合作企业是典型的契约式合营企业。就东道国而言，国际合作企业是许多发展中国家利用外资的一种简便有效的形式。

国际合作企业与国际合资企业在优劣势上大体相似，只是国际合作企业由于以合同规定作为各方合作的基础，所以在经营方式、投资条件、收益分配和资本回收等方面更加灵活，可以适应合作各方不同的需要。

国际合作经营的领域十分广泛，从工农业生产到产品销售，从资源开发到劳务合作，乃至工业产权转让、科学研究等领域，都可以开展合作经营。国际合作生产、合作开发是国际合作经营中最重要的方式。

（2）国际合作企业的组织形式

国际合作经营的企业可以有“非法人式”和“法人式”两种实体形式。

①“非法人式”的合作经营企业。“非法人式”的合作经营企业是由两国或两国以上的合营者作为独立的经济实体通过契约组成的松散的合作经营实体，不具有法人地位。这种合作经营的企业没有独立的财产权，只有财产管理权和使用权。合作经营各方仍以各自的身份在法律上承担责任，合作经营企业的债权债务由合作经营各方按照合同规定的比例承担责任。合资经营企业的经营管理也可委托合作经营中的一方或聘请无关的第三方负责承担。合作经营企业的债务承担一般以其全部出资为限，实行有限责任制。

②“法人式”的合作经营企业。“法人式”的合作经营企业是由两国或两国以上的合营者，在东道国境内根据该国有关法律，通过签订合同建立的契约式合营企业。这种合作经营企业具有独立的财产权，在法律上有起诉权和被诉权，订立企业章程，建立独立的公司组织，并成立董事会作为该企业的最高权力机构，任命或选派总经理对企业进行经营管理。企业对外承担的债务责任以它的全部财产为限，实行有限责任制。

3. 国际独资企业

（1）国际独资企业的概念

国际独资企业是指依照东道国法律规定，经东道国批准，在东道国境内设立的由国外投资者单独出资、单独经营管理、单独承担风险、独享经营利润的企业。

建立独资企业的方式为跨国公司尤其是大型跨国公司所偏爱，这是因为采取独资方式可以使企业享有完全的所有权和经营管理权，可以在较大程度上垄断技术，避免泄露企业秘密。对于独资企业而言，东道国除行使必要的法律规定的管理职能外，一般不干涉其经营活动。但是独资企业在经营上往往受到东道国比较严格的限制，东道国所设立的独资企业的法律和政策都要有利于本国国民经济的发展，往往要求独资企业采用本国尚未掌握的先进技术，要求独资企业的产品全部或部分出口，所以经营风险一般较大。

(2) 国际独资企业的组织形式

国际独资企业的组织形式主要有国外分公司、国外子公司和国外避税地公司 3 种。

① 国外分公司。国外分公司是指由一家母公司为扩大生产规模或经营范围，在东道国依法设立的并在组织上构成母公司一个不可分割部分的国外企业。国外分公司在法律上和经济上没有独立性，即不具有法人资格。

② 国外子公司。国外子公司是指由母公司投入全部股份资本，依法在东道国设立的独资企业。它虽然受母公司的控制，但在法律上是独立的企业法人。

③ 国外避税地公司。国外避税是指跨国纳税人(自然人或法人)利用各国税法内容的差异，采取变更经营地点或经营方式等各种合法的形式和手段，谋求最大限度地减轻国际纳税负担的行为。国际避税的结果是，进行国际投资和经营的企业减少所缴纳的税款，提高收益水平。世界上的许多公司在进行国际生产经营决策时，往往也把避税的因素考虑进来。从避税的发展趋势看，设立避税地公司和利用转移价格避税是很普遍的做法。

避税地是指一国或地区的政府为了吸引外国资本流入，繁荣本国或本地区的经济，弥补自身的资本不足和改善国际收支状况，或引进外国先进技术，提高本国或本地区技术水平，吸引国际民间投资，在本国或本国的一定区域和范围内，允许并鼓励外国政府和民间在此投资及从事各种经济贸易活动。投资者和从事经营活动的企业享受不纳税或少纳税的优惠待遇。这种区域和范围被称为避税地。在避税地正式注册、经营的跨国公司或将其管理总部、结算总部、利润形成中心安排在那里的跨国公司，就成为避税地公司(tax haven companies)。

国际避税地主要分为 3 种类型。第一类是指没有个人或企业所得税及一般财产税的国家或地区，一般被称为“纯国际避税地”，如巴哈马、百慕大等；第二类是指完全放弃居民税收管辖权，只实行地域税收管辖权的国家和地区，在这类国家和地区，只对来源于当地的所得征税，不对来源于境外的所得征税，如安哥拉、巴林、中国澳门、新加坡等；第三类是指按照国际惯例制定税法并征税，但提供某些税收优惠的国家或地区，如希腊、爱尔兰、加拿大、荷兰等。

在避税地活动的公司主要有持股公司、投资公司、金融公司和贸易公司。一般情况下，这些公司又被称为基地公司，他们以避税地为基地，转移和积累在第三国经营或投资而产生的利润。

（三）绿地投资的优点和缺点

1. 绿地投资的优点

① 跨国企业拥有更多的自主权，有利于选择符合跨国公司全球战略目标的生产规模和投资区位并实施经营管理。

② 较少受到东道国法律和政策上的限制，也不易受到当地舆论的抵制。这主要是因为新建企业可以为当地带来就业机会，增加税收。

③ 能够更大程度地维持公司在技术和管理方面的垄断优势，并利用这些优势占领东道国市场。

④ 在多数国家，创建海外企业比收购海外企业的手续要简单。

⑤ 在东道国创建新的企业尤其是合资企业，常会享受到东道国的优惠政策。

⑥ 对新创立海外企业所需资金一般能做出准确估价。

⑦ 投资者能在较大程度上把握风险，掌握项目策划各方面的主动性。

2. 绿地投资的缺点

① 需要大量的筹建工作，建设周期长，速度慢，缺乏灵活性，对跨国公司的资金实力、经营经验等有较高要求，不利于跨国企业的快速发展。

② 创建海外企业不像收购海外企业那样可以利用原有企业的销售渠道，因此不利于迅速进入东道国以及其他国家的市场。

③ 不利于迅速进行跨行业经营和迅速实现产品与服务的多样化。

④ 在创建企业过程中，跨国企业承担全部风险，不确定性较大。

⑤ 新企业创建后，跨国公司需要在东道国开拓目标市场，而且常会面临管理方式与东道国惯例不相适应以及管理人员和技术人员匮乏等问题。

第三节　国际直接投资环境与环境评估

一、国际直接投资环境概述

（一）国际直接投资环境的概念

在国外文献中，投资环境又称为投资气候（investment climate）或商业环境（business environment），是指投资者进行生产投资时所面临的各种外部条件和因素。国际直接投资环境（international direct investment environment）是指国际直接投资者所面临的东道国环境的总称，是决定和影响国际直接投资活动的自然、政治、经济、法律、社会、文化和科技等各种因素以及它们之间相互依赖、相互完善、相互制约所形成的矛盾统一体。

（二）国际直接投资环境的类型

国际投资环境没有一个统一的划分标准，从不同的角度出发，可以把国际直接投资环境划分为不同的类型。

1. 按投资环境表现的形态划分

按照投资环境表现的形态，可以将国际投资环境划分为硬环境和软环境。

（1）硬环境

硬环境有时又称为物质环境或有形环境，是指能够影响国际直接投资的外部物质条件，如能源供应、交通和通信、自然资源以及社会生活服务设施等。

（2）软环境

软环境有时又称为人际环境或无形环境，是指能够影响国际直接投资的各种非物质因素，如经济发展水平和市场规模、贸易与关税政策、财政与金融政策、外资政策、经济法规、经济管理水平、劳动者的技术熟练程度以及社会文化传统等。

2. 按各因素的稳定性划分

按照各因素的稳定性，可以将国际投资环境划分为自然因素环境、人为自然因素环境和人为因素环境。

（1）自然因素环境

自然因素环境是指东道国的自然资源、地理条件、自然气候等因素，这些因素相对较稳定。

（2）人为自然因素环境

人为自然因素环境是指东道国的经济潜在增长率、经济结构、市场完备性等中期可变的因素，一般认为这类因素是国际投资环境的关键因素。

（3）人为因素环境

人为因素环境是指东道国的开放进程、政策连续性、贸易政策等因素，这些因素短期可变。

3. 按包含因素的多少划分

按照包含因素的多少，可以将国际投资环境划分为狭义投资环境和广义投资环境。

（1）狭义投资环境

狭义投资环境仅指投资的经济环境，即一国的经济发展水平、经济体制、产业结构、外汇管制和货币稳定状况等。

（2）广义投资环境

广义投资环境除经济环境外，还包括自然、政治、社会文化和法律等对投资可能发生影响的所有外部因素。

4. 按地域范围划分

按照地域范围，可以将国际投资环境划分为宏观投资环境、中观投资环境和微观投资环境。

(1) 宏观投资环境

宏观投资环境是指整个国家范围内影响投资的各种因素的总和。

(2) 中观投资环境

中观投资环境多指地区投资环境和产业投资环境，是介于宏观投资环境和微观投资环境之间的一个承上启下的层次。

(3) 微观投资环境

微观投资环境是指一个地区范围内影响投资的各种因素的总和。

二、国际直接投资环境的评估方法

国际投资环境的优劣直接影响国际直接投资决策以及国际直接投资的风险和收益，因此，在做出投资决策之前应对国外投资环境进行综合评估。国际投资环境评估是国际投资决策的前提条件，对正确客观地评估投资过程和效果起到重要作用。目前国际上常用的比较典型的评估方法主要有投资障碍分析法、国别冷热比较法、抽样评估法、投资环境动态分析法、投资环境等级评分法等。

(一) 投资障碍分析法

投资障碍分析法是依据潜在的阻碍国际投资运行因素的多寡与程度来评价投资环境优劣的一种方法。这是一种简单易行的以定性分析为主的国际投资环境评估方法。这一方法的要点是，列出外国投资环境中阻碍投资的主要因素，并在所有潜在的东道国中进行对照比较，根据投资环境中障碍因素的多少做出评判。阻碍国际投资顺利进行的因素主要包括以下10类：

① 政治障碍。政治障碍包括东道国政治制度与母国不同；政治动荡（包括政治选举变动、国内骚乱、内战、民族纠纷等）。

② 经济障碍。经济障碍包括经济停滞或增长缓慢；国际收支赤字增大、外汇短缺；劳动力成本高；通货膨胀和货币贬值；基础设施不良；原材料等基础产业薄弱。

③ 资金融通障碍。资金融通障碍包括资本数量有限；没有完善的资本市场；融通的限制较多。

④ 技术人员和熟练工人短缺。

⑤ 实施国有化政策与没收政策。

⑥ 对外国投资者实施歧视性政策。对外国投资者的歧视性政策主要有禁止外资进

入某些产业；对当地的股权比例要求过高；要求有当地人参与企业管理；要求雇用当地人员，限制外国雇员的数量。

⑦ 东道国政府对企业干预过多。东道国政府对企业的干预主要包括实行物价管制；规定使用本地原材料的比例；国营企业参与竞争。

⑧ 普遍实行进口限制。东道国的进口限制主要表现为限制工业品和生产资料的进口。

⑨ 实行外汇管理和限制投资本金、利润等的汇回。

⑩ 法律和行政体制不完善。法律和行政体制不完善主要表现为包括外国投资法规在内的国内法规不健全；缺乏完善的仲裁制度；行政效率低下；贪污受贿行为严重。

投资障碍分析法的优点在于能够迅速、便捷地对投资环境做出判断，减少评估过程中的工作量和费用支出。但这种方法也有局限性，表现为它仅根据个别关键因素就做出判断，有时会使公司对投资环境的评估失准，从而错失一些好的投资机会。

（二）国别冷热比较法

1968 年，美国学者伊西阿·利特法克（Isiah Litvak）和彼得·班廷（Peter Banting）根据他们对 20 世纪 60 年代后半期美国、加拿大、南非等国大量工商界人士进行的调查资料，在《国际商业安排的概念构架》论文中提出了国别冷热比较法。这一方法通过 7 种因素对各国的投资环境进行综合、统一尺度的比较分析，并将这些因素划分为“冷”和“热”两类因素。热因素多的国家即为热国或热环境，是指政治稳定、市场机会大、经济增长较快且稳定、文化相近、法律限制少、自然条件有利、地理文化差距不大的国家；反之即为投资环境差的冷国或冷环境；不冷不热者则居中（见表 3-2）。利特法克和班廷又从美国投资者的立场出发，对当时的加拿大、英国、德国等 10 个国家的投资环境做出了直观的冷热比较分析（见表 3-3）。

表 3-2 投资冷热国对比分析

因 素	冷	热
1. 政治的稳定性	不稳定	稳定
2. 市场机会	机会小	机会大
3. 经济发展状况	发展速度慢，水平低	发展速度快，水平高
4. 国内文化的单元性	文化多元化	文化单元化
5. 法令的障碍	法令复杂多变	法令稳定
6. 自然环境的障碍	自然环境差	自然环境好
7. 国家间的文化差异	文化差异大	文化差异小

表 3-3 美国企业对投资冷热的评估表

国别	冷热	政治稳定性	市场机会	经济增长	文化一元化	法令障碍	基础设施	地理及文化差异
	热	大	大	大		小		小
加拿大					中		中	
	冷							
	热	大			大			
英国			中	中		小	小	小
	冷							
	热	大	大	大	大		小	
德国						中		中
	冷							
	热	大	大	大	大			
日本							中	
	冷					大		大
	热					小		
希腊			中	中	中			
	冷	小					大	大
	热							
西班牙			中	中	中	中		
	冷	小					大	大
	热							
巴西			中		中			
	冷	小		小		大	大	大
	热							
南非			中	中		中		
	冷	小			小		大	大
	热							
印度		中	中		中			
	冷			小		大	大	大
	热							
埃及					中			
	冷	小	小	小		大	大	大

在这项研究中，学者们还计算了美国250家企业在东道国投资进入模式的分布频率。结果表明，随着目标市场由热国转向冷国，企业会越来越多地采用出口进入模式，越来越少地采用投资进入模式。在一般热国，出口进入模式占所有进入模式的47.2%，在当地设厂生产的投资进入模式占28.5%，技术许可合同和混合模式占剩余的24.3%。与此形成鲜明对照的是，在一般冷国，出口进入模式占所有进入模式的82.6%，投资进入模式仅占2.9%，技术许可合同和混合模式占余下的14.5%。冷热居中的国家进入模式介于上述两类国家之间。

（三）抽样评估法

抽样评估法是指对东道国的外商投资企业进行抽样调查，了解它们对东道国投资环境的一般看法（见表3-4）。国际投资者可以通过这种方法了解和把握东道国的投资环境，同时东道国政府也可采取这种方法来了解本国投资环境对外国投资的吸引力如何，以便调整吸收外资的政策、法律和法规，改善本国的投资环境。组织抽样评估的单位通常是准备从事国际投资活动的企业或国际咨询公司，也可以是东道国政府的有关部门或其委托的单位。

表3-4 抽样评估总表

评估要素	评估标准			
	非常好	良好	一般	不佳
政策				
法律				
税收/制度措施				
利息				
劳资关系				
劳动生产率				
动力/水供应				
运输/通信				
劳动成本				
市场发展/销售				
人力资源				
投资环境结论				

资料来源：闫定军．国际投资．北京：清华大学出版社，2005(8)．

抽样评估法的基本步骤是：首先，列出影响投资环境的因素；其次，选定或随机抽取若干家不同类型的外商投资企业；第三，由外商投资企业的高级管理人员进行口头或笔头评估，评估通常采取回答调查问卷的形式；第四，回收调查问卷并进行统计汇总，得出最终评价结论。

抽样评估法的最大优点是，能使调查人得到第一手的信息资料，其评估结论对潜在的投资者来说具有直接的参考价值；缺点是评估表中所列的评估项目因素难以做到详尽，因而可能不够全面。

（四）投资环境动态分析法

投资环境动态分析法是美国经济学家 S. T. 施文蒂曼（S. T. Swinteman）于 1985 年 8 月在我国杭州召开的“外资在发展中国家的作用”研讨会上提交的《多国公司与东道国环境》的报告中提出的。他根据美国道氏化学公司的对外投资实践总结出一套投资环境评估方法，认为投资环境不仅因国别而异，即使在同一国家内也会因时间不同而发生变化。因此，在评估投资环境时，不仅要考虑投资环境的过去和现在，而且还要预测环境因素今后可能出现的变化及其结果。这对企业进行对外直接投资来说是十分重要的，因为这种投资短则几年，长则十几年或几十年，有的甚至是无期限。这就需要从动态的、发展变化的角度来分析和评估投资目标国的投资环境。

道氏公司认为，企业在国外投资面临两类风险：正常企业风险和环境风险。正常企业风险或称竞争风险存在于任何基本稳定的企业环境中，是市场经济运行的必然结果。例如，企业的竞争对手也许会生产出一种性能更好或价格更低的产品，从而给该企业带来冲击和不利影响。环境风险是指某些可以使企业环境本身发生变化的政治、经济及社会因素。这类因素往往会改变企业经营所遵循的规则和采取的方式，对投资者来说这些变化的影响往往是不确定的，它可能是有利的，也可能是不利的。道氏化学公司将影响投资环境的因素依据形成的时间及作用范围分为两部分：一是企业现有的业务条件；二是有可能引起这些条件变化的主要原因。这两部分又分别包括 40 项因素。在对这两部分因素做出评价后，提出各种投资项目的预测方案，通过比较选择出具有良好投资环境的投资目标市场，在此投资经营将会获得较高的投资利润。道氏化学公司的投资环境动态分析法以未来 7 年为时间长度，这是因为该公司预计投资项目投产后的第 7 年是赢利高峰年。

动态分析法有优点也有缺点，它的优点是充分考虑了未来环境因素的变化及其结果，从而有助于公司减少或避免投资风险，保证投资项目获得预期的收益；它的缺点是过于复杂，工作量大，而且常常带有较大的主观性。

（五）投资环境等级评分法

投资环境等级评分法又称多因素等级评分法，它是美国经济学家罗伯特·斯托鲍夫（Robert. B. Stobaugh）于 1969 年在《哈佛商业评论》上发表的《如何分析对外投资环境》一文中提出的。等级评分法的步骤是，首先将直接影响投资环境的重要因素分为 8 项，然后根据 8 项关键项目所起的作用和影响程度的不同确定不同的等级分数，再按每一个因素中的有利或不利的程度给予不同的评分，最后把各因素的等级得分进行加总作为对投资环境的总体评价，总分越高表示投资环境越好，总分越低则表示投资环境越差(见表 3-5)。

表 3-5 投资环境等级评分法计分表

投资环境因素	等级评分
一、资本外调	0～12 分
1. 无限制	12
2. 只有时间上的限制	8
3. 对资本有限制	6
4. 对资本和利润收入都有限制	4
5. 严格限制	2
6. 完全不准外调	0
二、外商股权	0～12 分
1. 准许并欢迎全部外资股权	12
2. 准许全部外资股权但不欢迎	10
3. 准许外资占大部股权	8
4. 外资最多不得超过股权半数	6
5. 只准外资占小部分股权	4
6. 外资不得超过股权的三成	2
7. 不准外资控制任何股权	0
三、歧视和管制	0～12 分
1. 外商与本国企业一视同仁	12
2. 对外商略有限制但无管制	10
3. 对外商有少许管制	8
4. 对外商有限制并有管制	6
5. 对外商有限制并严加管制	4
6. 对外商严格限制和严格管制	2
7. 禁止外商投资	0
四、货币稳定性	4～20 分
1. 完全自由兑换	20
2. 黑市与官价差距小于一成	18
3. 黑市与官价差距在一成与四成之间	14
4. 黑市与官价差距在四成与一倍之间	8
5. 黑市与官价差距在一倍以上	4
五、政治稳定性	0～12 分
1. 长期稳定	12
2. 稳定但因人而治	8
3. 内部分裂但政府掌权	6
4. 国内外有强大的反对力量	4
5. 有政变和激变的可能	2
6. 不稳定，政变和激变极可能	0

续表

投资环境因素	等 级 评 分
六、给予关税保护的意愿	2～8 分
1. 给予充分保护	8
2. 给予相当保护，以新工业为主	6
3. 给予少许保护，以新工业为主	4
4. 保护甚少或不予保护	2
七、当地资金的可供程度	0～10 分
1. 完善的资本市场，有公开的证券交易所	10
2. 有少量当地资本，有投机性证券交易所	8
3. 当地资本少，外来资本不多	6
4. 短期资本极其有限	4
5. 资本管制很严	2
6. 高度的资本外流	0
八、近 5 年的通货膨胀率	2～14 分
1. 小于 1%	14
2. 1%～3%	12
3. 3%～7%	10
4. 7%～10%	8
5. 10%～15%	6
6. 15%～35%	4
7. 35%以上	2
总计	8～100 分
以上 8 类因类的分数相加后分数总和：最佳者 100 分，最差者 8 分。	

资料来源：[美]罗伯特·斯托鲍夫. 如何分析对外投资环境. 哈佛商业评论，1969(第 6～11 号)：102.

从表 3-5 可以看出，等级评分法中所选取的因素都是对投资环境有直接影响的、为投资决策者所最关注的因素。在对具体环境的评价上，采用了简单累加计分的方法，使定性分析具有了一定的数量化内容，同时又不需要高深的数理知识，比较直观，简便易行，一般的投资者都可以采用。

在各项因素的分值确定方面，等级评分法采取了区别对待的原则，在一定程度上体现出不同因素对投资环境作用的差异，反映了投资者对投资环境的一般看法，因此这种评估方法的采用有助于投资环境评估的规范化。但是该方法也存在缺陷。一是对投资环境的等级评分带有一定的主观性；二是标准化的等级评分法不能如实反映环境因素对不同的投资项目所产生影响的差别；三是所考虑的因素不够全面，对至关重要的因素政治稳定性重视不够，权重过小，同时忽视东道国所得税率、交通和通信设施等重要因素，而对外汇黑市与官价的差距小于 10%过于重视，权重太大。

吉利收购沃尔沃

在走出国门的大旗下，境外并购一直是中国企业热衷的模式。相对于缓慢的产品（含服务）出口模式，并购具有见效快、影响大的特点。而且，并购可以利用股权的杠杆效应，达到以小搏大的效果，某种程度上来说不失为一条捷径。2010 年 8 月 2 日，浙江吉利控股集团有限公司和福特汽车公司在英国伦敦举办交接仪式，正式将福特旗下沃尔沃轿车公司的资产交割给吉利。至此，吉利收购沃尔沃完成了所有法定程序，成为中国汽车企业成功收购国外豪华汽车企业和品牌的第一宗案例，为中国汽车工业由大变强迈出了重要一步。至此，这桩中国汽车行业有史以来最彻底也最让人期待的跨国并购案终于尘埃落定。

1. 浙江吉利控股集团简介

浙江吉利控股集团有限公司是中国汽车行业十强企业。1997 年进入轿车领域以来，凭借灵活的经营机制和持续的自主创新，取得了快速的发展，资产总值超过 200 亿元，连续 7 年进入中国企业 500 强，连续 5 年进入中国汽车行业十强，被评为首批国家"创新型企业"和首批"国家汽车整车出口基地企业"，是"中国汽车工业 50 年发展速度最快、成长最好"的企业。

吉利集团总部设在杭州，在浙江临海、宁波、路桥和上海、兰州、湘潭、济南等地建有汽车整车和动力总成制造基地，拥有年产 40 万辆整车、40 万台发动机、40 万台变速器的生产能力。集团现有吉利熊猫、帝豪、TX4 以及吉利自由舰、吉利金刚、吉利远景、上海华普及中国龙等 10 余个系列，30 多款整车产品；拥有 1.0L～1.8L 全系列发动机及相匹配的手动/自动变速器，通过收购澳大利亚 DSI 自动变速器公司，快速丰富了吉利自动变速器的产品线，为提升产品竞争力提供了重要的保障。

吉利集团在国内建立了完善的营销网络，拥有全球鹰、帝豪、英伦三大子品牌的 500 多家 4S 店和近千家服务站；投资数千万元建立了国内一流的呼叫中心，为用户提供 24 小时全天候快捷服务；率先在国内汽车行业实施了 ERP 管理系统和售后服务信息系统，实现了用户需求的快速反应和市场信息的快速处理。吉利汽车累计社会保有量已经超过 150 万辆，吉利商标被认定为中国驰名商标。

吉利集团投资数亿元建立了吉利汽车研究院，目前已经形成较强的整车、发动机、变速器和汽车电子电器的开发能力，每年可以推出 4～6 款全新车型和机型；自主开发的 4G18CVVT 发动机，升功率达到 57.2kw，处"世界先进，中国领先"水平；自主研发并产业化的 Z 系列自动变速器，填补了国内汽车领域的空白，并获得中国汽车行业科技进步一等奖；自主研发的EPS，开创了国内汽车电子智能助力转向系统的先河；同时在BMBS爆胎安全控制技术、新能源汽车等高新技术应用方面取得重大突破。目前拥有各种专利1 600多项，其中发明专利110多项，国际专利20多项。吉利被认定为国家级“企业技术中心”和“博士后工作站”，“高新技术企业”。2009年，“吉利战略转型的技术体系创新工程建设”荣获国家科技进步奖二等奖。

上海吉利美嘉峰国际贸易股份有限公司（吉利国际）创建于2002年7月，注册资金2 000万元，拥有直接对外贸易权，从事汽车出口行业，是吉利控股集团的一级子公司和唯一的进出口窗口。在独联体、中东、非洲、东南亚、中南美洲等5个战略市场均设有代表处。累计实现海外销售十几万辆，位居中国轿车出口前列。目前以俄罗斯、乌克兰为首的各代表处发展迅速，专业的营销队伍深入市场，各代表处运作模式日趋完善，吉利汽车在海外市场已颇有口碑，并树立了良好的企业品牌形象。

2. 吉利收购沃尔沃只是第一步

中国汽车业的“山乡小伙儿”最终将“国际名媛”娶回了家。吉利的创新与造车理念和沃尔沃在安全、环保领域的领先技术将实现融合，用吉利控股集团董事长、沃尔沃轿车公司董事长李书福的话来说，这是一件“一举多赢”的好事。

(1) 成为中国第一家汽车跨国公司

2010年3月28日，吉利签署股权收购协议，将以18亿美元的价格收购沃尔沃轿车公司，其中2亿美元以票据方式支付，其余以现金方式支付。

由于沃尔沃轿车公司总部位于瑞典，又是福特汽车的全资子公司，因此吉利收购沃尔沃要通过欧盟和美国政府的审批。7月6日，欧盟通过了对吉利收购沃尔沃轿车项目的反垄断审查；在此之前，该交易通过了美国政府的相关审查；7月26日，我国商务部也正式批复核准了这一收购项目。

清华大学汽车研究所副所长卢青春说，这场复杂的跨国收购之所以能够如此顺利完成，显示出作为民营企业的吉利已具备了国际化素质。同时，欧盟、美国和中国政府齐开绿灯，表明在中国已成为世界最大汽车生产国和新车市场的背景下，中国的汽车市场备受关注和看好。

鉴于海外营业收入超过30%就可以被认定为跨国公司，而目前沃尔沃轿车海外营收远高于吉利，因此，随着这场收购的尘埃落定，吉利成为我国第一家汽车跨国公司。

李书福表示，并购使双方互利共赢。中国这一全球最大的汽车市场将成为沃尔沃轿车的第二个本土市场；同时，吉利获得了知识产权来源清楚、品牌形象好的企业的荣誉称号。

(2) 为我国汽车工业由大变强提供经验

2010年前7个月，我国汽车累计产销量分别为971.03万辆和824.14万辆，同比分别增长39.42%和28.58%。然而，在中国汽车产销两旺的背后，不可忽视的是自主品牌所占比例只有30%左右的现实，中国汽车产业大而不强的现状亟待改变。

“中国企业‘走出去’很容易,但是能‘走得好’的企业还是寥寥无几。吉利为我国汽车工业由大到强的转变提供了一个切实可行的发展经验和道路的探索。”工信部副部长苗圩表示,吉利用了十多年的时间掌握了汽车产业主要核心零部件技术,从生产先进的发动机,到拥有中国完全自主知识产权的自动变速箱,再到世界首创的BMBS技术(爆胎监测与控制系统),这是吉利最大的财富,也是中国汽车工业的财富。

“并购已经成为我国汽车工业技术进步的重要加速器,成为中国汽车企业提高自主创新能力的重要途径,中国汽车工业转型发展应该站在巨人的肩膀上做强做大。”全国政协经济委员会副主任郑新立说,现在中国开始进入一个“让造车的人买得起车”的时代。中国汽车企业要抓住这一发展机遇,通过兼并重组提高自主创新能力,不是简单的“拿来主义”,而是大胆走出去,充分利用国际市场的技术、人才,为我所用。

吉利集团总裁杨健说,中国汽车行业要赶超世界水平,除了要在人才培养和创新能力上作出努力外,还要利用全球一切有可能利用的创新能力、产品技术和品牌形象。此次吉利并购沃尔沃就达到了这一目的。

(3) 只是万里长征的第一步

从腾中收购悍马未果,到北汽成功收购萨博,真正实现海外并购的国内制造型企业可谓少之又少。中国汽车企业走出去的大幕才刚刚拉开,如何让并购后的跨国公司保持品牌价值和产品品质,让先进的技术和管理为我所用,解决好国内外企业的文化冲突,这是包括吉利在内的众多中国汽车企业需要面对的严峻考验。

正如李书福所言,吉利收购沃尔沃,只是万里长征的第一步,关键是“要尽快形成造血功能”,“形成强大竞争力和强劲生命力”。全球汽车行业的竞争愈演愈烈,对于豪华车领域更是如此,如何应对奔驰、宝马等深入人心的豪华汽车品牌的竞争,成为收购后的沃尔沃必须面对的迫切问题。对于收购之后怎么办,郑新立认为,首先,要拥有“技术消化能力”;中国汽车企业在消化的基础上要有所创新,形成新的拥有自主产权的技术和自主品牌。其次,要有“文化融合能力”;李书福能不能把沃尔沃的文化消化融合,是现在面临的极大挑战。最后,要有“全球视野”;将外国汽车企业兼并过来以后,要生产新的汽车产品,在扩大国内市场占有率的同时,还要有清晰的国际化路线。

正是因为吉利,沃尔沃开始成为中国人津津乐道的话题。但对于沃尔沃的认识,中国人的了解还很肤浅。专家表示,吉利的首要任务就是要让中国消费者更全面地了解沃尔沃的安全和环保等高端品质,比如,沃尔沃全球首推的“双零双强”计划,即在2020年前,让沃尔沃汽车实现零伤亡、零污染。

2010年,是吉利集团发展历史上具有里程碑意义的一年。面对国内外复杂多变的经济形势和日益激烈的市场竞争,集团上下万众一心,抢抓机遇,全年销售突破41.5万辆,圆满完成了年初制定的各项经营目标,吉利的品牌形象、产品形象、社会地位得到显著提升,开创了吉利发展新局面,吉利的战略转型取得了阶段性的重大胜利。

吉利集团年度经营工作会议于 2010 年 12 月 28 日在杭州总部召开。集团总裁杨健在充分总结和肯定 2010 年所取得成绩的同时，提出了 2011 年“两个转变，两个调整”的发展战略目标，即从“国际化战略”向“全球化战略”转变，深化“技术吉利”，努力向“品质吉利”转变；从“快速发展”调整到“稳健发展”，从“产品线管理”调整到“品牌线管理”。依靠全体员工，把吉利打造成产销规模超千亿、具有国际影响力的世界 500 强企业。这一目标的提出标志着吉利战略转型将进入一个新的深入发展阶段。

2010 年吉利携 3 个品牌 39 款整车和 14 款发动机、变速器等展品盛装亮相北京国际车展，向世人展现了一个蓬勃发展的新吉利形象；青海玉树抗震救灾中，吉利集团携万名员工捐款 2 200 万元，用实际行动履行了企业的社会责任；吉利集团连续 3 年被评为“中国绿色公司”，连续 5 年荣获“中国最受尊敬企业”，连续 8 年进入“中国企业 500 强”；2010 年，李书福董事长先后荣获“21 世纪汽车年度人物”、“2010 中国最具影响力企业领袖”、“企业文化建设领军人物”等称号，在中国 500 企业家公众形象满意度排名中位居三甲，成为全球关注的最有影响力的中国企业家。2010 年 8 月 2 日，吉利与福特公司正式交割沃尔沃轿车公司 100%的股权，标志着吉利进入了全球化发展的新阶段。2010 年，沃尔沃汽车实现盈利，原有资产负债率逐步向好。

2011 年上半年，沃尔沃汽车在销售额呈现两位数以上的增长，在沃尔沃轿车业务上，沃尔沃汽车在中国销售超过 2.1 万辆，同比增长 36%，增长明显。2011 年年底，吉利集团将跻身世界 500 强。

资料来源：吉利收购沃尔沃只是第一步. 光明日报，2010-08-04.

研讨问题：

1. 根据案例，说明吉利并购沃尔沃属于哪种并购模式？吉利并购沃尔沃的动因有哪些？

2. 讨论吉利从收购中得到了什么？李书福认为，吉利收购沃尔沃只是万里长征第一步，今后吉利应如何更好地发挥收购给它带来的好处？

3. 查阅资料，比较分析联想并购 IBM 与吉利收购沃尔沃有何不同，分析前者给吉利带来的启示有哪些？

4. 比较分析吉利集团和沃尔沃的文化差异以及由此产生的文化冲突，提出解决文化冲突的相关对策。

5. 中国企业并购有哪些风险，应如何有效地规避这些风险？

本 章 小 结

本章先后分析和论证了国际直接投资的概念、特点、动机与条件；国际直接投资企业的两种建立方式——绿地投资和跨国并购及其利弊；国际直接投资的环境及其主要评估方法。通过本章的学习，可使学生对国际直接投资有一个比较全面的了解与把握。

复习思考题

1. 绿地投资与跨国并购的利弊分别是什么？
2. 国际直接投资的主要动机是什么？在分析和理解这些动机时要注意哪些问题？
3. 国际直接投资环境的主要内容是什么？
4. 国际投资环境的主要评估方法有哪些？

FDI连降6个月，在华外资未现大规模撤出

商务部2012年5月15日发布的吸收外资数据显示，2012年4月我国实际使用外资84.01亿美元，同比下降0.74%。至此，我国吸收外资已经连续6个月负增长。专家分析，欧美经济持续低迷、中国连续上涨的成本以及放缓的经济增速、来自其他发展中国家的竞争等都使得未来中国吸收外资形势依然严峻，总体资本流入放缓也将成为长期趋势。与此同时，外资企业在华布局正在悄然生变。一方面，部分低附加值生产环节在成本上涨等压力下撤出中国；另一方面，也有更多的外资企业将研发设计中心、营销中心落户中国，或者布局中国新兴产业，在新兴产业中寻找机会。

1. 规模：FDI连降6个月 欧盟对华投资降近三成

商务部2012年5月15日发布吸收外资的最新数据显示，2012年1月至4月，外商投资新设立企业7 016家，同比下降13.94%；实际使用外资金额378.81亿美元，同比下降2.38%。截至2012年4月底，全国累计批准设立外商投资企业74.5万家，实际使用外资金额1.2万亿美元。值得注意的是，2012年4月当月吸收外资再次出现负增长，实际使用外资金额84.01亿美元，同比下降0.74%。至此，我国吸收外资已经连续六个月负增长。

从具体分行业看，2012年前4个月，制造业实际使用外资下降最为明显，同比下降4.4%，服务业和农林牧渔业实际使用外资分别下降3.1%和0.9%。从区域来看，西部地区和东部地区吸收外资分别下降了15.2%和2.5%。从投资来源地看，欧盟对华投资降幅较大，欧盟27国对华实际投资19亿美元，同比下降27.9%。

“我国实际利用外资持续出现负增长主要有内外两方面原因。”商务部新闻发言人沈丹阳在2012年5月15日的例行发布会上表示，一方面，世界经济总体增长乏力，全球直接投资受到很大影响。联合国贸发会议最近发布的一个报告指出，2012年一季度绿地投资和跨国并购规模双双下降，因此对全球全年的FDI前景也保持谨慎。此外，很重要的外部原因就是美国、欧盟国家鼓励产业回归，发展中国家加大引资政策的优惠力度，使得我们利用外资面临激烈竞争。

从国内因素来看，随着要素成本上升，我国经营成本优势有所减弱。另外，我国利用外资更加注重优化结构和提高质量，而不是简单地看引资的规模，现在很多地方不是简单的"招商引资"，而是提出要"招商选资"，这对利用外资的规模也会有一定的影响。

中国银行国际金融研究所高级分析师边卫红对《经济参考报》记者表示，目前作为我国第一大贸易伙伴的欧洲，债务危机形势急剧恶化，整个欧元区也陷入连续两个季度的负增长，走在衰退边缘，在欧元区经济整体不容乐观的情况下，欧盟对中国细分项投资意向降幅严重，短期内资本从新兴国家流出速度加快。与此同时，美国第一季度增长低于预期，从国内来看，刚刚公布的经济数据也不乐观。国内外因素共同作用导致了我国吸收外资的持续负增长。

上海社会科学院国际金融货币研究中心主任周宇对《经济参考报》记者表示，欧美经济恶化使得企业没有财力进行扩张，这直接导致了其对外投资规模的缩减。因为对于企业来说，多数是根据需求调整投资力度，但是由于经济前景不明朗，现阶段并不是投资扩张的好时期，因此企业会选择降低投资速度，缩减投资规模。

2. 变化：外资布局悄然生变 目前未现大规模撤出

据了解，外资企业在华布局正在悄然生变。一方面，部分低附加值生产环节在成本上涨等压力下撤出中国；另一方面，也有更多的外资企业将研发设计中心、营销中心落户中国，或者布局中国新兴产业，在新兴产业中寻找机会。

一家在苏州的美资电子生产企业的负责人说，从没想过中国的成本会增长得这么快，会像现在这么高，这在3年前是绝对想不到的。高企的成本以及人员的高流动给外资企业在中国的经营带来很大压力。不过他也表示，虽然现在中国市场成本上涨很快，但是考察了东南亚的一些国家之后发现，他们的配套设施、人员素质等尚远不及中国，因此短期内不会考虑撤出中国。但是如果成本继续大幅上涨，也可能会考虑将工厂迁往其他地区。另一家在浙江的日资汽车企业则表示，正在逐步增加中国市场的研发设计职能，计划未来将部分零部件的研发中心转移到中国来。

"现阶段，我国劳动力成本优势仍然存在，但减弱趋势明显。由于我国劳动力成本上升，部分对于低劳动力成本的投资转向其他市场。"周宇指出，劳动力成本、技术能力、基础设施、上下游产业链的分布是企业在投资过程中着重考虑的重要方面。因此，对于多考虑劳动力成本，受上下游产业链影响较小的企业，更易转移至劳动力成本较低地区。但周宇同时表示，对上下游产业链要求较强的企业则会选择继续留在中国。据了解，也曾出现过对上下游产业链要求较强的企业，搬离我国后由于当地不适合发展又搬回我国的情况。

苏州工业园区管理委员会贸易发展处处长胡克说，工业园引进的都是国际500强企业，这些企业的核心竞争力在于品牌和技术，对成本相对来说没有那么敏感，因此这些企业都很稳定，可以在工业园"落地生根"。据他多年的工业园区招商引资经验，"候鸟型"企业往往都是只有生产环节的低附加值企业，这些企业竞争力弱，对成本变动极其敏感。而职能越多的企业就越稳定，现在园区内的不少外资企业都不仅仅是生产，还具有总部职能、研发职能、设计职能等。

商务部政策研究室主任张向晨经过调研之后也发现，低端制造业方面，在中国继续维持现有水平或者是向中西部乃至海外转移是"一个自然的过程"。中端制造业方面，美国和欧洲企业都将继续扩展在华投资，因为"他们需要这个市场"。张向晨表示，美国政府近年调整原有政策，大力扶持本土制造业发展，鼓励外游企业回归。受此提振，包括福特、卡莱尔及国际收银机公司等一批企业先后宣布将国外产能移回美国国内。他坦言，这会对中国造成一些压力。但他同时表示，基于此前的调研，在华美国企业回迁的数量较少，而且仅限于一些高度依赖美国市场的生产条件和市场特点的行业及特殊产品，而包括通用、苹果等在内的大型美企将继续扩大在中国的投资和产能。因此，"总的来看，中国的市场潜力和产业配套对海外的制造业还是有巨大的吸引力"。

沈丹阳也表示，虽然从中长期来看，受到本国发展制造业战略的影响，美国和一些欧盟国家可能会资本"回流"，会减少对外投资，包括减少对华投资，但是，根据商务部监测，到目前为止还没有发现已经在华设立的外商投资企业大规模撤出的情况。沈丹阳说"我们对中国利用外资的前景总体上仍然持乐观的态度。因为中国投资环境总体上是趋于完善，越来越好，而不是相反。"他介绍说，最近，日本国际协力银行(JBIC)发表了《2011年度日本制造业企业海外业务情况问卷调查报告》，显示日本制造业将继续加快海外拓展步伐，而中国、印度仍是他们首选的投资目的地。另外，新加坡大华银行日前也公布了《中型企业商业景气调查》，这个报告也显示中国成为新加坡中型企业在亚洲拓展海外业务的首选地。

3. 预测：未来吸收外资形势依然严峻

对于未来吸收外资的形势，周宇认为，我国放宽政策有助于投资增速部分恢复，但是很难恢复到之前的增速。边卫红认为，从目前情况来看，2012年下半年吸收外资形势依然复杂。她指出，前一阶段，欧洲债务危机形势企稳，美国经济增长较快且失业率下滑，出现企稳回暖的态势。但是，从现阶段看，整体形势较为严峻，若欧盟形势继续恶化，将对我国吸收外资带来不利影响，因此，近几个月内，FDI仍会延续小幅下滑趋势。

与此同时，FDI的持续负增长以及月度外汇占款偶尔出现的负增长印证了市场对资本流入长期放缓的判断。根据中国人民银行此前公布的统计数据，在2011年四季度连续3个月负增长后，从2012年1月开始，新增金融机构外汇占款开始再次转正。不过，2012年5月15日公布的数据显示，截至4月底，金融机构外汇占款余额为255 888.21亿元，较3月减少605.71亿元。外汇占款在2012年首次出现负增长。

边卫红表示，外汇占款走向在一定程度上与人民币汇率走向有一定相关性。虽然2012年4月人民币延续升值趋势，但是，市场对于人民币升值预期出现逆转，而投资恰恰是取决于预期。与此同时，西方媒体对于我国经济发展前景的悲观情绪不断加大，资金投入趋向逐渐减弱。"对于4月顺差加大，我们必须要认清是偶然性单月反弹，还是在以下几个月中延续加大的态势。另外，由于人民币升值预期的降低，一些企业不会再像之前一样迅速兑付人民币，也减少了外汇流入速度。"

资本流入减缓的背后正是我国长期呈现的国际收支"双顺差"格局的变化。"全球金融市场仍然动荡，欧债危机也不稳定。未来，外资进出中国会比较复杂。"中信银行总行国际金融市场专家刘维明指出。

国家外汇管理局日前发布的《2011年中国跨境资金流动监测报告》指出，未来支持我国国际收支顺差的基本面因素依然存在，但由于国际经济金融环境空前复杂和严峻，我国跨境资金净流入规模可能减少，波动将有所加大。外汇局还表示，由于欧债危机仍在不断发展演变，全球仍处于金融去杠杆化进程中，跨境资本流动大进大出风险增加。

资料来源：经济参考报，2012-05-16.

第 4 章　国际 BOT 投资

学习目标：

通过本章的学习，学生应该能够：

1. 重点掌握 BOT 的概念和适用领域；
2. 掌握国际 BOT 投资的阶段；
3. 了解国际 BOT 投资的项目风险与管理。

20 世纪 80 年代以来，随着国际经济合作的深入，国际上出现了一种新型的经济合作方式——国际 BOT 项目投资。国际 BOT 项目投资为世界各国特别是发展中国家基础设施和大型工业项目建设开辟了新的融资和建设途径。

第一节　国际 BOT 投资概述

一、国际 BOT 投资的概念

BOT 是英文 build-operate-transfer 的缩写，直译为建设—经营—移交。国际上对 BOT 有以下几种定义：

联合国工业发展组织(UNIDO)所下的定义是，BOT 是指在一定时期内对基础设施进行筹资、建设、维护及运营，此后所有权移交为公有。

世界银行《1994 年世界发展报告》将 BOT 定义为，政府给予某些公司新项目建设的特许权时，通常采取这种方式——私人合伙人或某国际财团愿意自己融资，建设某些基础设施，并在一定时期内经营该设施，然后将它移交给政府部门或其他公共机构。

亚洲开发银行(ADB)的定义是，BOT 是指项目公司计划、筹资和建设基础设施项目；经所在国政府特许在一定时期经营项目；特许权到期时，项目的资产所有权移交给国家。

我国将 BOT 称为"外商投资特许权项目",并将其定义为,政府部门通过特许权协议,在规定的时间内,将基础设施项目的特许权授予外商为特许权项目成立的项目公司,由项目公司负责该项目的投融资、建设、运营和维护。特许期满时,项目公司将特许权项目无偿交给政府部门。实践中,按照国际 BOT 方式融资建设的项目一般被简称为"国际 BOT 项目"或"BOT 项目"。

二、国际 BOT 投资的产生

BOT 远非一种新生事物,它自出现至今已有至少 300 年的历史。17 世纪英国的领港公会负责管理海上事务,包括建设和经营灯塔,并拥有建造灯塔和向船只收费的特权。但是据罗纳德·科斯(Ronald H. Coase)的调查,从 1610 年到 1675 年的 65 年当中,领港公会连一个灯塔也未建成。而同期私人建成的灯塔至少有 10 座。这种私人建造灯塔的投资方式与现在所讲的 BOT 如出一辙,即私人首先向政府提出准许建造和经营灯塔的申请,申请中必须包括许多船主的签名,以证明将要建造的灯塔对他们有利,并且表示愿意支付过路费;在申请获得政府批准后,私人向政府租用建造灯塔所须占用的土地,在特许期内管理灯塔并向过往船只收取过路费;特权期满后,由政府将灯塔收回并交给领港公会管理和继续收费。到 1820 年,在全部 46 座灯塔中,有 34 座是私人投资建造的。可见 BOT 模式在投资效率上远高于行政部门。

BOT 作为项目融资,是国际经济合作发展到一定阶段的产物。第一次世界大战之前,许多基础设施建设项目(如铁路、公路、桥梁、电站、港口等)就已经开始利用私人投资,这些私人投资者为了赚取巨额利润,甘愿承担所有风险。然而,在第一次世界大战后到第二次世界大战的相当长的时间里,基础设施建设主要由政府部门来承担。这种模式给各国政府带来了沉重的负担,尤其是对于发展中国家来说,在许多情况下,根本无法满足基础设施所需要的资金。

BOT 项目最早产生于 20 世纪 80 年代初期的国际工程承包市场,当时国际工程承包市场不景气,很多业主无力投资营造工程项目,于是就出现了带资承包方式,即由承包商自带资金承包工程,待工程建设完工后,由承包商自行经营若干年,用经营所得偿还工程建设款项,偿还完毕后将项目无偿交给业主单位或国家政府。此后,一些发达国家和发展中国家的基础设施需求不断增长,但长期的经济不景气又使得这些国家难以承担巨额的建设资金。所以,这些国家的政府部门力促公共部门与私营企业合作,为基础建设提供资金。

1984 年,当时的土耳其总理土格脱·奥扎尔首先提出了 BOT 这一术语,其出发点是想利用 BOT 方式建造一座电厂,以解决政府的基金短缺问题。这一想法立即引起了世界的关注,尤其是发展中国家,如菲律宾、马来西亚、泰国等把 BOT 看成是减少公共部门借款和推动国外直接投资的一种方式。此后,许多国家和地区纷纷采用这一方式加快基础设施建设，改善本国的投资环境。

三、国际 BOT 投资方式的内容

（一）建设

BOT 中的“build”是建设，其含义应纳入直接投资的范畴。在通常情况下，投资者根据东道国的法律、法规等，按照一定的出资比例与东道国共同组建股份公司或企业等，这种公司或企业即为双方共同成立的合资经营公司。运用 BOT 方式，在投资方面具有形式多样、选择灵活的特点，具体表现为以下几点：

1. 资产取得方式

允许投资者出资兴办新企业，也可以通过购买产权等方式在旧企业占有股份，达到成立合资经营公司的目的。

2. 公司组织形式

可以成立股权式的合营公司，也可以成立非股权式（契约式）的经济组织，还可以成立股权加契约式的实体等。

3. 公司法律地位

成立公司，可以构成一个独立的实体，具备法人资格，也可以不构成独立的实体，而成为一种不具备法人地位、相对独立的经济组织。

4. 投资比例

根据东道国的起点要求，由投资者自主决定投资的比例，可以独资，也可以合资或合作经营。

（二）经营

BOT 中的“operate”是经营，其含义是企业的运转、操作和管理。经营方式包括以下几种：

1. 独立经营

独立经营是指由外商独资经营，自负盈亏。这种方式有利于东道国学习外商的先进技术和管理经验。同时，对于东道国来说，仅仅利用税收、使用费和提供材料供应即可增加收入，不用承担任何经济风险。

2. 参与经营

按照国际惯例，参与经营是指由投资者和东道国共同成立股权式的合营企业，合营企业成立董事会，依照合同及章程的规定，对重大问题做出决策，并决定任命或聘任总经理，负责日常的经营管理工作。

3. 委托管理

委托管理是指投资人不参与经营管理，而是经合营或合作双方商定，委托所在国一方或聘请第三方进行管理。采用这种方式一般以固定的收益保障作为前提条件。

（三）移交

BOT 中的"transfer"是移交，这是采用 BOT 投资方式与其他投资方式相区别的一个关键所在。采用 BOT 投资方式，可以是合资经营、合作经营或独资经营。但是，在经营期满后，都会遇到投资方如何将财产移交给东道国的问题。通常情况下，合作经营（契约式或包括契约加股权式的合营企业）的投资方大都在经营期满以前已经通过固定资产折旧及分利方式收回了原投资。因此，大部分契约中都规定，合营期满即将全部财产无条件移交给东道国所有。

合资经营（股权式）的特征是投资双方按照投资比例（股份）共同经营，共享利润，共担风险。在合营期内，即使出现亏损也不允许一方收回投资本金。合营期满后，如双方不再继续合资经营，则对财产、债权、债务进行清算并分配剩余财产。对原有企业的处理方式有转售、有价出让或拍卖。东道国要获得企业，可以用自己应分得的一部分剩余财产折抵或追加投资购买。在合资经营的 BOT 方式中，经营期满后，原有企业转移给东道国，但是这种转移是一种有条件的转移，具体条件由双方在合资前期的谈判中商定。外商独资经营的转移也采用有条件转移的方式。

BOT 投资方式是一个系统方式，它跨越独资、合资与合作之间的界限，可以运用各种各样的投资方法，其最大的特点是可以以物引资，这一特点特别适合发展中国家的国情。

四、国际 BOT 投资方式中的各方当事人及其职责

国际 BOT 投资项目的参加方为数众多，主要有项目发起人、业主政府、项目公司、产品购买商或接受服务者、债权人、建筑发起人、保险公司、供应商、运营商等。

（一）项目发起人

项目发起人一般为股本投资者，即项目的实际投资者，它通过项目的投资活动和经营活动获得投资利益，通过组织项目融资来实现其综合目标要求。由于项目融资多为基础设施和公共项目，具有投资多、收益高和风险大的特点，所以项目发起人一般是项目所在国的最高资信者和受益者——政府机构或国有企业，有时也可以是许多与项目相关的公司组成的投资财团或政府机构和私人公司的混合体等。

作为项目发起人，首先应作为股东分担一定的项目开发费用。在 BOT 项目方案确定时，就应明确债务和股本的比例，项目发起人应作出一定的股本承诺。同时，应在特许协议中列出专门的备用资金条款，当建设资金不足时，由股东们自己垫付不足资金，以避免项目建设中途停工或工期延误。项目发起人拥有股东大会的投票权，以及特许协议中列出的资产转让条款所表明的权力，即当政府有意转让资产时，股东拥有除债权人之外的

第二优先权，从而保证项目公司不被怀有敌意的人所控制，保护项目发起人的利益。

（二）业主政府

业主政府是BOT项目成功与否的最关键角色之一，政府对于BOT的态度以及在BOT项目实施过程中给予的实际支持将直接影响项目的成败。政府必须在BOT项目建设中发挥积极的作用。

（三）项目公司

项目公司是经东道国政府批准在东道国内设立的，即以BOT方式完成政府授予特许权项目开发工作的法人实体。项目公司的股本一般要占总投资的10%～30%，其股东可以完全是国外的私有资本（私营公司），也可以不是完全的私营公司或完全的外资公司。

（四）产品购买商或接受服务者

项目产品的购买商或接受服务者多为东道国的自然人和法人，项目发起人或项目公司与产品购买商或接受服务者之间是以产品或服务的售价为纽带联系起来的当事人。就产品购买商而言，在项目规划阶段，项目发起人或项目公司就应与产品购买商签订长期的产品购买合同。产品购买商必须有长期的盈利历史和良好的信誉保证，并且其购买产品的期限至少与BOT项目的贷款期限相同，产品的价格也应保证项目公司足以回收股本、支付贷款本息和股息，并有利润可赚。

（五）债权人

债权人应提供项目公司所需的所有贷款，并按照协议规定的时间和方式进行支付。当政府计划转让资产或进行资产抵押时，债权人拥有获取资产和抵押权的第一优先权；项目公司若想举新债必须征得债权人的同意；债权人应获得合理的利息。

（六）建筑发起人

BOT项目的建筑发起人必须拥有很强的建设队伍和先进的技术，按照协议规定的期限完成建设任务。为了充分保证建设进度，要求总发起人必须具有较好的工作业绩，并应有强有力的担保人提供担保。项目建设竣工后要进行验收和性能测试，以检测建设是否满足设计指标。一旦建筑发起人因自身原因未能按照合同的规定期限完成任务，或者虽完成了建筑任务但未能通过竣工验收，项目公司将予以罚款。

（七）保险公司

保险公司的责任是对项目各方不愿承担的风险提供保险，包括建筑商风险、业务中断风险、整体责任风险、政治风险（战争、财产充公等）等。由于这些风险有着很强的不可预见性，一旦项目失败则损失巨大，所以对保险商的财力、信用要求很高，一般来说，中小保险公司不具备承担此类保险的能力。

（八）供应商

供应商负责供应项目公司所需的设备、燃料、原材料等。由于在特许期限内，对于燃料（原料）的需求是长期的和稳定的，供应商必须具有良好的信誉和较强而稳定的盈利能力，能提供至少不短于还贷期的一段时间内的燃料（原料），同时供应价格应在供应协议中明确注明，并由政府和金融机构对供应商进行担保。

（九）运营商

运营商负责项目建成后的运营管理。为保持项目运营管理的连续性，项目公司与运营商应签订长期合同，期限至少应等于还款期。运营商必须是 BOT 项目的专长者，具有较高的管理技术和管理水平。在运营过程中，项目公司每年都应对项目的运营成本进行预算，列出成本计划，限制运营商的总成本支出。对于成本超支或效益提高的情况，应有配套的罚款和奖励的制度。

以上各当事人之间应签署双边协议，形成复杂而明确的互相协作的关系。BOT 项目的成败得失完全取决于这些协作关系是否顺畅，各当事人在 BOT 项目中所能获得的利益也将受到这些协作关系的制约。可以说，BOT 方式是一种协议组合，各当事人之间的关系构成了一个不可分割又互相制约的有机整体。

五、国际 BOT 投资方式的优点和风险

国际 BOT 项目是一种涉及多方当事人、以融资和建设为主的复杂项目，作为一种新的利用外资的方式，它与传统的利用外资方式不同，具有自己鲜明的特点，既有优点，也存在很大的风险。

（一）BOT 投资方式的优点

1. 有利于减少政府直接财政负担

BOT 项目建设所需要的资金完全由项目公司筹措，融资负债责任被转移给项目公司，不会影响东道国发起人为其他项目融资的信用，可以减少政府债务负担。对于发展中国家的政府来说，可以缓解其基础建设资金不足的困难，政府可将原来这些方面的资金转用于其他项目的投资与开发。BOT 项目除大大减少政府开支外，也为专业化的社会分工提供了基础，使政府承担的项目可以由更加专业的机构来执行，简化了政府不必要的资源浪费。

2. 有利于转移和降低风险

BOT 项目中涉及多方当事人，每个当事人都与项目公司签订合同或协议，承担相应的责任和风险。这样，东道国虽然面临一定风险，但与自筹资金建设基础设施的发展商相比，可以依据投资收益与履行合同的实际情况，合理转嫁和分散由项目超支、不能按期履行合同以及国际信贷波动等导致的风险。

3. 有利于提高项目的运行效率

BOT 项目大多具有巨额资本投入和项目周期长等因素带来的风险，同时由于私营企业的参与，贷款机构对项目的要求比政府更加严格。私营企业为了减少风险，获得较多的收益，一般会自觉采用先进的管理体制和成本控制措施，以提高项目建设的进度和运营效率。尽管项目前期的工作量较大，但一旦进入实施阶段，项目的设计、建设和运营效率就会比较高，用户也可以获得较高质量的服务。

4. 可以提前满足社会和公众的需求

对于大多数发展中国家来说，一些关系国计民生的本来急需建设而政府却无力投资建设的基础设施项目，通过采用 BOT 方式由国外项目公司承建，往往能够在比较短的时间内建成并发挥积极的作用，提前满足社会以及公众对基础设施的需求，促进社会生产力和国民福利水平的提高，从而使公众诉求和政府目标达成一致。

5. 有利于发展中国家的东道国引进先进的技术和管理经验

对于国际 BOT 项目来说，政府公共部门在国际范围内公开招标，其结果必然是选择国际上设计、施工和管理技术最先进而报价又相对优惠的项目公司来承建，这就会给项目所在国带来先进的技术和管理经验，既给本国承包商带来较多的发展机会，也能促进国际经济的融合。BOT 项目集国际资本合作、国际技术合作于一身，有利于国家、企业之间在更加广泛的领域中开展合作。

（二）BOT 投资方式的风险

1. 项目规模大，经营周期长

BOT 投资项目一般由多国的十几家甚至几十家银行或金融机构组成银团贷款，再由一家或数家承包商组织实施。同时，从与东道国政府协商谈判、进行可行性研究到经营周期最终结束，时间跨度往往长达数年甚至几十年，因此不可避免地存在各种风险，如政策变动、贸易和金融市场变动等。

2. 项目投资难度大

每个国际 BOT 项目都各具特点，一般无先例可循。承包商所遇到的每一个项目都是一个全新的课题，都需要从头开始研究，这样就加大了投资的难度。

3. 各方当事人之间的关系很难协调

BOT 投资项目的规模决定了参加方为数众多，而且涉及公众利益与许多社会公共部门,同时又是一项需金融、贸易、保险、土地、交通能源、通讯行业相互协调与合作的系统工程。一项 BOT 项目能否成功,不仅要求各参加方分担风险和管理,还要求他们通力协作,这样才能保证项目的顺利实施和如期竣工。

4. 项目开发风险大

BOT 项目发起人经常面临一系列的风险,如投标失败的风险、特许权谈判失败的风险以及项目计划被业主政府拒绝的风险等。即使在项目发起人自己制订项目计划的情况下,也同样存在风险,即业主政府可能不给予该发起人排他性谈判权利的书面保证,而代之以邀请其他感兴趣的财团参与竞标。同时,BOT 项目不存在直接的主权国贷款担保,业主国政府对 BOT 项目的支持和保护是有限的。

六、国际 BOT 投资方式的适用领域

BOT 方式的适用领域在市场经济国家和发展中国家有所不同。

在市场经济国家,由于经济法律条件比较成熟,政策透明度高,竞争有序,政府对 BOT 投资方式管理比较成熟,运作比较稳定,BOT 方式的应用效率和效益较高,已经作为基础设施私有化的有效方法之一得以成功实施。BOT 方式在市场经济国家的适用范围比较广泛,主要包括一国的基础设施和公共部门的建设项目,如电站、高速公路、铁路、桥梁、隧道、港口、机场、钢铁企业、教育、医疗卫生基础设施、环保设施等。一般来说,这些项目的工程量大,建设时间长,耗资巨大,关系国计民生,大多属于急需项目;而且这些项目的市场需求一般都较好,能够获得较稳定的收入。

而在发展中国家,BOT 投资方式的应用大多是为了解决资金短缺的问题,如泰国、印度、菲律宾等国在高速发展过程中,都遇到了基础设施建设严重滞后于经济发展这个矛盾,政府急于寻找资金促进其经济发展,但往往受自身投资环境的限制,如相关法律、法规不健全,配套条件不完善,BOT 投资管理不规范等,承包商会由于这些国家的投资风险较大,而对融资成本和股本回报提出较高的要求。对于特定的项目,在项目产品价格可以接受的情况下,采用 BOT 方式的可行领域主要有电力和收费公路等收益稳定、利润较大的项目,其他类型的项目如地铁、水厂等若采用 BOT 方式,则必须进行认真的项目规划,有些项目使用 BOT 方式基本上是不可行的,如中国的邮政系统和医院等。

七、国际 BOT 投资方式的派生形式

由于 BOT 方式在不同国家的应用中遇到的情况不同,在实际操作过程中,因时间、地点、外部条件、政府的要求及有关规定不同,派生出了 20 多种类似的方式,其中主要方式有以下 10 种:

① BOO(build-own-operate):建设—拥有—经营;

② BOOT(build-own-operate-transfer):建设—拥有—经营—移交;

③ BOOS(build-own-operate-sale)：建设—拥有—经营—出售；

④ BOOST(build-own-operate-subsidize-transfer)：建设—拥有—经营—补贴—移交；

⑤ BTO(build-transfer-operate)：建设—移交—经营；

⑥ BLT(build-lease-transfer)：建设—租赁—移交；

⑦ BT(build-transfer)：建设—移交；

⑧ BOL(build-operate-lease)：建设—经营—租赁；

⑨ BMT(build-manage-transfer)：建设—管理—移交；

⑩ BOD(build-operate-deliver)：建设—经营—转让。

上述各种方式虽然提法各不相同，在操作上也存在差异，但它们的结构与BOT并无实质区别，都是项目公司代替项目业主政府或其公共部门建设和运营此前由一国公共部门垄断的基础性项目，所以习惯上也将上述所有方式统称为BOT方式。

第二节 国际BOT投资的阶段

BOT所涉及的项目一般来说是那些投资规模大，建设、经营和投资回收周期长，风险高的基础设施项目，任何一个环节上的失误，都有可能导致整个BOT项目的失败。为使整个BOT项目的每一项工作和每一个环节都建立在扎实、稳固和可靠的基础之上，按照国际惯例，政府和企业应按照以下实施步骤进行项目的运作：

一、政府方面

对于东道国政府来说，一个典型的BOT项目要经过以下4个阶段：

（一）确定项目方案

传统的政府融资项目一般是通过聘请咨询公司或设计院，编制项目建议书和进行可行性研究，召开咨询和审查会议，对项目的规模、技术、经济等方面进行优化，并以计划管理部门下达批文的方式加以确定。与传统的政府融资项目不同的是，BOT项目在这一阶段的主要目标是确定项目建设的必要性，因为并不是所有的项目都适合采取BOT方式进行建设和经营。如果根据市场需求和产业政策，确定采用BOT方式，再进一步研究确定建设规模和项目目标，但不必确定项目采用的技术、项目投资额或投资收益水平。因此，在招标文件中不需要详细规定项目的技术方案和实施方案，只需勾画出项目在规模、技术、经济等方面的轮廓，鼓励投标人在项目构想和设计方面提出新的观点，发挥其各自的技术和经验优势，便于政府从各投标方案中选择出最佳方案。当然，为做到心中有数，政府聘请咨询公司或设计院进行预可行性研究，提出项目技术要求并进行实施方案的比较也是可行的。

（二）招标准备

政府在确定了 BOT 项目以后，应进入到招标准备阶段。政府在这一阶段一般要做以下几方面的工作：一是成立招标机构。招标机构的确立对于落实项目基本条件、加快招标进度和提高工作效率具有重要意义。二是聘请中介机构。聘请包括专业的投融资咨询公司、律师事务所和设计院等中介机构，对项目的经济、技术、法律等方面的问题做出细致、完整、严密的规定。三是准备资格预审文件，制定资格预审标准。资格预审对前期工作周期长、情况复杂的 BOT 项目尤为重要。四是邀请感兴趣的投资者或发起人组成联营集团，共同提出一份满足邀请建议书要求的标书，就费用分担、各成员在项目中应起的作用及可能的项目结构达成初步协定。在某些情况下，应当允许在标书中对项目的一个或几个方面提出修订意见或替代性方案，以便更好地完成项目建设。

（三）招标与评价

国际上比较普遍的做法是以竞争性招标方式选定 BOT 项目的授权单位，这样做有利于项目以更低的成本和更合理的运营价格取得更快的建设速度。项目招标后，会有众多的投标商参加投标。招标者应对响应邀请建议书而提交的标书进行挑选，选出暂定中标人，评估标书的成员既包括政府官员，也包括技术、财务和法律顾问等。评估标书的依据包括价格、可靠性、经验等因素以及所设想的拟议项目能在多大程度上给招标者带来其他利益，这类利益包括节约外汇、促进技术转让、提供就业机会和为招标单位人员和承包商提供培训等。在某些情况下，招标者也会通过与投标人直接谈判，对最低限制标书作出改进。但是，不应过分依靠这类进一步的谈判，以免影响竞争性投标程序的公正。

（四）合同谈判与授权

评标结束后，招标人邀请第一标进行实质性谈判。谈判的内容涉及项目的技术、经济、法律、运营、管理等诸方面，并且关于项目的所有法律文件都将在这个阶段形成。在初步选定标书后，招标者请中标人制定并签署最后的合同文件。某些情况下，招标者应向中标人发出一份意向书，一旦签署了在意向书，就意味着当事双方承诺真诚合作，通过谈判协商，政府与项目承建方正式形成设计项目建设、经营与转让的所有合同、授权法律和特许权协议文件，最后签订这些文件。由于 BOT 项目一般都比较庞大和复杂，政府确定中标人应主要选择那些具有承担大型建设工程能力的企业以及信誉良好的贷款机构作为中标人。

二、企业方面

对于运用 BOT 方式融资建设项目的企业来说，通常要经过以下几个阶段：

（一）投资决策与评估

无论是私营企业、发展商还是银行或财团，对国家拟建或准备发展的基础设施项目，都要经常不断地跟踪了解。对于自己感兴趣的项目，可以向政府提出建议，根据政府招标邀约规定的投资项目、投标者要求、投标条件的衡量标准等方面的信息，组织有关专家对项目的可行性进行评估，主要包括调查东道国的投资环境、研究投标的技术、评定资金投入额及自身现有条件、初步估标、核算项目的经济效益等。

BOT 项目的发展商必须满足贷款人的要求，就是说拟建的项目必须能长期地从公共使用中产生足够的资金来偿还借款及利润。作为 BOT 项目的贷款人，其主要保障是项目长期运作所产生的效益。

（二）组建项目公司

企业的 BOT 项目开发建议得到政府批准后，可以组建一个承揽项目的财团，中标后可以做出更确定的承诺，在项目所在地成立一个 BOT 项目公司，由该公司全权负责与政府部门谈判、签订特许权协议、融资、建设和经营管理。项目公司一般由多个企业组成，包括银行、财团、工程承包商和设备供应商等。项目公司的建立可以采取股本方式，也可以采取发行股票或少量政府资金入股的方式。

（三）投标与执行

项目公司成立以后，应组成一个专门的投标小组开展项目投标的全部工作，并与政府谈判直到获得项目的最终授权。在此期间，项目公司要取得贷款方的承诺；组成项目公司之间的各方还要就项目资金筹措、项目实施管理和项目的运营进行最后的协商。

（四）项目建设

一旦进行财务交割，建设阶段即正式开始。项目公司根据特许权协议或合同规定的技术和时间要求，组织项目的设计、施工和采购等工作，即组织有关机构对项目进行详细设计、委托建筑公司对项目建设总体承包、建筑公司对项目进行施工并交付项目公司等。BOT 项目一般都以“交钥匙”的建设方式进行，即项目建设总承包商对工程建设负全责，直到项目建成投产且有关工程、产品的质量符合政府的要求为止。有些情况下，一些现场组装或开发甚至某些初步建设可能先于财务交割。但是，项目的主要建筑工程和主要设备的交货大多在财务交割后，因为一般来说，只有到那时才会有支付这些费用的资金。工程竣工后，项目通过规定的竣工试验，政府接受竣工的项目，建设阶段即告结束。

（五）项目经营和移交（BOO 方式除外）

BOT 项目建成后，项目公司就拥有了经营项目取得收益的经营权利，项目公司在特许期内可采取自营、联营或转包经营等经营方式。在整个项目运营期间，应按照协定要求对项目设施进行保养。为了确保运营和保养按照协定要求进行，贷款人、投资者、政府都拥有对项目进行检查的权利。

特许经营权期满后，项目公司按照特许协议中规定的项目质量标准和资产完好程度，将项目的资产、经营期预留的维护基金和经营管理权全部移交给东道国政府。一般来说，项目的设计应能使 BOT 发起人在特许经营期间还清项目债务并有一定利润。这样项目最后移交给政府时是无偿的移交，或者项目发起人象征性地得到一些政府补偿。政府在移交日应注意项目是否处于良好状态，以便政府能够继续运营该项目。

第三节 国际 BOT 项目风险与管理

国际 BOT 项目的一个重要特征就是它的风险性。任何一个国际 BOT 项目，在每一个阶段都存在着发生损失的不确定性，万无一失的项目是不存在的。对项目风险的有效控制和合理分摊不仅是对 BOT 项目各当事人的主要挑战，而且也是对项目进行有效管理、降低成本并提高效益的关键所在。

一、国际 BOT 项目风险

（一）BOT 项目风险的概念

BOT 项目风险是指 BOT 项目在特许、建设、运营和移交等各个阶段可能遇到的风险，是一种潜在的危险因素。

（二）BOT 项目风险的分类

因为 BOT 与其他类型的工程项目有重要的区别，其风险因素也有其独特性，因此，概括 BOT 项目风险特征并不容易。实际上，每个东道国、每个基础设施部门和每个具体的 BOT 项目都有各自的风险特征。对于国际 BOT 项目而言，可以从不同的角度进行不同的分类。

1. 按项目风险的特点划分

按照项目风险的特点，可以将 BOT 项目风险划分为系统风险和非系统风险。

（1）系统风险

系统风险又称不可控制风险，是指那些由于某种全局性因素引起的投资收益的可能变动，以及超出自身行为所能控制和避免的风险。主要包括政治风险、金融风险和不可抗力风险等。

① 政治风险。政治风险是指 BOT 项目所在国（也有参加方所在国）政治状况可能带来的风险。一般来说，国际、国内发生全局性恶性政治事件，对项目参与各方均构成不利影响。在不稳定的国家和地区，政治风险会使项目公司遭受重大经济损失。

② 金融风险。金融风险是指在国际 BOT 项目融资中，由于未能预见到的汇率和利率变动，而给项目投资方可能带来经济损失的风险。金融风险主要包括汇率风险、利率风险和通货膨胀风险等。

汇率风险是指国际投资者以外币计价的资产或负债，在国际经营中因外汇汇率波动而遭受损失或获得收益的可能性。

利率风险是指市场利率变动引起证券投资收益变动，给有价证券的利息、股息收入或本金带来损失或使国际投资者筹融资的条件和成本发生变化的可能性。

通货膨胀风险是指由通货膨胀是否发生、发生的次数以及严重程度等导致的 BOT 项目实施过程中的现金流、贷款利率以及收益率的变化进而对整个项目能否成功的不确定性的风险。

③ 不可抗力风险。不可抗力风险是指由于战争、内乱、国有化运动、政府限制及自然灾害（如地震、台风、洪水、火山爆发）等不能预见或不能避免并不能克服的客观情况给工程带来的风险。

（2）非系统风险

非系统风险又称可控制风险，是指那些由于微观因素影响的、BOT 项目融资中的各参与方可以自行控制、处理和避免的风险。主要包括信用风险、完工风险、生产经营风险和环保风险等。

① 信用风险。信用风险是指项目参加各方因故可能无法履行合同所规定的责任与义务所造成的损失。BOT 项目融资的信用风险贯穿于 BOT 项目的始终。

② 完工风险。完工风险是指工程设计和建设中的工程拖期、工程费用追加、工程完工后其性能得不到保障等。此种风险一般由项目公司承担。

③ 生产经营风险。生产经营风险是指在项目经营过程中，由于经营者的疏忽，发生设备安装、使用不当，材料供应断档，管理混乱和产品质量低劣等重大经营问题，使项目不能按计划运营，最终影响项目的获利能力而造成的损失。

④ 环保风险。环保风险是指项目经营过程中由于环境保护及污染治理、设施的配置与改造更新、管理制度的建设与完善、检测手段的使用与完善、措施的落实与检查、事故的预防与处理等方面存在的不确定因素可能给项目带来的影响。

2. 按项目的阶段划分

按照项目的阶段，可以将国际 BOT 项目风险划分为准备阶段风险、建设阶段风险和经营阶段风险。

3. **按参与项目的主体划分**

按照参与项目的主体,可以将国际 BOT 项目风险划分为政府风险和项目公司风险。

(1) 政府风险

政府风险是指由于政府在 BOT 投资项目中将项目授权给项目公司建设和经营所带来的风险。

(2) 项目公司风险

项目公司风险是指项目公司在从政府获得 BOT 项目建设授权后,将独立承担筹措资金建设项目及经营项目职责的风险。主要包括政治风险、财务风险、完工风险、销售风险等。

4. **按风险的性质划分**

按照风险的性质,可以将国际 BOT 项目风险划分为政治风险、经济风险和技术风险。

(1) 政治风险

政治风险包括国有化风险、获准风险、税收风险和法律风险等。

① 国有化风险。国有化风险是指由于国际或国内政变、领导人变动等政治事件,或由于 BOT 项目对所在国的基本建设或安全极端重要,受到所在国国有化或没收兼并的威胁,可能导致项目中止或毁约,项目投资可能难以收回的风险。

② 获准风险。获准风险是指 BOT 项目的开发建设需要得到东道国政府的特许,否则任何有关政策上的负面变化都有可能引发项目的政治风险。特许权是 BOT 项目的基础,获准风险最为敏感。

③ 税收风险。税收风险是指项目所在国改变进出口政策,如增加关税或限制项目设备、原材料的进口和项目产品的出口,减少项目公司的减免税待遇,实行有选择的税收政策等对项目公司的经济活动产生重大影响的风险。

④ 法律风险。法律风险是指由于东道国法律体系不完善和法律变动对项目带来的风险。当法律不完善时,项目融资所依赖的各种担保可能无法有效地起作用,贷款方和投资者对项目资产和其他抵押品的控制权利难以得到法律保护。BOT 项目常见的法律风险包括:设施抵押权/出租权;设施所有权;担保/合同结构;项目公司破产;违反融资合同;担保/抵押权实施/生效;文件/合同(歧义、争端、仲裁和适用法律)。

(2) 经济风险

经济风险是指由于经济前景的不确定性,使项目各方蒙受经济损失的可能性。可能导致经济风险的因素主要有:东道国的经济发展规划;金融发展情况,包括外汇储备情况、货币自由兑换、外汇汇出、官方银行利率及信贷管理制度;市场情况,包括价格风险、竞争风险和需求风险；国家的偿债能力。

(3) 技术风险

技术风险是指在项目生产过程中存在的由于制度上的细节问题安排不当所带来的风险。包括一些技术工艺是否在项目建设期间及结束后被新技术所代替，厂址选择与配套建设是否合理，技术人员的专业水平与职业道德能否达到要求等。技术风险有两种表现：一是工程延期，工程延期将直接缩短工程经营期，减少工程回报，严重的有可能导致项目的放弃；二是工程缺陷，指施工建设过程中的遗留问题。该类风险可以通过制度安排上的技术性处理减少其发生的可能性。

（三）国际 BOT 项目的风险分担原则

风险分担问题一直是困扰国际 BOT 项目顺利运行的关键问题之一，它贯穿于 BOT 项目的各个阶段并影响到 BOT 项目的各参与方。由于 BOT 项目本身的特点、风险分担所涉及的风险因素以及项目参与方的复杂性，使项目风险的分析和分配成为项目融资的核心问题。为了减轻国际 BOT 项目的风险，项目的投资方或主办者在运作国际 BOT 项目的过程中，必须建立和坚持以下风险承担原则：承担风险的一方将期望获得相应的回报；将风险分配给最有能力承担这种风险的一方。这就意味着建筑承包商将承担竣工延期和超支的风险，运营商将承担运营成本的风险，政府将承担通货膨胀和汇率变动的风险。另外，由于国家政策、法律法规的变化致使项目公司受到实质性的影响，政府部门应该通过调整收费价格、延长特许期限或采取其他相应的措施予以补偿；由于自然不可抗力因素导致的损失可由项目公司通过保险方式来承担；由于政治不可抗力引发的损失可通过协商来解决。在 BOT 项目的实际运作过程中，政府一般会尽可能地将风险分配给建筑承包商和运营商，建筑承包商也会将风险再分配给分包商，银行则希望自己无风险。

将项目风险分配到所有项目参与者是一个艰巨而复杂的风险分配过程。只有在所有的项目参与者目标一致的前提下，才能成功地实施一个国际 BOT 项目。表 4-1 显示了国际 BOT 项目在建设和运行期间可能发生的基本风险以及为保证风险按股份分配，由项目主办者使用的克服风险的技术和一揽子合同，目的是寻求解决这些问题的办法。对于一个成功的国际 BOT 项目来说，项目的有关各方必须按照合同或协议的要求，与作为项目“一揽子”合同核心的项目公司保持良性互动，任何一个环节发生断裂都可能给项目带来风险。在 1987 年开工建设的英法海底隧道项目中，就形成了一个很好的监督机构，美奇·道尔公司对施工合同的所有方面都提出了咨询意见，从而解决了隧道项目公司与承包商之间的争议，并提供给有关各方独立的报告。

表 4-1　建设和运行阶段的风险和解决方法

建设阶段的风险和解决方法		运行阶段的风险和解决方法	
风　险	解决方法	风　险	解决方法
延误建设	有经验的交钥匙工程承包商 罚款，赔偿损失 建成/性能担保 成熟的技术	原材料供应	原料合同 市场研究 扣除协议 与扣除者合资
费用超支	固定的价格/总包合同 备用信贷 增加股份	性能/技术	成熟的技术 性能保证 承包商的股份 亏空协议
不可抗力	保险 政府赔偿	运营/维修	运营/维修 有经验的运行者
政治风险	保险 出口信贷机构盖章	外汇	弹性价格公式 中央银行保证 交易 书面文件记录
基础设施	政府保证	其他意外事故	政府支持 契约

资料来源：闫定军. 国际投资. 北京：清华大学出版社，2005(8).

二、国际 BOT 项目风险管理

（一）国际 BOT 项目风险管理的过程

一般而言，国际 BOT 项目风险管理过程应包括以下几个阶段：

① 风险识别。风险识别是指识别项目风险的来源和种类。

② 风险分类。风险分类是指研究各类项目风险以及风险对个人和组织所产生的影响。

③ 风险分析。风险分析是指运用分析技术研究和评价各类风险及风险组合的可能后果和影响。

④ 风险态度。风险态度是指任何有关风险的决策均会受到制定决策的个人或组织态度的影响。

⑤ 风险回应。风险回应是指通过风险转移或风险自留等方式对风险进行管理。

通过对项目进行风险的识别、分析与评价，可以构建一个基于各参与方风险和阶段性风险决策的项目风险管理体系，采取具有针对性的预案和措施。

（二）国际 BOT 项目风险管理的类型

国际 BOT 项目风险管理分为系统风险管理和非系统风险管理两部分。

1. 国际 BOT 系统风险管理

国际 BOT 的系统风险管理主要是通过项目各参与方相互之间的约束和制约来完成的，各方通过反复协商谈判，达成各种内部协议。这些协议明确界定 BOT 项目融资参与各方的权利和义务，相关的系统风险也被有效地进行分配和管理。国际 BOT 的系统风险管理主要包括政治风险管理、金融风险管理和不可抗力风险管理。

（1）政治风险管理

① 购买海外投资保险。海外投资保险制度首创于美国。1948 年，随着美国“马歇尔计划”的实施，它的对外援助体制也日臻完善。当时，美国政府管理援外事务及海外投资的经济合作署首创了投资保险制度，但起初这一制度仅适用于欧洲发达国家，保险范围也仅限于外汇风险。后来，随着美国私人海外投资大量涌向发展中国家和地区，这些投资时常面临国有化和战争等政治风险，经济利益受到严重威胁。因而，从 1953 年起，保险范围扩大到战争、革命、内乱和征用等政治风险，保险制度也转而仅限于发展中国家和地区。美国的海外私人投资公司（Overseas Private Investment Corporation，OPIC）从 1971 年开始承担海外投资保险业务，成为主管美国私人海外投资保险的专门机构。第二次世界大战以后，各主要资本主义国家为鼓励资本输出，纷纷仿效美国制定了投资保险制度。企业通过投保，将可能发生的政治风险转嫁给政府设定的保险机构，这是一种比较积极的预防性对策。在承保的政治风险类别上，通常包括外汇禁兑险、财产征用险和战争内乱险。

② 与东道国政府签订特许协议。跨国公司在进行海外投资的过程中，首先要考虑的就是政治风险问题，而这种风险仅凭经济学家和经济工作者的经验是很难进行评估的。但是，项目公司可以通过谈判，与东道国政府签订特许协议，明确各参与方的权利、义务与风险分担原则，从而抵消一部分政治风险。特许协议主要包括：东道国政府保证 BOT 项目实施期间该国的政策法律较少变动；东道国政府对于未来可能发生的政权更替、国内社会动荡和暴力冲突等政局不稳定风险以及不可避免的政策法律变动风险，给予项目公司一定数额的资金补偿或其他的附加优惠政策。特许协议在 BOT 项目中居于核心地位，反映东道国政府对特许项目授权内容的基本原则与立场，项目的建设、经营、产品或服务的销售等各个重要阶段都紧紧围绕这一核心开展，如设计建筑合同、运营维护或委托管理合同、供应合同等都是在遵循特许协议确定原则的基础上派生出来的，是对特许协议具体条款进一步的细化。因此，一份完备的特许协议必须授权明确，同时能统管整个 BOT 项目的建设、运营与移交。

③ 尽量避免东道国政府采取干预行动。项目公司应尽量避免东道国政府采取干预行动。具体做法包括：为避免东道国因政治、政策等原因采取干预活动，将各种与经营相

关的担保合同置于东道国管辖之外，由外国大银行或大公司为项目贷款提供担保；与东道国以外的买主订立项目产品买卖合同，并要求买主将货款存入在东道国以外的银行开立的信托账户上；在项目融资过程中引入多边机构，尽量让政府也参与其中，这样不但可以有效分担政治风险，而且因为政府置身其中，会使得政策法律的变动对 BOT 项目的实施更有利。

④ 充分利用多边法律保护措施。由于国际 BOT 项目是一种跨国的投融资活动，项目当事人来自多个国家和地区，有时仅靠东道国的国内法律保护很难奏效，项目公司或投资者可以在贷款法律文件中选择外国法为准据法，并选择外国法院为管辖法院，以免受东道国法院的管辖和法律变动的影响。同时还可以利用两项重要的国际投资公约，即《解决国家与他国国民之间投资争议公约》(ICSID 公约)①和《多边担保机构公约》(MIGA 公约)②所提供的保护措施来维护自身的合法权益。

(2) 金融风险管理

① 利率风险管理。利率风险管理包括以下 3 个方面：

第一，寻求政府的利率保证。由东道国政府为项目发起人提供利率保证，当项目期内利率增长超过规定的百分比时，发起人可以得到补偿。

第二，采用理想的多种货币组合方式。由于多种货币有各自不同的利率，将多种外币加以理想组合，可以有效减低利率变动可能带来的风险。

第三，运用调期及封顶、利率区间、保底等套期保值技术减小利率变化的影响。

② 汇率风险管理。汇率风险管理也包括 3 个方面。

第一，同东道国政府或结算银行签订远期兑换合同，事先把汇率锁定在一个双方可以接受的价位上。

第二，双方商定一个基本汇率，确定出“中性地带”，在中性地带内各自承担外汇风险和利益，如超过中性地带则由双方按一定比例来分担风险。

第三，以开立还款信用证方式或获得政府批准文件方式保证外汇汇出。

(3) 不可抗力风险管理

对于不可抗力风险，通常采用的防范措施是由项目公司向保险公司投保，将风险转移给保险公司；对于不能投保的不可抗力风险则由双方共同承担，并在协议中规定分担方法或寻求政府的资助和保证。

---

① 《ICSID 公约》又称《华盛顿公约》，依据私人国际合同的执行经验而制定，它提供了一套中立的规则和仲裁程序来解决私人投资者与东道国之间的争端。1965 年 3 月 18 日，由国际复兴开发银行提交各国政府，1966 年 10 月 14 日开始生效。

② 《MIGA 公约》又称《汉城公约》，是世界银行为减轻投资者在发展中国家投资面临的非商业性政治风险而制定。公约将争端解决分为三类：一是有关公约解释和施行发生的争端；二是机构与成员国间的争端；三是被保险人或保险人间的争端。该公约于 1985 年世界银行汉城年会通过，1988 年 4 月正式生效。

① 投保。投保主要针对直接损失而言,即通过投保把风险转移给有承担能力的保险公司或出口信贷机构。保险的种类依据各国的法律规定,主要有建筑工程综合保险、第三方责任保险、工伤事故赔偿保险、设备物质运输保险等。

② 寻求政府资助和保证。寻求政府资助和保证是针对间接损失而言的,是对不能保险或不能以合理成本保险的不可抗力风险的防范方法。有些不可抗力风险无法确定成本,不能保险或不能按照合理的保险费投保。而项目发起人往往不愿意承担债权人方面的不可抗力风险,债权人则希望不承担风险。在这种情况下,发起人和债权人往往要求东道国政府提供某种形式的政府资助和担保。例如,允许项目发起人在遭遇不可抗力风险时,可延长合同期限以补偿投融资中尚未回报、偿还的部分,延长期限相当于实际遭受这种不可抗力的影响期。需要说明的是,这种资助不是正式的政府保证,在性质上只是对项目表示支持的一种承诺,因此不具有金融担保性质。

③ 当事人各方协商分担。如果尚在贷款偿还期间,应当由政府、项目发起人、债权人3方按照事先约定的比例分担损失;如果在贷款已经偿还结束的运营期间,则由政府和项目发起人按照事先约定的比例分担损失。

2. 国际 BOT 非系统风险管理

国际 BOT 非系统风险管理主要包括信用风险管理、完工风险管理、生产经营风险管理和环保风险管理。

(1) 信用风险管理

对于信用风险,需要各参加方通力合作,采取对各方有利的管理措施。政府应委派 BOT 法律专家或财务顾问与债权人和发起人接触并协助其工作,要求其将有关财务信息、担保手续公开化,以便确信届时项目有足够的资金到位;项目公司提供担保合同或其他现金差额补偿协议,一旦出现资金不足,能筹措到应急资金以渡过难关;建筑承包商提供履约保函;产品购买者提供或取或付的长期购买合同;项目供应商提供或供或付合同或其他形式的长期供货合同以保证原材料的来源。

(2) 完工风险管理

对于完工风险,首先要做好项目的可行性研究,选择合适的建筑承包商,尽可能使用成熟的技术。同时与承包商签订一揽子交钥匙工程合同或固定价格合同。这类合同在一定程度上可起到防止发生超支风险的作用。对于技术故障风险的防范,应要求建筑承包商出具履约担保,期限一般延续到完工后的几个月甚至几年。其中,固定价格合同中应订立更新补贴条款和严格的惩罚性条款。

(3) 生产经营风险管理

① 风险规避。风险规避是指在 BOT 项目中,事先预料到风险产生的可能性程度,判断导致其产生的条件和因素以及对其进行控制的可能性,尽量避免风险的发生或设法以其他因素抵消造成的损失,必要时可改变投资的流向。常见的规避风险的措施有:放弃

高风险 BOT 项目的投资；闭关自守；改变建设、经营的地点；改变生产流程或产品。

② 风险抑制。风险抑制是指在 BOT 项目中，采取各种措施减少风险发生的概率及经济损失的程度。风险抑制的主要措施有：安全教育，执行操作规程和提供各种设施；建立健全各种设备预防检修制度；在投资决策时做好灵敏度分析；在充分进行市场调查和预测的基础上开发市场需要的新产品。

③ 风险自留。风险自留是指在 BOT 项目中，投资者对一些无法避免或转移的风险采取现实的态度，在不影响投资根本利益的前提下自行承担下来。在风险自留措施下，投资者要承担风险损失，必须事先做好各种准备工作，并对自己的行为方式进行修正，努力将风险损失降到最低程度。

④ 风险转移。风险转移是指在 BOT 项目中，投资者借助各种经济技术手段把风险转嫁他人。风险转移一般包括保险转移和非保险转移两种。保险转移是指向专业保险公司投保，通过缴纳保险费，保证在风险发生时能从保险公司获得相应的赔偿，由保险公司来承担风险损失；非保险转移是指通过保险公司以外的其他途径实施风险的转移，如通过保证互助、基金制度或合同中免责规定和赔偿条款等方式，将可能发生的风险转移给另一些机构或个人去承担。

(4) 环保风险管理

对于环保风险，应将 BOT 项目环保方面的法律研究作为项目总的可行性研究的重点，制订好项目文件，该项目文件应包括项目公司的陈述、保证和约定，确保项目公司重视环保并遵守东道国的法律、法规等。同时在运营过程中，运营商要不断提高生产效率，努力开发出符合环保标准的新技术和新产品。

广东省深圳沙角 B 火力发电厂融资案例

1. 项目情况介绍

项目背景：深圳沙角火力发电厂 1984 年签署合资协议，1986 年完成融资安排并动工兴建，1988 年建成并投入使用。电厂总装机容量 70 万千瓦，总投资为 42 亿港币，被认为是中国最早的一个有限追索的项目融资案例，也是事实上在中国第一次使用 BOT 融资概念兴建的基础设施项目。

项目投资结构：深圳沙角 B 电厂采用中外合作经营方式，合作期为 10 年。合资双方分别是深圳特区电力开发公司(中方)、合和电力(中国)有限公司(外方，一家在香港注册专门为该项目而成立的公司)。在合作期内，外方负责安排提供项目的全部外汇资金，组织项目建设，并且负责经营电厂 10 年。外方获得在扣除项目经营成本、煤炭成本和付给中方的管理费后全部的项目收益。合作期满后，外方将电厂的资产所有权和控制权无偿地转让给中方，并且退出该项目。项目投资总额42亿港币(按1986年汇率折合5.396亿美元)。项目贷款组成是，日本进出口银行固定利率日元出口信贷26 140万美元，国际贷款银团的欧洲日元贷款5 560万美元，国际贷款银团的港币贷款7 500万美元，中方深圳特区电力开发公司的人民币贷款(从属性项目贷款)9 240万元。

项目能源供应和产品销售安排：在本项目中，中方深圳特区电力开发公司除提供项目使用的土地、工厂技术操作人员以及为项目安排优惠的税收政策外，还签订了一个具有"供货或付款"(supply or pay)性质的煤炭供应协议和一个"提货与付款"(take and pay)性质的电力购买协议，承诺向项目提供生产所需的煤炭并购买电力项目产品。这样，中方就为项目提供了较为充分的信用保证。

从表面上看，电厂项目并没有像一般在发展中国家兴建基础设施项目那样依靠政府特许为基础，而是中外合资双方根据合作协议以及商业合同为基础组织起来的。但是，由于中方深圳特区电力开发公司和项目的主要担保人广东省国际信托投资公司都具有明显的政府背景，广东省政府也以出具支持信的形式表示了对项目的支持，因此深圳沙角B电厂项目实际上也具有一定的政府特许性质。

2. 项目风险分析

国际项目中小企业融资中一般存在信用风险、完工风险、生产经营风险、市场风险、金融风险、政治风险和环境保护风险等常见风险。现在我们就来看看在电厂这个项目中究竟存在哪些比较突出的风险。

本项目是火力发电厂建设，为确保电力生产，必须有充足的煤炭供应。因此，妥善地解决能源供应风险的问题就具有特殊重要的意义。中国的煤炭产量居世界第一，而且项目合作的中方深圳特区电力开发公司已经签订了煤炭供应协议，负责提供项目生产所需的煤炭。考虑到中方的政府背景以及中国政府支持特区开发建设的宏观政策，因而项目能源供应是比较有保障的。在经营管理方面，中方负责向电厂提供技术操作人员，而负责经营电厂的外方合和电力具有较强的经营管理能力，其委派到电厂的管理人员也都具有比较丰富的管理经验，因而项目的经营管理风险也比较小。就项目本身的性质来看，火力发电厂属于技术上比较成熟的生产建设项目，在国内外的应用都已经有相当长的时间，技术风险也是比较小的。综合以上几点，应该认为本项目的生产经营风险不大。

市场风险方面，主要应该解决项目所生产的电力的销售问题，这是项目各方收益以及项目贷款人收回贷款的根本保障。考虑到项目所在地深圳正在进行大规模的开发建设，对电力的需求很大，而且在相当长的时期内将持续增加，因此项目产品——电力的销售应该具有良好的市场前景。而且，中方已经通过签订"提货与付款"性质的电力购买协议，保证购买项目生产的全部电力。因此，本项目的市场风险也是不大的。

资料来源：中国中小企业信息网，2010-08-27. http//：www.sme.gov.cn.

问题：

1. 结合案例材料说明深圳沙角 B 火力发电厂融资属于何种性质？引入外资对这一项目有哪些益处？

2. 在该案例中存在哪些项目风险？这些风险对项目实施会产生哪些影响？

3. 我国政府和企业应如何防范和应对国际 BOT 项目风险？

本章小结

本章介绍了国际 BOT 投资的定义、优缺点、使用领域和派生形式；国际 BOT 投资的发展阶段；国际 BOT 项目的风险内涵与分类；国际 BOT 项目的风险管理。通过本章的学习，应使学生对国际 BOT 投资有一个较深入的了解，把握国际 BOT 投资的主要知识。

复习思考题

1. 简述国际 BOT 投资的定义、优缺点和使用领域。

2. 国际 BOT 投资有哪些发展阶段？

3. 国际 BOT 项目有哪些风险？应如何对其进行管理？

BOT 方式在土耳其的应用

土耳其是第一个将 BOT 方式用于传统基础设施项目开发的国家。20 世纪 70 年代后期，在厄扎尔总理领导下，土耳其计划采取 BOT 方式建设阿科伊核电厂，由承包方和土耳其政府所有的电力管理局(TEK)组成一家合资企业，将筹资、建设、拥有和运营该电厂 15 年。在此期间，电管局将以固定价从该合资企业购买电力，15 年后该厂移交给土耳其政府。尽管土耳其政府与该项目主要投标人加拿大原子能公司和原西德发电站联合股份公司进行了几年的谈判，但该项目最终没能付诸实施。各方未能就满意分摊风险达成协议。一方面，土耳其政府坚持按照 BOT 方式，政府不应为该合资企业的外部债务提供主权偿还担保，为购买最低数量电力提供担保，或为项目发起方和放款方所要求的汇率或可兑换性提供担保。另一方面，在土耳其政府不提供这些担保的情况下，原西德和加拿大出口信贷担保机构均不愿为发起方建议的投资或所设想的出口信贷做担保。因此，发起方和商业贷款方均不愿继续进行此项目。

虽然阿科伊核电厂项目没能付诸实施，土耳其政府希望开发其他 BOT 项目，其中包括一些燃煤发电厂、在博斯普鲁斯海峡下建一条1.6英里长的隧道、几个港口设施和自由贸易区项目，建议扩建伊斯坦布尔机场、连接伊斯坦布尔和安卡拉的高速铁路，安卡拉地铁系统、博斯普鲁斯海峡上第二座和第三座桥梁。一些小型水力发电站和各种收费公路项目等。这些项目有多少可能多数都未能实施。土耳其在1984年9月打算建造一座或多座大型的(1 000兆瓦左右)燃煤火力发电厂，土耳其政府要求柏克德集团对在BOT基础上筹资和建设一座600～1 000兆瓦的电厂做前期可行性研究。提交一份正式建议书。该建议书于1985年9月提交，建议书要求在伊斯坦布尔以西马尔马拉海上的泰基尔达建一座960兆瓦的电厂，经费为10亿美元。柏克德国际财团由美国的燃烧工程公司(提供蒸气发电机)和发电站联合股份公司(提供汽轮发动机组)共同组成，1987年1月，土耳其政府与柏克德国际财团达成了特许权协议。

1987年，土耳其政府采用BOT方式建设了3个燃煤发电厂，邀请了6个不同的发起集团提出建议书。1987年9月，土耳其政府根据建议书的评标结果，将第一个项目授予排在第一位的集团，该集团是以澳大利亚西佩克控制服务集团有限公司(Seapac Control Services Pty Ltd)为首的国际财团，它由一家日本大承包商、日本和美国的设备供应商和澳大利亚昆士兰州政府共同构成。

资料来源：项目管理者联盟网，2008-08-22. http://www.mypm.net.

第 5 章 国际风险投资

学习目标：

通过本章的学习，学生应该能够：

1. 重点掌握国际风险投资的概念和特点；
2. 重点掌握国际风险投资的运作模式；
3. 掌握国际风险投资中的竞争因素；
4. 了解主要国家和地区的国际风险投资发展现状；
5. 了解中国的风险投资业务。

风险投资又称创业投资，在发达国家兴起已有几十年的历史。20 世纪 90 年代以来，伴随着高新技术产业的成长和知识经济的来临，特别是美国纳斯达克神话的产生，风险投资开始风靡全球，成为世界经济体系中最具活力、发展最快的部分。据美国风险投资协会(NVCN)的研究，风险投资对经济的贡献，其投入产出的比例是 1∶11 的关系。即自 1970 年以来，风险投资的风险资本总量只占整个社会投资总量不足 1%，但接受过风险投资而至今仍存活的企业，其产出占国民生产总值的比例高达 11%。据哈佛大学教授乔希·勒纳(Josh Lerner)[①]的研究，风险投资对于技术创新的贡献是常规经济政策如技术创新政策作用的 3 倍。而且风险投资与中小企业创业解决了当代就业增量的 70%以上。[②] 随着全球经济一体化的加速发展，风险投资已经跨出国界，日益呈现出国际化运动的态势，成为国际直接投资的特殊形态，同时具有间接投资的部分特征。

---

① 乔希·勒纳是美国哈佛商学院 Jacob H. Schiff 投资银行讲席教授，主要研究领域是风险投资和私人股权基金组织的结构和作用。

② [瑞士]Martin Haemmig. 风险投资国际化. 上海：复旦大学出版社，2005：1.

第一节　国际风险投资概述

一、国际风险投资的概念

尽管风险投资的实践已有半个多世纪的历史，但迄今为止，对这一基本问题的认识在国内外尚有很大分歧，并未形成一个确切的定义。

（一）国外关于风险投资的定义

从国际上来讲，关于风险投资的定义，目前比较有影响的有美国风险投资协会、美国《企业管理百科全书》、联合国经济合作与发展组织、英国风险投资协会等所下的定义。

根据美国风险投资协会的定义，风险投资是由职业金融家投入到新兴的、迅速发展的、具有巨大竞争潜力的企业中的一种权益资本。

美国《企业管理百科全书》把风险投资定义为，对不能从诸如股票市场、银行或与银行相似的单位获得资本的工商企业的投资行为。

联合国经济合作与发展组织(OECD)24个工业发达国家在1983年召开的第二次投资方式研讨会上确认，以高科技为基础、生产与经营技术密集型产品的投资，都可被视为风险投资。到了1996年，OECD在《风险投资与创新》研究报告中则明确提出，风险投资活动具有两种不同的类型：一种是向新兴的、迅速成长的、通常是具有高科技背景的公司的投资；另一种是通过支持MBO(管理层收购)和MBI(外部管理团队融资收购)活动为公司重组所进行的融资。

英国风险投资协会(EVCA)对风险投资的定义是，凡是对未上市企业进行的权益性投资都是风险投资。他们认为，风险投资的特征在于投资企业是未上市企业，具有潜在成长性，投资期限为中长期，是一种权益投资。

以色列风险投资协会(IVA)把风险投资定义为，投资于早期科技型企业的私人的、公司的或是上市的基金。

美国著名经济学家Douglas Green woody认为，风险投资是准备冒险的投资，它是准备为一个有迅速发展潜力的新公司或新发展的产品经受最初风险的投资，而不是用来购置与这一公司或产品有关的各种资产的投资。

（二）国内关于风险投资的定义

从国内文献看，有关风险投资的定义多达10余种，尤以知名软科学家成思危所做的界定最具影响力。1998年，时任民建中央主席的成思危在其提交的九届政协的《关于发展我国风险投资事业的提案》中，将风险投资定义为“是一种把资金投向蕴藏着失败危险的高新技术及其产品的研究开发领域，旨在促进高新技术成果尽快商品化，以获得高资本收益的投资行为”。

有观点认为，风险投资是一种以私募方式募集资金，以公司等组织形式设立，投资于未上市的新兴中小企业（尤其是新兴高科技企业）的一种承担高风险、谋求高回报的投资方式。

另有学者指出，风险投资是以股权投资方式投资于未上市企业的、具有高成长性的新技术企业，风险投资的资金投入是一种有组织、有中介的投资方式。

还有一种观点认为，风险投资是指向具有成长潜力的高新技术企业和科技型中小企业提供股权资本，并为其提供经营管理和咨询服务，以期在被投资企业发展成熟后通过股权转让获取中长期资本增值收益的投资行为。

（三）国际风险投资的定义

综合国内外学者对风险投资所下的定义，我们认为，国际风险投资是指一国投资人将风险资本投向其他国家或地区的具有巨大潜力的初创企业或快速成长的未上市新兴企业，在承担很大风险的基础上，为融资人提供长期股权投资和增值服务，培育企业快速成长，数年后再通过企业上市、并购或以其他股权转让方式撤出投资，取得高额资本增值的一种投资方式。

二、国际风险投资的特点

国际风险投资不同于传统的国际直接投资和国际间接投资，国际风险投资通常具有以下 5 个方面的特点：

（一）国际风险投资是高风险与高潜在收益相结合的投资

1. 国际风险投资是高风险的投资

顾名思义，国际风险投资应该是一种存在较高风险的投资行为，这是国际风险投资区别于一般国际投资的首要特征，其原因如下：

① 风险投资的对象不成熟。风险投资所选择的主要投资对象是处于早期发展阶段的中小型高科技企业，这些企业存在较多风险因素。

② 风险投资的期限较长。风险投资是一种长期投资，而且资金的流动性一般较差。一项风险投资从投入到产出的周期大约为 3～7 年，每个投资项目一般要经历创业、开拓、成长、成熟 4 个阶段。以美国为例，创业阶段要投入大约 300 万～500 万美元，以后每个阶段的投资都要翻一番。而这些投资只有在企业发展起来后，风险投资者才能通过一定的方式收回。

③ 风险投资具有循环性。风险投资是一种连续投资，资金的需求量可能会很大，而且在投资初期对最终所需的投资数量往往很难准确估计。

④ 跨国风险投资具有附加风险。跨国风险投资与本土的风险投资相比较，又附加了许多风险因素，如政治风险、汇率风险、信息不对称和高代理成本等。

正因为风险投资的高风险性，在美国硅谷有一个广为流传的“大拇指定律”，即在10个运用风险资金的公司中，有3个会垮台，3个勉强生存，还有3个能上市并有不错的市值，只有1个能够脱颖而出并大发其财。

2. 国际风险投资是具有高潜在收益的投资

国际风险投资存在较高风险的同时，也存在着获得较高收益的机会，其原因如下：

① 跨国进行风险投资的公司大多具有资本优势和管理优势。进行跨国风险投资的企业主要是那些专业风险投资公司和跨国公司附属的风险投资公司，它们具有雄厚的资本优势：一是由于投资业绩显著而形成的超强融资能力；二是由于长期经营所积累的资本或因公司强大的资本支持。风险投资运营的特殊性使得风险投资管理尤为重要，从事跨国风险投资的公司凭借丰富的运营管理经验，其管理能力优势不仅体现在跨国风险投资整体过程的系统管理上，更重要的是体现在对风险投资的增值服务上。这些优势使得跨国风险投资的成功几率大大提高。

② 跨国风险投资的对象是经过严格筛选的具有高成长性的企业。跨国风险投资的项目是投资者在全球范围内经过严格筛选获得的，一般来说，是那些市场潜力规模大、高风险、高成长、高收益的新创企业或投资计划。其中，大多数的风险投资对象是处于信息技术、生物工程等高增长领域的高技术企业，这些企业一旦成功，就会为国际投资者带来少则几倍、多则几百倍甚至上千倍的投资收益。

③ 跨国风险投资具有明显的区位优势。国际风险投资主体在选择投资区位时，首先要考虑的是该地区风险投资的发展环境以及风险投资的退出渠道，因为只有一个地区的投资环境有利于风险投资的发展，大量的风险投资活动才会产生对外援资本的需求；而跨国风险投资的最终目的是风险资本的退出而获利，所以资本退出渠道是否通畅也是风险投资考虑的重要因素。国际投资者会选择投资退出机制比较成熟的地区进行风险投资，如通过企业上市的方式从成功的投资中退出，从而获得超额的资本投资收益。

④ 东道国的风险企业筹集资金的渠道受限。对于东道国的风险企业来说，由于大多是处于发展初期的中小企业，很难从银行等正规金融机构获得资金，来自于国外的风险投资家对这些小企业投入的资金就非常重要。因而，风险投资家在决定跨国进行风险投资时往往要求获得东道国企业较多的股份，而东道国的风险企业为了筹集创业资金往往会同意这样的要求。

（二）国际风险投资大都投向高技术领域

风险投资是以冒高风险为代价来追求高收益为特征的投资。传统产业无论是劳动密集型的轻纺工业还是资金密集型的重工业，由于其技术、工艺较为成熟，产品、市场相对稳定，其风险相对较小，是常规资本大量聚集的领域，因而收益也就相对稳定和平均，这些显然不是国际风险投资的领域。而高新技术产业由于风险较大，因而产品的附加值收益也较高，顺应了风险投资的特点，当然就成为国际风险投资青睐的重点。目前国际风险投资的领域主要是具有发展潜力的高科技产业，如计算机、通信、电子工业、医药、产业自动化、替代能源新技术、遗传工程、环保和减排技术等，风险投资与高新技术产业的发展实现了完美的结合。以 IT 企业为例，瞬息万变的技术和市场随时会让它们遭受灭顶之灾。即便是被认为最具创新力的谷歌，也面临创新乏力的危险，通过投资拥有新技术和商业模式的风险企业成为其保持活力的重要手段。2009 年 3 月，谷歌成立风险投资基金“Google Ventures”，用来支持新技术公司的创新，尤其是新能源领域的企业。

（三）国际风险投资具有很强的参与性

传统的银行信贷只提供资金而不参与企业或项目的管理，风险投资家在向高新技术投入资金的同时，还参与企业或项目的经营管理。风险投资家一旦将资金投入高新技术企业，就与这些企业结成了一种风险共担、利益共享的共生体，这种共生体关系要求风险投资家在一定程度上参与企业的经营管理，如从产品开发到商业化生产，从机构设置到人员安排，从产品上市到市场开拓、企业形象策划等都离不开风险投资家的积极参与。所以，该项业务对于风险投资家的素质要求很高，风险投资家不仅要有相当程度的高技术知识，还必须掌握现代金融和管理方面的知识，同时还应当具备丰富的社会经验。由于从事国际风险投资的公司大多拥有明显的人才优势，更能获得东道国风险企业的认可，从而较多地参与企业的经营管理。

（四）国际风险投资是一种组合投资和权益投资

1. 国际风险投资是一种组合投资

风险好比是收益无法分割的影子。在一般情况下，风险和收益是对等的，要想获得高收益就要面对高风险。世界上几乎找不到只有收益没有风险的投资，也很难找到收益大同时风险小的投资。投资的理想状态是尽可能在提高收益的同时减少风险，而组合投资就是具有这种特质的投资。组合投资是指投资者同时投资于不同的资产类型或同一资产类型的不同产品。通过组合投资可以有效改善风险收益比率。为了分散风险，国际风险投资通常投资于一个包含 10 个项目以上的高新技术项目群，以成功项目所获取的高回报来抵偿失败项目的损失并取得利益。

2. 国际风险投资是一种权益投资

风险企业创始阶段的现金流入量基本为负，属于亏损，但国际风险投资着眼的是将来的企业盈利能力和股权增值所带来的收益，以便能通过上市或出售股权而获取高额回报。

而且，一般来说，风险投资家不会将风险资本一次性全部投入风险企业，而是随着企业的成长分期分批地投入资金。这样做既可以减少风险，又有助于资金周转。

（五）国际风险资本具有再循环性

国际风险投资是以“投入—回报—再投入”的资金运行方式为特征，而不是以时断时续的阶段方式进行投资。风险投资家在企业的创业阶段投入资金，一旦成功，他们即在资本市场上转让股权或出售股票，回收资金并获得高额利润。国际风险资本退出东道国企业后，并不会就此罢休，而是带着更强的投资能力和更大的雄心在全球范围内寻求新的风险投资机会，使各国的高新技术企业不断涌现，从而推进世界高新技术产业化的发展进程。

三、国际风险投资的主要参与者

无论是哪个阶段的国际风险投资，一般都包括三方当事人，即投资者、风险投资公司和风险企业。他们在风险投资中发挥各自特有的功能。其中，投资者是资金的提供者，风险投资公司是资金的运作者，风险企业是资金的使用者。资金从投资者手中流向风险投资公司；经过风险投资公司的筛选决策，流向风险企业；通过风险企业的运作，资本得到增值，再回流至风险投资公司；风险投资公司将收益回馈给投资者。这样就构成了国际风险投资的资金循环。

（一）投资者：资金的供给者

国际风险投资的资金供给者主要包括个人投资者、大型企业、政府和机构投资者。

1. 个人投资者

在风险投资的早期，资金主要来源于富裕的家庭和个人，这些富裕的家庭和个人除了满足消费外，手头还有一定的资金，希望找到资金增值的渠道，他们或购买上市发行的股票、债券或直接投资兴办企业。但与风险投资相比，一般投资的收益较低，因此他们会将一部分资金投向风险企业。

2. 大型企业

大型企业进行风险投资有许多优点：对大型企业本身来说，等于是获得了一个技术窗口和兼并候选人；对风险企业来说，则可从大型企业获得营销、资金、管理和技术等方面的多种支持。

3. 政府

在政府是否直接投资于风险企业的问题上，应该按风险投资发展时期的不同加以区别对待。在风险投资发展的初期，政府资金的投入可起到良好的示范作用，从而可以引导其他民间资金的投入。但是随着风险投资业逐步走向成熟，政府资金应逐步退出，让民间资本成为风险投资业的主角。

4. 机构投资者

随着风险投资的发展，政府会采取种种扶植风险投资的政策，包括养老基金、保险基金、捐赠基金等越来越多的机构投资者会纷纷介入风险投资业。机构投资者是风险投资的最佳资金来源。这些机构投资者资金实力雄厚，资金来源多为长期资金，正好可以满足风险投资期限长、风险高的特点。但这些机构投资者只是将资金交给风险投资公司运作，而不亲自参与运作。

关于风险投资者，在本章第二节“资金筹集”部分中有详细介绍。

（二）风险投资公司：资金的运作者

风险投资公司作为资金的运作者处于风险投资流程的中心环节，其工作职能是：辨认和发现机会，筛选投资项目，决定投资，退出。一家风险投资公司每天都会接到许多申请，其中会有像英特尔、康柏这样的“黄金牛”，也会有大量的糟糕项目和陷阱。风险投资公司的任务就是区分这些项目，根据自己的现状和投资重点，决定投资企业或项目。然而这只是第一步，接下来是谈判。一旦双方意见达成一致，双方就会签订投资合作协议，风险投资公司向风险企业投资，并派人参加创新企业董事会，进行战略规划，提供管理咨询，必要时接管风险企业经营权，保证其利益的实现。当然，风险企业普遍缺乏管理经验和营销知识，因此风险投资家对风险企业的管理很有帮助。一些风险企业家往往担心风险投资家过多地干预其企业管理，将其架空，这种担心其实是多余的，风险投资家的本质是寻找和投资更多利好项目，他们既无精力也无兴趣过分干预企业的管理。

在一些情况下，投资者与风险投资机构是合二为一的，即投资者不经过中间环节，直接将资金投放于风险企业。这是直接性的风险投资，但这并不影响我们以上的分析，只是整个过程更为简单而已。

（三）风险企业：资金的使用者

如果说风险投资家的职能是价值发现的话，那么作为东道国的风险企业来说，其职能则是价值创造，一个好的风险企业是完成风险投资流循环的关键。风险企业家是新技术、新发明、新思路的发明者或拥有者。他们在其发明、创新进行到一定程度时，由于缺乏后续资金和管理经验，需要国外的风险投资家提供帮助。风险投资家应当也有权对风险企业进行鉴定和评估，并决定是否提供及如何提供资金。因为风险企业家不仅是在“卖股份”(sell shares)，而且是在“买资金”(buy capital)，风险投资家与企业家之间不是一次性的买卖关系，而是一种长期的国际合作关系。风险企业家要和投资者一起度过各种艰难的时刻。风险投资者的知识水平、资金状况、经营风格、人格、做事风格直接决定着双方以后如何合作，决定着在困难情况下风险投资者是“雪中送炭”还是“落井下石”。基于以上分析，对风险投资者进行考察，不仅要看其资金状况，也要看其人格状况，看彼此的知识结构、性格特点是相克还是互补。

第二节 国际风险投资运作程序

国际风险投资的运作程序可分为5个阶段，即资金筹集、项目筛选、达成交易、与风险企业进行合作和投资退出。

一、资金筹集

资金筹集是进行风险投资的第一步，是解决"钱从哪儿来"的问题。风险投资资金来源是否有足够的保障，是风险投资能否取得成功的关键条件之一。从国外风险投资的实际来看，风险投资资金来源呈现多元化倾向。

（一）个人投资

在美国，个人风险投资又称天使投资(angel investment)，是权益资本投资的一种形式，是指富有的个人出资协助具有专门技术或独特概念的原创项目或小型初创企业，进行一次性的前期投资。

天使投资处于风险投资链条的最前端，许多处于早期阶段的风险企业从非正式的风险资本市场融资，这个市场由许多被称为"天使"的个人组成。他们可以是风险企业家的朋友、家庭成员、富裕的个人或家庭，他们愿意在获得一定股份回报的前提下为风险企业提供一定量的资本。各类天使投资在规模和动机上大相径庭，可能只投向一个企业，也可能同时投资不同的企业。个人投资属于非组织化、制度化的风险资本，不仅在数量上是对组织化的风险投资基金的重要补充，而且起着风险投资基金所不可替代的作用。美国新汉普郡大学怀特商学院创业研究中心发布的《2011年美国天使投资市场报告》称，继2008年和2009年的调整及2010年的复苏后，2011年的美国天使投资市场保持增长势头，活跃的天使投资人达32万人，比上年增加了20%，投资总额为225亿美元，比上年增长了12.1%；共有6.6万多家创业企业获得天使投资的资金支持，比上年增加了7.3%。

（二）企业投资

工业企业(排除银行、保险之类)的风险投资正越来越多地扮演着风险投资公司稳定合作者、退出渠道以及新兴企业市场合伙人和投资人的角色，企业特别是大企业资金成为风险投资资金的主体。在当今市场竞争比较激烈的情况下，很多成熟的产业已达到市场饱和的程度，企业只有不断开辟新的领域才能找到新的利润增长点。在英国，许多风险投资机构本身就是由大企业创办的；在美国，90%的高科技企业是按照风险投资的模式发展起来的，著名的微软、英特尔、雅虎、戴尔等公司就是其中的成功典范。企业风险投资融资工具的选择大体可分为 4 类：普通股、优先股、可转换贷款和股票购买权贷款。

1. 普通股

很多企业愿意出让企业的普通股来获得风险投资。以普通股方式筹集资金，风险投资者一般不会寻求企业的控股权，因为风险投资者的主要目的是依靠投资组合来谋求高额回报，并非直接主导企业的经营管理。一个风险投资者可能同时投资 10 家以上的企业，他们没有时间主导企业的日常运作，在这种情况下对企业控股并非明智之举，但投资者通常要求在所投资的企业董事会中占有一定数目的董事席位。

2. 优先股

在一些特定条件下，风险投资者会同意购买企业的优先股，但是他们会要求企业定期向其支付优先股的红利。另外，当企业发展迅速，达到风险投资者的预期回报值时，他们往往要求企业回购其持有的优先股。

3. 可转换贷款

一些风险投资者不愿意购买企业的普通股或优先股，而是以提供可转换贷款的形式取而代之。按照合同，风险投资者可以在企业发展顺利时将该种贷款转换成企业的普通股，以拥有企业的部分股权。

4. 股票购买权贷款

一些风险投资者向中小型企业提供贷款，由企业定期偿还。然而，如果企业经营得当，成长迅速，即使该项贷款已经完全偿还，但是依照合同，风险投资者仍然可以原来的贷款数额及优惠条件购买企业的普通股。

（三）政府财政资金

发展风险投资是离不开政府支持的，政府除了为风险投资制定必要的法律、法规、政策外，通常还提供一些资金直接或间接投入到风险投资领域中。政府投资风险资本的方式包括两种：一种是政府财政直接投资，如中国的国家自然科学基金就属于此种类型；另一种是政府担保的银行贷款，由政府对银行向风险企业的贷款实行担保，项目成功由企业还款，项目失败则由政府财政负责归还相当比例的贷款，如北京市高新技术产业发展融资担保资金就属于此种类型。政府作为风险资本的供给者，旨在促进风险投资行业的发展，在风险投资进入良性运作之后应考虑逐步缩小其所占比例，甚至全部退出那些具有市场竞争性的产业领域。

（四）基金等机构投资者

由于风险投资具有风险大、收益期长的特点，使得它比证券市场更依赖机构投资者。机构投资者主要包括养老基金、保险基金、捐赠基金等各类基金，以及商业银行、证券公司、大型公司等。以养老基金为例，风险投资是一个长期的过程，一个完整的风险投资过程一般要经历研发、实验室、产品化和市场化等几个阶段，需要 5～8 年的时间，所以适合风险投资的资金应该是长期资金。而养老保险资金的最大特点就是规模大、运作时间长、具有承担个别项目失败的能力，而且在运作期间必须不断增值才能达到养老保险的目的，因此养老保险资金需要寻找一些收益率比较高、增值幅度比较大的投资项目，这正是风险投资适宜的资金来源。

二、项目筛选

选择什么样的项目或公司进行怎样的投资是风险投资家最为关心的问题，同时也是衡量投资家眼光和素质的重要指标。国际风险投资不同一般的投资，它是智力与资金的高度结合。国际风险投资的对象主要是高新技术产业，它承担着投资项目的技术开发和市场开拓的风险。为了将这种风险降到最小，风险投资者会严格选择、评审投资项目，或直接参与该项目的管理，并尽可能以投资组合的经济效益来保证资金的收回。投资项目筛选过程中应考虑的主要因素是创业者的素质、技术创新的可行性、产品的市场前景、项目的经济效益评估等。根据已有的经验，通常在 1 000 份项目经营计划或可行性研究报告中，第一次筛选后，淘汰率为 90%，剩余的经与对方约见和会谈后，根据筛选标准与所了解的情况，又淘汰 50%。余下被认为是有价值的项目，经审慎调查后再行淘汰，最后真正能够得到风险资本支持的项目的遴选率仅在 1%左右。

项目筛选的金字塔结构是通过一整套筛选标准体系形成的。尽管这种标准的确定对于不同的风险投资机构千差万别，但已有的经验表明，构成一家公司项目筛选标准的内容一般包括：投资人自身所熟悉的产业，即行业投资取向；投资组合及对风险投资阶段切入点的选择；区域标准以及包括技术、市场、管理者队伍等因素在内的财务与技术标准。投资人通过询问、过去业务情况考察和管理考察等手段了解和分析项目的市场情况、技术特点、财务情况、管理人员与技术人员素质、有关法律和政策等内容，在此基础上提出投资决策性意见。

找到一个好的项目是在伴随着对这一项目的评估中完成的。项目评估所涉及的因素很多，如商业计划书摘要、公司业务概要、经营目标、团队素质及管理者能力、市场潜力、项目可行性分析、财务分析、风险因素及敏感性分析、技术性能等。评估程序一般涉及如下几个方面：在研究开发阶段，风险投资机构主要考虑的是投资对象的技术研发能力与产品市场潜力，以及是否与风险投资机构目前的专长领域、产业范围密切关联；在创业阶段，风险投资机构主要考虑的是投资对象的经营计划的可行性以及产品功能与市场竞争力；在发展阶段，风险投资机构主要考虑的是该公司的成长能力、市场竞争力、财务计划以及彼此间的资源互补程度；在成熟阶段，风险投资机构主要考虑的是能否成功上市，证券市场投资者的接受程度以及财务操作的效果。

三、达成交易

风险投资者在筹集资金和选中投资项目以后，为了协调自己和东道国风险企业的利益，便开始进行双方的谈判。在谈判中，风险投资者主要考虑的是，相对于投资的风险来说如何才能赚取合理的回报，怎样对风险企业施加足够的影响以及投资撤出的问题；而风险企业家更关心自己对企业的领导权和企业未来的发展前景。风险投资者与风险企业家谈判的内容具体包括解决金融工具设计、股权安排和交易定价、治理结构安排 3 个方面的问题。

（一）金融工具设计

金融工具设计是指安排何种金融工具或金融工具组合将风险资本投向被投资的企业。金融工具设计是风险投资交易设计的第一步。最常见的金融工具有：普通股、优先股、债务安排、可转换贷款和附购股权等筹资方式方面的设计。

对金融工具的安排取决于被投资企业类型、所属行业及其所处发展阶段、风险企业家的类型及其资金来源、经营哲学和投资策略以及其他相关因素。从风险投资者的角度来看，选择金融工具最关键的问题是要确保投资的变现、对投资的保护和对企业的适度控制；风险企业家则希望能够领导他所创办的企业并要求金融工具设计能确保其后续融资的要求。

（二）股权安排和交易定价

股权安排是确定风险投资人在被投资企业全部股权中所占的份额，交易定价即确定企业股票的价格。股权安排与交易定价是风险投资交易结构设计的重要环节，也是交易结构设计中关于财务结构安排的另一个重要组成部分。

1. 股权安排

股权安排涉及 3 项内容：一是确定被投资企业的股份分配；二是确定风险投资额；三是确定资金分期到位与检查标准。确定股权份额的方法通常是现金流量折现法，即通过将预测的被投资企业未来的现金流折现的办法确定其在未来某个时点的价值，然后在考虑风险投资额规模的前提下，按照双方认可的回报率确定被投资企业原有股东的权益份额和风险投资人应占的股权比例。通常对早期风险企业的回报率界定为 50%，对成熟期企业的回报率界定为 25%左右，风险投资人在风险企业中所占的股权份额一般在 15%～20%。在股权安排中经常碰到的一个问题是风险投资人和企业家很难在企业价值评估问题上达成一致。一般来说，风险投资人会采取较为保守的方法对企业进行估值，而企业家则希望尽可能高估风险企业的价值以便在获得等额资本的同时尽可能少地给予投资人股权份额。通常情况下，投资专家采用股票期权(option)的办法来解决这个问题，即允许企业家在未来按照事先约定的较低的价格来增加股权，但这种期权只有在企业家达到原定经营业绩目标时才能执行。

2．交易定价

交易定价同样也是在协商中最易引起争议的一个问题。风险投资的价格是指在约定的投资期限内风险投资家预期获得的总回报，包括经常收入（利息及红利）和资本利得。由于风险企业经营业绩的高度不可测性，风险投资的价格一般表示为风险企业家为获得风险资本而提供的股权，或风险投资家进行某项投资时所要求的股权份额。风险投资定价不是一种交易买断价，而是一种参与型的定价。因为风险企业一般处于早期发展阶段，其实际价值与企业家的智慧密不可分，风险企业与企业家一旦割裂开来，风险企业的价值可能一落千丈。因此，风险投资定价反映的是风险投资家和风险企业家在共同合作过程中所要承担的风险和应得的收益。在实际操作过程中，只有当期望收益率足以补偿其所预见的风险时，风险投资人才会接受这一定价。

（三）治理结构安排

风险投资合作协议中的治理结构安排所要解决的主要问题是在信息不对称的情况下，通过一定的制度安排，协调风险投资人和风险企业管理层之间的关系，防止风险企业管理层以风险投资人的损失为代价谋求自身利益的最大化。在西方，治理结构安排主要依赖于两种机制：一种是激励机制；另一种是约束机制。

1．激励机制

风险投资人往往通过安排股权和期权的办法构筑针对风险企业管理层的激励机制，这一机制通常包括管理层的股权安排、风险投资人的股权安排和管理层的期权安排 3 个方面：

（1）管理层的股权安排

在管理层股权安排中，企业管理层持有相当一部分股权份额，这样管理层的利益就与企业的兴衰紧密联系在一起。

（2）风险投资人的股权安排

在风险投资人的股权安排中，风险投资人拥有风险企业的可转换优先股，这样他们就可以分享到企业增长带来的好处。

（3）管理层的期权安排

在管理层的期权安排中，允许管理层在实现未来经营目标时按照事先约定的较低的价格或无偿增持股份，这样管理层就会恪尽全力以增进企业的价值。

2．约束机制

约束机制是通过对风险企业的经营管理进行监督控制，“迫使”其管理层尽力增进企业和股东的价值，从而使风险投资人的期望收益得以实现。在治理结构安排中，风险投资人通常运用董事会席位、表决权分配、控制追加投资和管理雇佣条款等办法来构筑针对风险企业管理层的约束机制。

① 董事会席位。通过安排风险投资人在风险企业董事会中占有一个或一个以上的席位实施对管理层的监督。

② 表决权分配。允许风险投资人行使与普通股相同的表决权。

③ 控制追加投资。控制追加投资是指风险投资人以满足风险企业对后续阶段融资需要为条件增强对企业的影响。

④ 管理层雇佣条款。管理层雇佣条款通常包括解雇、撤换管理层并回购其股份的种种情况。这些做法的目的是惩罚那些经营业绩差的管理者，以限制管理层偏好风险的倾向。①

四、与风险企业合作

一个风险投资项目在谈判结束、投资协议签订以后，风险投资者与东道国的风险企业就开始进入同舟共济的合作阶段，其合作成败直接影响双方从风险投资中获利的状况。风险投资者与风险企业的合作内容包括共同制定发展战略、参与企业董事会工作、共同聘请外部专家、吸收其他投资者、共同对企业实施监督和控制等。

风险投资人参与风险企业的运作包括两种方式：一种是充当被动型顾问；另一种是充当主动型董事。大多数风险投资人属于前一种类型，他们可能在企业的董事会里拥有一定的席位，但他们只是为企业提供其认为应该采纳的建议。在通常情况下，如果企业运作良好的话，被动型顾问不会干预企业的内政。但是如果企业遇到巨大的困难或麻烦，他们就会变得非常主动，直接参与企业管理，以尽可能地减少投资损失。充当主动型董事的风险投资人会直接帮助企业进行日常运作，一些投资人还会向企业提供部分管理人员。

五、投资退出

投资退出是指风险投资在所投资的企业发展相对成熟以后，将其所持有的企业股权转化为资金形态以获取投资回报及其相关的制度安排。

尽管风险投资在投入风险企业后占有相当一部分股份，但是风险投资人在任何企业的投资最终都会被转让，因为其投资的目的不是经营企业，而是待其投资增值后将投资兑现，带着丰厚的利润和显赫的功绩从风险企业中退出，继续下一轮的投资。退出阶段要解决的是“收益如何实现”的问题。只有保证风险投资如期退出，其投资才能重新流动起来。

---

① 约束机制中股权和期权安排最大的缺陷是，拥有较大比例股权和期权的管理层很有可能偏好从事收益很高但风险也很大的项目或业务。在风险投资人看来，这种冒险不符合他们“投入—回报—再投入”的投资战略，因此需要制定管理层雇佣条款来惩罚那些经营业绩不好的管理者，以达到限制管理层偏好风险倾向的目的。

从国际经验看，风险投资的退出方式有以下 5 种：

（一）公开上市

公开上市是最普遍的一种风险投资退出方式，也是最理想的退出方式，或者说是最有利可图的方式，被誉为风险投资的“黄金通道”。以这种方式退出，通常获得的回报最高。公开上市分为首次公开上市（IPO）和买壳上市。首次公开上市是指风险投资家在风险企业成熟壮大后，将风险企业改组为上市公司，公开在证券市场上发行股票，风险投资家将其持有的股票在公开市场中抛售，收回投资并取得收益，首次公开上市通常是在二板市场发行上市的；买壳上市又称为借壳上市，是指收购公司通过一定途径获得对上市公司的控股权，再通过资产置换或反向收购等方式，使收购公司的资产注入到上市公司，从而达到非上市公司间接上市的目的。公开上市所需的费用非常高，包括律师费、会计师费、承销费等。此外，公开上市是否成功，关键还要看能否选择到一个好的承销商。

（二）股份回购

股份回购是指风险企业向风险投资家购买股份，通常是在签订投资协议时设定，即在投资期满，风险企业无法上市或无法转售给其他公司的情况下，由风险企业或风险企业家购买风险投资家所拥有的股份。股份回购包括管理层收购、员工收购、卖股期权与买股期权等情形。

1. 管理层收购

管理层收购（MBO）是指公司的高级管理层借助从金融机构或风险投资得到的资金支持，从公开市场上买下公司很大比例的股权甚至全部股权以达到控股的程度。这种收购方式是并购的一种特殊形式。

风险企业发展到一定阶段，资金规模、产品销路、资信状况都已经相当好，这时如果风险企业家暂时不想让新股东介入，而是希望自己控制这个企业，则可以自己购入风险投资者的那部分股权，也可以经董事会或投资人会议通过后，由企业购回风险投资者所拥有的股权。如果企业没有足够的现金用于支付，公司管理层可以个人资信或所收购公司的资产担保，向银行或其他机构借入资金将股份买回，用贷款偿还风险投资者的股权价格，这种方式可以使原风险企业和其他股东拥有企业 100％的股权，但同时也使企业债务增加。风险投资人在这种情况下所获得的价款会比公开上市少一些，但费用也少，变现时间更短，且便于操作，所以一般愿意接受。

2. 员工收购

员工收购（EBO）是指一个企业中的大部分或所有员工利用借贷所融资本购买目标公司的股份，从而改变公司所有者结构、控制权结构和资产结构，达到重组本公司的目的并取得预期收益的一种收购行为。

随着 MBO 在实践中的发展，其形式也在不断变化，相继出现了管理层收购与员工持股计划（ESOP）或员工控股收购（EBO）相结合的形式。ESOP 与 EBO 在西方国家操作实践中并不相同。[①]

3. 卖股期权与买股期权

卖股期权是指风险投资家具有的要求风险企业家或公司以预先商定的形式与价格回购其持有的公司股票的权力；买股期权是指赋予风险企业家或公司以相同或类似的形式购买风险投资方持有的股票的权力。

（三）转让

转让即被其他企业或投资者收购，即风险投资公司将所持股份转让给其他投资者。当风险企业发展到一定程度需要追加更多的投资才能保证其继续发展时，风险企业家和风险投资人往往不愿或不能继续投资，他们想从所投资的风险企业退出，这时他们可以将企业整体出售转卖给其他企业。在这种情况下，风险企业一般达不到上市的要求，无法公开出售其股权。但如果企业具有独特的技术和良好的发展前景，就会有另外的企业或投资者对它感兴趣并将它接管下来。这样做不仅能够使风险投资人退出所投资的风险企业，而且也能够使原风险企业的所有者退出自己的企业，因为对于原企业所有者来说，卖掉原企业后可以得到一大笔资金，同时还可以解除与风险投资者的关系。

在通常情况下，企业整体转让的支付方式包括股票换现金、股票换票据、股票换股票、资产换现金、资产换票据、资产换股票等。但企业转让大多建立在股权流动的基础之上，因此需要有一个股权交易市场，即二板市场。二板市场以发行高科技风险企业的股票为主，发行的标准低于一般的证券主板市场，只要风险企业的规模和资金达到一定的标准就可以在这类市场上市公开发行股票，因此有广泛参与的投资者，从而也能比较顺利地解决风险投资的出口问题。美国专门为不具备在纽约证券交易所等主板市场上市条件的较小企业的股票交易而建立的 OTC（柜台交易）市场以及在此基础上发展起来的 NASDAQ（全国证券自营商协会自动报价系统）、英国于 1980 年建立的 USM（未正式上市公司股票市场）等都是二板市场。

（四）寻找新的投资者

当风险投资人出于种种原因需要从风险企业撤资的情况下，很难将企业转手给圈外

---

① ESOP 是指企业内部员工通过一定的法定程序，有条件地拥有企业股份的企业制度。ESOP 多体现为一种企业的福利计划，有杠杆化的 ESOP 和非杠杆化的 ESOP 两种类型。杠杆化的 ESOP 通过借款来购买公司发行的股份，发行企业以每年对 ESOP 的捐献和支付的股息来偿还贷款本息，公司捐献给 ESOP 用来偿还利息和部分本金的资金可在计算纳税时扣除。在非杠杆化的 ESOP 中，一般由公司直接向 ESOP 捐献新股或现金，现金用来购买公司股票。在我国现阶段，ESOP 与 EBO 几乎等同。

的投资者，因为在风险企业发展到一定规模前，圈外投资者很难判断其经营前景，难以对风险企业进行合理的估价，所以一般不敢贸然认购该企业。但是，其他的风险投资者却很有可能具备对该风险企业进行准确判断的能力，一旦他们认定这个企业具有投资价值，便可能从原有的风险投资人手中认购该企业。这个新的投资者可能会成为风险投资人的合作伙伴，也可能只想长期拥有企业股权，进而分得红利，但并不想成为企业的管理者。这时，只要双方愿意，便可实现风险投资人的退出。新的投资者可以是一个企业，也可以是一个新的风险投资人。

（五）企业清算

企业清算是指被投资的风险企业因经营不善等原因宣布破产。

高风险的特点决定风险投资成功的比例一般比较低，每一家风险投资公司都要面对完全失败的投资项目，由此造成的损失只能由其他成功的投资项目来弥补。据统计，美国风险投资的完全失败率高达 20%～30%。清算是风险投资公司和风险企业最不愿意看到的结果，但当风险企业经营不善、亏损严重、运转状况不好且难以扭转时，解散或破产并进行清算又是最大限度地减少损失的最好办法。在风险投资界，导致企业清算的原因通常是贷款协议中规定的违约情况已经出现。在这种情况下，所有应付债务会加速到期，企业的现金需求极度膨胀，通常会迫使企业清算。清算方式的退出会让风险投资者感到痛苦，被迫清算时企业资产的变卖价格会大大低于其账面价值，在这种情况下，风险投资人往往会遭受较大的亏损。但如果不及时退出，则会带来更大的损失。即使是仍能正常经营，但成长缓慢、收益很低、不能给予预期的高回报，也要果断地撤出风险资本，将能收回的资金用于下一投资循环。因为沉淀在此类公司的资本机会成本巨大，风险投资家不愿意承担这种巨大的投资成本。

第三节　国际风险投资中的竞争因素

风险投资公司的活动并非仅限于投资、退出和盈利，它们的活动会面临许多制约因素，包括国际范围内各风险投资企业之间的竞争、新竞争者的加入、替代品（指银行贷款、股票、债券市场）的威胁、风险企业及投资者的讨价还价能力等。这几种因素被称为影响国际风险投资业发展的 5 种竞争力量，其强度因产业而异，并随产业的发展而发生变化。这 5 种竞争力量直接决定风险投资公司的盈利能力、发展状况和生存地位，需要认真加以分析。

一、风险投资公司之间的竞争

只要在市场上存在着数目较多的风险投资公司，它们之间就必然会展开针对风险投资项目的竞争。每一家风险投资公司都不遗余力地四处搜罗情报寻找好的投资项目，几个国家的几个风险投资公司同时看中一个项目的情况时有发生。当然，对于投资前景看好的项目，谁都不愿轻易放弃。这样，各国风险投资公司之间以及风险投资公司与其他机构投资者之间就会因争取这个项目而进行激烈的竞争，竞争的成败直接取决于它们的综合实力。近年来，风险投资行业的整体利润率下降，风险投资公司纷纷倒闭，其重要原因之一就是风险投资公司之间的国际竞争日益加剧，一些市场经验不足，规模较小，其经验、知识和社会网络体系等都不能为风险企业提供所需增值服务的风险投资公司在竞争中或元气大伤或一败涂地。

不同于其他行业的是，风险投资是可分享性最强的行业，面对各国风险投资公司之间日益激烈的竞争，许多投资者选择了联合风险投资。因为对于任何一个风险投资公司来说，它不可能是一个同时拥有巨额的资金或超强的融资能力、各行业投资经验、广泛的社会网络以及良好的企业管理能力的全能型的公司。如果一国的风险投资公司想要投资的是自身从未接触过的行业，为了快速进入这一市场并将风险降至最低，需要与已有在这一行业投资经验的成熟企业进行联合投资；如果一国的风险投资公司想要投资的企业所在国是从未涉足过的陌生的国家，为了克服投资环境的诸多困难，需要借助东道国风险投资公司的力量。总之，为了保全自己，降低投资风险，需要组成一个多家风险投资公司参与其中的风险投资集团，共同投资于某一个大家都看好的项目。很显然，风险联合投资可以优势互补，避免风险投资公司之间竞争的进一步加剧，各风险投资公司在这个联合体内实现风险共担、利益共享。据统计，2000年美国的风险投资中有60%是通过联合投资完成的。

二、潜在投资者之间的竞争

由于新兴行业不断取代传统行业在世界经济中的地位，专门投资新兴行业和技术的风险投资从长期来讲回报必定高于股市等投资工具。风险投资虽然具有高风险性，但是其高回报率也极大地吸引了越来越多的个人和机构成为这个行业的新进入者。如1965—1985年美国风险投资的平均回报率是19%，大约是同期股票投资的2倍，是长期债券投资的5倍。1996年英国风险投资基金年净回报率是14.2%，而当年英国的股票收益率是11.7%，债券的净收益率是7.6%，现金资产的收益率只有6.1%。据美国国际数据(IDG)集团统计结果显示，IDG技术创业基金于1989年年底在北京进行第一个试验性投资后，平均年回报率高达60%。总体来说，风险投资的收益率高于其他投资工具。正是由于风险投资公司利润丰厚，特别是随着电子、生命工程、信息产业、新能源产业、新材料产业、医药等高科技产业的迅速发展，越来越多的机构和个人愿意将资金投向风险投资行业，比如斯坦福大学将其退休基金的很大一部分放到风险投资公司KPBC去投资，只是由于缺乏政策、人才等方面的必要条件，这些潜在的投资者暂时未能进入风险投资市场。这样，他们之间不可避免地会为了争夺共同看好的投资项目而展开竞争。

要想阻止新的竞争者加入，一般采用的方法有两种：一是提高投资门槛，使大多数企业达不到或很难达到风险投资的条件。这些门槛包括政策限制、人才竞争、投资起点要求等。二是降低行业平均利润率，从而降低对潜在进入者的吸引力。但不管怎么样，近年来总的趋势是越来越多的资金进入风险投资行业。

三、各种金融工具(风险投资替代品)之间的竞争

风险投资属于一种金融创新，但其实质是资金的筹措、融通与投资。风险投资的替代品包括银行贷款、股票、债券融资、企业自有融资、商业信贷等其他一切资金筹措方式。风险资本是这些传统筹资渠道的补充和发展，因为企业无法从传统筹资渠道得到资金而使风险投资得到发展。但由于风险投资企业利润诱人，金融工具的创新组合能很好地化解和转移风险，传统筹资渠道日益进入风险投资行业，使风险企业有了更多的选择，居于更强的谈判地位。如银行提供贷款给风险投资行业。1984 年中国工商银行率先开办了科技开发贷款业务，此后银行业的科技开发贷款业务迅速增长，1994 年达到 80 亿元。像沈阳的科技风险投资基金、中国经济技术投资担保公司的科技成果、工业性实验担保业务等都是风险投资资金来源的又一渠道。另外，根据国外的经验，许多投资银行都发挥其在融资、项目选择、资本运作和策划上市公司介入高新科技产业方面的成功经验和特有优势，参与建立风险投资基金，帮助上市公司以风险投资方式发展高新技术，或者直接投资风险企业。总之，各种金融工具为了获得在风险投资市场上盈利的机会，必然会展开激烈的竞争。

四、各种投资者之间的竞争

(一) 投资者及其相互之间的关系

随着国际金融市场的日益发达，国际风险投资市场上的投资者也越来越多，既有各种各样的个人投资者、企业投资者、政府投资者，也存在着形形色色的机构投资者。作为国际投资者，他们追求的目标是一致的，都希望在一定风险条件下实现利润的最大化，或承受一定利润前景下的最小风险，亦即所谓最佳的风险收益比率。从投资者与风险投资公司的关系上看，他们之间既相互依赖又相互竞争。从风险投资公司角度分析：一方面他们会努力帮助投资者实现利润；另一方面又希望自己在利润分配中占有优势。从投资者角度分析，他们既希望每次利润分配时自己能分得多一些，同时也希望给予对方的那部分利润足以激励对方努力经营以获取更高的投资回报。

（二）影响各种投资者竞争的因素

1. 拥有信息的数量和种类

就投资者与风险投资公司而言，他们所拥有的信息是不对称的，风险投资公司拥有更多、更真实的信息；就各种投资者而言，他们所拥有的信息也不同，拥有信息较多的投资者会争取到更多、更好的投资机会。

2. 投资者的专业能力

风险投资要求投资者具备敏锐的市场洞察力、行业前景的预测力、良好的沟通协调力、风险的承受力以及财务和法律方面的知识力等，拥有过硬专业能力的投资者会有更强的谈判地位。

3. 投资者所拥有资金的性质

资金在性质上的不同表现为使用长短、规模大小、有无限制等方面，这些区别也决定了投资者的竞争力量。一般来说，拥有长期的、大规模的、使用领域无太多限制的资金会有更强的竞争力量。

4. 投资者之间的竞争状况和风险投资公司之间的竞争状况

投资者与风险投资公司之间是资金供求的关系，也受制于一般的供求规律。即当市场有很多投资者在寻找投资机会时，单个投资者的竞争地位会相对下降，反之亦然；当市场上很多风险投资公司在到处寻找资金时，单个风险投资公司的谈判地位就会较弱。

五、风险企业之间的竞争

作为风险投资中资金的需求方——风险企业是影响风险投资业的重要力量，只有风险企业经营良好，利润可观，才会有更多的资金进入和留在风险投资企业。但作为单个的风险企业来说，情况则大不一样，其谈判地位的强弱一般要受到以下几个方面因素的影响：

（一）风险企业的数量

风险企业特别是同行业的风险企业数量的多少，会直接影响这些企业取得风险资金支持的情况。如果同行业的风险企业数量较少，那么他们在谈判中的地位就更有利；如果同行业的风险企业数量较多，那么他们在谈判中的优势就会大大减弱。

（二）风险企业的盈利能力和风险预测能力

风险企业的盈利能力和风险预测能力也会对它们是否赢得风险投资公司的投资产生重大的影响。通常来说，一个具有较好盈利能力和风险预测能力的企业，更容易得到风险投资公司的青睐；反之，一个经营不善、亏损严重的企业，则少有风险投资公司的问津。

（三）风险投资公司的转换成本与风险企业的转换成本之间的比较

“转换成本”(conversion cost)最早由迈克尔·波特于1980年提出，原意是指消费者从一个产品或服务的提供者转向另一个提供者时所产生的一次性成本。这里借用这个词来说明风险投资公司从一个风险企业的投资中撤出转投其他的企业所产生的一次性成本，或者风险企业可以从除风险投资者以外的渠道获得所需的资金所产生的一次性成本。如果一个风险企业已经接受风险投资，正准备申请后续的资金，此时通过改制，风险企业比较容易从其他的渠道取得资金，那么它的谈判地位就会比较强，反之则会比较弱；同样的，如果风险投资交易从现已投资的企业撤出并能找到更好的投资对象，那么风险投资公司就会在双方的谈判中处于较为有利的地位。风险企业要提高风险投资者的转换成本，首先应评估风险投资者转投其他企业将产生的损失，然后通过提高风险投资者的转换成本来增加其转换的难度和代价；相应的，风险投资者也可以通过提高风险企业的转换成本来增加其转换的难度和代价。

第四节 主要国家和地区风险投资发展概况

一、美国的风险投资

（一）美国风险投资的发展概况

美国是风险投资的发源地，可追溯到20世纪20年代或30年代。当时一些富有的家庭或个人投资者为一些新创办的公司提供创业资本，如东航、施乐复印机公司等。进入20世纪40年代以后，随着电子技术的迅速发展，日益增多的大企业开始涉足开拓性投资，为从事高科技产品生产的企业提供资金，形成了最初的风险投资。1946年，哈佛大学商学院教授多里特(George Doriot)和波士顿联邦储备银行行长福兰得斯(Ralph Flanders)发起成立了世界上第一家风险投资公司——美国研究与发展公司(American Research and Development corp，ARD)，它是第一家公开交易的、封闭型的投资公司，主要为那些新成立的和快速增长的企业提供股权融资。

美国的风险投资经历了两大发展时期，第一时期从1958年到20世纪70年代末。虽然1946年美国就有了第一家风险投资公司，但是当时的美国风险业显然缺少政策上的支持和法律上的保证。1957年，美国联邦储备银行的一次调查显示，缺少资金是美国新创企业(enterprising business)发展的主要障碍。1957年，苏联发射了第一颗人造卫星，苏联在高新技术领域的这一成就深深地触动了美国并使美国认识到，美国只有建立一个有利于高新技术发展的制度环境，才能在“冷战”中击败对手。以1958年《中小企业投资法案》的出台和小企业投资公司的成立为标志，几百家小企业投资公司累计向近10万家小企业投资了 130 多亿美元，并培育出苹果、英特尔和美国在线等一批著名公司。在此期间，美国政府的直接参与大大推动了风险投资业的发展。20 世纪 80 年代以后，美国的风险投资进入第二个发展时期，此间以美国政府出台的一系列鼓励和促进民间资本进行风险投资的扶持政策为标志，政府和民间资本携手共进，促进了风险投资事业的繁荣。20 世纪 90 年代后期，美国风险投资业在筹资和投资方面都达到了前所未有的高度。1995 年美国风险投资总额为 7 亿多美元，1996 年达到 12 亿美元，2000 年则超过了 106 亿美元。

在经历了金融危机的低迷以后，2010 年以来，美国的风险投资逐渐回暖。根据美国全国风险投资协会的数据，2010 年美国共有 3 277 起风险投资交易，为企业家们提供了 218.23 亿美元的资金。2011 年全美参与风险投资交易 3 673 笔，同比增长 4%；风险投资金额达到 284 亿美元，同比增长 22%；获得风险投资金额增长最快的行业包括消费产品和服务业（增长 103%）、媒体/娱乐（增长 53%）、电子/器械（增长 52%）、IT 服务（增长 39%）。

（二）美国发展风险投资的经验

风险投资最先在美国崛起，其运作方式、发展规律与特点必然受其政策环境、人文环境以及技术水平等因素的影响，风险投资在美国之所以能迅速发展，主要原因有以下几个方面：

1. 在高新技术方面居世界领先地位

早在 19 世纪末到 20 世纪 40 年代期间，美国就不失时机地利用了电子设备，在无线电通信设备方面有了重大突破，一跃成为世界经济大国。1950 年代以后，电子计算机、生物技术、空间技术、海洋工程及新能源、新材料等新兴产业又相继问世，美国为此在全国范围内组织了 4 500 个经济发展研究机构，专门研究高精尖技术，以确保其在高技术方面的优势。美国在高新技术方面的领先地位为其风险投资事业的发展提供了必要的基础条件。

2. 具有完备与运转灵活的金融市场体系

风险投资的特点之一就是风险投资者要对风险企业实行资金与管理的“双管齐下”，以求在高技术转化成实际效益的过程中获得高额利润。而能执行这种提供创业资金和管理技能双重职能的只有风险资本市场。为此，美国十分重视风险资本市场的建立。20 世纪 50 年代就在世界上首创了风险投资公司，随后又率先创办了场外交易市场，以灵活的条件吸引了众多的风险企业进入市场参加交易。而规模庞大、结构完备的风险资本市场又成为美国风险投资成功的重要保证。

3. 拥有众多的投资者和多渠道的资金来源

(1) 私人投资者在美国占有不可忽视的地位

美国是最早发生淘金、探险、移民潮的国度，说明美国在传统文化上具有勇于冒险、注重实效、鼓励创新、容忍失败的渊源。到20世纪80年代初，美国私人投资者的风险投资总额就已达5亿美元以上。据美国天使投资协会的数据显示，2007年，美国天使投资总额为273亿美元，投资的创业公司总数为57 000家。2010年，受金融危机的影响，天使投资总额虽下降到约201亿美元，但投资的风险企业总数却增加到61 900家，天使投资人数超过26万人，如图5-1所示。

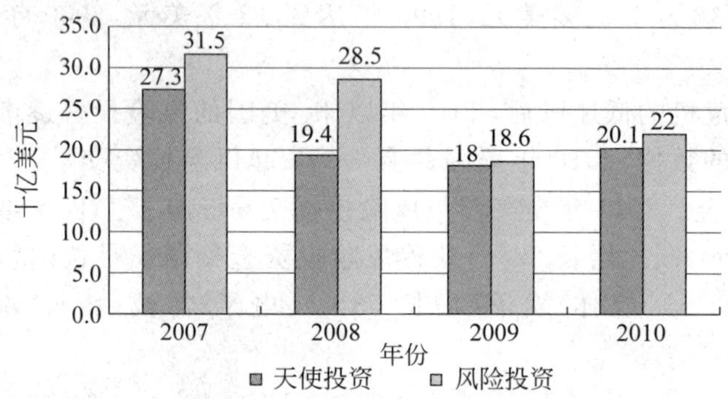

图5-1　2007—2010年美国风险投资和天使投资金额

（2）一些大财团纷纷创建风险资本分公司和子公司为风险企业提供投资

大财团的风险资本分公司和子公司是由一些产业集团建立的具有风险资本性质的分公司和子公司，建立这些公司的真正目的是促进公司内部资本和技术市场的发展，以便于产业集团本身的资源配置得到优化调整，更加适应高新技术发展的要求，取得良好的经济效益和社会效益。由于这些大公司实力雄厚，对整个风险投资起着举足轻重的作用。

（3）银行附属公司等金融机构的资金进入风险投资领域

银行附属公司是指银行为了获取小企业的权益，避开银行法规的限制设立的风险投资公司，这种做法使银行的信贷部门和风险投资部门的业务紧密地联系在一起。那些既需要银行贷款又需要风险投资的企业家，不用再东奔西跑寻找银行和风险投资公司，直接找银行就可以完成原来需要两个机构才能完成的工作。另外，银行利用自身金融机构所具有的优势，可以进行组合式的风险投资。银行组合式的风险投资也是近年来风险投资发展的主流之一。

（4）政府为小企业投资机构提供融资担保

1994年，美国开始实施"参与证券计划"，这是一种为风险投资机构提供融资担保支持的引导基金。依据该计划，美国小企业管理局以政府信用为基础，为小企业投资公司公开发行3倍于自有资本金的长期债券提供担保，以有效提高小企业投资公司的投资能力。作为前提条件，申请政府提供融资担保支持的小企业投资公司只能主要投资于规模以下的小企业。实践证明，"参与证券计划"不仅使小企业投资公司的资本总规模以平均20%的年增长率增长，而且显著增加了对小企业的投资。

（5）政府对高新技术产业提供财政支持

美国政府每年从财政预算中划拨高额的科研经费用于扶持高新技术产业的发展。从1983 年起，美国政府成功地推行了小企业技术创新计划（SBIR），鼓励有创新能力的小企业积极承担联邦政府的研究与发展任务，并要求年研究开发经费在 1 亿美元以上的联邦政府机构拨出一定比例的经费用于小企业；研究开发经费超过 2 000 万美元的联邦政府机构每年要为小企业确定科研项目和目标，以支援小企业的研究开发。政府还制定了中小企业投资公司法案，规定政府为每 1 美元风险投资提供 4 美元的低息政府长期融资，1996 年美国政府资金占风险投资资金的 9%。

（6）大量外国资本参与风险投资

美国的风险投资业十分发达，技术资金基础雄厚，这给创业者提供了更多的致富机会，不但吸引着美国本土的投资者，而且也吸引着世界各国的投资者，他们纷纷投资于美国的风险企业以求高额利润。大量境外资本的涌入在客观上为美国风险投资业的发展提供了宝贵的资金支持，成为美国风险投资成功的一个重要的外部因素。

4. 实行一系列有关风险投资和技术发明创新的政策法规

美国政府制定了一系列适应风险投资和技术发明创新的政策法规。如 1958 年的《中小企业投资法》（SBIA），20 世纪 80 年代后的《史蒂文森—怀特勒创新法》（1980 年）、《贝赫—多尔法》（1980 年）、《小企业技术创新发展法》（1982 年）、《联邦技术转移法》（1986 年）、《国家竞争力技术转移法》（1989 年）、《技术优先法》（1991 年）、《加强小企业研究发展法》（1992 年）、《小企业技术转移法》（1992 年）、《技术转移法》（1997 年）等，与《技术扩散法》、《专利法》、《知识产权法》和《商标法》等共同构成了对风险投资、知识产权、技术转让、技术扩散等强有力保护的完整的法律制度体系，为风险投资业的规范化发展提供了良好的法律保障基础。在制定完备法律、法规的同时，美国还注重对税制进行改革，降低风险投资税率，规定风险投资额的 60%免予征税，其余 40%减半征收所得税，从而使税率从原来的 40%下降到 20%，并把风险投资年收益率提高至 50%；2000 年 7 月，美国国会通过一项法案，允许将个人退休账户年度免税储蓄额从 2 000 美元增至 5 000 美元。这一持续放松限制和减免税激励的举措有力地促进了风险资本数量的持续扩大。

5. 风险投资退出渠道通畅

要想发展高科技产业及风险投资业，有效的退出渠道是必不可少的。二板股票市场是风险投资最理想的退出机制。如美国苹果公司在极短的时间内迅速发展成为一家现代化企业，1980 年 12 月 12 日通过 IPO 方式公开发行 460 万股，使得早期投资苹果公司的风险投资家增值 1 637 倍。美国的高科技产业和风险投资业的发达与 NASDAQ 市场的活跃密不可分，NASDAQ 市场 80%～90%是高科技类企业，几乎所有的计算机、生物制药、电子通信等高科技领域的顶尖企业都是 NASDAQ 市场的上市公司。正因为如此，使得 NASDAQ 市场成为价格表现最佳、市值增长最快、交易最活跃和筹资能力最强的美国证券市场，成为仅次纽约证券交易所的全球第二大证券交易所，被看做高科技企业成长的摇篮，为美国风险投资的退出提供了强大的支持。

6. 有一支高素质的风险投资家和风险投资管理人才

美国非常注重风险投资家和精通技术同时通晓金融知识的风险投资管理人才的培养。美国的风险投资家和风险投资管理人才社会背景各异，有的是大富翁，有的是企业家，有的是发明家，有的是基金经理人，有的是政府部门主管，但他们有一个共同点，即对事物有着敏锐的洞察力和超常的战略眼光，反映在风险投资上就是走在时代前列，抢占知识经济制高点，对某一项发明或科技成果的市场前景在短时间内能做出正确判断。而且他们中的很多人具有独立意识和创新精神，不论资排辈，不以貌取人，不人云亦云，也不一哄而上，甚至有的人会拿着支票和那些有突出发明和特长的在读学生谈判，给他们提供资金，帮助他们创业。如，New Enterprise Sssociates 是创立于 20 世纪 70 年代末期的美国规模最大的风险投资公司之一，2012 年年初它与哈佛大学联手创建了名为 Bxperiment Fund 的种子阶段的风险投资基金，其投资主要围绕在校大学生开发的新技术而展开。哈佛大学还将指派该校工程与应用科学学院的教职人员，就如何利用好资金和相关资源对大学生创业者提供帮助。不仅如此，美国风险投资也会向其他国家的大学生提供风险资本，2012 年 1 月，由南京师范大学大学生创业孵化基地重点培养的大学生创业团队——“百邻创业团队”(创办于 2011 年 6 月，主要从事互联网和移动互联网业务)获得了美国 trilogy 风险投资公司首期 50 万美元约合人民币 320 万元的风险投资，占“百邻创业团队”注册公司总股份的 25%。

二、中国台湾的风险投资

(一) 中国台湾风险投资的发展概况

20 世纪六七十年代，在第三次科技革命浪潮的推动下，台湾经济实现了大幅度的增长。1973 年建立了一个国家研究实验室——工业技术研究所(ITRI)，致力于产业技术的研究。到了 20 世纪 80 年代初期，为了进一步鼓励高科技产业的发展，中国台湾当局开始从美国引进“创业投资制度”。1980 年台湾设立新竹科学园区，1983 年颁布全球第一部风险投资行业法规——“创业投资事业推动法案”，拉开了风险投资行业的发展序幕。1984 年，岛内成立了第一家风险投资公司——宏大创业投资公司。如今，中国台湾的风险投资行业已成为高科技发展和经济增长的重要推手，与美国、以色列一同被誉为全球三大风险投资行业最发达的国家和地区。台湾的风险投资事业经历近 30 年的发展历程，大致可划分为 4 个发展阶段：第一阶段是探索积累期；第二阶段是高速发展期；第三阶段是震荡起伏期；第四阶段是转型重振期。

1. 第一阶段：探索积累期(1984—1994 年)

1983 年 11 月 10 日，台湾“行政院”第 1 858 次院会正式通过“创业投资事业管理规则"和"创业投资事业推动方案",确定"财政部"为风险投资事业的主管机关,台湾风险投资事业开始起航。1984 年成立了"创业投资事业审议小组",审议创业投资公司申请特许案,同年 11 月 14 日台湾首家风险投资公司——宏大创业投资公司成立。第一家风险投资公司诞生以后,很好地发挥了引导民间资金投资于科技公司的作用,推动了民间技术转化为企业生产力,有效地促进了台湾地区科技产业的更新与发展。1986 年,台湾地区开始实施"科技发展十年规划",并颁布了"促进产业升级条例",1992 年 4 月,台北市创业投资商业同业公会成立,1995 年 6 月,政府允许保险业资金投资风险投资业。

这一时期,台湾地区的风险投资事业还处于探索积累阶段,无论是业绩还是投资额都表现平平。由于风险投资业在台湾尚属新生事物,投资者大多谨慎观望,整整 10 年间风险投资公司累计只有 28 家。1984—1994 年募集资金最多只有 36 亿元新台币。风险投资业的投资回报也不理想。据台湾创投商业同业公会的统计显示,这一阶段风险投资业全行业的每股盈余(EPS)除 1994 年超过 1 元新台币外,其余年份均未超过 0.3 元新台币,1985—1987 年还分别亏损 0.66 元新台币、1.47 元新台币和 1.23 元新台币。[①]

2. 第二阶段:高速发展期(1995—2000 年)

从 1995 年开始,台湾的风险投资业进入高速发展期。1996 年 3 月,台湾主管部门为进一步拓宽风险投资业的资金来源,开始允许商业银行投资风险投资业,投资金额控制在创投公司实收资本额的 5%以内。1996 年和 1997 年,台北市创业投资商业同业公会多次组团赴美国、以色列、加拿大等国学习考察风险投资业务及高科技企业。1997 年 11 月开放综合券商投资创投业,规定投资金额不得超过创业投资事业已发行股份的 10%。1995—2000 年,台湾平均每年增加的风险投资公司约 28 家,大量资本汇集于风险投资业,年均风险投资事业新增资本约为新台币 135 亿元。快速发展的风险投资业将大量资金投资于科技产业,带动了台湾岛内创新企业的蓬勃发展,形成了良性循环。短短几年内,台湾地区就成为全球风险投资最活跃的地区之一。在这期间,风险投资公司从 34 家激增到 170 家,整个基金规模从 187 亿元新台币增长到了 1 280 亿元新台币,6 年内增长了 5.8 倍,累计总投资项目案例达到 6 343 个。据台湾创业投资协会资料显示,仅 1999 年 1 年风险投资额就达到了 9.7 亿美元,是 1996 年 8 810 万美元投资额的 11 倍,新筹集的风险资本额增加了 8 亿美元。

3. 第三阶段:震荡起伏期(2001—2006 年)

2000 年以后,由于受到全球经济与风险投资业衰退的影响,台湾地区风险投资行业陷入低谷。2001 年,台湾地区风险投资的募资与投资额滑落到之前 6 年来的低点。台湾"行政院"开发基金于 2002 年推行"1 千亿元创投计划",带动新一波风险投资募资风潮,

---

① 骆祖春. 台湾创投业各时期的税收政策评析. 涉外税务,2006(3).

然而2003年遭遇SARS疫情的重创，造成投资停滞。2004年，台湾地区经济情况好转，风险投资业也伴随着经济成长的脚步迅速复苏，却又受到多起上市地雷股[①]效应及两岸政治形势不稳定等因素的影响，造成台湾股市低迷，风险投资支持的企业上市数逐年减少，严重地影响了台湾地区风险投资业的投资绩效。2001—2006年，新设立的风险投资机构和基金公司分别只有7家、18家、23家、19家、9家和2家。平均EPS分别为0.56元新台币、0.05元新台币、0.12元新台币、—0.09元新台币、0.17元新台币和0.68元新台币。2006年风险投资公司清算解散激增，减资金额为154.4亿元新台币，创有史以来最高纪录。[②]

4. 第四阶段：转型重振期(2007年至今)

针对震荡起伏期台湾风险投资业的困境，为缓解投资标的的不足，台湾"行政院"在2006年3月31日公告"创业投资事业范围与辅导办法"修正条文，允许风险投资业投资上市公司，也可以参与上市公司的重组与并购。截至2008年，台湾风险投资公司共计270多家，累计实收资本2 100多亿新台币，累计投资项目(台湾叫做"投资合同")12 174个，累计投资2 244亿元新台币。纵观台湾资本市场，平均每3家上市(柜)的公司中就有一家是风险投资公司所投资的公司；如果以科技类股统计，平均每2家上市(柜)的科技公司中就有一家是风险投资公司所投资的公司。风险投资业对台湾科技发展、经济增长、企业创新及创造就业等方面的作用远大于其他经济体。创业投资的"发动机"、"催化剂"功能在台湾被发挥得淋漓尽致。

这一时期，由于台湾风险投资市场已严重饱和，当局放宽了风险投资业投资内地的种种限制。内地巨大的市场潜力对台湾的投资人极具吸引力。截至2008年年底，内地的经济规模是台湾的11倍，累计对外直接投资已近台湾的2倍，外汇储备是台湾的7倍。为了开辟内地这一新的投资区域，2008年年底台湾当局出台《调整两岸证券投资方案》，台湾风险投资界从业者多次组团进入内地，考察深圳、上海、北京、青岛等地的风险投资市场，寻找恰当的投资机会，欲将台湾的投资经验复制到内地。2011年9月，台湾金融监管机构表示，台湾金融机构可以申请赴中国内地设立创业投资管理公司，以帮助金融机构扩大客户基础。同时邀请内地的风险投资界人士访台，寻求转型重振台湾风险投资业辉煌的商机。

(二) 中国台湾发展风险投资的经验

1. 政府在风险投资中提供资金支持和税收优惠

台湾的风险投资业作为一种创新型的投资形式并不是市场机制的产物，而是在政府

---

① 在股市里存在着隐蔽的危险，如一些公司的造假暴露，突发的业绩下降等，使原先买入公司股票的股民猝不及防，好像中了地雷。对于这样的股票，人们送它一个雅号——地雷股。

② 台湾"经济部"工业局. 2007年台湾创投产业年鉴.

的鼓励、扶持和引导下成长起来的。台湾当局在风险投资方面的作用主要体现在资金支持和税收优惠两个方面。在资金支持方面，政府为起步阶段的风险投资提供了 24 亿美元的风险资本；20 世纪 60 年代初，在政府支持下，公营的交通银行、中华开发信托投资等金融机构开始涉足风险投资；1980 年代中后期，台湾"行政院"先后拨款 8 亿新台币和 16 亿新台币建立"种子基金"参与风险投资活动，并动员远东纺织、统一、联华等大企业分摊出资；而后台湾"财政部"又允许保险公司的资金用于风险投资事业，使风险投资资金的来源进一步扩大。在税收优惠方面，依据"奖励投资条例"及后来取而代之的"促进产业升级条例"的规定，投资创业投资公司的股东，在持股满两年后可享有 20％的投资抵减优惠，按所投资金额的 20％于随后 5 年内抵减其个人或营利事业所得税。1993 年以后，随着风险企业的快速成长，民间投资意愿大为增强，这时政府资金开始逐渐淡出风险资本市场，将风险投资公司的股份转让给民间企业和个人。

2. 风险投资的资金来源广泛

台湾的风险投资资金来源广泛，除早期的政府资金支持外，大多来自民间。以 1984—2000 年的数据为例，91％来源于民间，个人投资比例甚至超过金融机构；5％来源于国外投资者；4％由当局提供。台湾当局为促进科技事业的发展，建立了以科技事业为主体的产业体系，自 1983 年推动风险投资事业以来，分别于 1986 年、1987 年和 1993 年三度修改"管理规则"，放宽若干限制，给予风险投资事业良好的发展环境，尤其是 1993 年修改的投资范围，将风险投资不再局限于科技事业，为其提供了更加广阔的投资空间。2008 年台湾风险投资事业股东结构显示，法人公司 40.9％、投资机构 16.58％、保险公司 9.56％、个人 9.52％、金融控股公司 8.98％、银行 5.71％、政府 4.83％、证券公司 3.92％。

3. 风险投资业的科技与管理背景雄厚

台湾的风险投资业专业人才储备丰富，公司高管人员大多具有技术类学历和多年产业经验，包括金融机构或出身于科技产业的专业经理人和海外留学回台人员，团队的科技与管理背景实力雄厚。如神达集团创始人侯清雄，前惠普科技台湾分公司总经理柯文昌，宏基电脑创始人之一邰中和，前甲骨文台湾总经理李岳贞，出身 IBM 的汉鼎徐大麟、怡和王佰元，来自美国奇异资产管理集团的投资银行专业经理人瑞讯、总经理王治平等均是风险投资业的杰出代表。台湾主流风险投资机构怡和、富鑫和诚信等公司在台湾风险投资界具有明显优势。

4. 经营管理模式侧重于委托

台湾风险投资业的经营管理模式分为自行管理、委托基金管理公司管理、委托创业投资公司管理 3 种类型。自行管理模式的风险投资公司从募集资金、经营管理团队、投资案的开发到各项费用开支成本、投资标的运作的成败均由公司负责。委托基金管理公司管理模式是一种由基金管理公司负责执行投资标的开发、投资评估与投资建议，在契约期限内风险投资公司每年需支付给受委托基金管理公司一定金额的管理费并根据经营业绩提取一定比例的奖金作为管理报酬的经营管理模式。委托创业投资公司管理模式与委托基金管理公司管理模式相类似，其受托对象改为风险投资公司，经营形态相同。截至2006年年底，台湾自行管理模式的风险投资有28家，占风险投资企业总数的12.79%，基金管理公司管理模式的风险投资有187家，占风险投资企业总数的85.39%，委托创业公司管理模式的风险投资有4家，占风险投资企业总数的1.82%。①

5. 风险投资对象以高科技产业为主

台湾风险投资业偏好投资高科技产业是由两方面因素促成的：一方面是由于高科技产业属于新兴的高成长的朝阳产业，市场需求前景乐观，投资标的扶持成功赢利丰厚；另一方面是由于创业投资事业管理规则对风险投资业投资范围的规制偏重于高科技产业，不论是产业案件还是资金份额占比都是如此。据台湾群益金融集团“2001年创业投资产业调查”显示，1994—2001年，风险投资业投资金额累计1 212亿元，其中投入高新技术产业1 169亿元，占比达96.45%。截至2006年，台湾风险投资业历年投资产业案件数(见表5-1)，半导体产业2 027件，投资金额超过366亿元，列第一位，其次为电子业、光电、通信业与资讯业四大产业。不过，随着岛内产业结构的改变，电子、资讯、半导体、光电及通信等产业渐趋成熟，这类投资已逐渐减少；而随着包括观光旅游、医疗照护、生物科技、绿色能源、文化创意以及精致农业等新兴产业的发展，风险投资者更多地将投资转向这些产业。2008年，台湾风险投资总额达136.35亿元新台币，其中生物科技产业成为仅次于光电产业的投资对象(见表5-2)。

表5-1 截至2006年台湾风险投资产业历年投资前10位的产业 单位：件

产业分类	半导体业	电子工业	光电产业	通信工业	资讯工业	软件产业	生物科技	传统制造业	网际网路	其他重点科技
累计件数	2 027	1 748	1 408	1 381	1 305	727	468	468	363	305

资料来源：台湾“经济部”工业局. 国内外创业投资事业现况调查与趋势分析报告.

表5-2 2008年台湾风险投资产业金额分布情况 %

产业分类	累计件数	产业分类	累计件数
光电产业	21.16	其他重点科技	5.65
生物科技	13.98	精密器械与自动化(机械)工程	4.34
电子工业	13.58	其他	2.61
创投事业	13.34	软体工业	2.35
半导体业	11.76	传统制造业	1.70
资源开发工业	5.91	资讯工业	1.60

资料来源：2009台湾创业投资年鉴. 台北：台湾“经济部”工业局出版社，2009(11).

① 台湾“经济部”工业局. 2007年台湾创投产业年鉴.

尽管台湾当局在 1993 年已经放宽了风险投资的范围，允许风险投资机构在 30%的实收资本额内投资一般制造业，但一直以来台湾风险投资的对象仍然主要是高新技术产业。

6. 具有比较健全的投资退出机制

台湾风险投资业取得的成绩在相当程度上得益于一整套灵活高效的风险投资退出机制。台湾拥有比较完善的资本市场，除公开上市及并购外，还有发达的柜台市场(over the counter)、"店头市场"等。柜台市场是台湾证券交易所专门为中小企业融资、支持高科技企业发展而成立的；"店头市场"的直接监管机构为证券及期货管理委员会，在主要扶持科技企业上市的同时也侧重传统产业的发展。根据规定，台湾科技产业上市和上柜在设立年限和获利能力方面均无限定，辅导期均为 1 年；申请上市的实收资本额为 3 亿元以上，上柜的实收资本额为 1 亿元以上。而一般产业上市、上柜的基本条件则要求比较高。台湾风险投资业支持的上市(柜)公司和科技公司的数量及比例足以说明台湾风险投资业取得的良好绩效(见表 5-3)。1984—2007 年，台湾累计募集资金 1 700 多亿元新台币，投资科技投资项目 11 200 个，扶持超过 400 家科技公司上市、上柜，带动台湾科技产业的资本形成高达 15 000 多亿元新台币的规模。[①] 截至 2008 年年底，在柜台买卖中心上柜的公司达 541 家，上柜公司中几乎都有风险投资资本，柜台买卖中心实际上已成为台湾风险投资的主要退出渠道。

表 5-3　2002—2006 年台湾上市(柜)公司　　单位：家

年　度	2002	2003	2004	2005	2006
当年度上市(柜)公司	203	128	126	70	44
当年度创投支持的上市(柜)公司	68	53	39	27	27
当年度上市(柜)科技公司	167	108	93	54	32
当年度创投支持的上市(柜)科技公司	67	52	34	23	23

资料来源：台湾"经济部"工业局. 2007 年台湾创投产业年鉴.

(三) 中国台湾发展风险投资面临的问题

1. 缺乏长期稳定的资金来源

2000 年台湾修订了促进产业升级条例，取消了风险投资股东投资抵减的优惠，严重挫伤了风险投资者的积极性；同时，银行、保险等金融机构受风险投资额度规定的限制，资金供应不畅；加之政府退休基金与保险基金未被允许投资风险投资业，使台湾风险投资业缺乏长期、稳定、充足的资金供给源泉。而在美国、加拿大、澳大利亚等国和地区，政府退休基金对风险投资业的投资金额占到风险投资资金来源比重高达 35%～60%，风险投资

---

① 台湾"经济部"工业局. 国内外创业投资事业现况调查与趋势分析报告.

业的资金来源长期而稳定。

2. 投资阶段的选择偏重扩充期和成熟期

台湾的风险投资一般可分为种子期、创建期、扩充期、成熟期、重整期 5 个阶段。基于风险控制和投资资金使用效率与盈利率的考量，风险投资公司比较喜欢选择处于扩充期和成熟期期的投资标的(见表 5-4)。从统计数字中可以看出，扩充期和成熟期的投资案件数占总数的比重，从 2001 年的 53.58%提高到 2006 年的 74.47%。从投资金额占比上看，投资阶段的选择也偏重扩充期。1984—2001 年风险投资金额为 1 337 亿元新台币，如按投资阶段划分，扩充期占 44.93%、创建期占 24.91%、成熟期占 20.86%、种子期占 8.18%、重整期占 1.12%。

表 5-4 2001—2006 年台湾创投资金各阶段投资案件数 单位：个

年份 投资期	2001	2002	2003	2004	2005	2006
种子期	63	36	53	58	11	46
创建期	219	160	244	236	134	164
扩充期	220	276	596	518	237	426
成熟期	109	129	256	245	121	248
重整期	3	2	10	6	10	21

资料来源：台湾“经济部”工业局. 2007 年台湾创投产业年鉴.

3. 投机性过强

在台湾，风险投资公司的很多股东过分重视短期回收利益，因此过多地干涉专业经理人的投资决策。风险投资公司股东为了早日获利，常常给专业经理人施加获利及资金回收方面的压力，使风险投资公司的投资明显偏重于成熟期或抢购上市前的增资或分散股权的投资，且持股时间逐渐缩短，见有获利即卖出，投机性过重，不利于风险企业的健康发展，也不利于投资者长期获利。

4. 股份有限公司制过于僵硬

在风险投资比较成熟的国家，一般采取有限合伙制，其优点有 3 个：一是合伙制不具有法人资格，属一级税赋，即仅限个人所得纳税，而公司制是二级税赋，即公司赢利要纳税，个人所得还要纳税；二是有限合伙人虽为出资者，但不参与风险投资管理，这就保证了专家理财的独立性，而公司制需按出资额经股东会或董事会影响公司经营；三是合伙人要承担风险投资的债务和法律连带责任，即对风险投资管理者具有自我约束作用。目前合伙制风险投资公司管理的风险资金额已占美国风险投资规模的 80%左右。而台湾地区的风险投资公司一直实行股份有限公司的形式。由于台湾地区的《公司法》不承认有限合伙的法人资格，其《民法》中虽有规定，但只承认部分有限合伙制(仅隐名合伙人可负有限合伙责任)，不是完全的有限合伙关系，而且有限合伙组织不符合风险投资公司设立的标准。因此，有限合伙制在台湾不具备采用的条件。而采用股份有限公司的形式，虽然可以享受《产业升级条例》所规定的税收优惠和解决双重纳税问题，但是这种形式过于僵硬，扭曲了风险投资的宗旨。

5. 风险投资的资金规模较小

总体上看，台湾的风险投资业还比较缺乏国际性的集资渠道和知名度，难以募集到大笔的资金，投资规模明显偏小，无法有效地分散风险。国际风险投资的实践表明，国际大型的投资机构有能力统筹全球资源，能在全球范围内为所投资的企业提供各种服务，这是台湾风险投资业所缺乏的优势。

三、以色列的风险投资

（一）以色列风险投资的发展概况

20 世纪 70 年代初，一位具有传奇色彩的名叫爱德尔的律师，开始在以色列寻找风险投资的机会，并对电子行业的一家公司进行了投资。第二年，该公司在美国 NASDAQ 股票交易系统上市获得了成功，投资者得到了相当丰厚的投资回报，从此人们逐步认识到风险投资的操作技巧以及由此可能带来的丰厚利润，风险投资在以色列开始起步。在财力十分有限的情况下，以色列的许多公司和财团建立了技术孵化器，并对技术创新型企业给予支持。1977 年，以色列与美国政府共同设立了"以美工业研究开发基金会"(BIRD)，对两国间开展的民用工业技术合作研究项目给予 1.1 亿美元的支持。经过 30 多年的发展，以色列已成为世界上仅次于美国的风险投资最发达的国家，被誉为"世界第二硅谷"。

20 世纪 80 年代，随着技术进步和人们认识程度的提高，以色列涌现出一批风险投资者，几家风险投资公司支持的企业成功地在纽约股票交易所上市，为风险投资的发展起到了示范效应。20 世纪 80 年代中后期，以色列政府采取了一系列的经济宽松政策，加之基础设施的改善和地区紧张局势的缓和，为风险投资事业的发展奠定了良好的基础。1985 年，以色列通过了《工业研发鼓励法》，政府拨出专门预算用于支持研发活动。在政府支持的领域，企业可在申请批准后获得项目预算 30%～66%的政府资助。如果研发项目成功，企业须从营业额中拨出 3%～5%的款项归还政府的经费资助；如果项目失败，则不必归还经费。为了鼓励大学、研究机构与产业界联合开展研发活动，政府对所鼓励的合作项目给予 2/3 的经费补助，这种补助在项目成功以后也不必归还。

20 世纪 90 年代是以色列风险投资事业飞速发展的年代，即使在海湾战争期间，投资者仍在寻求集资机会。1992 年，以色列政府设立了 1 亿美元的约兹玛(Yozma)风险基金。这一项目由政府出资 1 亿美元创建 10 个风险资本基金，每份基金由以色列风险资本家、国外风险资本公司和以色列投资公司或银行三方代表共同组成。如果企业投资失败，不用还钱给政府；如果赚钱，则只需把最初的借款加上利息还给政府。Yozma 项目的第一个基金是和 Discount Israel Corporation 以及埃德温特风险投资公司合作建立的。埃德温特公司赞助的基金后来被称为"以色列双子基金"。Yozma 还有一项金额为 2 000 万美元的基金,可以直接投资科技公司。同时以色列成立了国有独资的 Yozma 风险基金公司。随着该基金公司的建立,以色列掀起了风险投资发展的第一个高潮。由于风险投资资金的大量涌入,以色列每年有 250 家新公司出现,这些新公司的数量甚至超过了整个欧洲新公司的数量。1999 年,以色列—英国联合工业研发项目(BRITECH)建立,对以色列的高技术工业给予 5 年 1.55 亿美元的支持。到 2000 年,以色列已经培育了大约 2 000 家新兴公司,同时也带动了一轮新的风险投资发展高潮。截至 2002 年,以色列风险基金数量达到 150 家,风险资本筹集额累计达 90 亿美元,其创新技术企业数量仅次于美国,在纳斯达克股票交易所上市的高新技术企业数量紧追美国与加拿大,世界排名第三。

到 2005 年,以色列政府不再需要通过 Yozma 计划来吸引投资,全球各地蜂拥而来的资本已让以色列的创业公司"水涨船高"。金融危机发生后,以色列的创业公司发挥"船小好掉头"的优势,受到的冲击很小,其证券市场最早恢复。来自以色列风险投资研究中心(IVC)及其与毕马威 Somekh Cahikin Israel 事务所合作发布的数据表明:2011 年以色列募集资金的风险投资机构共 14 家,募集资金总额 7.96 亿美元;共发生并购案 85 起,其中风险资本支持的有 33 起,交易额为 25.2 亿美元,比 2010 年的 12.5 亿美元增加一倍;在 15 起超过 1 亿美元的并购中,有 9 起为风险投资所支持。尤其值得关注的是,以色列企业对外国投资者的吸引力在逐渐提高。2011 年,以色列企业共融资 21.4 亿美元,其中 25%来自以色列国内的风险投资基金,其余来自其他以色列的投资者和外国投资者;为刺激生命科学领域的投资,以色列政府投资 5 000 万美元,建立了国内首个生物类风险投资基金(Orbimed Israel),美国投资机构 OrbiMed Advisors(世界最大的健康医疗投资基金,旗下管理资产 50 亿美元)参与了该基金的投资。

(二) 以色列发展风险投资的经验

特定的发展历史、政治经济体制以及其区域和国际环境等因素,使以色列风险投资有其鲜明的特点。以色列发展风险投资的主要做法是政府实施宏观干预政策,干预的形式是政府通过设立基金直接参与风险投资的具体运作。之所以采取政府宏观干预的做法,其主要原因是希望通过风险投资行业的发展,实现经济持续增长和增加就业的目标。为促进风险投资事业的发展,以色列政府采取了"点"与"面"相结合的措施。

1."点"的经验

从"点"的方面看,以色列政府对研究开发给予了特殊的政策支持。第一波对民用研发扶持的浪潮始于 1968 年成立的"首席科学家分支机构"(OCS),1969—1987 年工业研发年均增长 14%。1984 年政府颁布鼓励开展工业性研究与开发的法律,鼓励方式包括有偿支持、无偿支持、直接支持和间接支持。有偿支持是指在研究开发产业化成功后,每年从销售收入中提取一定的比例偿还政府的原始投资;而无偿支持则不必偿还。直接支持是指对研究开发的支持;间接支持是指通过为研究开发创造条件的办法给予支持。

2. "面"的经验

从"面"的方面看,以色列政府通过与私人资本共同运作、共担风险的方式,引导私人资本向重点行业投资,从而促进了这些行业的发展。在推动风险投资发展的过程中,政府通过设立基金直接参与运作。20 世纪 90 年代初,以色列曾经出现过大批高科技创新企业,但是由于缺乏风险基金的支持和企业管理及市场开拓能力,很多企业最终没有在市场上获得成功。在这种背景下,政府采取了相关措施,在以色列建立风险投资机制,吸引国内外投资者对以色列进行风险投资。海外投资对以色列非常重要,因为高科技产业占据了以色列制造业出口总额的 47%。在第一次风险投资高潮中,以色列政府还通过其控制的保险公司积极参与风险投资,使具有政府背景的资金量占到了风险投资基金总量的 1/3。从风险投资的角度分析,政府的这种行为不仅减少了风险投资者对早期阶段投资的风险,同时也为风险投资者提供了投资对象。虽然研究开发阶段也属于风险投资的一个投资阶段,但这一阶段的投资风险较大,与其他后期阶段相比,研究开发阶段的风险投资所占比例较小。有关资料表明,在其他国家,研究开发阶段风险投资的成功率只有 10%,而由于以色列实施了鼓励工业性开发与研究的法律,取得了高于 50%的成功率。对研究开发的投资虽然承担了较大风险,但由此吸引了大量的外国资金,这其中包括风险资金和通过上市筹集的资金。金融危机以后,随着美国经济的逐渐转暖,一些美国企业开始寻找新的机会。从 2011 年下半年开始,美国企业开始进军以色列市场,对于那些渴望获得资金支持的以色列风险企业而言,他们的资助无疑是"雪中送炭"。以色列政府真正达到了"投资少、见效快"的目的。

同刚起步时的情形相比,以色列政府在风险投资中的主导地位已有所下降,但政府仍通过参股风险基金来支持高科技产业发展,每年政府预算中用于研发的费用约有 90%是以这种方式支出的。对于达到一定规模的风险投资以及外资进入风险投资业,政府还会给予免税等优惠政策。数据显示,以色列的新兴公司数量紧追美国,排名世界第二。如今当以色列已经褪去农业经济的传统外衣,以高科技产业强国的形象出现在国际市场上,人们再回头审视这个嬗变的过程,不能不承认,先行一步的风险投资业功不可没。

第五节　中国的风险投资业务

中国的风险投资业起步较晚,但发展速度很快,随着中国经济尤其是高科技产业的迅速发展,风险投资已成为推动我国科研成果商品化、高新技术产业化和科技企业成长发展的重要因素。

一、中国风险投资业的产生和发展

（一）中国风险投资业的产生（20 世纪 80 年代中后期）

我国的风险投资业是在改革开放以后发展起来的。1984 年 11 月，国家科委（后改称科技部）的几个年轻干部向中央有关部门呈报《对成立科学技术风险投资公司可行性研究的建议》的报告，力陈现行管理体制的严重弊病在于科技研究的开发成果不能最大限度地转化为现实生产力，建议成立风险投资公司，为科学技术产业化提供资本支持。1985 年 3 月，《中共中央关于科学技术体制改革的决定》提出"对于变化迅速、风险较大的高技术开发工作，可以设立创业投资给以支持"。这是中国首次提出以风险投资的方式支持高科技产业的开发，为中国风险投资业的发展提供了政策上的依据和有力的保证。1985 年 9 月，以国家科委和中国人民银行为依托，国务院正式批准成立了我国第一家官方性质的风险投资公司——中国新技术创业投资公司，注册资本金 2 700 万元，通过投资、贷款、租赁、财务担保和咨询等方式为高新技术风险企业的发展提供支持。1986 年，经国务院批准，国家科委公开发布《中国科学技术政策指南》（第 1 号），这是中国第一次以政府部门的名义出版的科学技术白皮书，其中首次提到了发展风险投资事业的战略方针。1986 年颁布的《金融信托投资机构管理暂行规定》和 1987 年颁布的《中国人民银行关于审批金融机构若干问题的通知》规定，全国性投资公司的设立由中国人民银行总行审核，报国务院审批；省级风险投资公司的设立由中国人民银行省级分行审核，报人民银行总行批准。1988 年 5 月，国务院正式批准以中关村电子一条街为基础建立北京新技术产业开发试验区，我国第一个高新技术产业开发区从此诞生，此后又实施了国家高新技术产业化发展计划——"火炬计划"，各地纷纷创办高新技术产业开发区。

（二）中国风险投资业的初步发展阶段（1991—1997 年）

20 世纪 90 年代以来，我国的风险投资事业开始有了初步发展。1991 年，国务院在《国家高新技术产业开发区若干政策的暂行规定》中指出，可以在高新技术产业开发区建立风险投资基金，用于风险较大的高新技术产业开发，条件成熟的高新技术开发区可创办风险投资公司，这标志着风险投资在我国已受到政府部门的高度重视。1991 年，国家科委、财政部和中国工商银行联合发起成立"科技风险开发事业中心"。1992 年，国务院批准建立了 52 个国家级以高新技术产业开发为依托的高科技风险投资基金。1995 年，针对科技成果产业化资金严重缺乏的状况，国务院发布的《关于加速科技进步的决定》的白皮书明确指出："要逐步探索建立支持科技产业发展的风险投资机制。"1996 年 5 月 15 日，我国颁布实施《中华人民共和国促进科技成果转化法》，该法第 21 条首次以法律条文的形式对我国的风险投资加以规定，第 24 条规定国家鼓励设立科技成果转化基金或风险基金，其资金来源由国家、地方、企业、事业单位以及其他组织或者个人提供，用于支持高投入、高风险、高产出的科技成果的转化，加速重大科技成果的产业化。1996 年 10 月 13 日，国务院发布《关于"九五"期间科技体制改革的决定》，再次提出"积极探索科技发展风险投资机制，促进科技成果转化"。

（三）中国风险投资业的快速发展阶段（1998 年至今）

中国风险投资真正进入快速发展阶段是在 1998 年以后，此前的风险资金投入仍是沿袭传统政府拨款式的投资机制，从严格意义上说，只是将财政"拨款"改为"投资"，与真正意义上的风险投资还有一定差距。1998 年 3 月，成思危在全国政协九届一次全会上提出了被列为"1 号提案"的《关于加快发展我国风险投资事业》的议案，这一提案在理论界、经济学界、各级政府都引起了强烈的反响，风险投资成为热门话题，中国风险投资事业进入了稳步发展阶段。2000 年由民建中央发起设立的中国风险投资有限公司是专业从事风险投资、基金管理等业务的投资机构，是国内最早的风险投资机构之一。

经过十几年的发展，中国的风险投资事业已经初具规模。截至 2010 年年底，政府创业风险投资引导基金累计出资 234.07 亿元，引导基金支持的创业风险投资机构达到 170 家，引导带动的创业风险投资管理资金规模达 924 亿元。全国共有 61 家创业投资（集团），通过与地方政府合作或其他投资主体（如大型生产、商贸企业）联合设立子基金 278 只，总资产规模达到 987.6 亿元，形成了具有中国特色的创业风险投资资金网络。截至 2010 年年底，中国创业风险投资机构累计投资 8 693 项，其中投资于高新技术企业（项目）5 160 项，约占投资总数的 59.4%；累计总投资额 1 491.3 亿元，其中投资高新技术企业（项目）金额为 808.8 亿元，约占总投资额的 54.23%。2010 年，我国多层次资本市场进一步完善，投资退出环境明显优化，投资退出渠道进一步拓宽，已初步形成主板、中小板、创业板以及代办股份转让系统的架构。

二、中国风险投资业存在的问题

（一）政府资金投入比例和行政干预过多

在风险投资发展较好的国家和地区，其风险投资的资金来源都是多元化的，包括私人投资、企业投资、政府财政直接资助、机构投资者和外国风险资本注入等。只有形成多元化的资金来源，风险投资才能成为"有源之水"。中国风险投资的发展一直由政府主导，主要表现为资金投入比例和行政干预过多。一方面，风险投资资本的 80% 为政府基金，主要是财政科技拨款、银行科技开发贷款以及部分高科技集团公司的投资等，本应是风险投资中最活跃力量的资本市场却发展得十分缓慢。实际上，现有的风险投资资本规模根本无法满足市场的需求。另一方面，政府资金投入的绝对主导地位不可避免地导致过多的行政干预，政府在风险投资中扮演“选手”和“裁判”的双重角色，很难体现公平、开放、标准化的风险投资运作规则。风险投资公司根据市场规律和自身评估选中的项目有时不能获得批准，而一些市场效益和发展前景并不看好的项目却可能在行政机构的“关照”下得到支持。这种违背市场规律的操作无疑增加了风险投资公司的经营风险，导致经济效益下降甚至使企业陷入困境。

（二）相关法律、法规亟待出台和完善

一些国家和地区在风险投资领域之所以能得到迅速的发展，除了高新技术产业本身所具有的“高风险、高收益”这一内在动力之外，良好的法律环境也是一个不可或缺的因素。与之相比较，我国目前在发展风险投资的法律环境方面尚存在一些亟待解决的问题。

1. 专门法律缺失

到目前为止，全国人大尚未公布《风险投资法》和《风险投资基金法》等有关风险投资的专门法律，规范风险投资的相关法律规范散见于《公司法》、《合伙企业法》、《证券法》、《税法》等法律中，不具有针对性，且各部门法之间缺乏有效的配合。

2. 相关法规不完善

国务院相关部门制定的部门规章《外商投资创业投资企业管理规定》、《创业投资企业管理暂行办法》以及针对其税收的《关于促进创业投资企业发展有关税收政策的通知》虽有一定针对性，但都存在一定局限性，且法律位阶较低，统一性差。

3. 政府税收鼓励制度滞后

由于有限合伙和信托的法律架构本身不需要在风险投资机构层面进行纳税，仅需在投资者环节纳税，因此《关于促进创业投资企业发展有关税收政策的通知》规定“创业投资企业可按其对中小高新技术企业投资额的70％抵扣应纳税所得额”，只能对公司型风险投资机构起到支持和激励作用，这就直接导致了我国有限合伙型风险投资在实践中的税收优势根本无法体现的问题。

4. 政府引导基金法律保障制度法律效率较低

目前我国规范风险投资政府引导基金的主要法律文件《科技型中小企业创业投资引导基金管理暂行办法》属于国家部委制定的规范性文件，法律效力层级较低，对地方引导基金只具有示范性而不具有约束性。而各地出台的地方性引导基金管理规定又存在较大的差异，直接影响引导基金的运行效果，严重束缚了政府引导基金示范与引导效应的发挥。相关法律、法规缺位、错位的现状，使得风险投资者对投资缺乏信心，不利于风险投资事业的发展。

（三）风险投资的中介机构发展滞后

风险投资是一项专业性很强的投资，提供专业化服务的中介机构就成为风险投资发

展的"情报器"，也是风险投资减少信息非对称的必不可少的条件。美国等发达国家的风险投资能发展到现在的水平，与其众多专门为风险投资提供高质服务的中介机构密不可分。风险投资中介机构是指运用法律、金融、投资工具等将筹资者和投资者联系起来的专业服务机构，由熟悉法律、金融、理财、投资、企业管理等方面的专家构成。一般包括行业协会、投资银行、律师事务所、会计师事务所、财务顾问、资产评估机构、信息、技术咨询机构、专业市场调查机构等。风险投资中介机构之所以能成功扮演市场媒介的角色，是因为它们熟悉科技产业，并善于通过设计、创立和运用适合科技产业发展特点的金融工具和手段，在科技项目市场和资本市场间牵线搭桥，使企业获得足够、匹配的资金，同时使投资者能够在风险得到最大控制的前提下参与科技项目的发展，实现投资回报。目前，我国风险资本市场所需的特殊中介服务机构如行业协会、标准认证机构、知识产权评估机构等还比较缺乏，投资中介机构的人员素质和信用体系的不完善也成为中介机构发展的巨大障碍。某些中介机构缺乏职业约束机制及职业道德规范，存在为金钱驱动而提供虚假评估报告的现象，使某些中介机构的可信度、可利用度大打折扣，严重阻碍了我国风险投资市场的发展。

(四) 投资退出机制存在缺陷

风险投资的活力源于资金的循环流动，其核心是投资的退出机制。没有便捷的退出渠道，风险投资就无法达到资本增值和良性循环，也无法吸引风险投资人进入风险投资领域。在不同的国家和地区，由于其风险资本的来源和市场发育程度不同，风险投资退出的方式也不尽相同。目前，世界上风险投资的退出方式主要有几种：首次公开发行(IPO)、公司或风险企业家回购、第三方收购、寻找新的投资者和清算退出。其中 IPO 被认为是风险投资的最佳退出途径，是风险投资家追求的目标。我国现阶段的风险投资退出机制存在以下问题：

1. 企业很难达到上市要求

现阶段我国只有沪深两个证券交易所，而且现行的《证券法》和《公司法》都规定了较高的主板市场上市标准，上市公司在历史、规模、业绩、行业等方面都要经过严格的资格审定，一般的风险企业很难通过，只得放弃在主板市场上市的机会，转而选择创业板市场或到境外上市。虽然我国创业板已于 2009 年 10 月 30 日隆重登场，但是对于规范创业板的操作尚在逐步完善中，而境外资本市场的高门槛也使不少企业望而却步。

2. 收购和兼并渠道不畅

在产权交易市场上，风险企业要以收购和兼并的方式实现风险资本的退出，就必须解决产权问题。而我国的不少风险企业脱胎于高校、研究机构或传统企业，与原单位存在纠缠不清的产权关系，加上我国产权评估机构和产权交易市场不发达，使得企业很难实现股份的转让。

3. 破产清算存在障碍

破产清算的障碍主要有两个方面：一方面是从主观上看，许多企业不愿意选择破产清算；另一方面是我国对风险企业的破产清算缺乏相应的法律、法规，目前的《企业破产法》仅适用于国有企业的破产，而对其他企业适用的《民事诉讼法》中的破产程序不利于风险投资业的发展。

（五）缺乏风险投资人才

高风险、高投资、高回报的风险投资产业对从事风险投资产业的人才提出了更高、更严格的要求。美国著名技术创新理论家、硅谷创始人之一考茨麦斯基说："风险投资业的发展一刻也离不开风险投资家，高素质的风险投资家是风险投资的灵魂。"从事风险投资事业的人才不仅需要掌握金融领域内的相关知识，而且应当熟悉高新技术产业的相关技术，这是对风险投资进行正确评估、操作和降低失败风险的内在要求。中国的风险投资尚处于初级阶段，大多停留在学术研究层面，真正懂得实际操作的风险投资人才十分匮乏，而且大部分投资人是从政府、民营企业、上市公司等部门"半路出家"的，由于缺乏专业知识和从业经验，难以有效地进行风险项目的决策与管理。

三、进一步发展中国风险投资业的对策

（一）拓宽风险资本的来源渠道

从我国目前的国情看，短期内政府直接投资风险行业是必要的，但从长远看，政府应逐渐淡出主要投资人的角色，同时拓宽各类资金进入风险投资市场的政策条件，以满足风险投资对融资渠道多样化和融资成本尽量低的要求。对此，可借鉴国外发展产业风险投资的经验。一方面，在控制金融风险的前提下，引导从事养老基金、保险基金、住房基金等民间资本的机构投资者及具有良好市场业绩的上市公司作为战略投资者介入风险投资领域，通过资本与高新技术的有机结合实现资本增值的最大化。另一方面，积极创造优惠条件，吸引国外风险投资基金来华投资，允许外商独自设立风险投资公司或与中方共同设立风险投资基金；允许国外风险投资公司将其资本利得或到期本金向境外转移。总之，政府应在风险投资中实现角色转换，发挥宏观引导的功能，促进我国风险投资事业的健康发展。

（二）健全风险投资的法律体系

发达国家的成功经验表明，风险投资不同于任何形式的传统投资，它是一种法制化的市场行为，必须具备与之相适应的完善的法律、法规。

① 应尽快制定相应的法律、法规和管理办法。我国应尽快出台《风险投资法》和《风险投资基金法》等有关风险投资的专门法律，使风险投资运作有法可依。

② 修改相关配套的法律制度。应适时修订《公司法》、《合伙企业法》、《证券法》、《税法》、《保险法》、《商业银行法》及养老基金管理的相关法律、法规，协调各部门法之间的关系。

③ 进一步完善知识产权保护的相关法律制度。应进一步完善诸如《专利法》、《技术合同法》等知识产权保护的相关法律制度，最大限度地保障风险投资公司在资金筹集、项目选择、知识产权维护和所有者权益转让等方面的权益。

④ 采取税收优惠措施。应采取可行的税收优惠措施，以降低风险资本的获得成本，提高风险投资的平均收益率。

（三）加快风险投资中介机构的建设

风险投资活动的效率在很大程度上取决于信息是否全面、真实，因此中介机构作为风险投资出资者与资本管理者之间、风险投资机构与风险企业之间、风险投资各类参与者与市场之间的"纽带"，就成为风险投资发展中不可缺少的重要组成部分。可以说，没有中介机构，风险投资的运动链条就会中断。中介机构与风险投资公司和风险融资人的主要区别是，它既不代表投资者参与企业管理，也不进行实际的投融资活动，只是提供风险投资专业方面的各类服务，其报酬来自事先约定的酬金。比如，投资银行可以是融资方聘请的，也可以是投资方聘请的，其主要职能是为聘请方提供投融资项目过程的整体策划，它是全部中介机构的重心；其他的中介机构则偏重各自专业领域内的专业服务，如律师事务所的主要职责是为聘请方提供相关法律服务，包括但不限于审查各种法律资料，起草投资协议及其他法律文件等。为保障风险投资市场体系的运作效率和服务质量，需进一步提高中介机构的信用水平和从业人员的专业素质，并努力采取措施降低风险投资的信息成本和交易成本，促进我国风险投资更快的发展。

（四）完善风险投资的退出机制

公开上市虽然是风险资本退出的最佳方式，但就我国目前的情形看，大部分风险企业很难达到上市的要求。我国风险投资最现实可能的退出方式是企业并购，然后依次为创业板交易、风险企业回购和场外交易等。目前企业并购退出方式比较顺畅，2010 年新修订的《公司法》第 143 条虽然规定"公司不得收购本公司的股票"，却增加了例外的情形，将"与持有本公司股份的其他公司合并"等情形排除在外。除企业并购外，其他几种退出方式仍需进一步规范和完善。①

---

① 据清科研究中心发布的数据显示，2012 年并购助推风险投资退出明显。第一季度中国并购市场共完成并购案例 227 起，同比增长 48.4%，环比增长 22%；披露金额的 202 起案例并购总额达 141.52 亿美元，同比增长 162.5%，环比增长 11.9%。其中，国内并购案例 186 起，涉及金额 58.24 亿美元；海外并购 19 起，涉及金额高达 55.78 亿美元，几乎与国内并购持平；外资并购 22 起，涉及金额为 27.5 亿美元。

(1) 公开上市的标准不宜过高

主板市场对上市公司的股本总额、发起人认购的股本数额、企业经营业绩、无形资产所占比例等都有较高要求，而风险企业一般为中小型高科技企业，在连续经营历史、净资产、利润额等方面难以达到要求，因此制定的上市标准不宜过高。

(2) 进一步规范创业板

2009 年 3 月 31 日，中国证监会发布《首次公开发行股票并在创业板上市管理暂行办法》，标志着我国创业板市场的推出。10 月 23 日设立在深圳证券交易所的创业板正式开板，创造了中国资本市场的崭新历史。相对于主板市场，创业板较低的上市门槛为私人股权投资基金和风险投资基金的退出创造了便利的通道。但是目前我国尚处于创业板市场运行的初级阶段，创业板的作用就是为成长性高的中小企业提供融资链条的中间环节，其退出机制主要由《深圳证券交易所创业板股票上市规则》(以下简称《规则》)来规范，《规则》中既缺乏对主动退市的规范，①更没有规定转市制度。② 因此应当将转市制度明确纳入法律、法规之中，并与主动退市结合起来，形成可上可下、多层次、全方位的融资平台，为创业板市场的退出机制提供顺畅的途径。

(3) 完善管理层回购退出方式

目前我国的管理层回购退出方式存在诸多法律障碍，如《公司法》规定管理层的董事、监事和经理在任职期间不得转让自己的股份，这不利于激励管理层和核心技术人员的积极性。因此应完善内部治理机制，强化监管机制。

(4) 利用场外交易市场

场外交易的优点在于十分灵活，既没有上市标准，也不需要严格的交易监管。目前我国正在构建类似的产权交易中心。投资者可以通过该交易中心并购风险企业的产权或股权，获得其所有权或股东地位。

(五) 培育高素质的风险投资人才

在高新技术产业形成和发育过程中，人才是关键的因素，他们不仅要为企业筹措资金，还要为企业制定经营战略，提供管理咨询，甚至寻找销售渠道。一个优秀的人才能够降低投资风险，吸引更多资金。鉴于我国目前风险投资人才缺乏的现状，建议从以下几方

---

① 《规则》中缺乏对主动退市的规范，中小股东由于无法表达自己的意愿，难以维护自己的权益，上市公司易做出损害投资者的主动退市决定。《德国证券交易所法》规定，证券交易所上市许可机构可依据发行人的申请撤销上市许可；但撤销上市许可不得违反对投资者的保护，证券交易所可在规章中对该规定具体化。我国创业板主动退市制度可参考德国的规定进行完善。

② 转市是指在符合主板上市要求条件下，创业板市场中的企业转移到主板市场上市的制度。主板市场相对于创业板市场，其融资渠道更广，达到主板上市要求时，创业板上市公司申请转移到主板上市可以拓宽融资渠道，进一步优化社会资源配置。

面入手：

① 培养高素质的复合型人才。通过各种方式和途径培养具备金融、保险、企业管理、科技、经济等各方面知识以及具备预测、处理、承受风险能力的人才，以适应风险投资事业发展的需要。如高校可以打破专业界限，培养跨学科、跨行业的人才。

② 实现人才合理配置。应建立职业人才市场，促进人才合理流动，同时应建立起有竞争性和吸引力的激励机制，吸引和鼓励大批高层次的科技、经济人才投身到风险投资事业中来。

③ 引进人才。应充分利用国际合作和交流，引进和学习先进的风险投资管理技术。此外，可以高薪聘请国外有经验的风险投资专业人才，帮助我国开辟风险投资的新领域。

阿里巴巴引入风险投资

1. 投融资始末

(1) 创业伊始，第一笔风险投资救急

1999 年年初，马云决定回到杭州创办一家能为全世界中小企业服务的电子商务站点。回到杭州后，马云和最初的创业团队开始谋划一次轰轰烈烈的创业。大家集资了 50 万元，在马云位于杭州湖畔花园的 100 多平方米的家里，阿里巴巴诞生了。

这个创业团队里除了马云之外，还有他的妻子、他当老师时的同事、学生以及被他吸引来的精英。比如阿里巴巴首席财务官蔡崇信，当初抛下一家投资公司的中国区副总裁的头衔和 75 万美元的年薪，来领马云几百元的薪水。

他们都记得，马云当时对他们所有人说："我们要办的是一家电子商务公司，我们的目标有 3 个：第一，我们要建立一家生存 102 年的公司；第二，我们要建立一家为中国中小企业服务的电子商务公司；第三，我们要建成世界上最大的电子商务公司，要进入全球网站排名前十位。"马云的狂言狂语在某种意义上来说，只是当时阿里巴巴的生存技巧而已。

阿里巴巴成立初期，公司是小到不能再小，18 个创业者往往是身兼数职。好在网站的建立让阿里巴巴开始逐渐被很多人知道。来自美国的《商业周刊》还有英文版的《南华早报》最早主动报道了阿里巴巴，并且令这个名不见经传的小网站开始在海外有了一定的名气。

有了一定名气的阿里巴巴很快就面临到资金的瓶颈：公司账上没钱了。当时马云开始去见一些投资者，但是他并不是有钱就要，而是精挑细选。即使囊中羞涩，他还是拒绝了 38 家投资商。马云后来表示，他希望阿里巴巴的第一笔风险投资除了带来钱以外，还能带来更多的非资金要素，例如，进一步的风险投资和其他海外资源，被拒绝的投资者不能带来这些。就在这个时候，现在担任阿里巴巴CFO的蔡崇信的一个在投行高盛的旧关系为阿里巴巴解了燃眉之急。以高盛为主的一批投资银行向阿里巴巴投资了500万美元。这一笔“天使基金”让马云喘了口气。

(2) 第二轮投资，挺过互联网寒冬

更让马云意料不到的是，更大的投资者也注意到了他和阿里巴巴。1999年秋，日本软银总裁孙正义约见了马云。当时孙正义是亚洲首富。他直截了当地问马云想要多少钱，而马云的回答却是他不需要钱。孙正义反问道：“不缺钱，你来找我干什么？”马云的回答却是：“又不是我要找你，是人家叫我来见你的。”

这个经典的回答并没有触怒孙正义。第一次见面之后，马云和蔡崇信很快就在东京又见到了孙正义。孙正义表示将给阿里巴巴投资3 000万美元，占30%的股份。但是马云认为，钱还是太多了，经过6分钟的思考，马云最终确定了2 000万美元的软银投资，阿里巴巴管理团队仍绝对控股。

从2000年4月起，纳斯达克指数开始暴跌，长达两年的熊市寒冬开始了，很多互联网公司陷入困境，甚至关门大吉。但是阿里巴巴却安然无恙，很重要的一个原因是阿里巴巴获得了2 500万美元的融资。

那个时候，全社会对互联网产生了一种不信任，阿里巴巴尽管不缺钱，业务开展却十分艰难。马云提出关门把产品做好，等到春天再出去。冬天很快就过去了，互联网的春天在2003年开始慢慢到来。

(3) 第三轮融资，完成上市目标

2004年2月17日，马云在北京宣布，阿里巴巴再获8 200万美元的巨额战略投资。这笔投资是当时国内互联网金额最大的一笔私募投资。2005年8月，雅虎、软银再向阿里巴巴投资数亿美元。

之后，阿里巴巴创办淘宝网，创办支付宝，收购雅虎中国，创办阿里软件。一直到阿里巴巴上市。

2007年11月6日，全球最大的B2B公司阿里巴巴在香港联交所正式挂牌上市，正式登上全球资本市场舞台。随着这家B2B航母登陆香港资本市场，此前一直受外界争论的“B2B能不能成为一种商务模式”也有了结果。11月6日上午10时，港交所开盘，阿里巴巴以30港元，较发行价13.5港元涨122%的高价拉开上市序幕。小幅震荡企稳后，一路单边上冲。最后以39.5港元收盘，较发行价涨了192.59%，成为香港上市公司上市首日涨幅最高的“新股王”，创下香港7年以来科技网络股神话。当日，阿里巴巴交易笔数达到14.4万多宗。输入交易系统的买卖盘为24.7万宗，两项数据都打破了工商银行2006年10月创造的纪录。按收盘价估算，阿里巴巴市值约280亿美元，超过百度、腾讯，成为中国市值最大的互联网公司。

在此次全球发售过程中，阿里巴巴共发行了8.59亿股，占已发行50.5亿总股数的17%。按每股13.5港元计算，共计融资116亿港元（约15亿美元）。加上当天1.13亿股超额配股权获全部行使，融资额将达131亿港元（约16.95亿美元），接近谷歌纪录（2003年8月，谷歌上市融资19亿美元）。

阿里巴巴的上市，成为全球互联网业第二大规模融资。在此次路演过程中，许多投资者表示，错过了谷歌不想再错过阿里巴巴。

2. 风险投资大赚一把

作为阿里巴巴集团的两个大股东，雅虎和软银在阿里巴巴上市当天账面上获得了巨额的回报。阿里巴巴招股说明书显示，软银持有阿里巴巴集团29.3%股份，而在行使完超额配售权之后，阿里巴巴集团还拥有阿里巴巴公司72.8%的控股权。由此推算，软银间接持有阿里巴巴21.33%的股份。到收盘时，阿里巴巴股价达到39.5港元。市值飙升至1 980亿港元（约260亿美元），软银间接持有的阿里巴巴股权价值55.45亿美元。若再加上2005年雅虎入股时曾套现1.8亿美元，软银当初投资阿里巴巴集团的8 000万美元如今回报率已高达71倍。

(1) 软银不是阿里巴巴最初的风险投资商，却是坚持到最后的一个

软银投资阿里巴巴8 000万美元，回报率达71倍。软银中国控股公司总裁及首席执行官薛村禾称："我预测，3～5年内阿里巴巴的市值将至少是现在的5倍。"

软银不是阿里巴巴的第一个风险投资商，却是坚持到最后的那个。1999年10月，马云私募到手第一笔天使投资500万美元，由高盛公司牵头，联合美国、亚洲、欧洲一流的基金公司如Transpae Capital Investor Abof Sweden、Technology Development Fund of Singapore的参与。在阿里巴巴的第二轮融资中，软银开始出现。从此，这个大玩家不断支持马云，才使得阿里巴巴能够玩到今天的规模。

2000年，马云为阿里巴巴引进第二笔融资，2 500万美元的投资来自软银、富达、汇亚资金、TDF、瑞典投资6家风险投资商，其中软银为2 000万美元，阿里巴巴管理团队仍绝对控股。

2004年2月，阿里巴巴第三次融资，再从软银等风险投资商手中募集到8 200万美元，其中软银出资6 000万美元。马云及其创业团队仍然是阿里巴巴的第一大股东，占47%股份；第二大股东为软银，约占20%；富达约占18%；其他几家股东合计约15%。

软银不仅给阿里巴巴投入了资金，在后来的发展中还给了阿里巴巴足够的支持。尤其是2001年到2003年的互联网低谷时期，投资人伴随阿里巴巴整个团队一路挺过来了。

雅虎介入阿里巴巴不过两年，同样获益甚厚。作为阿里巴巴集团的大股东，雅虎间接持有阿里巴巴28.4%的股权，其市值高达73亿美元；此外，雅虎还以基础投资者身份，投资7.76亿港元购买了阿里巴巴新股，购入价格为13.5港元每股，占7.1%的股份，IPO

当天升值到 22.7 亿港元。

而一些风险投资商显然错过了最好的收获期。从阿里巴巴集团的第三轮融资开始，早期的一些风险投资商已经开始陆续套现。1999 年阿里巴巴创办之初的天使投资高盛集团因战略调整，退出了中国风险投资市场，其所持股份被新加坡的寰慧投资(GGV)接手。事实上，寰慧投资的创始人托马斯早在 1999 年就以个人身份投资了阿里巴巴。此后，包括富达等在内的风险投资商又陆续套现。到阿里巴巴上市之前，只有软银一家风险投资商还一直在阿里巴巴的股份中牢牢占据主要地位，其他风险投资商已经全部退出。

美国 IDG 集团亚洲区总裁熊晓鸽在与软银亚洲投资基金首席合伙人阎焱、赛伯乐(中国)投资有限公司董事长朱敏进行《对话投资人：资本力量》时表示，IDG 没有投资阿里巴巴，让他觉得很失败。

(2) 软银选择阿里巴巴的原因

薛村禾在接受国外媒体采访时回忆，当时中国 B2B 领域共有四大公司，除阿里巴巴，还有 8848、Meet China 和 Sparkice，而选择阿里巴巴的重要原因是马云及其团队的坚定信念，尤其是 18 个创业合伙人的精神。薛村禾说："当年我们放弃别的机会，集中精力投资马云这个团队。我们并不是神仙，一眼就能看到阿里巴巴的未来，也只能看到电子商务这个大方向，但为什么最后选择马云这个团队呢？了解他多一点的人就知道，他能把很多人聚在周围，团队非常厉害。VC 很重要的是判断团队。"软银认为，马云有一种独特的分享意识以及不平凡的领导才能。薛村禾评价称，马云是性格非常饱满的人，非常有远见，如果今天还不是一个世界级的领袖人物的话，他也一定可以成为一个英雄。另外，马云是一名战略家也是一名战术家，而且他执行力也很强。

(3) 马云评风险投资：VC 永远是舅舅

马云的口才很好。马云说："跟风险投资谈判，腰挺起来，但眼睛里面是尊重。你从第一天就要理直气壮，腰板挺硬。当然，别空说。你用你自己的行动证明，你比资本家更会挣钱。我跟 VC(风险投资)讲过很多遍，你觉得你比我有道理，那你来干，对不对?"

马云认为："创业者和风险投资商是平等的，VC 问你 100 个问题的时候你也要问他 99 个。在你面对 VC 的时候。你要问他投资你的理念是什么？我作为一个创业者，在企业最倒霉的时候，你会怎么办？如果你是好公司，当七八个 VC 追着你转的时候，你让他们把你的计划和方法写下来，同时你的承诺每年是什么都要写下来，这是互相的约束，是婚姻合同。跟 VC 之间的合作是点点滴滴，你告诉他我这个月会亏、下个月会亏，但是只要局势可控 VC 都不怕，最可怕的是局面不可控。所以跟 VC 之间的沟通交流非常的重要，不一定要找大牌。跟 VC 沟通过程当中，不要觉得 VC 是爷 VC，永远是舅舅。你是这个创业孩子的爸爸妈妈，你知道把这个孩子带到哪去。舅舅可以给你建议、给你钱，但是肩负着把孩子养大的职责是你，VC 不是来替你救命的，只是把你的公司养得更大。"

马云是这样评价孙正义的："他是一个非常有智慧的人。我见过很多 VC，但很多 VC 并不明白我们要做什么，但这个人六七分钟就明白我想做什么。我跟他的区别，我是看起来很聪明，实际上不聪明。那哥们儿是看起来真不聪明，但他是很聪明的人，真正叫大智慧的人。"

3. 私募股权投资人通常采取的投资策略

私募股权投资人通常采取的投资策略有联合投资、分段投资、匹配投资和组合投资。

(1) 联合投资。对于风险较大、投资额较高的项目或企业。投资人往往联合其他投资机构或个人共同投资。牵头的投资人持有的股份最多。这样，对于创业企业来讲，也可以享有更多的投资者的资源。但也不是投资者越多越好，因为投资者太多，难免发生冲突和内耗。

(2) 分段投资。在创业企业发展的早期，各方面的风险大，资金需求则相对较小。而随着时间的推移，风险逐步减少，资金需求却逐步增加，对于发展情况不是逐步趋好而是趋坏的项目，投资人可以在下一轮投资时慎重考虑是否进一步追加投资。对于那些已经没有挽救希望的企业，则通过清算等手段尽可能收回前期投资。这种分阶段多次投资的策略，使投资人可以根据风险的变化进退自如，以尽可能避免投资的损失。

(3) 匹配投资。匹配投资是指投资人在对项目或企业进行投资时，要求项目的经营管理者或创业企业要投入相应的资金。匹配投资将风险投资者与创业企业捆在了一起，促使创业企业或项目经营管理者加强管理，从而降低了投资风险。

(4) 组合投资。不要把鸡蛋放在一个篮子里。投资人在进行投资时一般不把资金全部投向一个项目或企业。而是分散投向多个项目或企业。这样一来，一个或几个项目或企业的损失就可能从另外的项目或企业的成功中得到补偿，从而就可以避免风险投资公司全军覆没的危险。因为一般说来，几个项目同时失败的可能性较一个项目失败的可能性要小得多。

在投资人投资阿里巴巴的案例中，显然是运用了联合投资、分段投资的策略。分段投资体现在阿里巴巴在上市前共进行了三轮融资；联合投资体现在阿里巴巴在上市前的第一轮和第三轮融资，都是投资者一起投资的，如第一轮是高盛、富达投资、新加坡政府科技发展基金等 4 家投资者一起投资，第三轮是软银、富达投资、IDF、雅虎一起联合进行投资的(第二轮是软银单独进行投资的)。

资料来源：新浪网，2009-06-14. http://www.sina.com.cn.

研讨问题：

1. 结合案例分析阿里巴巴为什么得到风险投资的青睐，这些风险投资对阿里巴巴的发展发挥了怎样的作用？

2. 结合案例分析软银为何一直坚持对阿里巴巴进行投资，它从中获得了什么？对我国企业吸引风险投资有哪些启示？

3. 查阅资料分析 VC 与 PE(私募)的联系与区别。
4. 中国现行的 VC 界领军有哪些?他们最看重投资对象/项目的哪些关键因素?
5. 结合中国实际,谈谈中国风险投资的发展状况及发展前景。

本章小结

本章介绍了国际风险投资的内涵;阐述了国际风险投资的运作模式;分析了国际风险投资中的竞争因素;介绍了当今世界主要国家和地区的国际风险投资的历史和现状;论述了中国进行国际风险投资的发展历程、现存的问题和进一步发展国际风险投资的对策。通过本章的学习,可使学生对国际风险投资的内涵、运作模式以及中国国际风险投资的现状有较全面的认识和把握,为今后的实际应用打下良好的基础。

复习思考题

1. 简述国际风险投资的内涵和运作模式。
2. 国际风险投资中的竞争因素有哪些?
3. 结合中国进行国际风险投资的发展历程,论述中国发展国际风险投资的必要性。

风险投资看好中国　指中国是机会之地

根据美国道琼斯 venture source 面向 59 家投资公司进行的最新调查,37.7%的公司预期 2011 年中国的风险投资将显著增加,49.1%预测会有所增加,显示国际风险投资仍视中国为机会之地。

参与这项调查的公司有 11.3%认为,中国风险投资将保持不变,1.9%相信会有所减少,没有公司认为投向中国的风险投资会显著减少。

超过一半的受访公司期待今后 5 年会在中国开设办事处。已经在华设立办事处的公司正在计划将业务扩展到中国的二线、三线甚至四线的中心城市。

调查发现,已在华开展业务的公司六成表示今年要增加员工,近四成表示今年将筹集新的资金投到中国。

《华尔街日报》文章分析,投资者转向中国的私人产权市场,将之作为规避全球金融市场风暴的天堂,主要是因为中国中产阶级的增长代表了需要更多产品和更好服务的消费市场。国家资助和私营的医保投资也正在增加。

中国中央政府将未来经济增长从依赖低端制造业，转向高端技术发展和服务业，也是投资者想从中国经济成长中“分一杯羹”的原因。受访投资者指出，中国经济成长带来的机会之广令人吃惊。

不过市场分析人士指出，中国私人产权市场的丰厚回报使得外国和本土资金蜂拥而入，导致竞争更加激烈。许多投资家相信，专注于中国的公司回报仍会较高，但不再是遍地黄金。

资料来源：中国新闻网，2011-08-19. http://www.chinanews.com.

第6章 国际信贷合作

学习目标：

通过本章的学习，学生应该能够：

1. 重点掌握国际信贷的概念、种类与基本贷款条件；
2. 掌握政府贷款、国际货币基金组织贷款、世界银行贷款和国际商业银行信贷的特点；
3. 了解政府贷款、国际货币基金组织贷款、世界银行贷款和国际商业银行信贷的主要种类(形式)和基本程序；
4. 了解中国利用外国政府贷款、国际货币基金组织贷款、世界银行贷款、国际商业银行信贷和亚洲开发银行贷款的基本情况。

国际信贷是货币资本在世界范围内重要的运动形式，是资本要素在国际间的流动和重新组合配置的重要载体，是国际资本合作方式之一。国际信贷规模的迅速发展是第二次世界大战后世界经济和国际贸易发展的必然结果，同时，国际信贷作为国际经济合作的一个组成部分和主要方式，对后者的发展发挥着重要的作用。

第一节　国际信贷概述

一、国际信贷的概念

国际信贷(international credit)有广义和狭义之分。广义的国际信贷也称国际信用，是指国际间的一切资金融通关系，包括国际直接投资、国际间接投资和其他形式的国际资金融通在内。

狭义的国际信贷是指国际间以多种方式互相提供的资金借贷活动，通常是指一个或几个国家政府、国际金融机构以及企业向其他国家的政府、金融机构、企业以及国际机构提供的贷款。国际信贷反映了国家之间借贷资本的流动，是国际经济活动的一个重要方面。国际信贷的实质是以偿还为条件的资本生产要素在国际间的运动，是资本的国际合作方式之一。本章分析的国际信贷合作是指狭义的国际信贷。

二、国际信贷的类型

（一）按国际信贷用途划分

按国际信贷的用途，可以将国际信贷划分为贸易信贷和资本信贷两种。

1. 贸易信贷

贸易信贷是指为便利进出口贸易而提供的贷款，包括短期信贷和中长期信贷。短期信贷的期限一般不超过 1 年，主要用于原料、粮食、半制成品和消费品等种类商品的进出口贸易。信贷的提供往往要以外贸合同的签订为条件，只限于为合同规定的商品交易提供资金融通，以促成交易的完成。作为贸易信贷另一组成部分的中长期信贷，是指一些国家为支持和扩大本国大型设备出口、加强国际竞争能力、争夺销售市场的一种手段。在这种信贷中，国家通过提供利息贴补和信贷担保的方法，鼓励本国银行向本国出口商或外国进口商发放利率优惠的贷款，以解决本国出口商资金周转的困难或国外进口商因资金短缺而无力支付进口货款的困难，从而达到促进进出口的目的。因此，国际上将对外贸易中长期信贷统称为出口信贷。

2. 资本信贷

资本信贷通常用于增加固定资本、购买机器装备、建立企业、建设公共设施或支付技术援助等方面。资本信贷实际上就是国际上的中长期贷款。这种贷款期限一般在 1 年以上 10 年以内，但也有长达 10 年以上甚至 30～50 年的长期贷款。资本信贷包括政府贷款、银行贷款、发行债券、存款单、工程项目贷款、国际租赁和国际金融组织贷款等多种形式的融资方式。

（二）按贷款的提供来源划分

按贷款的提供来源，可以将国际信贷分为国际公共信贷、国际私人信贷和混合贷款。详细内容见本章第二节和第三节。

（三）按贷款的期限和利率条件划分

1. 按贷款的期限划分

按照贷款的期限，可以将国际信贷划分为短期贷款、中期贷款和长期贷款。

（1）短期贷款。短期贷款一般是指还款期在 1 年或 1 年以内的贷款。

（2）中期贷款。中期贷款一般是指还款期在 1 年以上，10 年以内的贷款。

(3) 长期贷款。长期贷款一般是指还款期在10年以上的贷款。

从贷款期限来看,属于国际发展援助的双边、多边贷款期限都比较长。如政府贷款一般都是中、长期贷款,其期限一般在10～40年左右。

2. 按贷款的利率条件划分

按照贷款的利率条件,可以将国际信贷划分为无息贷款、低息贷款、中息贷款和高息贷款。

(1) 无息贷款。无息贷款是指只还本不付息的贷款。

(2) 低息贷款。低息贷款是指年利率在5%以下的贷款。

(3) 中息贷款。中息贷款是指年利率一般在5%～10%之间的贷款。

(4) 高息贷款。高息贷款是指年利率在10%以上的贷款。

从贷款利息率来看,属于国际发展援助的双边、多边贷款,一般都是在中、长期的无息或低息贷款,并且按年利率计算利息,年利率一般在1%～3%左右。

三、国际信贷基本贷款条件

在国际信贷中,贷款的最基本条件是贷款期限和利息率,除此之外,还有几个与之相关的基本条件。

(一) 贷款期

贷款期(maturity period of loan)是指贷款协议生效日起到贷款本金与利息全部还清日止的期限。贷款期实际就是一笔贷款借入、使用和偿还的全部过程。贷款期通常包括宽限期和还款期两部分,每一部分的长短由借贷双方视贷款的用途和项目周期,经过谈判协商确定。贷款期限确定之后,要以贷款协议的方式以文字记载下来,借贷双方必须严格遵守。

(二) 宽限期与还款期

1. 宽限期

宽限期(grace period)亦称宽缓期,是指在贷款使用后的一段时间内不必偿还贷款的本金和利息,或者只付利息而不偿还本金的期限。贷款的宽限期一般规定为5年、7年或10年。宽限期一过,就要按照贷款协议规定的办法开始还款。一笔贷款的宽限期长短,是衡量其优惠程度高低的指标,在确定贷款期的同时,要将宽限期同时确定并在贷款协议中以文字记载下来。

2. 还款期

还款期(repayment period)即归还贷款的期限。在政府贷款中,提供优惠性质的贷款一般都规定,过了宽限期以后,就必须从某年开始在10年、20年或30年,甚至更长一些时间内，每年分一次或两次偿还贷款的本金和利息。一笔贷款的还款期长短及每年偿还的次数也是衡量贷款优惠程度高低的指标之一。在确定还款期的同时，要将还款期确定并在贷款协议中以文字记载下来，借贷双方必须严格遵守。

按照国际惯例，政府贷款的每年偿还次数是每半年偿还一次，这样，在还款期内，每次偿还贷款的金额可以按下列公式计算：

每次偿还贷款的金额＝全部本金/(偿还期年数－宽限期年数)×2

如果除后还有余数，余数加在最后一次偿还，但是也有少数例外情况依照专门的办法处理。

(三) 提取期

提取期(draw period)亦称使用期，是指从贷款协议规定开始提款之日起到截止提款之日的期限，实际上也就是使用贷款的期限。提取期一般规定为 1 年、3 年或 5 年。一笔贷款应注意在提取期内使用完毕，如果没有按提取期规定的时间使用，借款方应向贷款方支付承诺费。

(四) 赠与成分

在国际信贷中，一笔贷款一般都含有一定的赠与成分。赠与成分(grant element，GE)是用于衡量贷款优惠程度的一个综合性指标。影响这一指标的参数包括贷款的年利息率、偿还期、宽限期、每年偿还次数和贷款期内的贴现率。由于每年偿还次数一般均定为每半年偿还一次(即每年偿还 2 次)，贴现率则按综合年率 10%计算，所以在计算赠与成分时以前 3 个参数为主，它们直接影响赠与成分的大小。一笔贷款是否具有优惠性质，或者其优惠程度到底如何，并不是一目了然的，需要通过计算来确定它所包含的赠与成分。

按照国际惯例，优惠性贷款所含的赠与成分应达到 25%以上。赠与成分在 25%以下的属于商业贷款。在实际工作中，考察贷款赠与成分的大小是不用计算的，经济合作与发展组织(OECD)已根据不同的利息率、宽限期和偿还期计算出不同的赠与成分，并编制成了表格，具体使用时查表即可。

(五) 贷款的费用

贷款的费用亦称借贷成本，是指借款人向贷款人支付在借贷中所发生必要的必要费用。常见的贷款费用有手续费、管理费、代理费和承诺费等。

1. 手续费

手续费是指贷款方从开始与借款方接触谈判直到签订协议时止所开支的费用。手续费由借款方按照协议规定的时间一次交付。在贷款工作的执行中，有的手续费从提取的本金中扣除，有的手续费并入本金计算利息。手续费的费率因贷款手续的繁杂程度不同而有不同的规定，一般约为贷款本金的 0.5%～1.25%。

2. 管理费

管理费近似手续费，是在银团贷款的情况下才使用的一种费用。管理费按照贷款总额的一定比例收取，其费率一般在贷款总额的 0.25%～0.5%之间，按照贷款协议规定的时间一次支付。

3. 代理费

代理费也是在银团贷款时收取的一种费用。由于在银团贷款中，代理银行与借款人需要事先联系，如发生电报费、电传费、办公费等。代理费的收取标准没有统一的规定，一般每年最高为 5 万～6 万美元，并且每年支付一次。

4. 承诺费

承诺费亦称承担费，是指贷款方因借款方没有按期使用贷款从而造成贷款资金闲置不能生息，而向借款人收取的一种补偿性费用。承诺费一般以年利计算，通常为未提取使用贷款额的 0.125%～0.25%之间。承诺费也是每半年支付一次，支付日期在贷款协议中有明确规定，通常和贷款利息同时支付。

第二节　国际公共信贷

国际公共信贷(international public loan)也称国际官方信贷，是指由一国或数国政府以及国际金融组织等公共机构向他国政府、银行及其他法人或自然人提供的资金借贷，其实质是国家资本或超国家资本以法人名义的对外借贷。具体讲，国际公共信贷包括政府贷款和国际金融组织贷款。

一、政府贷款

(一) 政府贷款的概念

政府贷款(government loan)亦称外国政府贷款。它是指一国政府或多个国家政府组成的多边机构利用其财政资金，向另一国政府提供的中长期优惠性贷款，它具有政府间开发援助或部分赠与的性质。政府贷款是政府之间的信贷关系，具有契约性偿还义务的外币债务。政府贷款也是各类贷款中优惠程度最高的一种贷款。目前，政府贷款的借款国一般是发展中国家，贷款国多为发达国家及石油输出国。

(二) 政府贷款的分类

1. 按提供贷款的来源划分

按照提供贷款的来源，可以将政府贷款划分为发达国家向发展中国家提供的政府贷款、发展中国家向发展中国家提供的政府贷款。

(1) 发达国家向发展中国家提供的政府贷款

提供政府贷款的发达国家是组成经济与合作发展组织(OECD)发展援助委员会(DAC)的18个成员国政府(包括澳大利亚、奥地利、比利时、加拿大、丹麦、芬兰、法国、德国、意大利、日本、荷兰、新西兰、挪威、瑞典、瑞士、英国、美国和欧盟),其贷款一般都是向特定发展中国家和地区提供的。美国历来重视向社会主义国家周围的国家和地区、拉美国家和中东国家提供政府贷款;德国偏重于非洲国家和中东地区;日本提供政府贷款的重点在亚洲,尤其是东南亚国家;英国则历来重视南亚和非洲的英联邦国家。

(2) 发展中国家向发展中国家提供的政府贷款

提供政府贷款的发展中国家主要是收入较高的石油输出国。石油输出国组织的13个成员国中,有10个国家提供政府贷款,其中7个是阿拉伯产油国,如沙特阿拉伯、科威特、阿拉伯联合酋长国等。这些国家在两次世界性石油提价中积累了大量的石油收入后,开始向发展中国家提供贷款,成为仅次于西方工业国家的第二大援助集团。由于历史和文化传统的影响,其受援国主要是阿拉伯国家。这类贷款是南南合作的重要内容。

2. 按贷款的条件划分

按照贷款的条件,可以将政府贷款划分为以下几种形式:

(1) 软贷款或称政府财政性贷款。这种贷款一般无息或利率较低,还款期较长,并有较长的宽限期,如科威特政府贷款年利率1%~5.5%,偿还期18~20年,含宽限期3~5年;比利时政府贷款为无息贷款,偿还期30年,含宽限期10年。这种贷款一般在项目选择上侧重于非赢利的开发性项目,如城市基础设施等。

(2) 一定比例的政府赠款和出口信贷混合组成。如澳大利亚、挪威、英国和西班牙等国政府贷款中,赠款占25%~45%。

(3) 混合性贷款。混合性贷款具体又分为两种形式:①由软贷款(政府财政性贷款)和一般商业性贷款混合在一起,其优惠程度处于财政性贷款和一般商业性贷款之间。如奥地利政府贷款年利率4.5%,偿还期20年,含宽限期2年。②由软贷款(政府财政性贷款)和出口信贷混合在一起,这是普遍实行的一种贷款。一般软贷款占30%~50%。如法国、意大利、德国、瑞士等国贷款都采用这种形式。

(三) 政府贷款的特点

1. 属主权外债

外国政府贷款是一种主权外债,贷款必须偿还。政府贷款是以国家政府的名义提供与接受而形成的,即需要经过双方国家的政府照会,并经过政府规定的批准程序并辅之以一系列的外交函件。贷款国主要使用的是国家财政预算收入的资金,并通过列入国家财政预算支出的资金进行收付,政府贷款一般要经过各国中央政府以完备的立法手续加以批准后才能提供。借款国使用政府贷款的项目单位不论是国营还是私营企业，必须以借款国政府的名义接受，并由借款国财政主管部门做出担保。

2. 利息率低、附加费用少，含有一定的赠与成分

政府贷款分无息贷款和计息贷款。无息贷款即贷款免收利息，只收取一定的手续费。计息贷款即贷款要支付利息，年利率一般在1%～3%左右。政府贷款的附加费用主要包括两种，即承诺费和手续费。承诺费是贷款方因借款方没有按期使用贷款，造成贷款人资金闲置不能生息而向借款人收取的一种补偿性费用。手续费是指贷款人按贷款金额的一定比例向借款人收取的费用，其费率通常为贷款金额的0.25%～0.5%，一般不超过1%。按照国际惯例，政府贷款之所以具有优惠性，是因为在这种贷款中，一定含有至少25%以上的赠与成分。

3. 贷款期限长，并有一定的宽限期

有关贷款的期限，贷款协议中均有明确的规定。政府贷款属于中长期贷款，因此贷款期限较长，一般为10年、20年，甚至长达40年。政府贷款的偿还期较长，一般为20～30年左右。在政府贷款中，还有一个宽限期，也称为宽缓期，宽限期一般可为3年、5年，最长达到10年。贷款的本金在宽限期满后开始偿还，借款人可以一年偿还一次，也可以每半年偿还一次。

4. 贷款的程序比较复杂

政府贷款的程序比较复杂，借款国在确定备选项目的过程中要进行大量的调查研究工作，以保证可行性研究报告的科学性和可靠性，为此需要相当长的时间。借款国在可行性研究报告和项目实施计划拟定以后才能向贷款国提出申请，经贷款国政府审查认可并做出承诺后，两国政府才能就贷款条件进行双边会谈，直至达成协议，然后通过两国政府换文后签字生效。由于政府贷款程序复杂，所费时间一般较长。因此，对于一些急需资金、时间性强的建设项目，利用政府贷款不一定是最适宜的筹资方式。

（四）提供政府贷款的限制性条件

提供政府贷款的国家都要根据本国政治和经济发展的需要，制定对外提供政府贷款的不同条件。

1. 限制性政治条件

（1）与受款国的政治关系状况是贷款国发放政府贷款与否的前提条件

政府贷款的提供和接受通常是建立在两国政治关系良好的基础上而采用的一种经济手段。两国之间是否具有良好的政治外交与经济合作关系往往是贷款国政府发放贷款的前提条件。因此，政府贷款具有比较强烈的政治色彩，或者说，在一定条件下，政府贷款是为政治外交服务的。两国关系的变化会直接影响贷款工作的顺利进行。

(2) 其他限制性政治条件

双边援助性贷款还要受到贷款国财政预算、国内政策及借款国政局是否稳定等因素的牵制。少数国家在发放贷款时甚至要求借款国在政治倾向、人权等方面做出承诺,并以此作为贷款的附加条件。

2. 投向限制

外国政府贷款总量较大,使用时间较长,便于国家根据经济发展的需要进行统一计划、统一安排、集中使用,可以最大限度地发挥其规模效益。利用外国政府贷款主要用于政府主导型项目建设,其投向集中于基础设施、社会发展和环境保护等领域。根据经济合作与发展组织(OECD)的发展援助委员会的最新规定,政府贷款主要用于城市基础设施、环境保护等非营利性项目。若用于工业等营利性项目,则贷款总额不得超过 200 万特别提款权。贷款额在 200 万特别提款权以上的项目须由贷款国提交 OECD 审核。其优惠性体现在一定要含有 35%以上的赠与成分,最高可达 80%。

3. 多为项目贷款

政府贷款一般为项目贷款,不提供自由外汇。通常情况下政府贷款只限于使用贷款国的货币。在贷款额度上,贷款国一般不向借款国提供工程建设项目所需的全部资金。也就是说,受款国确有建设项目的资金需要是获得政府贷款的一个限制性条件。

4. 采购限制

政府贷款大多采用限制性采购,即贷款的全部或部分只限于采购贷款国的设备、物资、软件技术或支付劳务费用。这种限制贷款用途的规定有利于贷款国的商品和劳务输出。有些政府的贷款虽然不限制借款国必须在贷款国采购,但规定应在"合格货源国"采购其所需商品。所谓合格货源国采购就是允许借款国采用招标方式从"经济合作与发展组织"成员国以及该组织所属"发展援助委员会"所规定的发展中国家和地区的"合格货源国"采购使用贷款的商品。

5. 带动贷款国商品和私人资本输出的附带要求

政府贷款通常要求借款国在借入贷款时连带使用贷款国一定比例的出口信贷。这种限制条件结合上述关于借款国限制性采购商品的规定,不仅有利于贷款国的商品输出,而且还能带动贷款国的私人资本输出。

二、国际金融组织贷款

(一) 国际金融组织贷款概述

1. 国际金融组织概述

(1) 国际金融组织的概念

国际金融组织又称国际金融机构,是指世界多数或一些国家的政府之间通过签署国际条约或协定而建立的共同投资组建并共同管理、从事国际金融业务、协调国际金融关系、维系国际货币、信用体系正常运作、促进世界经济发展的超国家金融机构。

第二次世界大战后，随着国际经济联系的不断加强，各国的金融关系也日益密切，国际金融组织应运而生，并得到长足的发展。

(2) 国际金融组织的构成

按照业务活动的范围和参与国家的多少，国际金融组织可以分为全球性的国际金融组织和地区性的国际金融组织。

① 全球性的国际金融组织。全球性的国际金融组织是指金融业务活动遍布全球范围，世界大多数国家作为成员(会员)参与的国际金融组织，主要包括世界银行集团、国际货币基金组织、国际农业发展基金会等，这些组织一般是联合国的附属或专门机构。

② 地区性的国际金融组织。地区性的国际金融组织是指金融业务活动仅限于一个或少数几个地区，参与的成员(会员)只是该地区内的一些国家和经济体的国际金融组织。主要包括亚洲发展银行、非洲开发银行、泛美开发银行、阿拉伯货币基金组织、国际经济合作银行、国际投资银行、国际清算银行、欧洲投资银行等。这些地区性的国际金融组织主要是为本地区内会员国的经济社会发展，资源开发提供信贷支持。

2. 国际金融组织贷款概述

国际金融组织贷款是全球性和地区性国际金融组织提供的各类贷款，旨在帮助成员国开发资源、发展社会事业、发展经济和平衡国际收支。其贷款发放对象主要有以下几个方面：对发展中国家提供以发展基础产业为主的中长期贷款，对低收入的贫困国家提供开发项目以及文教建设方面的长期贷款，对发展中国家的私人企业提供小额中长期贷款。

(1) 全球性金融组织贷款

世界银行集团是联合国系统下的多边发展机构，主要任务是向发展中国家会员国政府及所属机构提供中长期贷款，帮助发展中国家实现长期稳定的经济发展。国际货币基金组织主要向会员国提供短期贷款，使其能进行贸易和非贸易项目支付。国际农业发展基金会(IFAD)是联合国系统下的金融机构，专门向发展中成员国提供粮食和农业发展贷款，现有 162 个成员国。它的宗旨是以筹集的资金为发展中国家发展粮食生产以及加强有关的政策项目和计划提供优惠贷款，提高这些国家贫穷人民的营养水平和生活条件。

(2) 地区性国际金融组织贷款

地区性国际金融组织贷款主要是为本地区内会员国的经济社会发展和资源开发提供信贷支持。

国际金融组织贷款在国际信贷活动中发挥着越来越重要的作用。国际金融组织贷款一般较商业贷款优惠许多。下面对国际货币基金组织、世界银行集团和亚洲开发银行这几个代表性国际金融组织的贷款进行详细分析介绍，重点介绍其贷款的种类、特点和业务程序。

（二）国际货币基金组织贷款

国际货币基金组织（International Monetary Fund，IMF）于 1945 年 12 月 27 日成立，1947 年 3 月 1 日开始办理业务，同年 11 月 15 日成为联合国专门机构，总部设在美国华盛顿，截至 2012 年 4 月有 188 个成员国。

1．国际货币基金组织的贷款形式

国际货币基金组织根据不同需要提供各种贷款，大致可以归纳为以下 5 种贷款形式：

（1）普通贷款

普通贷款主要用于解决成员国一般性国际收支逆差的短期资金需要，贷款最高限额为其所交份额的 125%，贷款期限为 3～5 年，具体可以分为储备份额贷款和基本贷款两种。储备份额贷款（reserve tranche）是指当成员国出现国际收支困难时，可以无条件地提取该项贷款，贷款金额不超过所缴纳份额的 25%；基本贷款（credit tranche）分为 4 档，每档贷款金额相当于所缴纳份额的 25%，但最多不超过相当于全部份额的贷款，第一个 25%为第 1 档，其余 3 个 25%分别为第 2 档、第 3 档、第 4 档，后 3 档统称为高档贷款（higher credit tranche)。

（2）中期贷款

中期贷款（extended fund facility）设立于 1974 年 9 月，是为了解决成员国对数量较多、期限较长资金的需要，进行生产、贸易或价格结构性调整时而提供的贷款。它的最高额度为借款成员国份额的 140%，备用期 3 年，宽限期为 4 年，10 年内全部还清。

（3）两项特别贷款

补偿与应急贷款和缓冲库存贷款是国际货币基金组织的两项特别贷款。补偿与应急贷款（compensatory & contingency financing facility，CCFF）的前身是设立于 1963 年的出口波动补偿贷款（CFF），当一国出口收入下降或谷物进口支出增大而发生临时性国际收支困难时，可向 IMF 申请普通贷款以外的这项贷款。1989 年 1 月，IMF 以“补偿与应急贷款”取代“出口波动补偿贷款”，贷款最高额度为份额的 122%。其中应急贷款和补偿贷款各为 40%，谷物进口成本补偿贷款为 17%，其余 25%由会员国任意选择，用作以上二者的补充。贷款条件是出口收入下降或谷物进口支出增加应该是暂时性的，而且是会员国本身无法控制的原因造成的，同时借款国必须同意与 IMF 合作执行国际收支的调整计划。缓冲库存贷款（buffer stock financing facility，BSFF）设立于 1969 年 6 月 25 日，用于成员国为稳定国际市场初级产品价格而建立国际缓冲库存的资金需要，贷款额度最高可达借款国份额的 50%，期限为 3～5 年。

（4）借款总安排下的贷款

10 国集团的借款总安排作为基金组织的补充资金，由其决定贷款后通知基金组织执行。目前主要有补充贷款、扩大资金贷款和结构调整贷款 3 种。①补充贷款。此项贷款设立于 1979 年 2 月，贷款额度一般视普通贷款金额而定，一般为第一档贷款的 2：1，高档贷款的1∶1.2,贷款利率略高于普通贷款,贷款期限为1～3年。②扩大资金贷款。此项贷款设立于1983年3月11日,它结合普通贷款进行,最高限额为份额的150%,贷款资金来源为阿拉伯货币局及发达国家的中央银行,贷款期限为7年,宽限期为3～5年。③结构调整贷款。此项贷款设立于1987年,一般贷款额占份额的63.5%,追加调整贷款的最高额高达份额的250%,贷款资金来源是信托基金的偿付款,贷款对象为低收入国家,利率为0.5%,贷款期限为10年,其中宽限期为5.5年。

(5) 特别提款权

特别提款权(special drawing rights,SDRs)创设于1969年,是国际货币基金组织一种新的补充储备资产和记账单位,在国际流通手段不足时,由基金组织根据需要发行,并按各参加特别提款权账户的成员国在基金组织缴纳份额所占比重进行分配,成为原有的提款权之外增加的一种使用资金的特别权力,与黄金、外汇并列作为国际储备资产的一个组成部分,也称"纸黄金",但它不是现实的货币,不能直接用于国际支付手段,也不能兑换黄金。特别提款权最初与美元等值,1973年5月改用"一揽子货币"定值并随后正式宣布与黄金脱钩;1974年7月1日起实行16种货币定值的浮动汇率;1981年1月起又改用5种最大出口国的货币定值。特别提款权是以国际储备的形式协助成员国调整国际收支;成员国急需外汇时可以通过基金组织以特别提款权向其他成员国换取外汇或换回对方持有的本国货币,此外还可以向基金组织偿还贷款、支付利息和手续费。

2. 国际货币基金组织贷款的资金来源

国际货币基金组织贷款的资金来源,首要的是成员国认缴的份额(quota)和基金组织的借款,其次是成员国的捐款和基金组织的经营收入。

(1) 成员国认缴的份额

成员国认缴的份额是国际货币基金组织的基本资金来源。份额是指成员国参加IMF时所要认缴的一定数额的款项。到1998年年底,IMF这部分的份额达到2 880亿美元(折合2 120亿SDR)。份额制反映了各成员国在基金组织中所占有的经济地位,分摊的基金份额主要是根据该国的国民收入、黄金和外汇储备、进出口贸易以及其他经济指标来确定,基金份额每5年核定一次,份额的大小决定每个成员国投票权的多少、能取得贷款的额度以及能分得特别提款权的数目。

(2) 国际货币基金组织借款

国际货币基金组织借款是基金组织的另一资金来源。基金组织有权以借款方式来扩大其资金来源,它可以选择任何货币、任何来源寻求所需的款项,不仅可以向成员国借款,也可以向私人组织包括商业银行借款。一般来说,只有作为一种临时性的周转措施或特种安排,基金组织才利用借款方式筹集资金。

(3) 成员国的捐款

在国际货币基金组织出现资金紧张或世界上出现重大自然灾害或社会冲突时,基金组织的成员在自愿的条件下向基金组织捐款。

(4) 基金组织的经营收入

国际货币基金组织可通过回收贷款的本金和利息获得经营性收入。该组织还可通过出售黄金获得一部分资金建立信托基金作为向发展中国家提供贷款的资金来源。

3. 国际货币基金组织贷款的业务特点

(1) 独特的贷款方式

国际货币基金组织发放贷款采用独特的国际信贷方式,即成员国向基金组织借款与还款采取"购买"(purchase)与"购回"(repurchase)的方式。所谓购买是指成员国借用其他成员国的货币或特别提款权时,必须用相等价值的本国货币向基金组织购买,然后再用购买的其他成员国的货币或特别提款权来弥补本国国际收支赤字。基金组织提用成员国货币低到该成员国份额以下,就付给该成员国一定报酬,报酬率按金融市场上的短期利率支付。贷款到期或尚未到期,但借款国国际收支和外汇储备状况有所改善时,该国就须用特别提款权或基金组织指定的其他成员国的货币,从基金组织购回本国货币。

(2) 特殊的贷款用途和贷款对象

国际货币基金组织的宗旨是促进成员国的国际经济合作,扩大对外贸易,稳定汇率,平衡国际收支以及为成员国提供资金和技术援助等。这一宗旨决定其贷款的用途只限于解决成员国国际收支暂时性的不平衡、储备地位或货币储备变化的资金需要以及一些特殊需要。国际货币基金组织贷款的对象仅限于成员国政府机构,如成员国的财政部、中央银行、外汇平准基金组织以及其他类似的国家机构。贷款数量往往受份额制的限制,贷款期限也较短。

(3) 较低的贷款利率和费用

国际货币基金组织对成员国持有的超过本国份额的资金征收年率为 6.25%的利率。基金组织使用成员国认缴货币也支付酬金,为特别提款权利率的 80%～100%,一般酬金率为其 85%。另外使用基金组织贷款要收取手续费和承诺费:对储备份额部分以外的所有提款一律收取 0.5%的手续费,并在提款时一次付清;对备用安排和中期安排的未用款项收取 0.25%的承诺费,在第 12 个月开始时按上述两种资金未用部分支付,但如果以后提款则可以退还此项费用。

(三) 世界银行集团的贷款

1. 世界银行集团的概况

世界银行集团简称世界银行。世界银行是根据布雷顿森林会议关于《国际复兴开发银行协定》于 1945 年 12 月成立的。世界银行是联合国的一个专门机构,其宗旨是通过对发展中国家提供贷款和技术援助,提高这些国家的劳动生产率,促进其经济和社会的发展,从而提高发展中国家人民的收入和生活水平。

世界银行集团共包括5个机构,即国际复兴开发银行、国际金融公司、国际开发协会、解决投资争端国际中心和多边投资担保机构。由于国际复兴开发银行是世界银行集团中成立最早和最重要的成员机构,人们通常习惯将“世界银行”(或“世行”)一词作为国际复兴开发银行的简称。其中世界银行(即国际复兴开发银行)、国际开发协会和国际金融公司属于援助性的国际金融组织。国际复兴开发银行的主要任务是以低于国际金融市场的利率向发展中国家提供中长期贷款;国际开发协会专门从事向低收入的发展中国家提供长期的无息贷款;国际金融公司则负责向发展中国家的私营部门提供贷款或直接参股投资。

世界银行集团成立之初的使命是帮助在第二次世界大战中被破坏的国家的重建。今天它的任务是资助发展中国家克服穷困,各机构在减轻贫困和提高生活水平的使命中发挥独特的作用。目前它已经成为一个向发展中国家提供发展援助最多的国际金融组织。

2. 世界银行集团贷款的类型

(1) 世界银行(国际复兴开发银行)的贷款

世界银行(国际复兴开发银行)提供的贷款主要有以下5类:

① 项目贷款。世界银行的能源、交通、农业、工业、教育、水利、农村和城市发展贷款均属此类贷款,这类贷款约占该行贷款总额的一半,贷款期限以4～9年居多。

② 部门贷款。部门贷款又可具体分为部门投资贷款、中间金融机构贷款和部门调整贷款3种。部门投资贷款的目的是加强政府某个部门执行投资计划的能力。中间金融机构贷款包括向国际金融公司、农业信贷机构的贷款,由它们转贷给私人企业。部门调整贷款的目的是支持某一部门的全面政策和体制改革。

③ 结构调整贷款。结构调整贷款的主要目的是帮助借款国调整宏观经济、部门经济和体制改革,以克服经济困难。

④ 技术援助贷款。技术援助贷款的主要目的是提高借款国的业务管理水平和实施贷款目标的能力。

⑤ 紧急复兴贷款。紧急复兴贷款的主要目的是解决借款国内由于自然灾害所造成的经济困难。

(2) 世界银行集团其他机构的贷款

世界银行集团其他机构的贷款主要有国际开发协会贷款和国际金融公司贷款。

① 国际开发协会贷款。国际开发协会贷款免收利息,属于软贷款,具有高度的援助性。协会贷款的主要对象是人均GNP在410美元以下的国家,人均GNP在410美元至805美元之间的国家可以得到由协会贷款和世界银行(即国际复兴开发银行)贷款构成的混合贷款。协会贷款收取年率为0.75%的手续费,对尚未提取的金额收取0.5%的承诺费。协会贷款期限长达40年左右,头10年为宽限期。

② 国际金融公司贷款。国际金融公司的宗旨是鼓励会员国特别是不发达地区会员

国的私人生产性企业的发展，从而补充国际复兴开发银行的活动，目前它只考虑对私营公司或公私合营企业进行投资、贷款或入股，股份范围在 10%～50%之间，其投资不超过总投资的 20%。该公司提供贷款时，往往参与提供技术、进行评估、与外国金融机构谈判等各种业务活动。

3. 世界银行集团贷款的资金来源

世界银行是按照股份公司原则建立起来的，其发放贷款的资金来源主要来自以下四个方面。

① 会员国实缴的资本。世界银行成立之初的法定资本为 100 亿美元，分为 10 万股，每股 10 万美元，后经几次增资，到 1985 年 6 月 30 日认缴股本达 670 亿美元。

② 向国际金融市场的借款。由于会员国实缴资本有限，世界银行每年要向世界各大资本市场借款，同时采用公募和私募两种方式发行债券。

③ 利息收入和回收的资金。这部分资金包括世界银行收取的贷款利息和到期归还的贷款，以及将部分债券转让给私人投资者借此收回的部分资金。

④ 赠款。一部分以赠款形式拨给国际开发协会作为无息贷款的基金，大部分留作世界银行的准备金，成为世界银行发放贷款的资金来源之一。

4. 世界银行(国际复兴开发银行)贷款的特点

① 贷款对象。世界银行的贷款对象为发展中国家会员国官方(即各级政府和政府机构)、国营企业、私营企业。若借款人不是政府，则要政府担保。

② 贷款额度。世界银行贷款额度根据借款国人均国民生产总值、债务信用强弱、借款国发展目标和需要、投资项目的可行性及在世界经济发展中的次序而定，按不同对象区别发放贷款。其贷款按会员国 GNP 的高低分为以下 5 组：第一组为最不发达国家，收入在 410 美元以下；第二组为较低水平国家，收入在 410 美元至 730 美元；第三组收入在 731 美元至 1 276 美元；第四组收入在 1 276 美元至 2 200 美元；第五组收入在 2 200 美元以上。具体发放贷款的原则是越贫困的国家得到的贷款越多。

③ 贷款项目。世界银行贷款一般与特定的工程项目相联系，20 世纪 60 年代初期主要用于帮助成员国发展能源、交通等基础建设，70 年代开始重视对发展农业、兴修水利、举办教育等项目的贷款，近年来世界银行还制定了专门发放人口项目贷款的政策，并开始把环境保护放在优先考虑的地位。由于贷款与项目紧密挂钩，款项要直接支付给供货单位，借款单位不能得到现汇。世界银行只提供项目建设总投资的 20%～50%，其余部分由借款国自己筹措，即通常所说的国内配套资金。对项目中的当地费用开支部分，世界银行只在特殊情况下提供。银行借款必须专款专用，借款国必须接受世界银行的监督。

④ 贷款期限、利率和条件。世界银行贷款期限长、利率浮动、利率条件优惠。世界银行贷款短则数年，长则十几年，最长可达 30 年，平均约 17 年，宽限期为 4～10 年。世界银行贷款的利率根据其从资金市场筹资的利率来确定，每三个月或半年调整一次，贷款利率

比市场利率要低一些。另按年对签约后未支付的贷款收取0.75%的承诺费，收取的其他杂费很少。因世界银行的贷款要收取利息，因而属于硬贷款。

⑤ 贷款手续。世界银行贷款手续烦琐，项目准备时间长。世界银行对每一个使用贷款的项目均要从技术上和经济上进行详细全面的调查和评估，以确定该项目在借款国经济发展中的优先性和可行性。所以，一般需要1.5～2年的申办时间；从项目提出和准备开始，直到贷款使用完毕，需要经历一个完整的周期。

⑥ 还款要求。世界银行要求借款国必须到期归还贷款，不得拖欠，不得改变还款日期。

⑦ 风险承担。世界银行要求借款国家的政府承担汇率变动的风险。

5. 世界银行项目贷款的周期

世界银行向成员国提供的贷款，约有一半为项目贷款，因此世界银行项目贷款的程序也被称作“项目周期”，具体指以下6个业务操作流程，如图6-1所示。

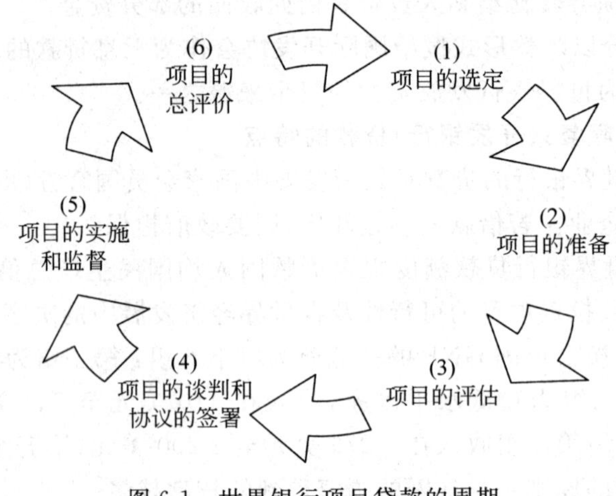

图6-1 世界银行项目贷款的周期

(1) 第一阶段：项目的选定

这个阶段的主要任务是世界银行与借款国商定该国最优先发展的项目，作为世界银行贷款的预选项目。按照世界银行的规定，贷款申请国在选定项目递交世界银行筛选时，除提供有关项目的数据资料外，还需提供本国的主要经济资料，如生产情况、消费市场情况、外贸情况和国民收入等。

(2) 第二阶段：项目的准备

项目选定以后，借款国必须对选定的项目从技术、组织机构、经济和财务4个方面先行进行审查，然后由借款国政府(我国是财政部)对项目做出可行性研究。一般来说，在项目准备阶段，世界银行不直接参与，只提供技术指导或资金援助。

(3) 第三阶段：项目的评估

世界银行在接到申请项目报告后，即组成专家小组，对借款国进行实地考察，并对项目的经济、技术、组织机构、经营管理、财务以及采购等方面做出系统的检查，在此基础上提出贷款的额度和条件的初步建议。

(4) 第四阶段：项目的谈判和协议的签署

经过项目评估以后，世界银行邀请借款国政府就项目的贷款金额、期限、偿还方式以及为保证项目顺利执行所采取的措施进行正式谈判。贷款谈判达成协议后，由世界银行行长提出报告交执行董事会审议，经批准后由双方的授权代表正式签署贷款协议，签署后的文件在联合国登记注册。

(5) 第五阶段：项目的实施和监督

在此阶段，借款国负责项目的执行和经营，世界银行负责项目监督，以确保项目的顺利进展。世界银行的监督一般依靠借款国定期递交的项目进度报告进行，同时定期派出代表团到现场检查，并随时提出改进意见。

(6) 第六阶段：项目的总评价

贷款项目完成以后，借款国要偿还贷款。世界银行要对其资助的项目进行总评价，并由该行工作人员撰写评价报告，总结该项目贷款中的经验教训，以供以后的借款国参考。

(四) 亚洲开发银行贷款

亚洲开发银行(简称亚行)创建于 1966 年，是一个区域性的国际金融组织，总部设在菲律宾首都马尼拉。亚行有来自亚洲和太平洋地区的成员，称作区域成员；也有来自欧洲和北美洲的非区域成员。

1. 亚洲开发银行的宗旨和任务

建立亚行的宗旨是促进亚洲和太平洋地区的经济发展和合作，特别是协助本地区发展中成员以共同的或个别的方式加速经济发展。

亚洲开发银行的具体任务包括以下几点。

① 促进公、私资本对本地区的投资。

② 为本地区发展中成员的发展筹集和提供资金，优先考虑最有利于整个地区经济协调发展的项目和规划。此外，还应特别考虑本地区较小的或较不发达的成员的需要。

③ 根据本地区成员的要求，帮助其进行发展政策和规划的协调，以便更好地利用自身的资源，在经济上取长补短，并促进其对外贸易特别是本地区贸易的发展。

④ 为拟定、融资和执行发展项目及规划提供技术援助，包括编制具体的项目建议书。

⑤ 在亚行的章程范围内，以亚行认为适当的方式，同联合国及其附属机构、向本地区发展基金投资的国际公益组织、其他国际机构以及各国公、私营实体合作，并向上述组织

机构提供投资和援助的机会。

⑥ 开展符合亚行宗旨的其他活动和服务。

2. 亚行的资金来源

亚行自身开展业务的资金分为3部分：一是普通资金，用于亚行的硬贷款业务；二是亚洲开发基金，用于亚行的软贷款业务；三是技术援助特别基金，用于亚行进行技术援助业务。此外，亚行于1988年建立了日本特别基金，用于赠款性质的技术援助业务。

(1) 普通资金

普通资金(ordinary capital resources)是亚行开展业务活动的主要资金来源，由股本、储备、净收益以及从国际资本市场的借款构成。

亚行建行时法定股本为10亿美元，后经多次增资，到1996年年底核定股本增至501.3亿美元，其中493.68亿美元已被各成员认缴。认缴股本的7.03%为实缴股本，92.97%为待缴股本。实缴股本可用于普通资金贷款的拨付，而待缴股本则作为亚行从国际资本市场筹集资金的后盾。日本和美国是亚行最大的出资国，其认缴股本额相等，均占亚行总股份的16.054%。中国认缴额在亚行总股份中占6.628%，居第三位。

(2) 亚洲开发基金

亚洲开发基金(Asian development fund)始建于1974年6月28日，专门对亚太地区贫困成员发放优惠贷款。该基金主要由亚行发达成员捐赠，并经常得到补充。除捐赠外，亚行理事会还根据亚行章程的规定，从各成员缴纳的未核销实缴股本中拨出10%的款项作为亚洲开发基金的一部分来源。

(3) 技术援助特别基金

亚行于1967年建立了技术援助特别基金(technical assistance special fund)，用于资助发展中成员聘请咨询专家、培训人员、购置设备进行项目准备、项目执行、制定发展战略、加强技术力量、从事部门研究并制定有关国家和部门的计划和规划等。技术援助特别基金的资金来源为亚洲成员的捐款、亚洲开发基金拨款、普通资金贷款净收益拨款、日本特别基金捐款以及多边和双边来源赠款。

(4) 日本特别基金

1987年，日本在亚洲开发银行第20届年会上表示，愿意出资建立一个特别基金，用于加速亚行发展中成员的经济增长。1988年3月10日做出决定，由亚行和日本政府正式签署成立日本特别基金(Japan special fund)的协议。日本特别基金旨在帮助亚行发展中成员调整经济结构，以适应整个世界经济环境的变化，开拓新的投资机会，在此基础上使本地区资本富裕成员和地区的资本回流到发展中成员和地区。

(5) 联合融资

亚行除了用自己筹集到的资金从事贷款和技术援助以外，还通过联合融资这一形式为本地区的经济发展筹集更多的开发资金。亚行的联合融资是指亚行联合一个或一个以上的外部经济实体为某一开发项目融资。亚行最大的融资伙伴是官方机构。对亚行来说,联合融资克服了资金不足的困难。对联合融资者来说,可以节省对贷款的审查费用。

(6) 日本扶贫基金

2000 年 5 月 23 日,亚行决定建立日本扶贫基金,用以资助亚行的扶贫项目。该项基金是根据日本大藏大臣宫泽喜一在亚行第 33 届年会上的提议建立的。日本计划向亚行捐款 100 亿日元,用于帮助亚行发展中成员的扶贫项目和其他社会发展项目。基金的重点是支持那些直接向贫困人口提供经济和社会服务的项目,帮助贫困人口获得自我发展的能力,使亚行贫困成员的脱贫计划能持续进行。

3. 亚洲开发银行的贷款种类

贷款是亚行的主要业务活动,亚行贷款种类可按照贷款条件和贷款方式进行划分。

(1) 按贷款条件划分

按照贷款条件,可以将亚行贷款划分为硬贷款、软贷款和赠款三大类。

① 硬贷款。硬贷款是用亚行普通资金提供的贷款,贷款为浮动利率,每半年调整一次,贷款期限 10～30 年,含 2～7 年的宽限期。

② 软贷款。软贷款是用亚洲开发基金提供的贷款,仅提供给人均国民收入低于 670 美元(1983 年价格)而且还债能力有限的亚行成员,贷款期限为 40 年,含 10 年宽限期,不收利息,仅收 1%的手续费。

③ 赠款。赠款用于技术援助,资金由技术援助特别基金提供,金额数量往往有限制。

(2) 按贷款方式划分

按照贷款方式,可以将亚行贷款业务划分为以下 7 种:

① 项目贷款。亚行章程规定,亚行经营的原则主要是为具体的项目提供资金,这些项目可以是一个国家发展规划的一部分,也可以是一个地区发展规划的一部分。

② 规划贷款。规划贷款是对某一个需要优先发展的部门或其所属部门提供资金,目的是使这些部门通过进口生产原料、设备和零部件,扩大现有生产能力,使其结构更趋合理化、现代化;同时优先扶植部门的规划项目,包括如何调整现行政策、如何完善部门发展投资规划及部门内部制度等内容。

③ 部门贷款。部门贷款是对与项目有关的投资进行援助的一种形式,这种贷款全面考虑整个部门的发展,贷款的目的是满足被选择部门资本投资的需要,提高该部门执行机构的技术和管理水平等。

④ 开发金融机构贷款。开发金融机构贷款是通过成员国的开发性金融机构进行间接放款,也称中间转贷。我国接受亚行的第一笔贷款就是这种贷款,1987 年 11 月 9 日签约,金额为 1 亿美元,由中国投资银行转贷给 40 个中小型企业的技术改造。

⑤ 综合项目贷款。综合项目贷款是对较小的贷款成员国,如南太平洋的一些岛国采

用的一种灵活的贷款方式，将一些相互补充的小项目结合为一个项目提供资金。

⑥ 特别项目执行援助贷款。特别项目执行援助贷款是为亚行贷款项目在执行过程中遇到未曾预料的困难，再提供的特别援助贷款。

⑦ 私营部门的贷款和股本贷款。私营部门的贷款和股本贷款用于支持发展中成员的私营部门。

4. 亚洲开发银行贷款的业务程序

亚行的项目贷款周期通常包括选项、立项、实地考察、评估、谈判、批准和签署、生效、执行和后评估等阶段。选项、可行性研究和评估是项目成败的关键。

(1) 选项

选项的标准有两条：一是被选项目须是申请借款国成员的优先发展项目；二是被选项目应符合亚行的贷款原则。由于选项还考虑被选项目的最终投资效果，因此申请借款国成员除了应向亚行提供被选项目的有关资料数据以外，还应提供该成员国的主要经济资料和数据，以及该成员国一定时期内的各项方针政策。项目一旦被确定，亚行和申请借款国成员通常以谅解备忘录的形式列出被选项目的名称、地点、时间表、执行机构、资金来源、总金额等情况，作为今后双方开展工作的基础。

(2) 立项

项目可行性研究是立项的主要工作，也是项目成败的重要环节。项目可行性研究一般包括项目概况、项目初步设计、项目技术和组织实施方案、项目财务规划、项目成本和效益分析等。中小型项目的可行性研究一般需要 6～12 个月，大型项目一般需 12 个月以上。亚行十分重视为可行性研究提供以下两方面的支持：一是提供技术援助赠款，它主要用来聘请技术顾问和咨询专家；二是为项目提供咨询公司和人员名单由项目执行机构进行选择，亚行对项目咨询工作进行管理和监督，项目咨询合同由亚行进行审查和批准。这一阶段的成果是拿出可行性研究报告，报告主要有技术可行性、组织体制可行性、财务可行性、经济可行性、社会可行性 5 个方面的内容。

(3) 实地考察

立项后，亚行派出由专业人员组成的工作组，对项目进行实地考察。考察组通过与项目执行机构的专业技术人员进行会谈和讨论，发现和修正可行性研究报告中可能的错误和遗漏，同时考察组还要索取最新数据资料。考察结束时，考察组通常会与项目执行机构及有关部门进行一次总结性的会谈，写出一份备忘录。实地考察组返回亚行后，须向亚行管理当局提交一份项目简报，供亚行有关职能部门审阅。

(4) 评估

在项目实地考察完成 2～3 个月以后，亚行将再派出工作组对项目进行评估。评估小组由各类专家组成，人数视项目需要而定，时间需要 2～3 周。评估组专家到达申请借款国以后，将与政府有关部门和项目执行机构进行深入细致地进行磋商讨论，内容涉及项目的技术、经济、组织、财务、生产、销售、管理及人员培训、国际招标、设备采购等。项目评估结束时，双方进行总结性会谈，签署一份谅解备忘录，其中载明被评估项目的贷款总额、偿还期限、项目范围等条款，为以后正式起草贷款协议和项目协议书奠定基础。

(5) 谈判

在进行项目贷款谈判之前，亚行需准备一系列文件，其中包括亚行行长向亚行董事会提交的项目建议报告和项目评估报告，贷款协定草案和项目协议书草案。以上文件经亚行有关部门审阅后，以快邮方式寄送申请借款成员当局和项目执行机构。在项目评估的2～3 个月以后，经过双方充分准备，亚行将正式发电邀请借款国成员当局派出代表团赴亚行总部，进行项目贷款谈判。贷款谈判一般需要一周左右，结束时双方除草签贷款协定和项目协议书外，还需共同签署一份会谈纪要，然后由亚行官员对谈判文件草本进行整理并制作出一套完整的文本，送交亚行董事会审阅。

(6) 批准和签署

全部贷款文件在亚行董事会成员中传阅 21 天后，即举行董事会会议。与该项目有关的亚行官员以及参与项目前期准备工作的专家均须列席董事会，对各位董事提出的一系列问题进行解答。然后全体董事进行表决。表决通过后，须通知申请借款国成员当局，由双方授权代表签署贷款文件，签署仪式通常在亚行总部进行。

(7) 生效

贷款协定和项目协议书在签署 90 天以后开始生效。在之前的时间内还须办理下列手续：一是借款国中央政府核准贷款文件；二是外交部的条法部门须对贷款协定和项目协议书出具法律证明书；三是中央银行或财政部的条法部门对其与项目执行机构达成的附属贷款协议书出具法律证明书。

(8) 执行

项目进入执行阶段以后，项目执行机构着手制定具体的项目计划和时间安排方案，并组织力量进行实施。亚行方面将不定期地派遣有关家到项目实施现场，对项目的进展和施工情况进行了解和监督，并向项目执行机构就有关工程技术、施工进度、调整贷款额和拨付款方法等方面提出建议。

(9) 后评估

项目完工后，亚行将派有关专家协助项目执行机构进行系统调试，并进行试运行，同时亚行财会部门将终止拨付款，并取消贷款账户。在项目完工后的 6 个月内，亚行项目主管人员提出一份"项目完工报告"，送交亚行项目后评估办公室审阅。后评估办公室对项目完成报告进行审查，并在 1～2 年内提出一份"项目运行审核报告"，直接送交亚行行长和亚行董事会，供亚行最高行政当局对未来新上的贷款项目作决策时参考。

第三节 国际私人信贷

国际私人信贷(international private loan)也称国际商业贷款,是由一国公司、银行等私人机构与另一国政府、银行及其他法人或自然人之间的资金借贷关系,其实质是私人资本以法人名义的对外贷款。主要形式为国际商业银行信贷,其中国际银团贷款在国际商业银行信贷中具有重要地位。本节介绍国际商业银行信贷和国际银团贷款。

一、国际商业银行信贷

(一) 国际商业银行信贷的概念与特点

1. 国际商业银行信贷的概念

国际商业银行信贷(international bank loan)是指一国借款人在国际金融市场上向外国商业贷款银行拆借货币资金的经济行为。

2. 国际商业银行信贷的特点

国际商业银行贷款目前以欧洲货币中长期信贷为主,与其他信贷方式相比,它有3个特点:

(1) 国际商业银行的中长期信贷在资金使用上比较自由,不受贷款银行的限制,而政府贷款往往有采购限制,世界银行贷款则要求专款专用;

(2) 国际商业银行的资金供应比较充分,借取手续比较方便,每笔贷款金额较大,从几千万美元到数亿美元不等;

(3) 中长期银行信贷的条件较为苛刻,贷款利率水平较高,贷款期限相对于公共信贷更短。

(二) 国际商业银行贷款的种类

1. 按贷款的组织形式划分

按照贷款的组织形式,可以将国际商业银行贷款划分为联合贷款、双边贷款和银团贷款。

(1) 联合贷款(club deal)。联合贷款是指由一家或数家外国银行与本国金融机构一起,对某一项目提供的贷款,其贷款金额一般小于银团贷款,没有主干事和干事行。其最大的困难是法律的适用性,因此在国际银行贷款中的比重一直不是很高。

(2) 双边贷款(bilateral loan)。双边贷款一般只有一家外国银行作为贷款人,本国金融机构作为借款人,它的每笔金额为几千万美元,最多为1亿美元;其成本较低,只包括LIBOR(伦敦银行同业拆放利率)加上一个加息率,再加上承担费。

(3) 银团贷款(银团贷款在后面有专门分析)。

2. 按贷款的期限划分

按照贷款的期限,可以将国际商业银行贷款划分为长期贷款、中期贷款和短期贷款。

(1) 长期贷款。长期贷款一般是指期限在 5 年以上、金额超过 1 亿美元的银行贷款,多以银团贷款的方式进行。

(2) 中期贷款。中期贷款一般是指期限在 1 年以上 5 年以下的银行贷款,占国际银行贷款的很大比重。

(3) 短期贷款。短期贷款是指 1 年或 1 年以下的贷款,其中银行同业拆放在整个短期信贷中居主导地位,期限从 1 天到 6 个月居多,每笔金额在 10 万美元以上,标准金额为 100 万美元。

3. 按贷款的提供方式划分

按照贷款的提供方式,可以将国际商业银行贷款归属为"多种选择便利"(multiple option facility,MOF),"便利"由以下两部分来源不同的资金组成。

(1) 第一部分:利用"银行承兑"方式。这种方式的资金由参加的银行组成"投标小组",根据借款人提出的金额和期限要求进行投标,借款人可以选择采用最佳报价。

(2) 第二部分:参加银行提供的循环信用额度(revolving credit)。这种方式下,资金的利率参照市场的银行同业拆放利率和同业拆借利率的平均数。借款人既可以根据实际情况选择使用其中的任一方式,也可以同时采用两种方式,以达到选择使用最低成本资金的目的。

(三) 国际商业银行贷款的业务操作步骤

国际银行贷款业务在操作上须经过以下 3 个步骤:

1. 第一步:确定借款货币及利率

选择借款货币是十分重要而又十分困难的,选择借款货币的主要目的是避免汇率风险,采取的办法主要有以下几种。①实现货币多元化,可以采用借款国货币、贷款国货币、第三国货币或某种复合货币;②区分软币和硬币,用软币确定负债,用硬币确定资产;③根据用款项目的实际需要来选择,尽力做到借款货币、用款货币和还款来源货币相一致。

选择借款货币的利率也是十分重要的,在实际工作中常见的利率形式有:①固定利率(fixed rate);②浮动利率(floating rate),一般的浮动利率贷款是以 6 个月的 LIBOR 为基础,半年调整一次,通常以利率调整日前 2 个工作日上午 11 点钟伦敦 4 家参考银行报价的平均数为基础,再加上借贷双方商定的利差;③部分浮动、部分固定;④利率上限(cap);⑤利率下限(floor);⑥利率上下限(collar)。选择适当的利率形式,可以减少利率风险,达到降低筹资成本的目的。

2. 第二步：询价、报价和双边谈判

(1) 选择询价对象

借款人选择询价对象是选择贷款银行的前奏，一般要考虑两个因素：一是代理行政策。考虑外国代理行同总行、其他分行以及我国银行有关部门以往的贷款和其他业务的进展情况，及时收集这方面的信息，以便更好地执行与代理行之间的互惠原则(reciprocal)。二是不同银行的优势。各国的银行或一国的不同银行，在融资业务方面都有各自的特点和优势，针对不同的资金要求，可以选择不同的银行进行询价。

(2) 询价和报价

借款人可先向国际商业银行询价，国际商业银行也可主动地先向借款人报价。询价和报价一般采用电传方式，也可以通过传真进行。但正式的报价和授权书(mandate)不宜用传真方式传送，这是因为它不具备正式的法律效力。询价和报价的内容主要是资金的贷款条件，主要有以下几方面：

① 借款人。借款人信誉不同会影响借款成本，如中国银行作为借款人，其借款综合成本可低至 LIBOR 减 0.2%，而项目单位作为借款人的贷款利率可能高达 LIBOR 加 0.5%，再加杂费。

② 贷款人。指明是独家贷款还是银团贷款。

③ 用途。指明是借款人本身需要，还是转贷。

④ 货币和金额的选择。

⑤ 期限。包括用款期、宽限期和还款期。

⑥ 利率的选择。

⑦ 提款和还款。其中还款有两种方式可以选择，一次性还款(bullet)和分期还款(by installment)。

⑧ 税收。

⑨ 费用。主要涉及承担费、管理费、代理费和保险费等。

⑩ 截止日期。

(3) 双边谈判

借贷双方就贷款的币种、金额、利率、费用、期限、贷款方式、提款和还款等条件进行磋商谈判。

3. 第三步：签约和提款

借款协议文本谈判完成以后，由借贷双方有权签字的人签署文件，一般签字人均有授权书(power of attorney)。借款人完成协议规定的先决条件后，就可以提款。

（四）我国使用国际商业银行贷款的原则和程序

1. 我国使用国际商业银行贷款的原则

我国从 1979 年开始，在国际金融市场上举借外债。外汇管理局于 1997 年颁布的《境内机构借用国际商业贷款管理办法》对我国使用国际商业银行贷款的原则做出了相关的规定。

（1）借款人的资格

对外借用国际商业贷款的境内机构仅限于经国家外汇管理局批准经营外汇借款业务的中资金融机构和经国务院授权部门批准的非金融企业法人。其中非金融企业法人应当具备以下条件：①最近 3 年连续赢利，有进出口业务许可，并属国家鼓励行业；②具有完善的财务管理制度；③贸易型非金融企业法人的净资产与总资产的比例不得低于 15%；非贸易型的非金融企业法人的净资产与总资产的比例不得低于 30%；④借用国际商业贷款与对外担保余额之和不得超过其净资产等值外汇的 50%；⑤外汇借款与外汇担保余额之和不超过其上年度的创汇额。

（2）"谁借谁还"的原则

境内机构应当凭自身资信对外借用国际商业贷款，并自行承担对外偿还责任。境内机构对外借用国际商业贷款应当加强成本控制。其借款总成本不得高于国际金融市场相同信用级别借款机构的同期借款总成本。外汇局对境内机构借用国际商业贷款的成本控制予以监督和指导。

（3）审批机关及权限

中国人民银行是境内机构借用国际商业贷款的审批机关。中国人民银行授权国家外汇管理局及其分局（以下简称外汇局）具体负责对境内机构借用国际商业贷款的审批、监督和管理。境内机构借用国际商业贷款应当经外汇局批准。未经外汇局批准而擅自对外签订的国际商业贷款协议无效。

2. 我国使用国际商业银行贷款的程序

外汇管理局于 1997 年颁布的《境内机构借用国际商业贷款管理办法》对我国使用国际商业银行贷款的程序做出了相关的规定。我国使用国际商业银行贷款一般要经过以下几个业务程序：

（1）取得利用贷款项目的批复

国内项目要借用国际银行贷款，首先要根据项目的规模取得国家或者地方、部门计划管理部门的批准，在批复中明确项目建设的部分资金来源为国际银行贷款。

（2）取得国际银行贷款指标

各地方、部门计划管理部门将准备使用国际银行贷款的项目初审后，报国家发展改革委员会审批，如果符合国际银行贷款的条件，国家发展改革委员会将同意该项目使用一定数量的国际银行贷款,即取得国际银行贷款指标。

(3) 委托金融机构对外筹资

目前,国内筹措国际银行贷款主要通过中国银行、交通银行、建设银行、工商银行、农业银行、中信银行以及经国家批准的省市级国际信托投资公司等银行和非银行金融机构对外筹措。

(4) 金融条件核准

国家为避免各筹资窗口在市场、时机和条件等方面发生冲突,在筹资窗口筹措国际银行贷款前,由国家主管部门对其贷款的金融条件,即贷款期和利息、筹资市场、筹资方式等进行审核和协调。筹资窗口在国家主管部门正式批准贷款条件后,才能与国际银行签订借款协议。

二、国际银团贷款

(一) 国际银团贷款的概念与特点

1. 国际银团贷款的概念

国际银团贷款(syndicated loan)是指一家或几家银行牵头,多家国际商业银行或商人银行作为贷款人,向某个企业或政府提供一笔金额较大的中、长期贷款,一般1~7年的属中期贷款,7年以上的属长期贷款。

2. 国际银团贷款的特点

银团贷款始于20世纪60年代,流行于70年代,80年代以来又有了较大发展。其突出的特点表现在以下几点:

(1) 参加银行数目灵活。根据贷款金额大小,参加行可多可少,少则3~5家,多则数10家。

(2) 贷款金额大。一般在500万美元以上,多数在1亿美元至5亿美元之间,少数可达10亿美元,甚至达100亿美元。

(3) 贷款期限长。一般为5年、7年或10年。

(4) 贷款风险分散。因多家银行分担贷款额度,风险相对减小。

(二) 国际银团贷款的业务程序

国际银团贷款由于参加者较多,一般业务程序比较复杂。从开始准备到最后签约,一般须经过准备承诺函、组织贷款银团、起草项目概况,分发各参加行、签订银团贷款协议、提款安排5个阶段。

1. 准备承诺函

准备承诺函又称贷款结构。在准备正式贷款文件前,借款人与银团的牵头行初步讨论，向牵头行正式递交贷款申请书(委托书)、可行性研究报告及有关法律文件的各种批件。牵头银行经审查确定贷款后，向借款人提供有关贷款条件和贷款结构的报价，以便借款人对整个贷款有一个全面的认识，进行研究并最后接受。贷款结构不具有法律效力，牵头行可以采用信函的方式发给借款人，也可以将贷款结构文本附在一封信函之后，由借款人接受后签署退回牵头行。借款人要承担牵头行准备此项贷款的一切费用，该笔费用被称为融资费(或称申请费、安排行费用)。

2. 组织贷款银团

借款人一旦在原则上同意牵头行提出的贷款结构，即开始组织银团贷款工作。首先决定参加行的名单，并选择几家国际大银行做副牵头行；其次与有关银行接触，简要介绍项目的情况并征询意见。

3. 起草项目概况，分发各参加行

牵头行根据借款人提供的有关资料，对项目进行认真的评估，写出评估报告。然后起草《项目概况》，其主要内容是：对项目的各当事人，如股东、承包商、担保人等分别做出评估和说明。牵头行将项目评估报告和《项目概况》分发给各参加行，收到各参加行的承诺后，银团即宣告成立。

4. 签订银团贷款协议

经过询价比较，组成贷款银团后，就开始商定贷款协议等文件。国际银团贷款的协议内容比较规范，虽然英美法系国家同大陆法系国家的银行采用不尽相同的银团贷款协议，但它们仍有许多共同之处。在银团贷款协议签订时，一般应掌握好以下主要条款：

(1) 银团成员之间的关系。1985 年，在银团贷款中首次出现一家成员银行单独起诉巴西一家借款行到期不还款的事件。为了从法律意义上明确银团成员之间的关系，协议中可以规定：所有贷款成员“分别地而不是连带地”负有贷款责任；每次提款时银团成员都分别向借款人提供资金，只是为了方便起见通过代理人办理；某一银团成员未能如期提供资金，其他成员没有责任补足差额等。

(2) 先决条件。贷款人提供贷款，必须事先收到各种法定文件，如借款方有权执行该协议的有关签字和提供印鉴样本、牵头行总行或其他有关部门的批准文件或授权书，以及税务机关的免税证明、借款人的法律意见书等。

(3) 法律变更。一旦借款国法律变更引起贷款人利益损失，或者借款人提前还款，或者借款人完全承担贷款成本的增加，事先都要详细规定。

(4) 纳税。协议的纳税条款一般规定“贷款人在本贷款项下的所有收入无须纳税，如需纳税或折扣，将由借款人负担”。

(5) 陈述与保证。陈述与保证条款规定借款人必须提供自己法律地位、财务和业务状况的陈述，同时对各项陈述的真实性，以及向各贷款人提供文件的真实性，进行保证。

(6) 同等位次及消极保证条款。该条款规定借款人对贷款银团的每一成员提供相等的条件或担保。

(7) 交叉违约。该条款规定借款人在其所有其他债务项下的违约,也构成本借款协议其他项下的违约。

(8) 提前偿还贷款的权利。如果协议中未明确规定借款人有提前还款的权利,则不能提前偿还。

5. 提款安排

银团贷款协议生效后,由一家贷款银行作为银团的代理银行,该代理银行通常为牵头经理银行。代理银行的责任主要包括:检查有关协议文件的签字;安排银团贷款的付款和借款人提款,发送提款通知;按约确定利率及展期条件;代理收取本息及服务费,并分派于各参与银行;检查担保条款;监督借款人对贷款协议的履行,向参与银行发送定期报告等。

中国利用日本 ODA 日元贷款

1978 年 8 月 12 日《中日和平友好条约》签订后,同年 10 月以及 1979 年 2 月,时任副总理的邓小平同志两次访问了日本。那时候,中国百废待兴,改革开放蓄势待发。在新形势下,中国领导层逐渐调整了外资政策,首先决定引进外国商业贷款,后来又决定引进外国直接投资,1979 年又确定了接受日本政府贷款的方针。从日本方面看,对中国提供政府贷款的方案,最早在福田纠夫内阁时期产生。1978 年 12 月 8 日大平正芳组阁后,也计划向中国提供日元贷款。1979 年 11 月 30 日,日本首相大平正芳做出了正式对华提供日元贷款的决定。12 月 5 日,大平正芳访华向中国传达了这一信息。第一批对华日元贷款从 1980 年起实施,日本对华无偿援助也正式启动。

日本 ODA(Official Development Assistance,日本"政府开发援助",或译为日本"政府官方发展援助"),具体形式包括有偿资金援助(日元贷款)、无偿资金援助和技术援助。日元贷款具有不同于商业贷款的两大特点。其一,它是政府贷款。它与民间银行或企业基于市场经济规律和商业利益而提供的贷款不同,体现着日本政府的外交政策。其二,它是低息、长期贷款。它的提供条件比商业贷款优惠,属于符合"开发援助委员会"(DAC)认定标准的 ODA。按照国际标准,ODA 的利率一般为 1.4%,还贷时间在 10 年以上。

日本第一批对华贷款在 1980 年至 1983 年期间,总额 3 309 亿日元。第二批日元贷款在 1984 年至 1990 年期间,总额 4 740 亿日元。第三批日元贷款在 1990 年至 1995 年期间,总额 8 100 亿日元,年息进一步降低。日元贷款主要用于中国铁路、道路、港口、机场、发电厂等基础设施建设方面。自 1979 年开始到 2009 年 30 年间的日本对中国实行 ODA,中日双方累计有偿资金援助(日元贷款)33 165 亿日元;日本对华 ODA 的无偿资金援助和技术援助所占比重相对较小。30 年间日本对华 ODA 从中国沿海到内地，几乎涉及中国发展的各个领域。因此，日本成为中国最大的援助国。

日本为何要这样做呢？日本对华实施 ODA 自然有着日本很强的地缘政治战略、对外经济战略、历史和感情因素等方面的考虑。一些中、日、韩的专家认为，日本政府这样做可能是出于谢罪心理（中国在战后未向日本索要战争赔款）；还有些专家认为这是日本政府的"支票外交"，是日本对外政策中最强有力的手段。有专家称，日本对华 ODA 与战争赔款不能类比，ODA 远远低于日本侵华所造成的损害。日本对华 ODA 既不是战争赔偿，也不是免费的午餐，更不是施舍。它是中日合作的一种基础、有利于两国互惠互利的一种选择、中日关系改善的一种体现。不可否认的是，日本对华 ODA，起到了"雪中送炭"的作用，对加强中国基础设施建设、促进中国经济发展、促进两国的关系起到了一定的作用，是值得认同的。

ODA 也给日本带来了巨大的经济利益、政治利益，有利于提高日本的科技实力和综合国力。日本经过战后多年的发展，经济繁荣，资本主义空前强盛。日本发展到一定程度，出现了两个问题：第一是资金剩余；第二是国内市场狭小。中国有句话，叫"物以稀为贵"，反过来说就是多了不值钱。所以在日本，资金（钱）是最不值钱的。表现在日元长期为零利率，考虑到通货膨胀因素，日元在其国内其实是不断贬值的。日本是个面积狭小的岛国，市场早已饱和。在这种条件下，日元资本有向海外寻找出路的强烈要求。以中国为例，看看日本人是怎样在中国运作的：

日本有很多建筑公司、设备制造商、材料供应商和其他财团组成了所谓的银行叫 JIBIC，中文解释可能叫"日本国际协力银行"。这家银行通过政府积极向海外发展中国家推销其日元资本，名义就是 ODA。中国所有的机场、大坝、一部分重要的医院和特别大型的建筑背后都有 ODA 日元贷款。ODA 日元贷款最大的欺骗性在于利息非常低，所以非常容易为贷款接收国政府接受。但 ODA 日元贷款都有附加条件，就是附加日本国内的设计、设备、承包等输出的特殊条款。这些设计、设备和承包提供单位一般就是 JIBIC 股东公司，日本是出资方，并且垄断了设计，所以即使是招标，也只有这些特定的公司能中标。一般情况下，一个发展中国家 ODA 日元贷款工程招标，几家日本公司在东京就已经把价格替业主定好了。可想而知，这样的合同价格一般是正常招标的数倍。客观上，ODA 日元贷款为发展中国家提供了一定的发展资金。但是同时日本也赚取了巨额利润。

20 世纪 90 年代以来，以内外环境变化和日本对外战略调整为背景，日本的对华 ODA 政策开始发生变化。2004 年，日本宣布将于 2008 年停止提供对华日元贷款。2008 年 3 月，日本最后一次向中国提供总额为 463 亿日元（约 31 亿元人民币）的贷款后，将不再新增对华日元贷款。但日本对华 ODA 并没有结束。比如，2008 年中国汶川大地震后，由日本国际协力机构（JICA）负责组织实施的日本国际紧急救援队、日本国际紧急救援医疗队，以及灾后恢复重建中一系列援助合作项目的实施。一些无偿援助和技术合作的项目还在运行中。如"人才培育奖学计划"、"第二次黄河中流域保全林造成计划"等。

而近年来,日本政府内部以"中国经济超过日本"为由,出现了一些"减少对华 ODA"的声音。2011 年 2 月,日本前外相前原诚司表示,中国的国内生产总值已经超过日本达到世界第二,军事力量也有所增强,因此要求日本重新评估对华 ODA 预算。据日本《产经新闻》的消息,2011 年 7 月 12 日,日本政府就 2012 年度面向中国发放政府开发援助(ODA)金额展开讨论,并初步确定,数额将较 2010 年度减少 7.6%,合计 42 亿 5 千万日元。但是考虑到如果大幅减少已经与华达成协议的相关支援项目金额将会给中日关系带来负面影响,所以此次日本政府在预算方面仅减少了 3 亿 5 千万日元。

根据这一指示,新预算中止了一部分在学校建设事业上的支援,并将以中国官员为对象的日本留学支持项目改纳入一般预算中。而对于以防治沙尘暴为主要目的植树造林事业以及传染病防治项目,日本外务省方面表示"关系到日本的国家利益",决定继续支持下去。

其实,中国目前在基础建设上"不缺钱",但日本对华 ODA 是一种友好的信息,是两国合作的一种体现。如果这信息因"中国 GDP 已超日本",甚至深层的地缘政治矛盾而还要被削弱的话,将给中日关系带来负面的影响。

资料来源:金熙德. 中国改革开放 30 年与日本对华 ODA. 教学与研究,2008(11);王婧. 日本计划减少对华 ODA 贷款 理由是中国经济增长势头良好. 日本新华侨报网,2011-07-13. http://www.jnocnews.jp/news/show.aspx? id.

问题:

1. 日元贷款是什么性质的贷款?
2. 日本为何向中国提供日元贷款?
3. 如何评价日本对华提供的日元贷款?

本章小结

本章首先介绍了国际信贷的概念、含义、种类与基本贷款条件。然后对国际公共信贷的概念和各种公共信贷,即政府贷款、国际金融组织贷款(其中包括国际货币基金组织贷款、世界银行贷款、亚洲开发银行)的种类、特点和基本程序进行了详细的分析和介绍。最后分析了国际私人信贷的主要形式——国际商业银行信贷的概念、种类和特点,介绍了国际商业银行贷款的业务操作程序;介绍了国际商业银行贷款的特殊形式——国际银团贷款的概念、特点和基本业务操作程序。通过本章的学习,可使学生对国际信贷的概念、种类和基本操作程序有较全面的认识和把握,为以后可能的国际信贷实际工作打下良好的基础。

复习思考题

1. 什么是国际信贷？它有哪些基本分类和贷款条件？
2. 什么是国际公共信贷？它包括哪些贷款种类？
3. 政府贷款的具体形式有哪些？它有哪些条件和特点？
4. 国际货币基金组织的贷款种类和特点分别有哪些？
5. 世界银行(集团)的贷款种类和特点分别有哪些？
6. 亚洲开发银行的资金来源和贷款种类分别有哪些？
7. 什么是国际商业银行贷款？它有哪些种类和特点？

我国利用世行贷款 2010—2012 财年备选项目获批

2009 年 7 月，国务院批准了我国利用世行贷款 2010—2012 财年世行贷款备选项目规划。规划中安排了 45 个项目，贷款总规模 53.94 亿美元。其中：农业(农林水)项目 11 个，贷款 11.84 亿美元，占贷款总额 22.0％；交通项目 5 个，贷款 8 亿美元，占 14.8％；能源及节能减排项目 10 个，贷款 14.3 亿美元，占 26.5％；城建环保项目 15 个，贷款 17.1 亿美元，占 31.7％；社会发展及其他领域项目 4 个，贷款 2.7 亿美元，占 5.0％。中西部地区贷款占 75％；东部地区贷款占 25％。

中国利用世界银行贷款 2010—2012 财年备选项目清单

1. 淮河流域平原洼地治理(水利部)
2. 吉林省优质安全农业产品综合开发
3. 林业综合发展(林业局)
4. 新疆坎儿井保护及节水灌溉
5. 山东林业资源可持续发展
6. 重庆市统筹城乡发展与改革试点
7. 河南省黄河滩区生态畜牧产业带建设
8. 节水灌溉二期(水利部)
9. 农村经济综合开发示范镇建设(中国小城镇改革发展中心)
10. 宁夏高速公路建设
11. 广西郁江老口航电枢纽
12. 内蒙古可再生能源
13. 山西节能减排示范

14. 山东节能减排服务体系建设和示范
15. 节能转贷二期
16. 整体煤气化-燃气-蒸汽联合循环发电项目(IGCC)
17. 山西太原基础设施建设
18. 云南城市环境建设(二期)
19. 四川小城镇发展
20. 广西南宁城乡环境综合整治
21. 安徽四市城市道路建设
22. 湖北武汉城市交通二期项目
23. 宁波新农村建设示范项目
24. 江苏无锡太湖沿湖地区生态环境综合治理
25. 内蒙古巴彦淖尔市水环境综合治理
26. 浙江省钱塘江流域小城镇环境综合治理
27. 广西柳州环境综合治理二期
28. 山东威海市绿色公交走廊示范项目
29. 扶贫第五期(扶贫办)
30. 职业教育发展(二期)
31. 宁夏黄河东岸防沙治沙
32. 四川武都引水二期灌溉工程
33. 哈尔滨至佳木斯铁路(国铁七)
34. 安徽航道整治
35. 福建农村公路
36. 福建城市垃圾焚烧发电
37. 山东新能源
38. 长春市集中供热
39. 新疆乌鲁木齐集中供热节能改造
40. 节能转贷三期
41. 昆明市城市轨道交通
42. 甘肃庆阳城市基础设施改善
43. 湖北襄樊城市交通
44. 山东省孔孟文化遗产地保护
45. 广东城乡社保一体化及农民工培训

资料来源：国家发改委网站，2009-07-29. http://www.sdpc.gov.cn/.

第 7 章 国际技术转让

学习目标：

通过本章的学习，学生应该能够：

1. 重点掌握国际技术转让的含义、特点和方式；
2. 掌握国际技术转让的主要标的及其特征；
3. 了解国际技术转让的作用和动因；
4. 了解国际技术转让中知识产权的保护途径。

国际技术转让是国际经济合作的一个重要组成部分和重要方式。国际经济合作的实质是生产要素在各国间的移动和重新配置。从这个意义上说，国际技术转让就是生产要素中的技术要素在国家间的移动、重新组合和配置。国际技术贸易额在国际贸易总额和国际服务贸易总额中的比重持续增高，20 世纪 70 年代分别是 1/30 和 1/10，而目前这一比例分别达到了 1/20 和 1/6，在整个世界经济增长和国际贸易中的地位不断提升。

第一节 国际技术转让概述

一、国际技术转让的概念和分类

（一）国际技术转让的概念

技术转让的标的是技术。技术转让是指技术持有者通过各种方式将其拥有的生产技术、销售技术或管理技术以及有关的权利转让给他人的行为，跨越国境的技术转让行为就是国际技术转让。

（二）国际技术转让的分类

按照转让的条件，可以将国际技术转让划分为非商业性的国际技术转让和商业性的国际技术转让。

1. 非商业性的国际技术转让

非商业性的国际技术转让是指转让的条件极为优惠、通常是无偿的国际技术转让方式,通常指通过技术援助、技术情报交换、学术交流和技术考察等形式进行的技术让渡。

2. 商业性的国际技术转让

商业性的国际技术转让是指转让的条件是有偿的国际技术转让方式,亦即国际技术贸易。国际技术贸易是指不同国家的企业、经济组织或个人之间,按照一般商业条件,向对方出售或从对方购买技术使用权的一种国际贸易行为国际技术贸易由技术出口和技术进口这两方面组成。简言之,国际技术贸易是一种国际间的以技术的使用权为主要交易标的物的商业行为。

国际经济合作中研究的国际技术转让指的是有偿技术转让即国际技术贸易,包括技术的进口贸易和出口贸易,技术进口贸易是技术引进的主渠道。

二、国际技术转让的特点

(一) 国际技术转让的多数是技术使用权

同商品贸易不同的是,在绝大多数技术交易中转让的是技术的使用权而非所有权。由于技术本身具有的特点,技术不仅是一种可以使相同的投入产生更大经济效益的生产要素,而且也是一种知识、技巧等,可以同时被许多人重复使用。因此,技术所有人在交易中转让的是使用权,而自已仍保留所有权,除非技术转让合同中另有规定,否则技术转让人仍然可以继续使用该项技术制造产品或提供服务,或者再次转让获得经济收益。

(二) 国际技术转让常常同资本输出和机械设备出口结合起来

在跨国公司对外直接投资中经常以技术作为一定比例的股本参与投资。在国际工程承包、对外技术援助、机械设备出口中大都含有技术转让的内容。因此,许多发达国家经常利用技术输出来带动资本和设备的输出,以达到用技术换市场的目的。

(三) 国际技术转让是一个交易双方较长期的密切合作过程

技术转让是知识和经验的传授,目的在于使技术接受方消化和掌握技术并进行生产。因此,技术转让的双方在达成交易协议后,一般要经过提供技术资料、培训技术人员、实施技术、检验产品乃至继续提供改进技术等步骤,这些步骤的完成需要一定的时间,有时甚至是较长的时间。所以,技术转让的双方需要建立较长期的密切合作关系。

(四) 国际技术转让的交易双方既是合作伙伴又是竞争对手

在国际技术转让活动中,技术输出方与引进方既是合作伙伴,又是竞争对手,这是国际技术转让中最为突出的一个特点。由于技术转让双方往往是同行，技术输出方既想通过输出技术获取收益，同时又担心引进方获得技术后制造同一类产品，成为自己的竞争对手，因此技术输出方一般不愿意转让最先进的技术，或者在转让时附加一些较为严格的限制条件来约束技术引进方。

（五）国际技术转让的价格较难确定

一般商品的价格是以其价值为基础，是商品的生产成本加一定比例的利润。国际技术转让的对象是技术，技术价格不像商品价格那样主要取决于生产成本。技术转让的价格通常以技术引进方从对引进的技术加以利用中获得的经济效益为基础，再考虑其他多种因素，双方决定成交价格。通常引进技术的使用效益越高，技术的价值也越大。但引进方所能获得的经济效益在谈判和签订合同时往往又是难以准确预测的；技术输出方也并不因此失去对被转让技术的所有权，输出方依然可以利用该项技术去获益。因此，确定技术转让的价格相当复杂。

（六）技术输出方政府对技术输出的管制比较严格

由于国际技术转让不仅涉及企业与企业之间的利益，而且关系到国家利益乃至国家安全。因此，各国出于政治、军事目的，为保持本国在该领域的先进地位，往往严格控制尖端技术、军事技术以及可用于军事用途的先进技术的输出，对输出的技术项目实行严格的审批制度。特别是一些发达国家出于政治目的，严格限制对一些所谓敌对国家技术的输出。如美国为保持其对尖端技术的垄断，严格控制本国先进技术的外流，经常运用国家安全机密法和出口管制法来限制某些先进技术的出口。日本为了保持自己在微电子技术等方面的领先地位，也不断地加强对技术出口的限制。此外，在国际技术转让中，技术输出方为了垄断技术和市场，以获取最大利益，往往在技术转让合同中增加一些限制性商业条款，显然这样做不利于技术输入方的经济发展和科技水平的提高。尤其是在发达国家和发展中国家之间的技术转让中，发达国家常常是技术的拥有者和输出方，而发展中国家主要是技术的购买者或使用者，是技术的输入方，合同中的这些限制性条款对技术输入方很不合理，也不公平，因此受到许多发展中国家的反对。

（七）软件技术在国际技术转让中的比重日益提高

20 世纪 80 年代以前，国际技术贸易主要是通过引进和出口先进设备等硬件来进行的，以软件为交易对象的交易较少，进口国往往以购买设备等硬件为目的兼买软件。进入 80 年代以后，这种状况发生了根本性的变化，以许可贸易形式进行的软件交易占据了主导地位，技术的进口国往往为了购买某项专利或专有技术而附带进口一些设备。尤其是发达国家间的技术贸易，软件技术的转让已占其技术贸易额的 80%以上，其中美国的软件技术销售额每年递增至30%以上。近几年来，发展中国家开始注重技术引进的效益，减少硬件技术的引进，软件技术正逐渐成为其技术引进的主要标的。

（八）发达国家与跨国公司在国际技术转让市场占据主导地位

长期以来，国际技术转让活动主要集中在发达国家与跨国公司之间。从总量上来看，发达国家的技术贸易额占世界技术贸易额的80%以上，而跨国公司又控制着发达国家技术贸易额的80%。从地区分布看，主要集中在美、英、法、日、德等少数国家，上述5个国家的技术贸易额占发达国家技术贸易总额的90%以上，这是因为他们既是技术出口的大国，也是技术的进口大国。由于跨国公司资金雄厚，技术力量强大，拥有众多的专利技术，在技术贸易中具有垄断优势，因此在技术贸易谈判中处于有利地位。

（九）国际技术转让竞争日趋激烈

在当今世界，谁拥有先进技术，谁就能在世界经济中处于领先地位。虽然发达国家与跨国公司在国际技术转让市场上占据主导地位，但从20世纪中期以后，发展中国家的技术开发速度也越来越快，在国际技术转让市场上的地位开始提升。为了保持并扩大技术市场的份额，技术输出的国家或企业纷纷开发新技术，积极参与市场竞争，这就使得国际技术转让市场的竞争日趋激烈，并经常达到白热化程度。

三、国际技术转让发展的动因

现代国际技术贸易的迅速发展决非偶然现象，而是有其深刻的社会经济背景。具体说来，导致国际技术贸易迅速发展的直接原因主要有以下5个方面：

（一）第二次世界大战后科学技术飞速发展

第二次世界大战以后，各国都十分重视科学技术的研制和开发，不惜投入巨额资金。许多生产企业也一改原来单纯的生产加工，将科研、生产、销售融为一体，并把研制新产品作为企业生存和发展的命脉。由此导致自20世纪60年代开始的空前规模的科技浪潮，科技成果的大量涌现，为技术贸易的发展提供了大量的技术资源。

（二）世界范围内对技术的巨大需求

第二次世界大战结束后，技术已成为决定一国经济与社会发展的重要因素。由于经济的、政治的和军事的原因，各国在大力发展本国科技研究的同时，注重从国外引进先进技术，以增强本国的科技竞争力。与此同时，随着科技分工专业化程度的提高，国际商品分工向国际技术分工过渡，科学技术开发超越了一国的范围。任何国家都不可能在所有技术领域内保持领先地位，都需要从国外引进技术，以节省人力、财力和时间。因此，对先进技术的巨大需求不仅来自发展中国家，更主要的来自发达国家，这就为国际技术贸易提供了广阔的市场。

（三）关税与非关税壁垒阻碍了普通商品的国际贸易

20 世纪 70 年代以来，资本主义经济危机使国际贸易保护主义重新抬头，美国等西方国家通过一系列国内立法，制定了各种贸易保护措施，其中非关税措施占大部分。贸易壁垒严重阻碍了普通商品的国际贸易。不少国家纷纷调整其出口战略，用技术出口取代普通商品出口，从而促进和扩大了国际技术贸易。

（四）高新技术产品生命周期缩短

当代科技开发应用周期日益缩短，技术更新速度越来越快。过去高新技术产品更新换代的周期一般为 20 年左右，现在缩短到 4～5 年甚至 1～2 年。当代研制高新技术产品的费用剧增，迫使研制高新技术产品的国家和企业不得不从国际技术贸易中寻找出路，尽快回收研制投资，因而刺激了国际技术转让活动发展和交易额的扩张。

（五）跨国公司的迅速发展

第二次世界大战后跨国公司迅速发展，它们综合实力强，在科技创新方面处于领先地位，一方面通过对外直接投资把母公司的技术成果转移配置到海外子公司，在跨国公司系统内部转移技术；另一方面还通过许可贸易和其他方式把技术输出到其他国家的企业，成为国际技术贸易的主体，为国际技术贸易提供了重要渠道。跨国公司控制着国际技术贸易总额和对发展中国家技术贸易的主要份额。

第二节　国际技术转让的主要标的

国际技术转让的标的是以知识产权形态存在的技术知识，知识产权是指法律所赋予知识产品所有人对其创造性的智力成果所享有的专有权利。传统的知识产权包括工业产权与版权，其中工业产权又包括专利权、商标权、禁止不正当竞争权，其中作为智力创作成果而可依法成为专有权的“禁止不正当竞争权”主要指专利中无法包含的 know-how 即专有技术权，商标权中无法包含的禁止假冒他人产品的权利。世界贸易组织（WTO）的《与贸易有关的知识产权协议》已经将知识产权的范围划分为：版权与邻接权、商标权、地理标志权、工业品外观设计权、专利权、集成电路布图设计权、未公开信息的专有权。其中所涉及的对未公开信息的保护，实际上就是指对“商业秘密的保护”，包括对专有技术的保护。因此，作为国际技术转让的标的或客体就是有关的知识产权，国际技术转让的主要标的是：专利技术、专有技术、商标权这 3 种知识产权。以下重点介绍这 3 种标的。

一、专利技术

（一）专利技术的概念

专利通常是指专利权，是指有关当局根据发明人的申请，经核查认定其发明符合法律规定的条件，而在一定期限内授予发明人的一种法定权益，依法获得专利权的发明创造即为专利技术。专利技术的具体形式包括发明、实用新型和外观设计。发明是指对产品、方法或者其改进所提出的新的技术方案；实用新型是指对产品的形状、构造或者其结合所提出的适于实用的新的技术方案；外观设计是指对产品的形状、图案或者其结合以及色彩与形状、图案的结合所做出的富有美感并适于工业应用的新设计。

在法律规定的有效期内，专利权人对其发明依法享有制造、使用、销售的权利。也就是说，专利所有人在一定期限内可以使用专利技术进行商品生产和销售，也可以将专利使用权转让给其他人。未经专利所有人同意，任何人不得随意利用该专利进行生产，否则即构成法律上的侵权行为，专利所有者可以向有关当局提出诉讼，要求追究其法律责任和补偿其经济损失。专利权是一种工业产权，受到一国专利法的保护。在国际上也有专门保护工业产权的国际公约，如著名的《保护工业产权的巴黎公约》，我国已于 1984 年 11 月正式加入了该公约。

（二）专利的特征

专利是一种无形的财产权，具有与其他财产权不同的特征。概括地讲，专利具有专有性、地域性、时间性和实施性 4 个特征。

1. 专有性

专有性也称独占性或排他性，是专利权最重要和最本质的特征。专利的专有性表现在两个方面：一是对于相同发明内容只能授予一个专利，而不能授予几个专利；二是只有专利权人才有权使用该项专利，其他人必须事先获得专利权人的同意才可使用，否则就构成侵权行为。

2. 地域性

专利权是一种有地域范围限制的权利，除了某些情况下依据保护知识产权的国际公约以及个别国家承认另一国批准的专利权有效以外，技术发明在哪个国家申请专利，就由哪个国家授予专利权，而且只在专利授予国的范围内有效。对其他国家不具有法律约束力，即其他国家不承担任何保护义务，其他人可以在其他国家使用该发明。但是，同一发明可以同时在两个或两个以上的国家申请专利，获得批准后便可同时在这些国家受到法律保护。

3. 时间性

专利权是一种有时间性的权利，各国专利法均对专利的保护期限做出了明确规定，一般为 10～20 年，具体年限因国别而异。专利权的有效保护期限结束以后，发明人所享有的专利权便自动丧失，一般不能续展，发明便成为社会的公有财富，其他人可以自由地使用该发明制造产品。中国《专利法》第四十二条规定“发明专利的保护期限为 20 年，实用新型专利和外观设计专利的保护期限为 10 年，均自申请日起计算”。

4. 实施性

对于发明者所得到的专利权，除美国等少数几个国家外，大多数国家要求专利权人在授权的国家内实施其专利，即利用专利技术制造产品或转让其专利。

（三）授予专利权的条件

1. 授予发明专利和实用新型专利的条件

根据世界各国专利法的规定，授予专利权的发明和实用新型必须具有新颖性、创造性和实用性。

（1）新颖性

“新颖性是指该发明或者实用新型不属于现有技术；也没有任何单位或者个人就同样的发明或者实用新型在申请日以前向国务院专利行政部门提出过申请，并记载在申请日以后公布的专利申请文件或者公告的专利文件中”。“本法所称现有技术是指申请日以前在国内外为公众所知的技术”。[①]

判断发明和实用新型是否具有新颖性一般依据以下 3 个标准：

① 时间标准。多数国家在时间标准上采用申请日原则，即发明和实用新型在申请日以前未被公开过，也就是说没有其他人向专利机构就相同内容的发明和实用新型提出过专利申请；也有少数国家以发明时间为准，即专利权授予技术的最先发明者，而不是最先提出申请的人。

② 地域标准。目前，世界各国所采用的地域标准有世界新颖、国内新颖和混合新颖 3 种。世界新颖是指发明和实用新型必须在全世界任何地方未被公开或未被使用过，英国、法国、德国等采用该标准；国内新颖是指发明或实用新型在本国范围内未被公开和使用过，澳大利亚、新西兰和希腊等国采用该标准；混合新颖是指发明和实用新型从未在国内外出版物上发表过，并从未在国内公开使用过，中国、美国、日本等采用混合新颖标准。

③ 公开的形式标准。世界各国专利法均规定，一项发明或实用新型必须从未以任何形式为公众所知，否则不具有新颖性。

（2）创造性

“创造性是指与现有技术相比，该发明具有突出的实质性特点和显著的进步，该实用

---

① 《中华人民共和国专利法》(2008 年修正)第二十二条。

新型具有实质性特点和进步"。[1] 实质性的特点是指申请专利的发明和实用新型克服了已有的技术的某些缺陷和不足，并取得了较大的进步，如降低了原材料的消耗和成本，或提高了劳动生产率等。在实际操作中，创造性比新颖性更难评判，但判断发明的创造性和新颖性有本质区别：前者是对发明或实用新型的技术质量进行判断，即发明和实用新型比已有技术的先进程度和创造程度更高，而后者判断发明和实用新型是否已包括在已有技术之中，只要没有包括在已有技术之中，不管其创造程度或先进程度如何，均被认为具备新颖性。

(3) 实用性

"实用性是指该发明或者实用新型能够制造或者使用，并且能够产生积极效果"。[2] 这里的"生产"不仅包括工业、农业、矿业、林业、渔业和牧业，还包括运输和金融等服务性行业；"在生产上能够制造和使用"是指能在生产过程中制造和使用，并能多次和反复地进行制造和使用；"能够产生积极的效果"是指能提高劳动生产率，节省劳动力，改进产品的质量。实际上，实用性既是发明创造的技术属性，也是发明创造的社会属性。

2. 授予外观设计专利的条件

授予外观设计专利的条件与授予发明和实用新型专利的条件有所不同。"授予专利权的外观设计，应当不属于现有设计；也没有任何单位或者个人就同样的外观设计在申请日以前向国务院专利行政部门提出过申请，并记载在申请日以后公告的专利文件中。授予专利权的外观设计与现有设计或者现有设计特征的组合相比，应当具有明显区别。授予专利权的外观设计不得与他人在申请日以前已经取得的合法权利相冲突。本法所称现有设计是指申请日以前在国内外为公众所知的设计。"[3]

二、专有技术

（一）专有技术的概念

专有技术又称技术诀窍或专门技能，是指那些未经公开、未申请专利、可以传授和转让的、从事生产或经营管理所必须的技术知识、技能和经验。它包括产品或工程设计、工艺流程、原材料配方成分、操作和测试方法，以及与技术有关的经营管理专门知识、技巧、经验等。

（二）专有技术的特征

专有技术不像专利技术和商标一样经过法定申请核准程序而被授专有权，它是一种

① 《中华人民共和国专利法》(2008年修正)第二十二条。
② 《中华人民共和国专利法》(2008年修正)第二十二条。
③ 《中华人民共和国专利法》(2008年修正)第二十三条。

非法定的权利，具有知识性、实用性、保密性和可转让性等特征。

1. 知识性

专有技术是一种没有取得专利权保护的技术知识，是人类智力劳动的产物，具有非物质属性。在形态上，专有技术可以是从产品开发到最终制成品的总体系列技术，也可以是一项或几项以产品的配方、工艺或产品设计方案为主的单项技术。

2. 实用性

实用性亦称经济性，作为人类智慧的结晶，专有技术能应用于生产实践，并能产生经济效益。实用性是构成专有技术的一个必要条件，如果专有技术没有实用价值，就失去了其存在的意义。

3. 保密性

专有技术是未经法律授权的秘密技术，是不公开的，知悉其技术内容的人相当有限。凡是以各种方式为公众所知的技术都不能称为专有技术。由于专有技术未经法律程序授权得到保护，因此，专有技术的所有者只能依靠自身的保护措施来维持其技术的专有权。专有技术往往会因保密措施不当而变为公开技术，从而丧失其商业价值。

专有技术之所以没有取得专利权，有两种原因：一种是有些专有技术不符合专利条件，不能取得专利权；另一种是有些专有技术符合专利条件，但所有人不愿意申请，而未取得专利权。因此，专有技术的范围比专利技术更为广泛。

4. 可转让性

专有技术的可转让性基于其自然属性，即知识的可传授性，也就是说，凡专有技术能以言传身教或以图纸、配方、资料等形式传授给他人。正因为具有这一特征，专有技术才能成为技术贸易的标的。

三、商标和商标权

（一）商标和商标权的概念

商标是企业为了将自己制造或销售的商品与他人制造或销售的商品区别开来，而为商品加上的文字、名称、图案、记号或综合标志。在现代商品大潮中，商标的作用越来越重要，它是消费者识别商品的标志；是保证产品质量的重要手段；是宣传商品、促进销售的有力手段。正因如此，世界上大多数国家都对商标予以法律保护。

商标权即是商标所有人向有关当局办理注册登记后，依法取得的对商标的专有权，是受法律保护的权利，任何人不得仿冒，否则就构成了侵权行为，会受到法律的制裁。

（二）商标的分类

依照不同的标准，商标可以划分为不同的种类。

1. 按构成要素划分

按照构成要素，可以将商标划分为文字商标、图形商标和组合商标。

(1) 文字商标。文字商标是指由文字组成的商标。文字一般包括中文、外文、汉语拼音、字母或数字等。

(2) 图形商标。图形商标是指由几何图形、符号、记号、山川、建筑图案、日用品、动物图案等组成的商标。

(3) 组合商标。组合商标是由文字和图形两部分组合而成的商标。

2. 按所有者划分

按照所有者的不同，可以将商标划分为制造商标、商业商标、服务商标和集体商标。

(1) 制造商标。制造商标是商品的制造者使用的商标，这类商标代表企业的商誉和产品的质量。商品上的商标多属这类商标，如索尼电器和北京的天坛家具等。

(2) 商业商标。商业商标是商品的销售者使用的商标，往往是享有盛誉的商业企业使用的。如天津粮油进出口公司出口葡萄酒使用的"长城"商标，日本三越百货公司使用的"三越"商标等。

(3) 服务商标。服务商标是旅游、民航、运输、保险、金融、银行、建筑、维修等服务性企业使用的商标，如中国民航使用的"CAAC"和中国人民保险公司使用的"PICC"等。

(4) 集体商标。集体商标是指由商会、协会等组织注册的为该组织所有的商标或几个所有人共同占有的商标。

3. 按商标的用途划分

按照商标的用途，可以将商标划分为营业商标、等级商标和证明商标。

(1) 营业商标。营业商标是指以生产或经营企业的名称命名的商品商标，如"同仁堂"药店、"盛锡福"帽店、"六必居"酱菜园、"狗不理"包子铺等，这类商标有助于提高商标或企业的知名度。

(2) 等级商标。等级商标是指同一企业根据同一类商品的不同质量、规格等使用的系列商标。这种商标在国外的使用相当普遍，如瑞士手表，"劳力士"为最高档次的手表，"浪琴"为二级表，"梅花"为三级表，"英纳格"则为四级表。

(3) 证明商标。证明商标又称为保证商标，是指用于证明商品原料、制造方式、质量精度或其特征的商标。如绿色食品标志、真皮标志、纯羊毛标志、电工标志等均属于证明商标。

4. 按商标的性质划分

按照商标的性质，可以将商标划分为未注册商标、注册商标和驰名商标。

(1) 未注册商标。未注册商标是指商标所有人未经法律规定的申请注册程序获得专用权的商标。

(2) 注册商标。注册商标是指商标所有人向国家主管部门申请商标登记注册，按照法律程序经核准注册的商标。

(3) 驰名商标。驰名商标是指在市场上享有较高声誉并为相关公众所熟知的商标。世界各国都给予驰名商标特别保护，即使未注册的驰名商标也可阻止与其相同或相似的商标注册。

（三）商标权的特征

商标权属于知识产权的范畴，一般具有独占性、时间性、地域性和可转让性的特征。

1. 独占性

商标权是一种受工业产权法和商标法保护的知识产权。独占性是指商标是其所有人的私有财产，所有人对其享有排他的专用权。如果他人未经商标权人的许可使用商标，商标权人可诉至政府主管部门或法院，由政府主管部门或法院依法勒令第三方停止侵权，并予以赔偿。

2. 时间性

各国法律均对商标专用权的保护规定有一定的期限，一般为 10～15 年，中国规定为 10 年。与专利权不同的是，在商标保护期届满时，可以申请续展，而且对续展的次数没有限制。商标权所有人只有在按期缴纳费用并按期办理续展手续的前提下，方可保持商标的所有权。

3. 地域性

商标权的所有人只有在授予该商标权的国家境内才受到法律保护。如果想要得到其他国家对商标权的保护，商标所有人必须依法在其他国家申请注册。在这一点上，商标权的地域限制与专利权相同。

4. 可转让性

在技术贸易中，商标作为贸易对象有商标使用权许可和商标转让两种做法。商标使用权许可是指商标专用权所有人通过与他人签订许可合同，允许对方在指定的商品上及规定的地域内使用其注册的商标。商标转让则指商标权所有人放弃其所拥有的专用权利，将商标权转让给他人。商标转让方式有两种：一是单纯转让，即只转让商标专用权；二是商标连同企业或与商标有关的部分业务一起转让。

（四）商标权的确立

各国法律对商标权的确立，大致采用以下 3 种原则：

1. 先使用原则

先使用原则也称使用在先原则，是指只有商标的最先使用人才有权取得商标专用权。

2. 先注册原则

先注册原则也称注册在先原则，是指只有商标的最先注册人才有权取得商标专用权。

目前大多数国家采用先注册原则，我国《商标法》也采用这一原则。

3. 无异议注册原则

无异议注册原则是指商标专用权原则上授予先注册人，但先使用人可以在规定期限内提出异议，如异议成立，已经授予先注册人的商标专用权即被撤销而授予先使用人，如果超过规定期限无人提出异议，则商标专用权人属于先注册人。

四、专利权与专有技术的联系与区别

专利权与专有技术都是无形资产和人类智慧的结晶，都具有技术价值、产权价值与商业价值的特性，而且两者往往共处于实施一项技术所需的知识总体之中，两者联系十分紧密。但是，专利与专有技术在法律上是有所区别的。

（一）法律地位不同

从法律地位看，专利是一种工业产权，经过法律程序得以授权，并受工业产权法和国家专利法保护；而专有技术则是由于某种原因没有申请专利或不能取得专利的技术，靠自身的保护来维持其所有权，是事实上的占有，而不是法定的占有，主要受民法、刑法、反不正当竞争法以及有关工商秘密立法的保护。

（二）表达方式不同

从表达方式看，专利是公开的，而专有技术则是秘密的。发明人在申请专利时，必须把发明内容在申请书中予以公开，由专利主管部门在官方的"专利公告"上将其发表，因而专利成为公开的技术；专有技术则不同，它完全是靠保密来加以保护，是一种非法定的权利。

（三）技术内容的范围不同

从技术内容的范围看，专有技术的范围比专利技术宽泛。世界各国都对授予专利的技术领域做出了明确限定，不是所有的技术都能申请专利。而专有技术的内容不仅包括各种能授予专利权的生产和服务等行业的技术，还包括不能授予专利权的管理、经营等方面的技术。

五、专利权与商标权的联系与区别

专利权与商标权的联系表现在二者都是工业产权，都受到工业产权法律和国家专利法及商标法的保护，并且都有时间和地域的限制。二者的区别在于，专利权不能无限续展；而商标权可以申请续展，且续展次数不限，只要商标权人不断申请续展，商标权就可以长期有效。

第三节　国际技术转让的方式

技术作为商品是无形的，因此技术贸易的方式与有形商品贸易方式相比较有着很大的不同。技术贸易虽然不经过租船、报验、报关、装运、投保及验收等有形商品贸易的履约程序，但往往涉及有关国家的法规、国际公约及众多的技术人员，并常常伴随设备及原材料等有形商品的贸易。正是因为在内容和方式上极为广泛和复杂，技术贸易从开始到结束一般需经过较长的时间。目前，国际技术贸易主要通过许可贸易与技术服务进行。在这两种交易方式中，又以许可贸易为主。但在实际经济交往活动中，许可贸易往往不是单独进行的，它常与合资经营、合作生产、工程承包、补偿贸易等结合在一起。

一、许可贸易

（一）许可贸易的概念

许可贸易亦称许可证贸易(licensing)，是指技术的提供方与接受方之间签订的、允许接受方对提供方所拥有的技术享有使用权及产品的制造权和销售权。许可贸易的核心内容是转让技术的使用权以及产品的制造权和销售权，而不是技术的所有权。许可贸易都是有偿的。

（二）许可贸易的交易双方

在许可贸易的交易中，转让技术的一方被称为许可方，又被称为出让方、输出方、售证人。引进技术的一方被称为被许可方，又被称为受许可方、受让方、引进方、输入方、受证人。

（三）许可贸易的交易方式

许可贸易是通过签订书面的许可协议进行的，究其实质是技术使用权的一种转让，被许可方取得的只是技术的使用权。许可贸易的交易方式如图 7-1 所示。

1. 按交易标的划分

按照交易标的，可以将许可贸易划分为专利许可、专有技术许可、商标许可和综合许可。

(1) 专利许可

专利许可是指专利使用权、实施权的转让，是专利权人将其在某个或某些国家获准的专利的使用权有偿许可他人在一定期限内使用。专利许可是许可贸易最主要的方式。

(2) 专有技术许可

专有技术许可是指专有技术使用权的转让，是专有技术所有人在受让人承担技术保

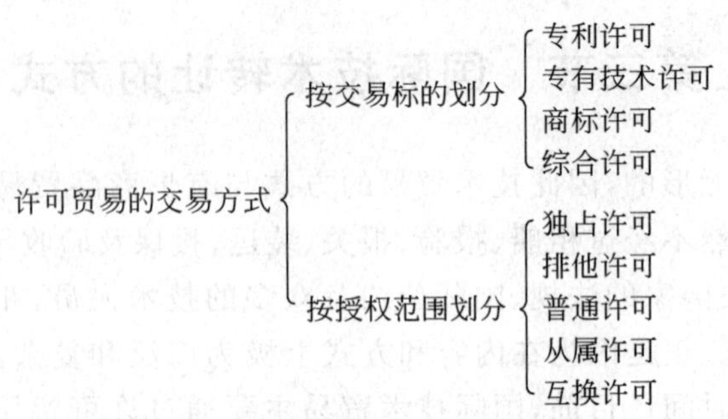

图 7-1 许可贸易的交易方式

密义务的前提下，将专有技术有偿转让给受让人使用。保密条款是专有技术许可合同的主要条款，双方应在该条款中就保密的范围与期限做出具体规定。在转让专有技术时，许可方有义务帮助受让人掌握被转让的技术。

(3) 商标许可

商标许可是指商标使用权的转让，是商标所有人授予受让人在一定期限内使用其商标的权利。由于商标涉及企业的信誉，许可方对受让人使用该商标的商品质量有严格的要求，并对使用该商标的商品质量有核准和监督的权利。

(4) 综合许可

综合许可是指技术的所有者将专利、专有技术和商标使用权中的两项或两项以上结合起来转让给他人使用。在许可贸易中，综合许可很常见，单纯以专利、专有技术或商标为标的的许可交易比较少。

2. 按授权范围划分

按照授权范围，可以将许可贸易划分为独占许可、排他许可、普通许可、从属许可和互换许可。

(1) 独占许可

独占许可是指在合同规定的期限和地域范围内，被许可方对引进的技术具有独占的使用权。所谓独占使用权是指合同签订后，许可方非但放弃向任何第三方转让此项技术的权利，而且自己也不得在该地域内再利用此项技术制造和销售产品。在这种方式下，被许可方几乎获得了与权利所有者相同的权利，近于所有权的转让，因而这种许可的转让费最高。

(2) 排他许可

排他许可又称全权许可，是指在合同规定的期限和地域范围内，许可方允许被许可方使用该项技术，许可方不得在将此项技术转让给第三方，但自己保留对此项技术的使用权。可见，排他许可的特点是排除第三方，而不是排除许可方自己。这是仅次于独占许可范围的一种许可，转让费仅低于独占许可。

(3) 普通许可

普通许可又称非独占许可，是指在合同规定的有效期和地域内，被许可方可以使用转让的技术制造和销售产品，同时许可方不仅保留自己使用该项技术的权利，而且可将此项技术转让给第三方。普通许可是许可方授予被许可方权限最小的一种，因此转让费最低。

(4) 从属许可

从属许可又称分售许可、分许可、可转让许可，是指引进方除了自己使用引进的技术外，还可将引进的技术分售给第三方。在这种情况下，第三方与原许可方并无合同关系，但是引进方要对原许可方负责，例如，要承担保密义务，要保证正确地使用原许可方的技术，生产出合格的产品。

(5) 互换许可

互换许可又称交叉许可，是指合同双方或各方以其所拥有的技术，按照合同约定的条件相互交换技术的使用权。由于是相互交换，一般不相互收费，但有时要收取差价。互换许可交易既可以是普通许可，也可以是排他许可或独占许可。

二、国际技术服务

（一）国际技术服务的概念

国际技术服务是指一方当事人用自己的技术和劳务，跨越国界地为另一方当事人完成一定的工作任务，或者跨越国界地派遣专家或以书面方式向另一方当事人提供咨询意见，并收取报酬；另一方当事人接受工作成果或者取得咨询意见并付给报酬的技术贸易方式。

（二）国际技术服务的形式

国际技术服务是伴随着国际技术转让而进行的。目前国际上出现了很多以提供信息、咨询、技术示范或指导为主的技术服务性行业。国际技术服务的形式主要有咨询服务和人员培训服务。

1. 咨询服务

技术咨询是指受托方以其掌握科学技术的劳动力为委托方完成一定咨询工作任务，提供咨询意见。具体形式有：帮助企业进行市场分析和制定行业发展规划；为项目投资进行投资前可行性研究；为项目施工选择施工机械；对企业购置设备进行技术鉴定；为大型项目提供设计服务等。

2. 人员培训

人员培训是指技术服务的提供者对生产企业的各类技术人员进行专业培训，培训的方式既可以是让需要培训的人员到技术服务提供国接受集中而又系统的培训，也可以是由技术服务的提供方派专家到技术服务的接受方所在国进行讲学，或进行实际操作示范。

（三）国际技术服务的特点

与许可贸易相比，国际技术服务有着显著的不同。

1. 不涉及技术使用权与所有权的转让

国际技术服务不涉及技术使用权与所有权的转让，而是技术的提供方用自己的技术和劳动技能为企业进行有偿服务。而许可贸易是技术使用权的让渡。

2. 受托方提供的是某种技术性的劳务

国际技术服务的受托方所提供的是某种技术性的劳务，而这里所指的"技术"是指既不具有工业产权的技术，也不具有保密性的技术，它是发明专利技术、实用新型专利技术、外观设计专利技术和专有技术以外的普通技术。而在许可贸易中，许可方提供的是专利技术和商标等具有工业产权性质的技术的使用权和具有保密性的技术——专有技术的使用权。

第四节　国际技术转让与知识产权保护

在当今的国际经济贸易中，国际技术转让的重要性是显而易见的，而作为技术转让的标的——知识产权，则越来越成为国际贸易竞争的焦点。因此加强对知识产权的保护，通过法律等各种手段保护本国、本企业的知识产权，便成为企业在竞争中立于不败之地的有力且必须的武器。本节主要介绍与国际技术转让的主要标的——专利、专有技术和商标有关的知识产权保护法规。

一、知识产权的国际法律保护

知识产权保护的重要性可以说在世界各国已达成共识，只有加强知识产权的保护，才能促进国际技术转让的进一步发展。因此，无论是发达国家还是发展中国家都积极致力于创建和维护与保护知识产权有关的各种国际性公约，使知识产权保护向国际化趋势迈出了一大步。

（一）保护工业产权的国际公约和协定

1.《保护工业产权的巴黎公约》

《保护工业产权的巴黎公约》（简称《巴黎公约》）是迄今为止最广泛、最基本的保护工业产权的国际公约。该公约 1883 年订立，1884 年正式生效。公约中保护工业产权的范围包括发明专利、实用新型、工业品外观设计以及制止不正当竞争，其中的基本原则和制度对工业产权的国际保护产生了深远的影响。

2.《专利合作条约》

《专利合作条约》(PCT)于 1970 年签署于华盛顿,1978 年生效。该条约是一个程序性的国际专利申请条约,其主要作用是简化了其成员国国民在成员国范围内申请专利权的手续,降低了在多国申请专利权的费用。另外,对于那些采用专利实质性审查原则而本国专利局又缺乏审查能力的公约成员国,《专利合作条约》可以帮助这些国家就专利的实质性条件做出初步审查报告。

3.《商标国际注册马德里协定》

《商标国际注册马德里协定》(简称《马德里协定》)是在西班牙首都马德里签订的有关商标注册的国际协定,旨在保护商标所有人的商品或服务项目的标记。该协定简化了商标国际注册的手续,节省了费用,同时在取得商标国际注册后,还享有《巴黎公约》所规定的优先权。

4. 与商标注册和保护有关的其他国际协定

为了弥补《商标国际注册马德里协定》的局限性,更好地开展商标国际保护合作,1973 年 6 月 12 日在维也纳签订的《商标注册条约》为商标国际注册也提供了方便。此外,《为商标注册的目的而使用的商品与服务分类协定》(《尼斯协定》)和《维也纳协定》都是针对商标的管理和保护而达成的条约。

5.《欧洲专利公约》

《欧洲专利公约》是保护工业产权的区域性国际公约。随着欧洲各国经济、科技的发展,逐渐显露出统一协调欧洲各国专利法,建立一个从申请到授权一体化专利制度的热切愿望。1973 年欧洲 14 国签订了欧洲专利公约,并于 1978 年正式生效。目前,欧洲专利公约成员国已达 19 个。欧洲专利公约是一个地区性国家间专利组织,只对欧洲国家开放。欧洲专利公约为各成员国提供了一个共同的法律制度和统一授予专利的程序。审查程序采取早期公开、延迟审查及授权后的异议制度。提出欧洲专利申请时,可以指定一个、几个或全部成员国。一旦依照公约授予专利权,即可在所有指定的成员国生效,与指定的各成员国依国家法授予的专利具有同等效力,欧洲专利权有效期是自申请日起 20 年。然而,这仅仅是一个负责审查和授予欧洲专利的公约,对于欧洲专利的维持、行使、保护,以及他人请求宣告欧洲专利无效,均由各指定的成员国依照国家法进行。

(二) 保护专有技术的国际协定

对专有技术的保护,国际商会在 1961 年最先制定《有关保护 KNOW-HOW 的标准条款》。1965 年由世界知识产权组织的前身"巴黎联盟"的国际局主持起草了一部《发展中国家发明示范法》,其中第二部分为 KNOW-HOW 的保护问题,后多次修订,在 1980 年的修订本中,将有关技术转让的内容另立了一个单行示范法,即《商业秘密及技术转让合同登记示范法》。这个示范法在一定程度上反映不同国家的法律贸易活动惯例中所承认的一些共同规则。

（三）WTO的《与贸易有关的知识产权协议》

WTO的《与贸易有关的知识产权协议》(TRIPs)是世界贸易组织的前身关贸总协定乌拉圭回合中所签署的一揽子协议的一部分，于1994年4月签署。该协议共七部分，其中第二部分是协议的核心部分，详细规定了知识产权的保护范围和标准。下面重点介绍与国际技术贸易有关的主要内容。

1. 商标的保护

根据协议第十五条规定，能够使一企业商品或者服务同其他各企业商品或者服务相区别的任何标记或者标记的组合，均能构成商标。除商品商标外，服务标记也可以作为商标注册登记。第十六条规定，注册商标的所有人对其注册商标享有独占权。任何他人未经商标所有人的许可，不得在经营活动中对相同或者类似的商品或者服务使用与注册商标相同或者类似的商标。第十八条对保护期限做了规定：商标首次注册保护年限为7年，且可无限地续展。商标注册后，如无正当理由而连续3年不使用的，该商标权应予以取消。

2. 外观设计的保护

根据协议第二部分第四节，各缔约成员应对新的、独特性的设计给予保护。受保护的外观设计所有人有权禁止他人未经许可，以盈利为目的的制造、销售或者出口使用该外观设计产品或体现了该外观设计的产品，以及复制上述产品。此外，协议还特别规定了工业外观设计的保护期限至少是10年。

3. 专利技术的保护

关于保护专利技术保护客体，协议第二十七条规定，专利可授予所有技术领域的发明，不论是产品发明还是方法发明，只要其具有新颖性、创造性和工业使用性即可。关于专利人的权利，协议第二十八条规定专利权人享有专利的专有权，任何其他人未经专利人许可，不得制造、使用、销售或进口其他专利产品；专利权人有权转让其专利，或通过许可合同实施其专利。关于专利权的保护期，协议第三十三条规定，不应少于自申请日期20年。

4. 对未公开信息的保护

协议第三十九条要求缔约方对未公开信息实行法律保护。协议所称的未公开信息，包括商业秘密和未公开的实验数据。至此，包括专有技术在内的商业秘密和未公开的实验数据被正式纳入了知识产权的保护体系之中。协议规定，为了使《巴黎公约》有关反不正当竞争规定有效执行，自然人或法人不应让第三人不经所有人同意，以违反诚信的商业行为获得或使用其所控制的未公开的信息，条件是这些信息必须是秘密的、具有商业价值的并未经权利人采取了合理的保密措施的。

5. 对技术贸易许可合同中限制竞争行为的控制

根据协议第二部分第八节，协议所称的限制竞争行为系指在合同中滥用知识产权对市场竞争造成消极影响的许可行为和许可条件。协议允许缔约方通过国内法来防止和控制许可协议中的反竞争行为。协议列举了单方面回授条款等限制性商业做法，但没有直接以条约形式禁止这类行为，仅规定一旦发生此类纠纷，有关缔约国应相互合作，共同采取措施解决。

（四）国际许可合同中对知识产权内容的保护

在国际技术转让合同中最常见的便是国际许可合同。因此，转让方如何在国际许可合同中利用相应条款保护自己的知识产权，防止对方侵犯自身的权利，受让方又如何尽量从转让的技术中获得更多的利益，避免转让方不合理的限制便成了国际贸易中买卖双方考虑的主要问题。

在国际许可合同的法律条款中都不同程度地对保护知识产权做了相应的规定，其中的保密条款主要是对转让的标的进行保护的有利条款。作为转让标的专利技术是已经公开的技术，它可以通过法律直接得到保护，因而一般不存在保密问题。但是没有经过专利登记的专有技术，则只能由专有技术持有人通过自己的保密手段达到保密的目的。因此，在国际许可合同中一般都定有详细的专有技术保密条款，要求技术受方对技术供方所提供的专有技术及技术资料等一切秘密情况负有保密责任，并保证不将这些技术秘密泄露给第三方。由于这些秘密情报是技术供方进行市场竞争的重要凭借，因此其要求技术受方承担保密责任，以保障专有技术的秘密性是合理的，也是必要的，是其利用许可合同中的条款保护自身知识产权的有效措施。

二、知识产权各国的国内法律保护

在遵守和履行有关保护知识产权的国际公约协定的同时，为了实现本国的利益，在国际技术转让中有效而充分地保护本国的先进技术，各国在国内立法中也做了大量的有关规定。

（一）发达国家的国内知识产权法律保护

发达国家主要是通过工业产权法、反不正当竞争法、反竞争限制法、反垄断法等，从不同角度对技术转让及相关知识产权加以管理和保护。

1. 英国对知识产权的法律保护

英国是最早保护知识产权的国家，早在 1662 年，英国就建立了图书许可证制度。1710 年《安妮法令》生效，成为世界上第一部版权法，《安妮法令》所规定的作者是著作权的拥有者以及在固定期限内保护出版著作的原则，至今仍是版权法的核心内容。1875年，英国皇家委员会将《安妮法令》改进和强化成英美政府间的双边协议。1852年，英国政府颁布《专利法修正法令》并设立英国专利局(UKPO)，迄今已有150多年的历史。1990年，UKPO正式成为政府机构，隶属于英国贸易和工业部(DTI)，经英国政府批准，2007年4月2日，英国专利局正式更名为英国知识产权局(UKIPO)。英国社会对知识产权的保护一直十分重视，认为知识产权制度是决定英国现在及未来知识经济时代能否制胜的法宝，是鼓励个人和企业创新与创造价值的动力源泉，是提高英国制造业、科技部门及文化产业部门竞争力的关键所在。英国的知识产权法律包括《专利法》、《外观设计注册法》、《商标法》、《著作权法》及其他知识产权相关立法；很多知识产权政策都是在欧洲和全球水平上制定的。

2. 美国对知识产权的法律保护

在美国，对知识产权的法律保护由来已久。1789年开始实施的《宪法》第一章第八条第八款指出，国会有权"保障著作家和发明人对各自的著作和发明在一定的期限内的专有权利，以促进科学和实用艺术的进步"。此后，美国又先后制定了《专利法》、《商标法》、《版权法》、《反不正当竞争法》、《互联网法》和《软件专利》。为了全面执行世界贸易组织《与贸易有关的知识产权协定》规定的各项义务，1994年12月8日美国政府制定了《乌拉圭回合协议法》，对知识产权法律做了进一步的修改和完善。对知识产权的强有力保护是美国崛起成为世界超级强国的重要原因。

3. 日本对知识产权的法律保护

日本具备较为严密的知识产权法律体系，其知识产权法律制度由以下实体法组成：《专利法》、《实用新型法》、《外观设计法》、《商标法》、《版权法》、《不正当竞争防止法》、《商法》、《半导体集成电路流程设计法》、《种子和种苗法》、《海关法》。日本早在1947年就公布了《禁止私人垄断与保持公平贸易方法的法律》，同时还通过了《外资法》与《外汇法》等多种法律，形成了本国技术保护的法律体系。对于专有技术的保护，在日本不受特别法的保护，而是根据判例法的原则受到保护。

4. 韩国对知识产权的法律保护

韩国非常重视对知识产权的法律保护。韩国保护知识产权的法律体系严密，其知识产权法律有：《专利法》、《实用新型法》、《外观设计法》、《商标法》、《版权法》、《计算机程序保护法》、《半导体电路设计法》、《不正当竞争防止与商业秘密保护法》、《种子产业法》、《海关法》。

韩国的商标、专利执法权属于法院，法院对注册商标、专利的保护及处理措施与我国相近，有民事制裁和刑事制裁，海关有没收货物等部分行政执法权，韩国知识产权局只有对假冒商标、专利商品的行政调查权，但没有行政执法权，其主要职责是商标权、专利权的授予部门。对驰名商标的保护限于判例和个案认定。

韩国《不正当竞争防止法和商业秘密保护法》(UCP&TSP ACT)通过制止仿冒等不正当竞争行为，对未在韩境内注册的知名商标提供有效保护。

(二) 发展中国家的国内知识产权法律保护

发展中国家除了通过外国投资法、工业产权法等对本国的知识产权进行保护外，还制定专门的技术转让法来加强对本国的知识产权的保护。

作为发展中国家的典型代表之一，印度知识产权制度建设起步较早，比中国早 100 多年，目前已形成颇具其本国特色的知识产权法律体系。印度现行知识产权法律包括经由《2005 年专利(修订)案》修订的《1970 年专利法》、《2000 年设计法》、《1999 年商标法》、《1957 年版权法》、《1999 年商品地理标志(注册和保护)法》等。作为英国的前殖民地，印度知识产权立法深受英国影响，部分殖民时期英国统治者制定的法律一直沿用至 20 世纪 70 年代。为跟上知识产权制度发展的国际趋势，遵循 WTO 规则，适应其本国经济发展和经济全球化进程，印度适时地修改、完善了相关法律、法规，但是无论是对哪种类型的知识产权法律进行何种程度的修改，印度始终坚持“履行国际承诺的同时坚决维护国家利益”，而且在各种场合都直言不讳地宣扬这一原则。

墨西哥于 1972 年颁布了《墨西哥关于技术转让登记与使用专利权及商标权的法律》，加强了在技术转让中对专利和商标的法律保护。

巴西于 1962 年制定了关于对外国付款的技术合同的相关条款。

阿根廷于 1971 年制定了关于许可证与技术转让的法律。

秘鲁于 1981 年颁布了确定外国技术、标记或专利的许可人与被许可人的权利与义务的规则，其中的有关条款均对专利以及商标、技术知识产权的内容进行了保护和控制。

三、我国保护知识产权的法律、法规

(一) 我国保护知识产权的法律、法规概述

中国的知识产权保护制度的筹备酝酿起始于 20 世纪 70 年代末期，是伴随着我国的改革开放而起步的。1982 年出台的《商标法》是我国内地的第一部知识产权法律，标志着我国的知识产权保护制度开始建立。1984 年《专利法》、1990 年《著作权法》的推出，标志着我国知识产权保护制度的初步形成。

经过 30 多年的努力，我国的知识产权法律、法规制度已经基本健全和完善，取得了令人瞩目的成绩。我国的知识产权法律、法规制度由两部分构成：一部分是国内法；另一部分是国际法，主要包括我国参加的有关知识产权保护的国际公约，以及签署的双边或多边知识产权保护协议。我国已自行制定实施的知识产权专门法律、法规、行政规章(含实施细则)有 18 种；我国与知识产权有关的最高人民法院司法解释有 16 种；我国已经加入了

15个有关知识产权保护的国际公约;我国还与有关国家签订的双边或多边的有关知识产权问题的协议,备忘录等法律文件,其中最重要的,对我国影响较大的当属中美之间的一系列协议。知识产权法律、法规体系的建立和完善促进了我国的科技创新活动和我国技术贸易的发展,使我国的综合国力逐步增强。

(二)我国加强知识产权保护的做法

1. 重视与各类国际知识产权组织的合作

1978年以前,由于中国处于封闭状态,进出口技术的数量较少,侵犯知识产权的事例也极为少见。对外开放以来,随着中国技术进出口数量的增加,知识产权的保护问题便提到议事日程。中国政府十分重视与国际各类保护知识产权组织的合作,改革开放之初便着手进行加入有关国际保护知识产权组织的工作。

我国于1980年6月3日加入了世界知识产权组织,1985年3月9日成为《保护工业产权巴黎公约》的成员国,1989年10月4日成为《商标注册马德里协定》的成员国,1992年10月15日成为《保护文学和艺术作品伯尔尼公约》的成员国,1992年10月30日成为《世界版权公约》的成员国,1993年4月30日成为《保护录音制品制作者防止未经许可复制其录音制品公约》的成员国,1994年1月1日成为《专利合作条约》的成员国,1994年8月9日成为《供商标注册用商品与服务国际分类尼斯协定》成员国,1995年7月1日成为《国际承认用于专利程序的微生物保存布达佩斯条约》的成员国,1996年6月17日成为《国际专利分类斯特拉斯堡协定》的成员国,1996年9月19日成为《建立工业品外观设计国际分类的洛迦尼斯协定》的成员国。此外,中国还参加了关贸总协定乌拉圭回合与贸易有关的知识产权协议谈判的全部过程,并在协议上签了字。

2. 加强知识产权的国内保护工作

中国在保护知识产权方面进行国际合作的同时,在国内也做了大量的工作。这主要表现在4个方面:一是颁布了一系列有关保护知识产权的法规,如1982年、1984年和1990年分别颁布了《商标法》、《专利法》和《著作权法》;1986年颁布的《民法通则》将知识产权作为一个整体并被确认为公民和法人的民事权利;为配合上述法律的实施,从1991年至1996年又先后颁布了《计算机软件保护条例》、《实施著作权条约的规定》、《关于惩治侵犯著作权犯罪的决定》、《关于惩治假冒注册商标犯罪的补充规定》、《反不正当竞争法》、《知识产权海关保护条例》、《驰名商标认定和管理暂行办法》和《马德里商标国际注册实施办法》等;二是设立了保护知识产权的专门机构,如国务院有关主管部门和地方政府都设立了专门的专利管理部门、版权管理部门和商标管理部门,海关总署也设立了知识产权边境保护处;三是做了大量的专利和商标的授予和注册工作;四是对违反知识产权法律、法规的单位和个人给予了严厉的查处。

德国向中国转让高铁技术

1. 政府外交助推

20世纪90年代中期，中国铁道部提出修建京沪高速铁路的规划，规划中的京沪高速铁路全长1 300多公里，工程投资总额达上千亿元，是规模仅次于三峡工程的中国第二大工程。

自从中国提出此规划以来，世界上拥有成熟高速铁路项目技术的公司就把目光纷纷投向中国，开始了旷日持久的市场争夺。其中以德国西门子的磁悬浮技术(从去年开始也加入了高速轮轨技术)、法国阿尔斯通的高速轮轨和日本新干线的呼声最高。在近10年的较量中逐渐形成了三足鼎立的格局。在三足鼎立的格局中，无论三角形的哪一个角增加砝码，都会使三点的平衡被打破。

而在三家公司正面角力的背后，是三国政府不停的游说。2003年12月，德国总理施罗德到访中国，在与国务院总理温家宝共同会见记者时，温家宝明确表示，京沪高速铁路的建设还需要充分的论证和科学的选比。中国修建这条铁路要引进世界先进技术，并就此实行公开招标。

法国同样对京沪高铁项目给予厚望。在2004年中法文化年的背景下，2004年10月，法国总统希拉克访华前，在回答新华社记者关于法国有无希望获得承建京沪高速铁路的合同的问题时，更是明确表示："我希望法国拿到合同。法国技术是最好的！""我肯定是要替法国企业说话的！"法国政府主管铁路部门的高级官员和法国阿尔斯通运输公司董事长兼首席执行官柏珂龙就曾表示，愿意向中国转让"全面技术"。

2004年8月份的第一次招标，德国西门子意外落选，法国、日本以及加拿大的庞巴迪胜出之后，各方随即为第二轮招标再次展开竞争。

在引进世界先进技术的背后，实际上是各国是否愿意向中国转让高铁核心技术的问题。

德国人清楚，在磁悬浮失意、第一轮招标西门子再次出局的"前车之鉴"中，核心的问题，都是保守的德国人对转让技术的顾忌。德国的磁悬浮技术由西门子公司和蒂森克虏伯集团用了几十年时间共同研发成功，耗资数十亿美元。

对西门子来说，施罗德访华正是其重要筹码。2004年12月初施罗德再度访华"二次出击"，德国人这一次势在必得。由西门子和蒂森克虏伯集团合资的德国磁悬浮列车集团是此次访华商业代表的重量级成员之一。西门子总裁冯·皮埃尔是此次陪同德国总理施罗德访华的40多位经济界代表中的一员。其随从中还有庞巴迪(德国)运输公司的总经理克劳斯·鲍尔。正是庞巴迪(总部在加拿大,但其业务量半数在欧洲)公司,在第一轮招标中击退西门子,与日本新干线、法国阿尔斯通一并成为胜利者。因此日本共同社分析认为,施罗德此行旨在强化与中国国家主席胡锦涛等领导层的关系,并在与日本展开竞争的中国高速铁路计划等事宜上"力挽狂澜"。

施罗德的"二次出击"还真有收获,与中方签订了众多的项目,其中西门子交通技术集团同中国南车集团株洲电力机车厂合作,共同获得一项提供180台双节交流传动电力机车的巨额订单,西门子交通技术集团的订单部分大约价值3.5亿欧元。3.5亿欧元的单子仅仅是西门子期望中的一个零头小数,陪同施罗德访华,冯·皮埃尔的真正目标,是中国铁路改造的第二轮招标,当然包括超过100亿欧元的京沪高速铁路。

2005年11月初,中国铁道部与德国西门子公司在德国签下了63.5亿元人民币购买60列高速列车的框架协议。中国的高铁规划是以时速200公里为起点,但这一次,德国人向中国转让了9项时速300公里的高铁技术,这也是全球最先进的铁路技术。11月20日,随着双方在北京的再次握手,这项历史性合作进入了实质性阶段。

2. 可能替代坐飞机出行

德国铁路公司的高速列车,在当地被称为ICE,主要由西门子公司提供。和国内列车最大的不同点在于:这一列车的自动化水平相当高。比如在上下车时,没有列车员来负责开关车门,乘客可以自己按动按钮开关车门,或者列车在启动时自动关闭车门。此外,车厢之间的玻璃门上,都装有自动感应装置。当乘客走到跟前时,车厢门会自动开启,这就让身背肩扛的旅客省去伸手开关车门的麻烦。

ICE高速列车内宽敞、明亮,并且全部安装有空调。如果乘坐一等车厢,车厢内还设有电视屏幕,为乘客提供新闻和电影节目。此外,在部分带有桌子的座椅旁,还设有电源插座,这样一来,电脑一族就可以在旅行途中继续工作或者娱乐。

除了舒适之外,ICE列车给人们带来的另外一大好处自然是它的速度。由于地理环境的制约,ICE列车在实际运行时一般不会达到其设计的最高时速,而现在最为先进的ICE3列车,时速已经达到300公里。凭借这样的舒适度和时速,ICE列车很有可能成为替代航空的旅行方式。

3. 引进最先进的一种

据西门子公司介绍,卖给中国的高速列车型号名为CRH3,是在德国ICE型列车基础上,按照中国铁路标准进行必要的设计改进后开发的产品。其运行速度可达到时速300公里,每列车长200米,定员601人。这种车是目前高速火车中最先进的一种,最大特点是车行平稳。这批列车将于2008年首先运行于北京—天津线路,随后将应用于中国其他高速列车线路。

在国际上,时速200公里只能称为准高速,目前六大干线部分列车的最高时速也能达到200公里。但从时速200公里到300公里,则是一次质的飞跃。西门子高速列车的引进，标志着中国正式迈向真正的高速铁路时代。

未来十几年，中国内地经济仍然处在高速增长时期，中国东南沿海地区的铁路需要，以及京沪、京津、沪宁、武广等这些发达地区的铁路线将会连成一张全球罕见的高铁网，那时，中国的高铁市场将大得难以想象。

这次德国获得新订单表明，在战略眼光的较量中，日本已经处于下风。精明而实际的日本商人如果不想如此轻易就将巨大的中国高铁市场拱手让出，还需调整一下思路。

4. 入局需要战略眼光

从 20 多年前德国首先向中国转让汽车技术起，到这次转让高铁技术，可以看出德国人是多么富于战略眼光。

过去几年中，机械化逊色于信息化是人所尽知的论断，但回望 20 年前，情况就不是这样了。那时，全球化的概念还没有流行，也没有信息化，机械技术是一个国家生产力的象征。那时，底特律是美国汽车业的权重，丰田与本田是日本工业的象征，德国鲁尔区还在代表欧洲的工业形象。

然而，正是那个时候，德国人首先向中国转让了汽车技术，我们才有了桑塔纳、奥迪、小红旗的制造，才有了当时的中国汽车工业加速。20 年后想一想，德国人又失去什么了呢？什么也没有，这个国家的汽车商在中国获利丰厚，它的成功让整个西方眼红。

当时，汽车大国美国和日本一度心态犹豫：丰田和本田怕先进的东西让中国学到手，美国更多出于意识形态上的偏见而不愿提供汽车技术。但“冷战”期在 1990 年戛然而止，随后的 10 年，是中国经济跨越黄金期的 10 年，日美汽车商才如梦初醒，但最丰厚的赚钱时机已经过去了。

德国选在当时欧洲经济那样一个忧郁的时期来到中国，这是一个开明的选择，只要假以时日，就会在中国经济最高潮的时刻获得更大回报。对中国巨大的高铁建设市场，德国、法国、日本等国的高铁都在等待入局中国，同样，他们也需要一种战略眼光来看待“以技术换市场”的逻辑，一如 20 年前德国向中国转让汽车技术一样。

资料来源：中国高铁梦想　三个铁路技术最发达国家抢夺市场. 新浪网，2006-07-03. http://finance.sina.com.cn；陈红. 施罗德助战西门子　中国高速铁路德国造. 财经时报，2004-12-11；不愿转让高铁技术　日本对中德合作很吃醋. 新浪网，2005-12-01. http://www.sina.com.cn.

问题：

1. 查阅资料，分析发达国家高铁技术和高铁发展情况。
2. 分析 2004 年 8 月的中国高铁第一次招标中，德国西门子落选的原因。
3. 分析德国政府和德国企业为获得进入中国高铁市场的机会而采取的措施。
4. 对中国来说，今后应如何进一步完善高铁技术引进的政策和措施？
5. 查阅资料，分析大国政府高层互访在国际经济合作中的作用。

本章小结

本章首先阐述了国际技术转让的含义、特点、作用、简史和动因。然后分析了国际技术转让的主要标的或对象——专利技术、专有技术、商标权，对它们的含义、特征、区别以及授权的条件或原则进行了阐述；分析了国际技术转让的方式——许可贸易和技术服务，重点对许可贸易的具体方式进行了阐述。最后介绍了国际技术转让中知识产权保护途径——知识产权的国际法律保护、国内法律保护和中国保护知识产权的法律、法规。国际知识产权立法和国内知识产权立法。通过本章的学习，学生能够熟悉国际技术转让的标的和方式，为以后从事国际技术转让工作打下良好的基础。

复习思考题

1. 什么是国际技术转让？它有何特点？
2. 专利技术与专有技术有何区别？
3. 什么是许可贸易？解释许可贸易的具体方式。
4. 什么是技术服务？它与许可贸易有何不同？

技术引进新模式有助打破创新瓶颈

经济持续增长的关键是产业结构升级，而产业结构升级的关键则在于技术水准的提高。近期有媒体刊登了一则不太显眼但却意义深远的消息：以色列一家私募股权基金——英菲尼迪股权基金管理集团(Infinity Group)希望通过建立知识产权银行，收购以色列或者其他国家短期内无法变现的技术产权，结合中国的廉价劳动力和制造业基础，利用中国对外国技术的渴求来共同牟利。

出于保护本国知识产权等原因，西方发达国家对中国的技术封锁实质从未中断过。直至近期奥巴马政府提出"出口倍增计划"，呼吁加大对中国等发展中国家的高科技产品出口比例，技术出口管制才有所缓解。然而相对于中国产业经济转型所需的技术进口需求而言，欧美传统发达国家的技术出口仍远远无法满足，中国必须在短期内寻找其他途径。这也是近期诸多企业走出国门，积极收购外企的主要原因之一。

从优先序列来看，国内资本"走出去"收购的对象，最优为具备中长期发展潜力的核心技术，次优为关键矿产资源，较次的是获得少数股权甚至只是以债权形式投资回报。从实际收效看，目前无论是民企还是国企，成功实施收购的多属较次的入股获利；在关键矿产资源领域能够纳入囊中的一般已属“非主流”边缘资产；而在具备发展潜力的核心技术方面，基本尚未入门便已遭西方国家以“威胁安全”借口封杀。

中国今后再像对外开放初期阶段那样借助欧美中低端技术转移已经不太现实。除了不断提升自身的创新研发能力，技术引进必须开辟除欧美以外的“第三方通道”。通过投资知识产权银行模式批量引入国外技术，并将其与国内产业提升和市场开发相结合是一项大胆的尝试。

从英菲尼迪基金在中国的实践看，确保技术“走进来”并为我所用的关键在于两点：一是搜索到技术提供方和国内引进方共同所需的技术产权；二是确保转让过程中知识产权得到有效保护。第二点也是传统西方发达国家长期以来诟病中国的焦点，对于“走进来”并为我所用的知识产权，必须强化监管力度，并逐步建立起长效保护机制。

而对于第一点，中国必须强化与英菲尼迪这样知识产权转移基金的合作力度。事实上，此前中国台湾地区依靠美国硅谷华裔科学家打造国际IT行业航母的历史告诉我们，强化与外部技术力量的合作是技术增长领域实现“赶超式”发展的主要路径。尤其是在新能源、新材料等新兴技术领域，中国与欧美发达国家同样处于起步阶段，彼此之间技术差距较小，进入壁垒较低，是中国大力引入的先进技术领域。

如何扩大与以色列这样技术转移国之间的合作，应该是下一步中国技术引进的关键所在。以色列这样国家的普遍特征在于：国内技术研发能力很强，但是由于国内劳动力成本较高、产业基础薄弱，对科研创新的变现能力有限。中国可以考虑制定相应的技术引入对策，如对知识产权银行的投资力度，中投这样的国家级对外投资公司也应加强对国内外技术引入型基金的扶植力度；提升鼓励帮扶力度，如税收和产业政策方面的优惠等，帮助企业度过引入技术初期的财务艰难时期。

当然，最终中国经济的腾飞还是离不开本身的创新造血能力。台湾地区IT代工巨人无法成长为真正的IT行业巨头的前车之鉴告诉我们，中国崛起不能靠富士康这样的代工厂，而要靠英特尔这样的行业高端领跑者。在投资知识产权银行的同时，培育自主创新能力必不可少。值得注意的是，中国研发创新人员并不应局限于国内和海归人员，像以色列这样可以向中国有偿转让的海外创新研发力量也应得到充分的重视。

资料来源：陆志明．技术引进新模式有助打破创新瓶颈．国家知识产权局网站，2010-09-27．www.sipo.gov.cn.

第 8 章 国际劳务合作与国际工程承包

学习目标：

通过本章的学习，学生应该能够：

1. 重点掌握国际劳务合作的概念和方式；
2. 掌握国际工程承包的概念、基本程序和合同种类；
3. 掌握国际工程承包报价；
4. 了解劳务成本和报价、劳务合同的主要内容。

劳动力的国际流动在资本原始积累时期就开始了，当时西欧殖民者猎取黑人贩卖到美洲做奴隶，从中牟取暴利。我们今天所说的国际劳务合作，是产生于第二次世界大战之后的、发生在主权国家之间的劳动力要素流动，是国际经济合作的重要方式之一。当代的国际劳务合作的广度和深度都有空前的发展。国际工程承包是在“二战”后兴起的一种国际经济合作方式。一项承包工程建设不仅涉及土木工程，还涉及融资、技术、劳务、管理和保险等经济活动，因此是一项综合性较强的国际经济合作活动。随着科学技术的进步和经济社会的发展，国际工程承包的内容日趋复杂，规模更加庞大，具体承包方式和合同种类日益多样化。

第一节 国际劳务合作

一、国际劳务合作的概念和方式

（一）国际劳务合作的概念

在中国，国际劳务合作有特定的含义，是我们国家对派出劳务的特定称谓。旧中国输出的华工流落海外，受尽凌辱，人们从感情上不愿意接受劳务出口的概念，因此，国际劳务合作是我国特定含义的劳务输出。

从一般意义上理解，国际劳务合作是指劳务的国际流动，实际上是一种劳动力要素在国际间的重新组合配置，包括劳务的输出和输入，所以也可称为国际劳务贸易。劳务输出也称劳务出口，实际上就是劳动力的输出，是指拥有一定技能或符合国际劳动力市场需求的普通劳动者为获得各种形式的收益，出国从事各种形式的有偿服务。这在人口学上叫"人口流动"或"有劳动能力的人口流动"，劳动力的流动一般是以实现其自身的价值增值为动力，并伴随着国际市场需求而产生的。输出劳务的国家称为劳务输出国。劳务输入也称劳务进口，是指一国从另一国进口劳务从事某项事业并支付报酬。输入劳务的国家称为劳务输入国。

随着国际分工深化，劳务的输出与输入不断增加，目前已成为国际经济合作的一个重要组成部分。

（二）国际劳务合作的方式

目前国际劳务合作主要采取以下几种方式：

1. 通过国际工程承包的劳务合作

国际工程承包一般涉及考察、勘探、设计、施工、安装、调试、人员培训甚至经营等工作，这些工作需要承包商向业主国派出一定数量的施工、技术和管理人员。

2. 通过技术和设备进出口的国际劳务合作

技术的出口国在向技术的进口国出口技术时，技术的进口国往往要求出口国派出有关技术人员进行技术指导，或对进口国的有关技术人员进行培训，这种方式派出的劳务人员一般是技术劳务。

3. 直接输出输入劳务

有些国家通过签署合同的方式，直接向需求劳务的国家出口各类劳务人员，如医生、护士、海员、厨师、教师、体育教练员等。

4. 通过在海外投资设厂的国际劳务合作

一国的投资者在海外创办独资企业、合资企业和合作经营企业的同时，派出一些技术人员和管理人员，如果东道国允许，甚至还会派出一些普通工人。

二、国际劳务合作的客观必然性

20 世纪 70 年代以来，国际劳务合作迅速发展，劳务贸易的发展速度超过了商品贸易，其比重已约占世界贸易总额的 25%，发达国家的劳务贸易已占其对外贸易总额的 30%～40%，劳动力要素已成为国际市场上最活跃的要素之一。据国际劳工组织的统计，当前国际流动劳务总数每年约保持在 2 500 万～3 000 万人。劳务输出之所以在 20 世纪 70 年代以后得以迅速发展有其客观必然性。

(一) 世界经济发展的不平衡性

从 19 世纪英国工业革命以来,世界经济发展的不平衡性是普遍的规律和特征,形成了发达国家和发展中国家两种国家类型。"二战"后世界经济发展的不平衡性并没有消退,反而有所加重。发展中国家国家技术落后,资源有限,资金短缺,而人口却较多,受国内技术水平和产品销售市场所限,使其国内的企业数量和工业规模也十分有限,这就造成了就业压力。而发达国家国家技术先进,工业规模十分可观;也有些国家凭借独特的矿产资源而大幅提高国民收入水平,如石油输出国家,因而劳动力的相对不足便显示出来,需要引进外籍劳务来弥补国内劳动力的短缺。因此世界经济发展的不平衡性是国际劳务合作的根本原因。

(二) 经济生活的国际化

"二战"后以来,和平的国际环境使科学技术得以飞速发展,各国之间的经济关系也日益密切,谁都不能在封闭的状态下求得发展,各国为求得发展便开始了经济生活国际化的进程。即使最发达的国家也不可能做到在所有领域都领先,因而引进技术和技术劳务便成为其保持领先地位的一个重要途径。发展中国家也在逐步对外开放,融入经济国际化的潮流中,一方面允许其国内供应充足的要素性劳务输出海外,另一方面又从海外输入短缺的技术劳务。

(三) 世界产业结构的调整和国际分工的深化

国际分工的深化和产业结构的调整促使资金、原材料、设备、技术在国际间自由移动,发达国家往往还在输出大量过时技术的同时,带动了很多技术劳务和普通劳务的输出,以缓解国内的就业压力。而发展中国家引进技术发展经济的同时,需要外籍的技术劳动力对国内劳动力进行技术指导,以发展国内的落后产业或创建国内的空白产业。这些都推动了劳务输出。

三、国际劳务市场及其与商品贸易市场的区别

(一) 国际劳务市场概况

国际劳务市场是世界上从事劳务交易的场所。国际劳务市场是整个国际市场的重要组成部分,它对劳动力要素在国际间的流动起着非常重要的作用。国际劳务市场经过了 20 世纪五六十年代的孕育与发展,形成了西欧和北美两大劳务市场。随着 70 年代西方国家经济陷入滞胀和 80 年代的缓慢增长,以及中东国家石油收入的剧增和亚洲"四小龙"的兴起,国际劳务市场已从只进行普通劳动力流动的西欧和北美两大市场,发展成为亚

太、中东、西欧、北美、拉美和非洲并能提供多种劳动服务形式的多元化市场。进入 90 年代以后，由于世界经济增长缓慢，各国的贸易保护主义日益加强，使劳务市场上的竞争更趋激烈。目前，随着多数国家采用调整与发展并重的政策，国际劳务市场呈现出对技术劳务需求增加的态势，而且国际劳务市场多元化的趋势还在进一步加强。

（二）国际劳务市场与国际商品贸易市场的区别

国际劳务市场与国际商品市场有很大的不同，其不同点主要表现在两个方面：一是交易的对象不同。商品交易市场交易的对象是有形的，即有形的实物，故称之为有形贸易。而劳务市场上交易的标的是无形的，即非物化的活劳动，故称之为无形贸易。二是交易场所的设置不同。商品交换场所有很多是固定的，如各类商品交易所以及定期举办的展销会和贸易洽谈会等，而劳务市场一般没有固定的场所，经常是哪里有劳务需求，哪里就是劳务市场。

四、国际劳务合作的影响

国际劳务合作已成为国际经济合作的一种重要方式，对劳务的输出国和输入国产生了较大的影响。

（一）对劳务输出国的影响

1. 对劳务输出国的积极影响

（1）增加了劳务输出国的外汇收入

很多国家通过劳务输出和工程承包获取了可观的外汇收入，尤其是一些人口密度较高的发展中国家，如印度、巴基斯坦等国已从劳务输出中获得了相当可观的外汇收入。他们中的有些国家外汇收入的一半以上来自国际劳务合作。这些源源不断的外汇，对其经济发展起到了促进作用。

（2）缓解了劳务输出国国内的就业压力

有些发展中国家人口密度大，而且工业落后，其国内根本无法安置过剩的劳动力，劳务输出便成为解决这一问题的出路之一。

（3）劳务输出国学到并掌握了国外的一些先进的技术和管理方法

外派的劳务人员在国外提供劳动服务的同时，也掌握并带回了国外先进的技术和管理方法，从而提高了外派劳务人员的素质。

（4）扩大了劳务输出国的商品出口

劳务输出国在外派劳务提供各种服务的同时，也将本国的原材料、设备和技术等出售给了输入国。

(5) 增加并提高了输出国劳动服务者个人的收入

劳务的提供者到国外从事劳动服务不仅获得了收入,而且其收入一般高于国内,进而又提高了其生活质量。

2. 对劳务输出国的消极影响

(1) 造成劳务输出国的人才流失

国际劳务市场对劳务人员的需求日趋高档化,技术劳务输出不断增加,这势必造成劳务输出国,特别是一些发展中国家的大批优秀人才外流,对劳务输出国的经济发展带来了不利的影响。

(2) 造成技术泄露

随着劳务输出到海外,尤其是技术劳务输出海外,劳务输出国禁止和限制出口的本国技术会随之泄露,对本国科技创新和经济长期发展造成不利影响。

(二) 对劳务输入国的影响

1. 对劳务输入国的积极影响

(1) 促进了输入国的经济发展

一些发展中国家,特别是中东地区的一些国家,利用外籍劳务人员的技术促进了本国的经济发展,实现了社会的繁荣昌盛。这些国家的经济建设、经营管理主要依靠外籍劳务人员,外籍劳务人员已成为这些国家经济发展的不可缺少的力量。

(2) 解决了输入国劳动力短缺的问题

大多数劳务输入国都存在着劳动力短缺现象,通过输入劳务可以弥补其不足。

(3) 引进技术,节省经费和时间

发展中国家经济落后,文化不发达,缺少技术、管理人才,通过输入人才,与外籍劳务合作,可以直接学到先进的技术,既节省了时间,又提高了经营水平。

2. 对劳务输入国的消极影响

(1) 产生对外籍劳务的依赖性

由于劳务输入国许多行业的雇主要依靠外籍劳务,一旦这些外籍劳务撤离,则其经济发展就会处于停顿状态。

(2) 产生一些社会问题

劳务的输入也产生了一些社会问题,如犯罪率上升,传染病增多等。由于外籍劳务人员来自不同的国家,其信仰、语言、风格等均不相同,也会导致一些问题和纠纷。

总体上讲,劳务合作不论对劳务输出国还是对劳务输入国都是利大于弊。一些劳务输出国和输入国经济的发展就证明了这一点。

五、国际劳务合作合同的内容

（一）派遣的人员

要列明派遣人员的工种类型、人数、所要求的条件、工资及服务期限。

（二）雇主的义务和责任

雇主应适时向派遣人员发出通知，说明派遣人员应到达现场的预定日期，并协助办理有关手续（工作许可证、居留证等），做好一切工作前的准备，提供办公及生活设施，提供翻译，并采取有效的措施，防止意外事故的发生。

（三）派遣人的义务和责任

派遣人应在人员派遣之前一个月内向雇主提交派遣人员姓名、出生年月、护照号码等有关入境所需的资料，自费办理出境手续，并及时通知派遣人员的出发日期。派遣人应按规定选择合格的人员，并对自己的过失向雇主承担责任。

（四）费用构成

① 基本工资。一般按月付酬，也有按日或小时付酬的。

② 每月津贴。派遣人员自离开本国国境之日起直至回国之后止，应付给每月津贴。

③ 工作时间和报酬。工作时间可规定每月工作多少天，或每周工作多少天，或每天工作多少小时，并规定公休日。

④ 加班加点。加班加点包括正常工作日的加班加点和节假日的加班加点两种，其费用另付。

⑤ 窝工。任何不属派遣人员的责任造成的窝工，应按正常工作时间付酬。

⑥ 旅费。雇主应负担国际旅费、工作往返交通费以及回国探亲休假往返旅费。

（五）工伤、疾病和死亡

① 医疗。雇主应向派遣人员提供医疗保障。

② 遣送回国。若因病需回国治疗者，雇主应负担费用并以最快的方式将病人送回国。若病人自己要求回国，则不应由雇主负担。

③ 替换人员。若因派遣人员死亡或生病不宜工作达四个星期以上者，派遣人应自费提供替换人员。

（六）休假

派遣人员在合同期间连续工作 1 年以上者，应有一次回国探亲一个月的假期，费用由雇主负担。

（七）工作中断

若工作由于非派遣人的原因和不可抗力的原因而中断，则雇主有权要求派遣人撤回人员，由雇主负担费用。派遣人的撤回并不意味终止合同。若中断期太长，使订立合同的基础发生了根本性的变化，则任何一方都有权终止合同。

（八）支付办法

明确规定支付货币，规定雇主在收到派遣人有效发票后一定时期内必须办理支付。派遣人向雇主提供工作时数和加班的发票后，雇主在现场的主管人应对其进行核对。否则，就被认为发票是正确无误的。

（九）工作条件

雇主应为派遣人员提供良好的工作、生活环境和医疗条件。若雇主未能提供上述条件，派遣人在不损害其享有的权利的条件下可拒绝工作。

（十）合同之外的工作

未经派遣人的同意，雇主无权使用派遣人员从事与合同无关的工作。

（十一）当地法律规章、安全条例

雇主应帮助派遣人获得对工作适用的当地法律规章等资料，并将有关派遣人员必须遵守的安全条例通知派遣人。

（十二）人员的更换和解雇

对不称职的，或触犯所在国法律的，或违反工作纪律的，或不尊重当地风俗的派遣人员应予以更换和解雇，其费用由派遣人负担。

（十三）制裁

派遣人或雇主不履行合同规定的义务，均应受到惩罚。

（十四）履约担保

派遣人应在规定的时间内，向雇主提供经有关银行开具的履约担保。其金额一般为合同额的5％～8％。

（十五）转让

未经雇主同意，派遣人不得将合同的全部或部分转让给他人。

（十六）保密

雇主和派遣人都应对合同条款的内容保密，派遣人员应遵守工作现场的保密制度。

（十七）争议的解决

在履约过程中，若双方发生争议，应首先通过双方友好协商或通过第三者调解。当上述方法不能解决问题时，可采用仲裁的方法来解决。为此，双方需在合同中订立仲裁条款。

第二节 国际工程承包概述

一、国际工程承包的概念

国际工程承包(international contracting for construction)是国际间通过招标、投标或其他途径，承包商负责承包兴建国外发包人所委托的工程建设项目，经验收合格后交付给发包人，从而获得报酬的一种国际经济合作活动。这里的国际工程是一个工程项目从咨询、投资、招标投标、承包设备采购、技术培训到工程监理，各个阶段的参与者来自不止一个国家，并且按国际上通用的工程项目管理模式进行管理的工程。因此，国际工程包括一国去国外投资的工程，一国的咨询和施工单位去国外参与咨询、监理和承包的工程以及由国外参与投资、咨询、投标、承包(包括分包)、监理的一国国内的工程。各国的投资公司、咨询公司和工程承包公司在本国以外地区参与投资和建设的工程的总和，就构成了世界上全部的国际工程。

二、国际工程承包中的主要当事人

国际工程承包中的主要当事人有3个：业主、承包商和工程师。

业主(owner)是指建设单位，也称为发包方(promoter)。一般来说，业主是项目的发起组织者，负责项目的资金筹集和组织实施，也是项目的产权所有者。业主可以是政府部门和国有企业，也可以是各类私营公司等。

承包商(contractor)是指国际投标中标后，直接与业主签订工程承包合同，负责实施和完成合同中规定的各项任务(如工程实施、设备采购与安装、调试、维修等)的公司。业主可以将一个工程分成若干个分项工程，对外招标，分别与几个承包商签订合同，也可将工程作为一个整体发包给一个承包商总承包。承包商通常在征得业主和工程师的同意后,可将一部分分包出去,并与那些分包商签订分包合同。

工程师(engineer)也叫监理师。工程师受雇于业主,执行与业主所签合同中规定的各项任务(如可行性研究、设计、监理工程等),协议书中一般可以对工程师的权限范围进行具体的规定。

三、国际工程承包的方式

国际工程承包的方式一般分为总承包、分主包和联合承包。

(一) 总承包

总承包是指一家承包公司从外国业主那里独立承包某项工程。在这种方式下,总承包商对整个工程项目负责,工程竣工后,经业主验收才结束整个承包活动。工程建设所需的材料、设备、劳动力、临时设施等全部由总承包商负责。国际工程承包普遍采用总承包的方式。

总承包商有时也可将部分工程转包给其他承包商(称为二包商),该二包商只对总承包商负责,而不与业主直接发生关系。

(二) 分主包

分主包又称分项工程承包,简称分包,是指业主将整个工程分为若干部分或若干分项(如房屋按基础结构、水电和室内装饰等),分别交由若干个承包商承建。分项工程承包商都直接与业主签订分包合同,向业主负责。

(三) 联合承包

联合承包是指同一国籍或不同国籍的两家或两家以上的公司以合同方式组成联营或合营公司,以联合体的组织形式共同参加某工程项目的承包人资格审查、投标,中标后共同签约承建工程项目。联合承包时,几个公司作为一个整体对业主负责。但就联合承包商的内部而言,在履约过程中各自负责内部协议所规定的责任范围,有比较独立的分工。联合承包商在工程结束后一般即解散拆伙。近年来,由于国际工程承包项目向高技术领域发展,有的规模十分巨大,单独一家公司难以完成,因此联合承包方式逐渐盛行起来。

四、国际工程承包的特点

国际工程承包不同于其他的国际经济合作方式,具有其显著的特点。

（一）综合性强

正如前面所提到，国际工程承包是一项综合性输出，是商品、技术、劳务和资金的一起输出；每一个具体的工程内容也很多，有工程设计、技术转让、人员培训、物资供应、资金融通；国际工程承包涉及的学科范围也很广泛，需要工程技术、管理、法律、合同、金融、外贸、保险和外语等学科知识。

（二）合同金额大

由于国际工程承包的项目规模不断扩大，成交金额也越来越大，上百亿美元的工程已司空见惯。对成交金额大的项目，由于业主一时无法筹措到巨额资金，于是工程承包市场上出现了许多新的承包方式，如带资承包、实物支付以及近年来十分盛行的"建设—经营—移交"(BOT)方式。

（三）工程期限长

工程期限通常需要两三年，多的长达十几年。这一特点要求有关当事人要充分考虑到工程期间可能产生的各种情况和遇到的各种问题。

（四）严格按合同管理

国际工程承包实质上就是围绕着"合同"两字展开的。由于是国家间的合作，不可能完全依靠行政手段来管理，而是要靠国际间业已形成多年、行之有效的一整套合同管理办法。使用这套办法从工程准备到招标虽然花费时间较多，但却为以后订好合同，从而在实施阶段严格按合同进行项目管理打下一个良好的基础。

（五）风险与利润并存

国际工程承包是一个充满风险的事业，每年国际上都有一批承包公司倒闭，但国际工程承包市场上也有相当的利润可赚。据估计，即使是处于低谷时期，国际工程承包市场每年也有七、八亿美元的合同额。特别是那些技术含量高、工程规模大的项目，其经济效益非常可观。

五、国际工程承包的基本程序

（一）前期准备工作

1. 承包商前期准备工作

承包商的前期准备工作包括以下几项：①选择国外承包市场。即选择去哪些国家或地区承包工程。②办理注册登记手续。国际承包公司到国外承包一项工程建设项目，应按照东道国的法令规定，向东道国政府有关部门进行注册登记。通过注册登记，承包商才能在东道国取得经营承包业务的合法身份。③在东道国物色代理人、担保人和合伙人。许多国家规定外国承包商需要有当地合法的代理人、担保人和合伙人。④组建投标工作班子。⑤筹集资金。⑥获取招标信息进行投标可行性研究。

2. 业主招标前期准备工作

国际工程发包一般是通过招标和委托两种方式进行，而最具有普遍性的做法是招标。业主在招标前要设置招标机构，拟定招标文件。

（二）业主招标和承包商投标，双方签订工程承包合同

在规定的投标有效期内，投标人向招标人投标。招标人收到标书后进行评标和定标，再与中标的投标人谈判，签订工程承包合同。

（三）承包商组织工程实施

工程承包合同签订后，承包公司着手进行施工准备。一般合同签订后2～3个月内，业主即向承包商移交工地，发出开工指令，开始计算工期。

（四）竣工验收

承包商应定期向业主报送施工报告，工程完工后，经业主验收合格后并发给合格证书，承包任务才算完成。

（五）竣工付款及维修期满付款

按照国际惯例，在签订承包合同后若干天，业主要预付一部分工程款（现预付款一般较少，约为总金额的10％～15％，有的项目没有预付款，有的还要带资承包），以便承包商做好开工准备，以后按月根据进度付给工程款，并按一定比例扣还预付款和一定比例的保留金，作为工程维修费用。工程竣工后，业主将承包商缴纳的履约保证金全部退还给承包商，同时把每月扣下的保留金总额的50％在工程师签发竣工证明书后付给承包商，另外50％保留金待维修期满后付给承包商。

第三节　国际工程承包报价

一、报价的概念

在招标过程中，对承包商来讲最重要的工作就是对工程的报价。报价亦称估价或做

标,是指承包商在以投标方式承接工程项目时,以招标文件为依据,结合现场考察及市场调查所获得的信息,根据有关定额、费率、价格资料,计算确定承包该项工程的全部费用。报价正确与否,直接影响着承包商是否能中标以及赢利的大小。

二、报价的依据

报价的依据主要有招标文件、承包商自身的技术水平和经营管理水平以及客观环境因素 3 个方面。

(一) 招标文件

招标文件中对招标工程的具体情况以及招标人的要求做了详细的说明和规定,每一条说明和规定都涉及经济责任。因此,承包商在报价前应仔细研究招标文件,凡是由自己承担的风险费用,均要计算在报价之内,不可遗漏。因此,要认真加以研究。特别要注意工期、付款条件、保函要求、税收、争议解决、法律规定、验收规范、施工要求、材料设备的要求、合同类型等方面的内容。

(二) 承包商自身的技术水平和经营管理水平

承包商自身的水平主要反映在各项定额、施工工艺和施工方法等方面。定额与成本有关,定额先进则成本低廉;先进的施工技术和施工方法不仅可提高工效,降低费用,还可缩短工期。

(三) 客观环境因素

客观环境包括承包商所在国的国内环境,项目所在国环境以及有关的其他国家的环境;客观环境主要是指有关法律、法令、市场供应、运输条件、价格水平等。

三、报价的条件

报价是承包商投标的中心环节,是一项技术性较强的业务。报价过高,竞争力差,会失去中标的机会;报价过低,不仅使承包商无利可图,甚至亏本,而且也会使业主产生怀疑。因此,报价水平的确定应建立在科学的经济分析和经济核算的基础上。为了达到既中标又赚钱的目的,承包商所报价格应当保持在一个合适的范围里。合适的价格水平应满足以下条件:一是工程项目各项费用的计算应比较准确,高低适中;二是价格水平与承包商自身的技术水平和技术条件相适应;三是所报价格应根据国际市场行情变化而变化;四是所报价格与标底相近。只有满足了上述条件,报价才具有竞争力。所谓报价的竞争力,是指一项工程的价格在投标中被业主认可并接受,并获得承包该项工程的可能性。因而,从某种意义上讲,报价的竞争力主要是指价格水平的高低。有的承包商虽然技术水平很高,能力很强,但若报价高,也不会中标。

四、投标价格构成

投标价格通常由直接费、间接费和毛利 3 部分组成。

(一) 直接费

直接费(direct cost)是指那些用于工程施工,并且能够直接计入各项工程造价中去的生产费用,包括人工费、设备材料费和施工机械使用费等。人工费是指直接从事施工的工人以及在现场直接从事制作构件和运料等辅助工人的基本工资,附加工资和各种津贴;管理人员、材料采购和保管人员、驾驶施工机械和运输工具的人员的工资不包括在人工费内;人工费占工程总造价的 20%～25%。设备材料费是指为实施工程所耗用的设备、材料、零部件、半制成品的费用以及周转性材料(脚手架)的摊销费。施工机械使用费是指施工过程中由于使用施工机械所发生的费用,即施工机械的台班费和租赁费,其中包括机上人工费、修理维护费、动力燃料费、运杂费、安装拆卸费等。其他直接费主要包括施工过程中所需要的水电费以及设备材料的二次搬运费等。

(二) 间接费

间接费(indirect cost)是指为组织和管理工程施工而发生的,但又不能直接计入各项工程造价中去的综合费用。由于它无法直接计入某一特定项目,必须分摊到各项目中去,故又称应分摊费用。间接费主要包括投标开支费、保函手续费、保险费、各种税金、业务代理费、临时设施费、贷款利息、管理费等。

(三) 毛利

毛利(mark-up)包括利润和意外费用两部分。承包工程的目的是为赚取利润。利润应根据不同情况来确定,一般以工程总费用为基础进行计算。利润率的高低掌握应适当,国外承包商的利润率一般在 10%～20%之间。近年来由于国际承包市场竞争加剧,这一比率有所下降。意外费用亦称不可预见费或风险费用,是指为应付各种风险而发生的应急费用。意外费用的高低受到多重因素的影响,如合同形式、工程规模和施工难易程度、物价上涨水平、业主工程师的态度等。总之,意外费用的高低与施工过程中风险大小有关,而风险的大小又与预期利润有关。

综上所述,直接费用加上间接费用构成工程总费用,总费用加上毛利构成标价。

第四节　国际工程承包合同

一、国际工程承包合同的概念

工程承包合同又称工程承包契约，是业主和承包商为确定各自应享有的权利和应履行的义务而订立的共同遵守的法律条文。承包合同是双方在合同实施过程中应遵守的行为准则，也是解决双方可能发生纠纷的基本依据，因而应对双方当事人的权利与义务予以明确规定。合同一经签字，对方都有法律约束力，违反者将受到处罚。

由于国际承包合同的当事人往往分属两个或两个以上的国家，因而每一方的经济活动既要受到本国法律的监督和保护，同时又要受项目所在国法律的监督和保护。国际工程承包具有项目期限长、规模大、风险大等特点，这使得承包合同的谈判更为复杂。对于一个承包商来说，弄清合同的种类、内容和特点，对于正确履行合同运用合同维护自己的正当权利，具有非常重要的意义。

二、国际工程承包合同的种类

从不同角度划分，国际工程承包合同有不同的种类。

（一）按价格形式划分

按照价格形式，可以将国际工程承包合同划分为总价合同、单价合同和成本加酬金合同。

1．总价合同

（1）总价合同的概念

总价合同(lump-sum contract)又称总价不变合同，是指业主要求承包商按照规定完成全部工程而付给确定价款的合同。也就是说，业主支付给承包商的价款在合同中是一个确定的数目，承包商同意按照该数目履行规定的全部工程。总价合同是国际工程承包中应用较广的一种形式。

采用总价合同形式，无论承包商承担多大的风险或获取多大的利润，业主和承包商最终以合同规定的总价进行结算。因而采用这种合同，承包商必须对发包工程的详细内容及各种经济技术指标进行深入研究，并把可能发生的费用打入工程报价，否则将会蒙受损失。

（2）总价合同的具体形式

总价合同包括 4 种不同的形式：①固定总价合同；②调整总价合同；③固定工程量总价合同；④管理费用合同。

(3) 总价合同的优缺点

总价合同对当事人既有利又有弊。从业主角度讲，它可以在工程开工前确定工程总造价，易于评标，便于项目的管理；在施工中，可集中精力控制质量和工程进度；但业主需花大量的时间进行招标的准备工作。从承包商角度讲，承包商承担风险较大，因而在标价前应对一些不可预见的因素（如工资上涨，原材料价格上涨等）做出综合评价和判断。但采用这种形式，也可调动承包商的积极性，如其管理得好，就可获得高额利润。

2. 单价合同

(1) 单价合同的概念

单价合同(unit price contract)即单价不变的合同。这种合同固定了工程单价，而工程量仅是个近似值，一般按实际完成的工程量结算，若实际完成的工程量与图纸中的工程量出入较大，承包商就可能在单价方面承担风险。因此在订立合同时，应规定工程量增减的幅度。

如果承建项目规模巨大，施工复杂，招标人对工程内容、范围或经济技术指标尚不能做出明确具体的规定，可以采用单价合同。

(2) 单价合同的形式

单价合同有估计工程量单价合同和纯单价合同两种形式。①估计工程量单价合同。估计工程量单价合同的合同价格是以工程量表为依据来计算的，合同中规定的单价乘以实际完成的工作量即为项目结算时的总价格。②纯单价合同。在纯单价合同中，招标人将工程项目分解为若干分项的工程，但不对工程量做任何规定，由投标人对各分项工程提出报价，经竞争后确定的报价即为合同价格。

3. 成本加酬金合同

(1) 成本加酬金合同的概念

成本加酬金合同(cost-plus-fee contract)亦称成本补偿合同(cost reimbursement contract)。在这种方法下，业主按实际成本另加一笔酬金的方式向承包商进行支付。当工程内容及其各项经济技术指标尚未全面确定而又必须发包时，一般采用这种形式。从客观上讲，这种合同有两个明显的缺点：一是招标人无法控制工程总造价；二是承包商对降低成本无兴趣。当然，总体上来讲，这种形式对承包商有利。为鼓励承包商降低成本，节约资金，业主可在合同中订立一些补充条件。成本加酬金合同在战争时期或其他急需时被广泛采用。

(2) 成本加酬金合同的形式

按酬金支付方法的不同，成本加酬金合同又分为成本加百分比酬金合同、成本加固定酬金合同、成本加奖金合同等几种形式。

4. 3种合同形式的适用条件

上述3种合同形式的选择通常根据发包时设计文件的准备情况而定。一般来讲，设计可分为 3 个阶段，即概念设计（conceptual design）、基本设计（basic design）和详细设计（detailed design）。如果处于概念设计阶段，可选用成本加酬金合同；若处于在基本设计合同阶段，可选用单价合同；若处于详细设计阶段，则可采用总价合同。

（二）按合同范围划分

按照合同范围，可以将国际工程承包合同划分为工程咨询合同、施工合同、工程服务合同、设备供应合同及设备供应与安装合同、交钥匙合同和交产品合同。

1. 工程咨询合同

工程咨询合同（consultant contract）即业主与咨询人（工程师或建筑师）签订的合同。这种合同是专业服务合同。咨询人（或称咨询公司）通常由工程业务不同的会员公司组成，各自承担不同专业咨询业务。

工程咨询业务主要分为投资前研究（preinvestment studies）、项目的准备活动（preparation service）、工程实施服务（implementation service）和技术服务（technical service）4 种。

2. 施工合同

施工合同（construction contract）亦称建筑合同，是业主与承包商签订的工程实施合同。许多国家都制定了本国的标准合同形式。目前，使用最广泛的合同格式是国际顾问工程师联合会（F. I. D. I. C）拟定的《土木建筑工程（国际）施工合同条款》。

3. 工程服务合同

对于大型或复杂的工程项目，业主往往要委托工程公司、制造公司或生产公司负责有关工程服务工作，为此而签订的合同叫工程服务合同（engineering contract）。此合同项下的工作与咨询合同的内容基本相同，但前者范围更广。

4. 设备供应合同及设备供应与安装合同

为完成整个工程的设备部分，业主可根据情况，签订 4 种范围不同的设备供应合同及设备供应与安装合同（supply of equipment and supply of equipment with erection contract）合同。

① 单纯设备供应合同。在这种合同下，这种合同属买卖合同，业主和承包商属于买卖关系。

② 设备供应与安装合同。在这种合同下，承包商以卖主的身份向业主出售和供应设备，同时承包商还须负责设备的安装服务。

③ 单纯安装合同。在这种合同下，承包商只负责为业主安装设备，这种合同属服务合同。

④ 监督安装合同。在这种合同下，业主自行安装设备，承包商（一般是设备供应厂商）负责指导监督安装。

5. 交钥匙合同

交钥匙合同(turn-key contract)又称"一揽子合同"(all-in contract),是指承包商从工程的方案选择、建筑施工、设备供应与安装、人员培训直至试生产承担全部责任的合同。也就是说,承包商自始至终对业主负责。工程竣工后,承包商只要交给业主工厂的钥匙,业主开门即可正式投入生产。这种合同实际上是以业主为一方,以咨询人、设备供应厂商和土建承包商为另一方所签订的合同。承包工程的一方可以是一家公司,也可以是合资公司或集团。采用这种方式对业主来讲,省时、省事,但费用过高。对承包商来讲,则有较大的主动权,可掌握项目的进展,但责任重大,对项目的履约保证程度较高,同时风险也较大。

在交钥匙合同的基础上除去建筑施工部分就是半交钥匙合同(semi-turn-key contract),在这种合同下,总承包商只对建筑施工负监督责任。

6. 交产品合同

交产品合同(product-in-hand contract)亦称产品到手合同,是指在工程项目投产以后,承包商仍在一定时间内(一般为1～2年)继续负责指导生产、培训人员和维修设备,保证生产出一定数量的合格产品,并达到规定的原材料、燃料等消耗后才算完成任务,故又称为"保产合同"。这种合同形式是在交钥匙合同形式的基础上发展起来的,与交钥匙合同相比,这种合同下承包商的履约保证范围更大,要通过实际运转,而不仅是试运转和试生产。

(三) 按承包方式划分

按照承包方式,可以将国际工程承包合同划分为总包合同、分包合同和二包合同。

1. 总包合同

总包合同(principal contract)是指承包商对整个发包工程负全部责任的合同。业主将全部工程发包给一个承包商,该承包商就是总承包商。总承包商对业主负全部责任,但它也可把工程的一部分转包给其他的承包商。这种合同对业主来讲风险较小,由有经验的承包商负责管理,工程质量、进度得以保障。对总承包商来讲,有利于安排工程进度,提高工作效率,但要额外增加一笔管理费用。

2. 分包合同

分包合同(separate contract)亦称分项合同,是指业主将一个工程分为若干项目或部分分别发包给几个承包商,各承包商同业主分别签订的合同。这里的各承包商称作分包商,各分包商之间是平等的关系,各自对业主负责,由业主负责工程的组织和协调。对业主来讲,每部分发包工程都可以找到合适的专业承包商,但由于同时有多家承包商,业主不易协调他们之间的关系。

3. 二包合同

总承包商或各分包商将自己所包工程的一部分转包给其他专业承包商,各专业承包商与总承包商或分包商签订的合同称为二包合同(sub-contract)。二包商对总承包商或分包商负责,总承包商或分包商对业主负责。但二包商必须接受总承包商或分包商与业主所签合同的约束,同时二包商的选择要事先征得业主的同意。

三、国际工程承包合同的内容

国际工程承包合同的内容亦称合同条款,是业主和承包商权利和义务的具体规定。对于合同内容无统一规定,合同双方可根据工程的实际需要商定,一些国际性组织和机构编制有“标准合同”(即范本),供业主和承包商选用。标准合同种类较多,目前国际市场上应用最为广泛的是由“国际顾问工程师联合会”(FIDIC)编制,并经过几个国际性组织批准的《土木建筑(国际)施工合同条款》。这个范本得到了世界银行的推荐。FIDIC 合同条款主要由一般条款和专用条款组成,一般条款具有普遍性,适用各种项目;专用条款是一般条款的具体化、补充和修改,它根据工程的特点制定。

FIDIC 合同条款的主要内容包括以下几个方面:

(一) 合同范围

合同范围(scope of contract)条款一般包括两个方面内容:一方面规定承包商的责任范围;另一方面规定工程的范围。有时此项条款省略,写入其他有关条款中。

(二) 工程期限

工程期限(period of construction)即工期,是指工程从开工之日起到全部建成为止所需的时间。在工期条款要明确规定开工时间和竣工时间,如果承包商无故拖延工期,给业主造成损失,则要向业主支付罚款。

(三) 承包商的义务

承包商的义务(contractor's obligation)这一条款明确规定承包商应承担的义务。承包商主要的义务包括:按合同规定完成并维修该项工程,提交履约保函,提出工程进度计划,接受工程师的监督,执行工程师的命令,在工程师签发竣工证书之前照看工程,对工程进行保险,对二包商的工作负责。其中,最重要的义务之一就是按合同规定的工期和质量要求完成项目。

(四) 业主的责任

业主的责任(employer's obligation)这一条款明确规定业主应承担的义务。业主应承担的义务主要有:按合同规定支付工程价金,提供建设土地,负责工地的“三通一平”,协助承包商办理施工机械、原材料、设备、生产用品的出入境手续,采取适当措施保护现场，派遣工程师及其代表等。

（五）工程师及其代表

工程师及其代表（engnieer and engneer's representative）这一条款明确规定工程师及其代表的职责。对工程师的职责一般规定如下：工程师与业主签订工程服务合同，在工程施工中，作为业主的代理人；但工程师在执行任务时，又处于独立的地位；工程师派驻工程现场的代表，为驻地工程师；工程师应把委托给驻地工程师的权限，以书面形式通知承包商。

（六）价格条款

价格条款（price clause）中应写明是总价合同、单价合同或是成本酬金合同，价格中是否包括税金，计价采用的货币，以及采用固定价格还是滑动价格等。

（七）支付条款

支付条款（payment clause）包括支付方式和支付期限。国际工程承包经常采用银行保函和信用证办理支付，它们都属银行信用，风险小，收汇有保证。在国际工程承包中，预付款、进度款、最终结算款。由于一些国家经济不景气，常采用延期付款和实物支付工程款的方式。

（八）误期罚款

误期罚款（liquidated damage）这一条款一般规定，承包商如不能按期完成工程建设，要被罚款。

（九）转包

转包（sub-letting）这一条款一般规定，承包商未经业主事先书面同意，不得转包工程的任何部分，同时，承包商选择的二包商还要征得业主的同意。

（十）工程变更条款

工程变更条款（contract modification clause）一般规定，合同签订后，由于各种原因，在履行过程中，可能要做一些必要的修改。其主要原因是：当事人的要求、原图纸有误或意外事故等。不论何种原因引起的工程变更都必须由工程师以书面形式下达变更命令。否则，承包商无权更改工程。工程变更必然会影响价格，当工程量变化超过一定幅度时，应对合同价格进行调整。

（十一）承包商违约

承包商违约(default of contractor)这一条款,一般规定若承包商违反了合同中列举的事项,则应受到处罚,如承包商未经许可转包工程,无正当理由不开工,质量不合格等。在承包商违约时业主有权没收承包商的履约保证金,并另雇承包商完成该项工程,有权免费使用工地上的施工机械并要求赔偿损失。

（十二）业主违约

业主违约(default of employment)这一条款一般规定,若业主未按合同规定履行义务,如干涉工程师签发各种证书,未按规定向承包商办理支付,或处于破产停业清理等,承包商有权发出书面通知,甚至可以终止合同并撤离现场,同时还可要求业主赔偿由此造成的损失。

（十三）不可抗力条款

不可抗力条款(force majeure)一般规定,哪些事故属于不可抗力,如果出现了不可抗力的事故致使合同不能履行或不能如其履行的情况,相应可免除当事人的责任。

（十四）仲裁条款

仲裁条款(arbitration clause)一般规定,在合同实施过程中,业主和承包商之间如发生争端,应尽量通过双方协商或工程师调解解决;如经协商和调解仍无法解决,就可提交有关仲裁机构进行仲裁,仲裁的裁决对双方都有约束力。

（十五）验收条款

验收条款(acceptance clause)一般应订明验收的组织形式、验收方法和时间以及文件等内容。业主对承包商所提供的一切设备、材料、做工,经检查、试验、试生产后,认为完全符合合同的规定并表示满意,验收即为合格,验收合格的应发给合格证书。验收不合格的,若责任在承包商一方,则承包商负责修补,直到合格为止。

我国某公司承包伊朗大坝项目

我国某公司在承包伊朗某大坝项目时,风险管理比较到位,成功地完成了项目并取得较好的经济和社会效益。下面对该项目从几个主要方面进行简单分析:

1. 合同管理

该公司深知合同签订、管理的重要性,专门成立了合同管理部,负责合同的签订和管理。在合同签订前，该公司认真研究并吃透合同，针对原合同中的不合理条款据理力争，获得了有利的修改。在履行合同过程中，则坚决按照合同办事，因此，项目进行得非常顺利，这也为后来的成功索赔提供了条件。

2. 融资方案

为了避免利率波动带来的风险，该公司委托国内的专业银行做保值处理，避免了由于利率波动带来的风险。因为是出口信贷工程承包项目，该公司要求业主出资部分和还款均以美元支付，这既为我国创造了外汇收入，又有效地避免了汇率风险。

3. 工程保险

在工程实施过程中，对一些不可预见的风险，该公司通过在保险公司投保工程一切险，有效避免了工程实施过程中的不可预见风险，并且在投标报价中考虑了合同额的6%作为不可预见费。

4. 进度管理

在项目实施的过程中，影响工程进度的主要是人、财、物三方面因素。对于物的管理，首先是选择最合理的配置，从而提高设备的效率；其次是对设备采用强制性的保养、维修，从而使得整个项目的设备完好率超过了90%，保证了工程进度。由于项目承包单位是成建制的单位，不存在内耗，因此对于人的管理难度相对小；同时项目部建立了完善的管理制度，对员工特别是当地员工都进行了严格的培训，这也大大保证了工程的进度。

5. 设备投入

项目部为了保证项目的进度，向项目投入了近两亿元人民币的各类大型施工机械设备，其中包括挖掘机14台、推土机12台、45t自卸汽车35台、25t自卸汽车10台、装卸机7台、钻机5台和振动碾6台等。现场进驻各类技术干部、工长和熟练工人约200人，雇用伊朗当地劳务550人。

6. 成本管理

对于成本管理，项目部也是牢牢抓住人、财、物这三个方面。在人的管理方面，中方牢牢控制施工主线和关键项目，充分利用当地资源和施工力量，尽量减少中方人员。通过与当地分包商合作，减少了中方投入约1 200万～1 500万美元。在资金管理方面，项目部每天清算一次收入支出，以便对成本以及现金流进行有效掌控。在物的管理方面，如前所述，选择最合理的设备配置，加强有效保养、维修和培训，提高设备的利用效率，从而降低了设备成本。项目部还特别重视物流工作，并聘用专门的物流人员，做到设备材料一到港就可以得到清关，并能很快应用在工程中，从而降低了设备材料仓储费用。

7. 质量管理

该项目合同采用FIDIC的EPC范本合同，项目的质量管理和控制主要依照该合同，并严格按照合同框架下的施工程序操作和施工。项目部从一开始就建立了完整的质量管理体制，将施工质量与效益直接挂钩，奖罚分明，有效地保证了施工质量。

8. HSE 管理

安全和文明施工代表着中国公司的形象,因此该项目部格外受到重视,并自始至终加强安全教育,定期清理施工现场。同时为了保证中方人员的安全,项目部还为中方人员购买了人身保险。

9. 沟通管理

为了加强对项目的统一领导和监管,协调好合作单位之间的利益关系,该公司成立了项目领导小组,由总公司、海外部、分包商和设计单位的领导组成,这也大大增强了该公司内部的沟通与交流。而对于当地雇员,则是先对其进行培训,使其能很快融入项目中,同时也尊重对方,尊重对方的风俗习惯,以促进中伊双方人员之间的和谐。

10. 人员管理

此项目的中方人员主要为中、高层管理人员,以及各作业队的主要工长和特殊技工。项目经理部实行聘任制,按项目的施工需要随进随出,实行动态管理。进入项目的国内人员必须经项目主要领导签字认可,实行一人多岗,一专多能,充分发挥每一个人的潜力,实行低基本工资加效益工资的分配制度。而项目的机械设备操作手、电工、焊工、修理工、杂工等普通工种则在当地聘用,由当地代理成批提供劳务,或项目部直接聘用管理。项目经理部对旗下的4个生产单位即施工队实行目标考核、独立核算,各队分配和各队产值、安全、质量、进度和效益挂钩,奖勤罚懒,拉开差距,鼓励职工多劳多得,总部及后勤人员的效益工资和工作目标及各队的完成情况挂钩。

11. 分包商管理

该项目由该公司下属的全资公司某工程局为主进行施工,该工程局从投标阶段开始,即随同并配合总公司的编标,考察现场,参与同业主的合同谈判和施工控制网布置,编制详细的施工组织设计等工作,对于项目了解比较深入。该工程局从事国际工程承包业务的技术和管理实力比较雄厚,完全有能力并认真负责地完成受委托的主体工程施工任务。同时该公司还从系统内抽调土石坝施工方面具有丰富经验的专家现场督导,并从总部派出从事海外工程多年的人员负责项目的商务工作。其合作设计院是国家甲级勘测设计研究单位,具有很强的设计技术能力和丰富的设计经验。分包商也是通过该项目领导小组进行协调管理。

资料来源:王守清. 国际工程项目风险管理案例分析. 软件工程专家网,2010-10-08. http://pm.csai.cn/risk.

研讨问题:

1. 什么是 FIDIC 的 EPC 范本合同?
2. 什么是 HSE 管理?
3. 归纳我国公司在承包伊朗大坝项目中的成功经验。
4. 查阅资料,分析我国企业在伊朗承包工程的概况和发展前景。
5. 查阅资料,分析我国企业在发达国家承包工程的现状。

本章小结

本章首先阐述了国际劳务合作的概念、方式、影响、劳务成本和报价，以及国际劳务合作合同。然后阐述了国际工程承包的概念、方式、基本程序；阐述了国际工程承包中投标报价的依据、价格构成和步骤；从不同角度对国际工程承包的合同进行了分类介绍，并介绍了合同主要条款内容。通过本章的学习，学生能够熟悉国际劳务合作和国际工程承包的基础知识和程序，为今后从事有关实际工作打下良好基础。

复习思考题

1. 什么是国际劳务合作？它有哪些方式？
2. 国际工程承包的方式有哪些？它包括哪些基本程序？
3. 国际工程承包投标报价应注意哪些问题？
4. 国际工程承包合同有哪些种类？

2011 ENR全球最大225家国际承包商排名：中国50家企业上榜

美国《Engineering News-Record》杂志（ENR，中译名称《工程新闻记录》）被誉为国际工程界的“晴雨表”，创刊已有130多年，在国际工程界中享有很高的权威性。在两项最重要的排名中，“ENR国际承包商225强”以企业上个年度在本国市场之外的国际业务营业收入为依据进行排名，“ENR全球承包商225强”则是以企业国内和国外总营业收入为排名依据。

2011年8月31日，美国麦格劳·希尔建筑信息公司（McGraw-Hill）发布了2011年度全球最大225家国际承包商排名，我国内地共有50家企业榜上有名。根据ENR的统计分析如下：

1. 2011年度全球最大225家国际承包商经营业绩的特点

（1）海外营业额总体微降。225家最大国际承包商完成海外营业额3 836.6亿美元，较2010年度的3 837.8亿美元下降了0.03%。225家承包商的海外业绩仍然主要来自欧洲（941.83亿美元）、亚洲和澳洲（766.4亿美元）和中东（724.34亿美元），分别占据24.5%、20%和18.9%的份额。从行业状况看，225家最大国际承包商在交通运输（1 090亿美元，占28.4%）、石油化工（893.2亿美元，占23.3%）和房屋建筑类（830.26亿美元，占21.6%)营业额仍居于行业排名前三位,合计占比达到73.3%。

(2) 各地区和行业呈现如下特点:从地区市场状况看,通过对比,拉丁美洲和加勒比海地区营业额(340.5亿美元)增长率位居增幅榜首,相比去年增长了25.6%,非洲(605.9亿美元)、亚洲和澳洲(766.4亿美元)增长幅度排名次之,分别增长了6.7%和4.7%。但由于受主权债务危机影响,225家企业在欧、美承包工程市场受到比较大的冲击,市场份额相比去年分别下降了7.1%和6.9%;从行业领域上看,交通运输、石油化工和房屋建筑受项目融资和主权债务危机影响尤其明显,交通运输(1 090亿美元)、石油化工(893.2亿美元)和房屋建筑类项目(830.26亿美元)份额分别下降了3.05%、2.35%和3.56%。

(3) 国内营业额较上年增幅较大。尽管近3年国际承包工程业务因金融危机出现了不同程度的萎缩,但是2010年全球225家最大国际承包商的国内营业总额为6 877.1亿美元,较上年提高了10.8%。

2. 我国企业在本届排名中的表现

(1) 海外业绩进一步增长,平均营业额增幅明显。我国50家内地企业入选本届榜单,共完成海外工程营业额569.73亿美元,比去年的505.91亿美元增加了12.61%。今年入选企业较上年减少了4家,企业平均营业额达到11.39亿美元,相比2010年海外营业额的9.36亿美元增长了21.68%,说明行业的集中度在进一步提高。入选的中国企业最低海外营业额也达到15 631万美元,而去年入选的最低海外营业额仅为11 450万美元。

(2) 整体排名位置变化不大,但部分企业业务增长迅速。本届入选的中国企业在榜单中的位置与上年基本相同,共有23家企业排名相比上届都有提升,5家企业排名与去年持平,22家企业排名下降。中国交通建设股份有限公司连续4年排名中国企业第一名,上海建工(集团)公司(第54位)名次提升最快,比上年(89位)提高了35位,其次是中国化学工程集团股份有限公司(第92位)、安徽省外经建设(集团)有限公司(第155位)和山东电力建设第三工程公司(第58位),名次分别提升了32位、24位和21位。

(3) 有两家中国企业首次入选。沈阳远大铝业工程有限公司凭借其玻璃幕墙的专业实力首次跻身ENR 225强;中国海外经济合作总公司也因其在东欧等国电力工业项目良好的执行能力首次入选225强。

(4) 与国际著名大型承包商相比,我国企业实力仍有一定的差距。表8-1的名单显示,中国入选企业大都集中在名单的后半部分,排在100名以外的达到31家。本届全球最大225家国际承包商平均完成海外营业额为17.05亿美元,约为中国企业平均海外营业额的1.5倍,我国只有8家企业高于入选的国际承包商海外平均营业额。全球ENR 225强排名首位的德国HOCHTIEF AG公司2010年度海外营业额为274.24亿美元,而排名中国公司首位的中国交通建设股份有限公司2010年度海外营业额为71.34亿美元;全球排名前10位的公司2010年度海外总营业额为1 302亿美元,而排名前10位的中国公司2010年度海外总营业额仅为360亿美元。

表8-1 2011年度ENR全球最大225家国际承包商中国企业排名

序号	排名		公司名称
	2011年	2010年	
1	11	13	中国交通建设股份有限公司
2	20	22	中国建筑股份有限公司
3	24	41	中国水利水电建设集团公司
4	26	26	中国机械工业集团公司
5	27	46	中国石油工程建设公司
6	29	25	中国铁建股份有限公司
7	32	32	中信建设有限责任公司
8	33	53	中国中铁股份有限公司
9	54	89	上海建工(集团)总公司
10	58	79	山东电力建设第三工程公司
11	61	31	中国冶金科工集团有限公司
12	71	84	中国葛洲坝集团股份有限公司
13	78	78	上海电气集团股份有限公司
14	80	80	中国东方电气集团有限公司
15	83	69	中国石化工程建设公司
16	86	86	中国土木工程集团有限公司
17	89	76	中国石油天然气管道局
18	92	124	中国化学工程股份有限公司
19	95	108	哈尔滨电站工程有限责任公司
20	100	101	山东电力基本建设总公司
21	112	128	中地海外建设有限责任公司
22	113	117	北京建工集团有限责任公司
23	115	125	中国水利电力对外公司
24	118	123	中国石化集团中原石油勘探局
25	125	119	中国江苏国际经济技术合作公司
26	127	133	青建集团股份公司
27	129	106	中国地质工程集团公司
28	145	141	中国大连国际经济技术合作集团有限公司
29	151	135	中国技术进出口总公司
30	154	159	中国河南国际合作集团有限公司
31	155	179	安徽省外经建设(集团)有限公司
32	158	151	中国寰球工程公司
33	162	160	中国机械进出口(集团)有限公司

续表

序　　号	排　　名		公司名称
	2011 年	2010 年	
34	163	169	新疆北新建设工程(集团)有限责任公司
35	168	**	沈阳远大铝业工程有限公司
36	170	157	安徽建工集团有限公司
37	176	140	中国万宝工程公司
38	177	186	中国中原对外工程公司
39	178	**	中国海外经济合作总公司
40	183	185	中国江西国际经济技术合作公司
41	187	162	泛华建设集团有限公司
42	191	137	合肥水泥研究设计院
43	193	184	中国武夷实业股份有限公司
44	200	197	南通建工集团股份有限公司
45	202	200	江苏南通三建集团有限公司
46	203	149	上海城建(集团)公司
47	205	207	中鼎国际工程有限责任公司
48	213	217	浙江省建设投资集团有限公司
49	219	208	云南建工集团总公司
50	224	224	中国成套设备进出口(集团)总公司

备注：1. “* *”表示企业在该年度未参加或未入选 225 家最大国际承包商排名；
2. 本届排名基本数据为企业上一年度即 2010 年度对外承包工程完成营业额。

资料来源：中国经济网，2011-09-13. http://www.ce.cn/.

第 9 章 国际发展援助

学习目标：

通过本章的学习，学生应该能够：

1. 重点掌握国际发展援助的定义、分类和特点；
2. 重点掌握中国对外援助的方式和内容；
3. 掌握国际发展援助的机构和效果；
4. 了解国际发展援助的目标和资金来源；
5. 了解国际对华发展援助的不同阶段和未来趋势。

第二次世界大战结束以后，国际发展援助逐渐成为国际关系中重要的发展干预手段之一，国际发展援助是资本、技术、管理和人才等生产要素在国家之间的流动和重新组合配置，是国际经济合作的重要方式。半个多世纪以来，随着双边援助的不断推进以及联合国、世界银行等多边合作和援助机构的成立和不断推动，国际发展援助领域不断调整，援助手段和方式不断完善，援助体系逐渐呈现体系化、制度化和规范化。国际发展援助在促进发展中国家经济社会的发展中发挥了重要的推动作用。中国也是利用和提供国际发展援助的重要国家。

第一节 国际发展援助概述

一、国际发展援助的概念

国际发展援助(international development assistance，IDA)的定义，有广义和狭义两种。广义的国际发展援助是指一种特殊形式的国家之间的转移支付，可以看成是一个国家对另一个国家提供的无偿的或优惠的有偿货物或资金，用以解决受援国所面临的政治、经济、社会、环境等各种发展过程中遇到的问题。需要特别指出的是，广义概念上的“国家之间”不仅指从发达国家向发展中国家的转移支付，也包括发展中国家向发达国家的转移支付。狭义的国际发展援助是指发达国家向发展中国家流动的转移支付形式，这也是通常所讲的国际发展援助的主要形式。具体地讲，可以将狭义的国际发展援助定义为发达国家或高收入的发展中国家及其所属机构、有关国际组织、社会团体，以提供资金、物资、设备、技术等形式，帮助发展中国家发展经济和提高社会福利的活动。在本书中所指的国际发展援助主要指的是狭义的国际发展援助。

无论是广义概念还是狭义概念，通常都不包含援助国与受援国之间的军事援助等政治目的非常强的援助形式。

二、国际发展援助的目标

国际发展援助的目标从总体上可以分为政治目标、经济目标以及人道主义目标。

（一）政治目标

政治目标是国际发展援助最重要的目标之一，可以分为以下 3 种类型：

1. 巩固和扩大援助国在国际政治权利格局中的地位

少数大国通过提供国际发展援助是为达到全局性国际政治战略的目标，获取更多的国际政治支持，从而获得更大的国际影响力和话语权。如美国前总统杜鲁门在阐述其对外援助的“第四点计划”时，其主题背景便是“反对共产主义、保护西方并扩大西方的民主和自由”，要通过对外援助，“阻止贫困的第三世界国家因为肚子问题倒向社会主义阵营，从而丧失以美国为代表权的西方社会的核心战略利益”。即使在“冷战”结束之后的今天，国际发展援助也倾向于投入资源丰富的发展中国家，或者具有战略性地缘优势的国家。

2. 实现某一直接的政治目的和利益

一些国家针对个别国家和地区的安全局势提供国际发展援助是为实现某一直接的特定直接目标。如在针对朝鲜半岛核问题上，某些相关国家就经常以停止对朝鲜提供人道主义援助为要挟，要求朝鲜承诺并放弃其核计划，并同时承诺，只要朝鲜真正放弃其核计划，就提供大量经济技术援助，以帮助其度过当前的经济困境。又如美国以 9 亿美元援助换取引渡米洛舍维奇。

3. 实现对某一国家性质和政权的保护或者改变

少数大国通过向目标国的现政府或反对派提供援助，介入该国的政治斗争，用援助挽救、扶植某国政权或者改变某政权、国家的性质，从而实现援助国特殊的政治利益。如美国在 20 世纪 50 年代中期至 60 年代初期向南越吴庭艳政权提供大量的军事援助和经济援助，帮助南越与胡志明领导的北越社会主义政权展开军事政治斗争。

（二）经济目标

经济目标是国际发展援助的另一个重要目标。经济目标的范畴既包括通过发展援助促进受援国的经济发展，也包括援助国通过提供发展援助从受援国的发展中获得更大的经济利益。经济目标可以归纳为以下几点：

1. 带动援助国对受援国的产品或服务出口的增长

援助国在对受援国进行发展援助的同时，可以取得受援国对援助国的政治支持，也为援助国的产品和服务顺利出口到受援国提供"通行证"。因此，发展援助对于扩大援助国企业商品及服务在受援国的市场份额，具有相当重要的作用。特别是当受援国的市场还处于比较封闭状态时，这种作用更加明显。美国国际开发署在关于发展援助的阐述中提到，美国对外援助计划的主要受益者始终是美国自己，其对外援助近80%的合同和援助款项直接进入了美国公司的账户，为美国企业创造了新的巨大的市场和就业机会。

2. 促进对受援国的投资，从而获得长远的经济利益

通过发展援助的手段，在帮助本国的商品、货物和服务产品以及本国企业进入并占领受援国的市场后，更带动了对受援国的大量直接经济投资，以期获得长远的巨大经济效益。在中国改革开放的早期，日本通过对华经济援助，成功取得了日本企业在华直接投资的许可，并很快成为中国对外直接投资的最大来源国之一，伴随而来的是日本产品在极短的时间内快速占领中国的消费市场，从而为日本带来了巨额的利润，并直接带动了日本经济的复苏和发展。

3. 扩大援助国在受援国的经济渗透或影响，以达到特定的长远经济目标

随着全球化的日益深化，国家与国家之间的联系日益紧密，相互影响和相互依赖也日益增强，其中相互间的经济利益是最重要的联系纽带之一。发展援助就成为达到特定长远经济目标的重要手段，如获取受援国在能源、矿产等生产资料的优先开发和供应权等。例如，美国在"二战"后实施"第四点计划"就是旨在获取或垄断中东地区一些国家的丰富石油资源，并且如愿以偿，为美国国内工业发展和经济建设提供了长期的石油资源保障。

（三）人道主义目标

人道主义目标是国际发展援助的第三个重要目标，主要指的是受援国或地区因遭遇自然灾害、战争、动乱等破坏后，为了减轻当地人民面临的苦难，维持其基本生存需要而给予的紧急援助。人道主义援助是以人类的道德观念为基础，以道义原则为出发点，为实现道义价值而进行的援助，是一种纯粹的利他性行为。如1998年中国大洪灾、2008年四川发生8.0级特大地震灾害等，都因为其灾难的巨大性和突发性而得到国际社会提供的大量人道主义援救物资。

三、国际发展援助的分类

根据不同的标准，可以将国际发展援助划分为不同的类型。最常见的划分标准为援助动机、援助主体、援助内容、援助形式 4 种。尽管不同标准划分的援助类型各不相同，但它们相互之间并不冲突，而是相互交叉、相互补充的关系，同一个援助项目可以同时进行多种不同标准的分类。

（一）按援助动机划分

按照援助的动机，可以将国际发展援助划分为战略性援助、发展性援助和人道主义援助。

1. 战略性援助

战略性援助是指援助国从其自身特定的政治、经济、国家安全等战略利益出发，提供的有条件的或隐含条件的援助类型。如美国对外援助的三条基本原则，就是要遵循"国家安全"、"解决全球性问题"和"输出价值观"，其在 2008 年俄格冲突之后紧急援助格鲁吉亚 10 亿美元就属于此类援助。

2. 发展性援助

发展性援助是指为帮助受援国解决经济社会发展中遇到的问题而实施的援助，如减贫、基础设施建设、公共卫生供给、环境保护等。目前，发展性援助多为多边援助，由联合国等多边国际组织负责进行。尽管发展性援助同样嵌入了援助国或多或少的战略性政治经济等目标，但还是旨在解决受援国发展中遇到的现实问题。

3. 人道主义援助

人道主义援助通常包括两种类型：一是在受援国遭受重大灾难性事故或战争时，为其受害民众提供的以维持基本生存保障为目的的紧急援助。这类援助通常不附加任何政治或经济的外在条件，而是出于纯粹的人道主义动机。二是在受援国内开展的以提高社会福利为核心的公共服务供给等援助，如提供基础设施、教育、医疗等方面的援助等，体现了一定的非营利性和非排他性等特征。人道主义援助有时候也成为国际礼仪的代表，具有一定的象征性、礼节性和道义性。

（二）按援助提供主体划分

按照国际发展援助的提供主体，可以将国际发展援助划分为官方发展援助和非官方发展援助。

1. 官方发展援助

早期的官方发展援助（official development assistance，ODA）开始于"二战"结束之后以"马歇尔计划"为起始的战后经济重建计划，而作为一个专业名词正式提出，则最早见于经合组织(OECD)发展援助委员会(DAC)于1969年测量和统计其成员国政府官方提供的发展援助数额的一种工具。按照OECD的界定,官方发展援助是指援助国政府向受援国提供且有双方对等官方机构实施的无偿援助或优惠贷款(贷款应包含不少于25%的赠款),其主要目的是促进受援国经济发展和社会福利的增加。按照援助形式的不同,官方发展援助又可以分为双边发展援助和多边发展援助。

(1) 双边发展援助

双边发展援助是指援助国与受援国政府间对等层面的机构与机构之间执行的发展援助,包括赠款和贷款两种形式,前者通常是无偿或准无偿援助,后者为有偿援助。

(2) 多边发展援助

多边发展援助是指援助国通过向多边发展援助机构如世界银行、联合国发展系统等提供资金或物质或技术,然后再由多边发展援助机构向受援国提供援助。

官方发展援助是国际发展援助的最主要组成部分,在过去30余年中,官方发展援助始终占国际发展援助总量的80%左右,非官方发展援助只占20%左右。1969年联合国建议各主要援助国家的官方发展援助总额应该达到其国民总收入的0.7%,但事实上绝大多数援助国家的援助额都没有达到这一要求。

2. 非官方发展援助

非官方发展援助是指由各种非政府机构、企业、基金会甚至私人将通过捐赠、募捐、民间基金等途径获得的资金和物质向受援国提供的援助。与官方发展援助通过国家与国家之间的对等政府组织或国际多边机构执行援助的形式不同,非官方发展援助通常是各援助机构或援助者通过非官方途径开展的援助行动。

(三) 按援助内容划分

按照援助的内容,可以将国际发展援助划分为财政援助、技术援助、粮食援助和债务减免。

1. 财政援助

财政援助是指援助国或多边发展援助机构,为满足受援国经济和社会发展的需要,或缓解其财政困难而向其提供的财政投资。在国际发展援助中,财政援助占据最重要的份额,援助的重点通常集中于对受援国某一地区或某一领域的投资,如大型基础设施建设、主要设备的采购等。财政援助的主体主要有国际金融机构或政府间的双边财政援助。按照财政援助的性质,又可以分为赠款和贷款两种形式。

(1) 赠款

赠款是指通过无偿转让的方式,向受援国提供物资或资金援助。赠款是国际发展援助中最纯粹的一种形式,通常情况下紧急人道主义援助中的资金援助多为赠款,同时包括非人道主义部分的赠款援助。在财政援助中,赠款一般只占很小的比例,主要还是贷款。

(2) 贷款援助

贷款援助是指向受援国提供长期低利的优惠融资援助项目，从而缓解受援国的财政困难，或者补充其发展过程中的所需资金。国际发展援助中的贷款援助通常属于官方贷款，以区别于直接从国际金融市场的融资贷款。贷款援助通常分为"一般条件的硬贷款"和"优惠条件的软贷款"两种形式。硬贷款通常和纯粹金融市场中的贷款区别并不大，而软贷款提供的是低息和延期还款两方面的优惠条件。

2. 技术援助

技术援助是指援助国通过向受援国转让技术专利、培养技术人才、传授管理知识、提供咨询服务等形式提供发展援助。技术援助的主体除双边国际援助外，主要是多边发展援助机构，其中又以联合国发展系统为主。技术援助在国际发展援助的早期并不突出，但在20世纪70年代以后，随着国际发展援助战略的调整，技术援助的份额逐渐加大，重要性也逐渐增强，目前已经成为最重要的援助方式之一。在技术援助的方式上至少包括两种：第一种是援助国通过直接向受援国派出专业技术人员及相关技术设备；第二种是援助国通过为受援国培训专业技术人员的方式进行。与财政援助和粮食援助相比，技术援助旨在提高受援国的人力资源质量，而人力资源的培育和提高形成的人力资本是经济长期发展的最重要的影响因素之一。因此技术援助对于促进受援国的长期发展具有更持续性的效果。

3. 粮食援助

粮食援助是指通过直接提供谷物、油、棉等实物或通过提供资金购买粮食物资的援助方式。在各种国际发展援助类型中，粮食援助通常作为人道主义援助的形式出现，其援助主体除了双边援助中的政府援助机构外，主要是通过多边发展援助机构进行，如联合国粮农组织等。粮食援助通常包括3种类型，分别是紧急救济粮食援助、项目粮食援助及计划粮食援助。紧急救济粮食援助是指在受援国遭受严重自然灾害或战争等人为灾害时，向受害者或难民提供的紧急人道主义援助；项目粮食援助是指通过向受援国贫困群体提供粮食援助，促进其经济发展并提高其防灾能力和减缓生计脆弱性的援助形式；计划粮食援助是指在受援国市场上将所援助粮食出售，所得资金用于平衡受援国的公共财政预算，从而弥补其资金缺口。

4. 债务减免

债务减免是一种特殊的国际发展援助形式，通常与财政援助中的贷款援助形式直接相关。债务减免通常包括3种形式，分别是降低利息、免除利息和免除所有债务。债务减免的主要目的是调整受援国的外债结构，减缓受援国清偿债务的压力，从而间接弥补其财政赤字和发展资金的不足。如1996年世界银行和国际货币基金组织发起重债穷国倡议，对符合债务减免资格的42个重债穷国实施债务减免。

(四) 按援助形式划分

按照援助的形式,可以将国际发展援助划分为项目援助、方案援助和预算援助。

1. 项目援助

项目援助(project assistance)是指通过单个项目的形式开展国际发展援助活动,如修路、修河流水库、建造学校医院、提供体育设施、开展各种培训等。在"二战"后国际发展援助的演变过程中,项目援助始终都是非常重要的援助形式之一。项目援助的程序相对比较复杂,需要有项目执行单位先提交项目申请,经双边援助机构或多边援助机构审批,再签订项目合约或授权书等文件,之后才开始执行项目。通常情况下,政府间的项目援助都会要求受援国政府提供相当数量的配套资金作为整个项目经费的重要组成部分,以提高项目经费的运行效率。项目援助通常作为赠款援助的一种形式,具有方便操作、风险较小、针对性强等优点。但项目援助同样存在许多缺陷,如手续繁杂,周期过长,往往缺乏时效性,同时援助国对整个项目过程的控制太多,使得受援国本身的能动性发挥不够,从而不利于发挥项目的最大效果等。

2. 方案援助

方案援助(programme assistance)是指援助国或多边援助机构通过一系列综合发展计划和方案的方式,向受援国提供发展援助的形式。与具体单个项目形式的援助不同,方案援助通常是针对受援国经济、社会发展过程中某一方面或部门的整体发展进行的整合性援助,因此也被称为非项目援助。与项目援助相比,方案援助具有规模大、时间长、复杂性高、风险大等特征,同时援助国在方案援助中的干预程度也大大高于单个的援助项目。因此,方案援助通常伴随一定的经济或政治条件。

2. 预算援助

预算援助(budget assistance)是指援助国向受援国提供财政资金支持的形式,填补受援国经济、社会发展所需财政预算缺口的援助形式。预算援助中,援助资金直接拨付给受援国执行国家预算的部门,并按照受援国的预算程序执行。预算援助也属财政援助的范畴,并且比普通的赠款援助和贷款援助具有更高的要求和附加条件,如欧盟委员会通常要求获得预算援助的受援国满足 3 个条件:第一,宏观经济稳定;第二,国家财政管理良好;第三,实施制定改革政策的连续性。

第二节 国际发展援助体系及其资金来源

国际发展援助体系总体上包括援助方与受援方两部分。援助方构成国际发展援助体系的主体,是代表援助国执行行动的操作者和执行者。可以把国际发展援助的主体分为 3 部分,分别是双边援助机构、多边援助机构及非政府援助机构。受援方构成了国际发展援助的客体，为接受国际发展援助的国家和地区。

一、国际发展援助的援助方

（一）双边援助机构

双边援助机构是代表援助国政府对受援国提供援助服务的专门部门，负责本国对外援助工作的一切事宜，如美国国家开发署（USAID）、英国国际发展部（DFID）、日本国际协力机构（JICA）、德国经济合作部（BMZ）、澳大利亚国际发展署（AusAid）、加拿大国际发展署（CIDA）等。

目前，设有双边援助机构的国家主要为经济合作与发展组织成员国和石油输出国组织的成员国，其中经合组织成员国提供的双边发展援助占全球官方发展援助总额的 90% 以上。在经合组织的机构框架内专门设有负责国际经济合作与发展援助事务的发展合作理事会（Development Co-operation Directorate，DCD），并设有发展援助委员会（DAC），委员会作为主要双边援助国家关于提供国际发展援助事宜的磋商平台，接受发展合作理事会的领导。该委员会总共有 23 个成员，分别是澳大利亚、奥地利、比利时、加拿大、丹麦、芬兰、法国、德国、希腊、爱尔兰、意大利、日本、卢森堡、荷兰、新西兰、挪威、葡萄牙、西班牙、瑞典、瑞士、英国、美国和欧盟。在涉及国际发展援助时，经常提及的 DAC 国家就是指以上国家。

（二）多边发展援助机构

多边发展援助机构是指向受援国提供国际多边援助的全球性或区域性的机构或组织。其中全球性发展机构包括联合国发展系统和国际金融机构，区域性多边发展机构主要为援助国政府间金融机构以及合作性和地方性政府间金融机构。不同性质的多边发展援助机构所提供的发展援助类型也略微不同，如联合国发展系统以提供技术援助和人道主义紧急救援等援助形式为主，而需要大量资金投入的财政援助则通常由国际金融机构和区域发展机构负责。表 9-1 列出了主要国际多边发展援助机构及其提供的援助的性质和方式。

（三）国际非政府组织

国际非政府组织也称为国际非官方机构，主要是指不通过政府间协议成立的提供国际发展援助的国际性非政府组织，如乐施会（Oxfam）、国际行动援助（Action Aid）、国际红十字会（Red Cross）、英国救助儿童会（Save the Children）等。与官方发展援助以财政援助和技术援助等为主要援助形式不同，非政府援助机构主要提供慈善救助和人道主义紧急救援。如中国四川地震灾难发生之后，乐施会等向震区的灾民提供了大量的紧急人道主义救援。

表 9-1 主要国际多边发展援助机构的构成

援助主体	成员组成	援助性质	援助方式
联合国发展系统	一、各方案和基金 联合国开发计划署 联合国工业发展组织 联合国贸易和发展会议 联合国环境规划署 联合国妇女发展基金 联合国艾滋病规划署 联合国人口基金 联合国儿童基金会 世界粮食计划署 联合国难民事务高级专员办事处 二、专门机构① 国际劳工组织 联合国粮农组织 联合国教科文组织 世界卫生组织	官方发展援助	技术援助为主，还有紧急救援
国际金融机构	三、世界银行集团 国际复兴开发银行 国际开发协会 国际金融公司 多边投资保证机构 国际投资争端解决中心 四、国际货币基金组织 五、国际农业发展基金	官方发展援助	财政援助为主
区域发展机构	六、援助国政府间金融机构 经济合作与发展组织 欧洲联盟 石油输出国组织 阿拉伯经济与社会开发基金 伊斯兰开发银行 阿拉伯非洲经济开发银行 七、合作式、地区性政府间金融机构 亚洲开发银行 美洲开发银行 非洲开发银行 欧洲复兴与开发银行	官方发展援助	财政援助为主

资料来源：潘忠. 国际多边发展援助与中国的发展：以联合国开发计划署援助为例. 北京：经济科学出版社，2008.

① 指一种自治组织，通过联合国经济与社会理事会与联合国及其他自治组织协商合作。

二、国际发展援助的受援方

（一）受援方的划分标准

受援方是国际发展援助体系中重要的组成部分，目前在国际发展援助中，不同的援助国家及相关组织往往有不同的受援国划分标准，但总体上讲，影响最大的是经合组织下属的发展援助委员会(DAC)的划分标准。在 DAC 的应用中，如果没有特殊的说明，其使用的“发展中国家”这一概念，通常是指有资格接受官方发展援助(ODA)的国家。此外，其他一些国际组织往往有其单独的定义，如世界银行通常根据人均国民收入总值的标准，把发展中国家分成低收入国家和中等收入国家等。在 DAC 重新修订的受援国名单中使用了世界银行的标准，其中不包括 G8 国家、欧盟国家以及准许即将成为欧盟新成员的国家。

2007 年，世界银行对发展中国家的划分标准做出了如下界定：

(1) 最不发达国家(LDCs：Least Developed Countries)。最不发达国家由联合国根据收入、经济多元化程度以及社会发展程度等因素，综合考虑确定 50 个最不发达国家。

(2) 其他低收入国家(OLICs：Other Low Income Countries)。其他的收入国家是指 2007 年人均国民收入总值低于 935 美元的所有非最不发达国家行列的国家。

(3) 中低收入国家(LMICs：Lower Middle Income Countries)。中低收入国家是指 2007 年人均国民收入总值介于 936～3 705 美元之间的国家。

(4) 中高收入国家(UMICs：Upper Middle Income Countries)。中高收入国家是指 2007 年人均国民收入总值介于 3 706～11 455 美元之间的国家。

（二）发展援助委员会的受援国名单调整

经合组织的发展援助委员会(DAC)关于官方发展援助接受国名单的设计初衷是对 DAC 国家提供的援助及其他资源进行更好的测算和统计，而不是作为是否具备接受援助的资格或其他特殊待遇的参考依据。DAC 从 1961 年正式开始对其成员国所提供的援助和其他形式的资源流动进行系统的数据收集和统计。最初的统计工作以双边援助为主，因此主要收集与以下援助接受国相关的数据：除南非之外的所有非洲国家或主权体；除美国和加拿大之外的所有美洲国家；亚洲和大洋洲除澳大利亚、日本和新西兰之外的所有非社会主义国家；以下欧洲国家：塞浦路斯、希腊、马耳他、西班牙、土耳其和南斯拉夫。当 1969 年正式出现官方发展援助(ODA)这一概念时，上述所有提及的国家，都成为受援国名单中的国家。

在整个 20 世纪 70 年代和 80 年代，亚洲的部分社会主义国家尤其是中国和越南，逐渐开始接受大额援助，因此也开始了对这两个国家的数据统计工作。而西班牙由于经济的发展,则在1983年自动退出了受援国名单。“冷战”结束后,意味着新的国际政治经济关系的开始,东欧国家的经济政治转型,开始需要更多的外国援助,与此同时,东亚国家由于经济的发展,则逐渐减少了对国际发展援助的需求。因此,出于对新形势发展的需要,冷战结束后,DAC修改了受援国名单结构。新的DAC受援国名单最早从1993年开始使用,它主要分为两部分:第一部分受援国以传统的发展中国家为主,接受联合国长期以来要求的援助国提供其国民收入0.7%的官方发展援助;第二部分受援国则以较发达的发展中国家以及东欧国家为主,其接受的援助则以官方援助的形式单独统计。

DAC受援国名单每三年更新一次。连续三年超过世界银行规定的高收入国家门槛(当年人均国民收入总值超过9 000美元)的国家,将自动从第一部分受援国名单转到第二部分受援国名单。此外,连续三年超过世界银行规定的借款门槛(当年人均国民收入总值超过5 000美元)的国家,在由DAC对其发展和资源现状进行综合考察之后,也可能从第一部分援助国名单转到第二部分受援国名单。而一个国家从第二部分受援国转到第一部分受援国的条件,则与上述情况相反。

随着受援国名单的多次更改,各个国家在两部分受援国名单中的变化过程非常复杂。随着许多前苏联加盟共和国相继加入欧盟并成为援助国,较发达的发展中国家以及转型中国家的数量逐渐减少,并且也越来越富裕。因此,2005年,DAC取消了第二部分受援国名单,从而实行单一受援国名单制。为了使受援国更加简洁明了,新的名单按照世界银行基于人均国民收入总值对各国的分类,对所有除了G8和欧盟成员国之外的国家进行了重新排序。

三、国际发展援助机构的资金来源

与国际发展援助机构的性质相适应,国际发展援助机构的资金来源,总体上同样可以分为官方资金和非官方资金两种渠道,前者是官方发展援助的主要来源,后者是非官方发展援助的主要来源,但官方发展援助也包括部分非官方资金。

(一)官方发展援助的资金来源

官方发展援助的资金来源主要包括以下5种形式:

1. 财政预算资金

财政预算资金是官方发展援助资金的最主要来源。在1970年联合国大会上通过的《第二个联合国发展十年的国际发展战略》中,要求各发达国家增加官方发展援助数额并使之至少达到其国民生产总值的0.7%。其中直接通过政府财政预算列支的数额,是主要的资金来源。财政预算除了直接通过双边援助机构运作外,也有很大一部分通过提供给国际多边发展援助机构的形式进行。

2. 贷款援助的本息偿还

贷款援助的本息偿还是官方发展援助的另一个资金来源。这部分资金目前大多数直接作为对外援助资金使用，如日本贷款项下的还款直接进入协力银行援助账户，英国也将收回的本息直接划入英国国际发展部的援助资金中。

3. 资本市场融资

资本市场融资也是官方发展援助的重要渠道之一，不过通常只出现在多边发展援助机构尤其是国际金融机构如世界银行、国际货币基金组织等。在双边援助中，通过资本市场融资获取援助资金的方式并不多，只在少数几个国家的双边援助机构中使用，如德国复兴开发银行(KFW)提供的综合财政援助中就包括一部分市场资金，主要用于大型基础设施和工业项目。

4. 政府彩票

政府彩票也是官方发展援助资金的有效补充，如比利时和英国都采用发行政府彩票的方式筹集发展援助资金。

5. 地方政府资金援助

地方政府资金援助也是某些国家官方发展援助资金的来源之一，不过这部分资金通常并不通过赠款援助或贷款的形式直接进入受援国，而是通过资助留学生、提供人力资源培训服务等技术援助形式进行。

（二）非官方发展援助资金来源

非官方发展援助资金主要为各种民间资金，主要来源有以下几个方面：

1. 企业和社会捐赠

企业和社会捐赠是非官方发展援助的最主要资金来源，包括企业捐赠、企业家私人捐赠及普通民众的捐赠等。如盖茨基金会、洛克菲勒基金会、福特基金会等，其资金都来自美国著名公司及财团的捐赠；而如李连杰创办的壹基金、姚明牵头组建的姚明基金会等，则是以私人身份组建、由私人赠款及社会捐赠为主要资金来源的发展援助机构。

2. 各种基金的资本收益

各种基金的资本收益是部分非官方发展援助机构的资金来源之一，其中以资本市场投融资获取资金为主。

3. 国际援助机构的资助

部分双边或多边国际援助机构，通常也会拿出部分资金委托国际非政府机构来实施援助活动。因此，国际援助机构的资助也是非官方发展援助机构获取援助资金的渠道。

4. 举办各种筹款活动

举办各种筹款活动也是获取发展援助资金的重要渠道，如举办各种慈善晚会、慈善拍卖、筹款酒会等。

第三节 国际发展援助的历程和特点

一、国际发展援助的历程

国际发展援助始于“二战”后，迄今已有 60 多年的历史，其发展过程可分为以下 5 个阶段：

（一）国际发展援助的初始阶段（20 世纪 50 年代至 60 年代初期）

“二战”结束后，世界经济百废待兴，国际社会也认识到解决贫困和发展问题对发展中国家的重要意义。发达国家出于“冷战”的需要，纷纷援助欠发达国家解决温饱问题，扩大各自的阵营，国际发展援助的初始阶段有着浓厚的政治色彩。1948 年美国国会通过了援助西欧各国经济恢复发展的“马歇尔计划”，揭开了“二战”后大规模援助的序幕。美国向西欧提供了 114 亿美元的援助，占美国 GNP 的 2.5%，其中 90%为无偿援助。美国的大量援助弥补了西欧资金短缺和外汇短缺，促进了西欧的经济发展。这一时期，前苏联先向东欧国家提供经济援助，然后将其援助扩大到亚洲和非洲的发展中国家，主要是以前苏联的国营重工业部门的成套设备向外提供援助。

（二）国际发展援助的转向阶段（20 世纪 60 年代中期至 70 年代初期）

这一阶段，发达国家经济经过 20 世纪 50 年代的恢复和发展，经济状况都开始好转，并走向外扩张的道路。60 年代以后，一大批殖民地、附属国纷纷独立成为发展中国家，但在经济上仍然处于贫困和落后状态，再加上高速的人口膨胀更给缓慢发展的经济带来了难题。在国际发展援助政策上，发达国家将援助的重点转向发展中国家，开始重视农业和社会发展。美国杜鲁门总统的“四点计划”推动了国际发展援助转向发展中国家的进程。世界银行也开始把发展援助的重点转向发展中国家，并相继建立了一些发展援助的组织机构。1960 年成立的国际开发协会，1961 年成立的发展援助委员会以及地区性的亚洲开发银行、泛美开发银行和非洲开发银行等组织与机构在国际发展援助中都起了重要作用。

（三）国际发展援助快速发展的阶段（20 世纪 70 年代）

20 世纪 70 年代以后，国际发展援助发生了转折性的变化。西方主要发达国家经济发展受到了“滞涨”的影响，对外援助规模不大，他们对发展中国家的援助没有达到应占其 GNP 的 0.14%这一指标，石油输出国逐渐成为援助发展中国家的重要力量。从 1972—1980 年，其援助额从 4.5 亿美元攀升到了 87 亿美元。1976 年，在沙特阿拉伯的倡议下，设立了 12 亿美元的国际农业开发基金，用于资助第三世界的农业发展。1976 年 1 月，在伊朗和委内瑞拉联合倡议下设立了 8 亿美元的石油输出国组织基金，以帮助受油价上涨打击最严重的第三世界国家。

(四) 国际发展援助缓慢发展阶段(20 世纪 80 年代至 90 年代初期)

这一时期，国际发展援助的内部和外部环境都发生了显著的变化，主要致力于经济稳定和结构调整。“冷战”的结束从根本上动摇了双边国际发展援助的基础，同时发达国家发生了经济“滞涨”，发展中国家面临重重债务危机。苏联解体后出现了需要实现经济转轨的前社会主义国家。政治经济环境的变化使得这一时期的大多数发达国家均未达到联合国要求的援助应达到或超过 GNP 的 0.7%的指标。1987 年，发展援助委员会成员国的平均援助率只达到 0.35%。石油输出国组织 1979 年提供的官方发展援助为 61 亿美元，1980 年达到 69.5 亿美元，而 1985 年仅为 30 亿美元。

(五) 国际发展援助的新阶段(20 世纪 90 年代中期至今)

随着世界科技的日新月异的发展，各国居民的生活水平也得到了普遍的提高和改善。但是同时，国际社会也深刻认识到，发达国家和发展中国家之间的贫富差距、世界的贫穷和环境污染等问题不是缓解了，而是加剧了。因此，人们开始重新审视 ODA 在促进受援国经济发展中的作用。如何解决贫困问题再次成为国际发展援助的重点。当前的国际援助虽然不论从规模还是从影响范围都在扩大，但是由于援助体系过于复杂，援助国和受援国在评估、审批、报告和估价等程序上都存在许多不同；援助国和受援国之间交易成本高(如战争援助)等问题的存在都要求国际援助体系进行改革，以提高援助效率、改善治理水平、增加透明度等。于是国际社会近年来采取了一系列相应的行动，期望逐步建立一个有效的、更具协调能力的、更强调国家主权的、公民社会组织和南方发展中国家参与更多的援助体系。1999 年，世界银行制定了“全面发展框架”，目的在于促使各国利用现有的知识和资源设计有效的促进经济发展和减少贫困的发展战略；2006 年，世界银行的发展主题是“公平与发展”，核心是解决人的发展机会的平等问题。2000 年联合国千年首脑会议通过了《联合国千年宣言》；2005 年《巴黎有效援助宣言》(*Paris Declaration on Aid Effectiveness*，以下简称《巴黎宣言》)，就是各国为推动国际援助体系的改革所取得的重要的阶段性的成果，为国际援助体系的未来提供了目标，并影响着国际援助的发展趋势。

1. 千年发展目标

2000 年 9 月，在联合国总部纽约举行的千年首脑会议上，世界上 189 个国家和地区的国家元首和政府首脑就消除贫穷、饥饿、疾病、文盲、环境恶化和对妇女的歧视，签署《联合国千年宣言》，商定了一套既有时限也能够测量的目标和指标。这些目标和指标被置于全球议程的核心，统称为“千年发展目标”(Millennium Development Goals，MDGs)，提出了 21 世纪人类的努力发展目标，到 2015 年，将收入低于每天 1 美元的世界人口比例和忍受饥饿人口的比例减少一半(以1990年的水平为标准)的行动计划。千年发展目标包括8个总目标,即消灭极端贫穷和饥饿,普及小学教育,促进两性平等并赋予妇女权利,降低儿童死亡率,改善产妇保健,与艾滋病毒/艾滋病、疟疾和其他疾病作斗争,确保环境的可持续能力和全球合作促进发展。

实现千年发展目标需要更多的、比以往使用效益更高的援助。从那以后,扩大发展援助的呼声便对国际发展议程产生了日益重要的影响。2006年的《千年发展目标全球监控报告》又提出了一个监控治理(包括可行指标)的框架,并呼吁发展中国家、捐助国和国际金融机构利用该框架来改善实践活动和发展效益,以期能促进千年发展目标的实现。

2.《巴黎宣言》

扩大发展援助不仅强调扩大援助的数量也重视提高援助的质量,这就涉及"有效援助"问题。2005年3月,100多个援助国和受援国参加了在巴黎举行的关于有效援助的高层论坛。最后由61个多边和双边援助者,56个受援国和14个公民社会组织共同签署了《巴黎有效援助宣言》。

《巴黎宣言》的目标是通过提高发展援助的效率和效果,使大型发展援助符合受援国的具体需要,改进所有权结构,实现同盟和协调,强调结果导向性管理与双方的诚信合作。《巴黎宣言》对提高援助效率的5个方面又更加具体地提出了12个指标,并对这12个指标分别设立了到2010年所要达成的目标,后来还补充了数量指标。这样,《巴黎宣言》就从总体上对国际援助体系提出了新的要求,并指明了国际援助体系短期内的发展方向。经济合作发展组织的发展援助委员会有效援助工作组负责《巴黎宣言》及其2010年预定目标的执行。

二、国际发展援助的特点

(一)政治色彩日益浓厚

在20世纪80年代之前的国际发展援助中,援助国只注重受援国的政治倾向,即援助国只给了与本政治集团内的国家或在政治上与援助国立场一致的国家经济援助。20世纪80年代后,随着一些社会主义国家改革大潮的涌起和东欧国家的巨变,西方发达国家开始将"民主、多党制、私有制、劳工标准"等作为向发展中国家提供发展援助的先决条件,要求受援国必须按西方国家的意图进行政治和经济改革,如一些西方发达国家将受援国国内的政治、经济和社会状况以及受援国的人权记录和民主进程作为援助的重要指标和根据,美国曾公开声称其援助目标是"促进民主和推销美国外交政策"。援助国的政治条件使一些发展中国家得到发展援助的数额日益减少,如被西方国家认为经济改革不力的科特迪瓦、几内亚、肯尼亚、尼日尔和多哥等国受援数量大幅下降,改革有成效的坦桑尼亚、乌干达、赞比亚的受援数量则略有上升。实际上,发达国家正在把援助作为影响发展中国家政策的一种工具。

（二）附加条件日益增多

近年来，越来越多的援助国将援助与采购援助国商品和使用援助国的劳务捆绑在一起，而且限制性采购占援款的比例不断提高。发展援助委员会成员提供的双边援助，有一半以上要求受援国购买援助国的商品和使用援助国的劳务。这种带有限制性采购的援助往往迫使受援国进口一些质量差、价格高的商品和劳务，引进一些不适用的、过时的技术，这不仅减弱了发展援助的作用，还加大了受援国的债务负担，成为导致一些发展中国家经济发展速度减慢、债务负担加大的重要原因之一。

（三）大部分援助国未达到联合国规定的援助标准

1970 年的《联合国第二个 10 年国际发展战略》规定，发达国家对发展中国家提供的官方发展援助净交付额应占其 GNP 的 0.7%，经合组织成员国的平均援助水平不仅没有达到这一标准，反而越差越远。经合组织的官方发展援助净交付额占 GNP 的平均水平比例从 1980 年的 0.35%下降到 1992 年的 0.33%，进入 21 世纪以来只维持在 0.3%的水平。日本 2006 年官方发展援助占国民生产总值的 0.25%，比 2005 年下降了 0.03%。2006 年经合组织发展委员会成员国的官方发展援助总额为 1 044 亿美元，比 2005 年减少了 4.5%，占国民收入的 0.31%。其中只有少数几个国家达到或超过了联合国设定的官方发展援助占国民收入总值 0.7%的目标，它们分别是丹麦、卢森堡、荷兰、挪威和瑞典。发达国家的援助占发达国家国民总收入的比例在 2007 年更是降到 0.28%，最大的援助国如美国和日本，援助占国民总收入的比例一直呈下降的趋势，2007 年这一比例分别是 0.16%和 0.17%。

（四）形成了新的援助格局

自 1998 年以来，国际援助力量正在逐渐发生变化，国际援助格局日益呈现出多元化的趋势。

1. 发达国家提供的援助所占比重不断下降

尽管与 10 年前相比，发达国家于 2008 年向发展中国家提供的官方发展援助增长 1.4 倍，但在已知国际援助中所占比重下降了 10 个百分点，为 78.57%。而非 DAC（发展援助委员会）成员国和非政府组织援助的占比则分别上升了 4.25 个百分点和 5.78 个百分点。但总体而言，发达国家依然是国际援助的主力军。

2. 美国、欧盟和日本援助地位表现各异

（1）美国依然是最大援助国

自 21 世纪初以来，美国一直保持着世界最大援助国的地位，在 DAC 援助总额中的占

比基本恢复到20世纪80年代水平。尽管经济受到金融危机的严重影响,美国依然加大援助力度,期望能更多地运用援助手段,维护美国日趋走向衰弱的全球领导地位。

(2) 欧盟总体援助力量越来越强

DAC的统计数据显示,欧盟15国提供的援助总额不断增长,在DAC援助总额中所占比重也持续上升,成为发达国家提供发展援助最重要的力量。根据DAC最新公布的预测数据,2010年欧盟15国提供的官方发展援助达到638.77亿美元(按2004年价格和汇率计算),占DAC援助总额的59.07%,比1987—1988年间的占比提高了10.31个百分点。其中,英国的援助力度不断加大,到2010年在DAC总额中的占比达到13.12%,成为仅次于美国的第二大援助国。而且主要欧盟国家在援助规则制定和理念推出方面表现积极,广作研究和宣传,在国际援助舞台上有着重要影响力。

(3) 日本援助额明显减少

由于经济疲软,日本援助额不断减少,2007—2008年在DAC总额中所占比重较10年前减少了12.03个百分点。由于经济低迷,财力有限,日本援助的弱势地位还将持续。

3. 非DAC援助国虽然援助额增长迅速,但影响力有限

目前向DAC提交官方发展援助数据的非成员国和地区共有18个。沙特阿拉伯是其中援助额最大的国家,2008年在非DAC援助国官方发展援助总额所占比重达到58.69%。但总体而言,非DAC援助国援助额相对较小,且援助对象相对集中在周边国家和利益攸关的几个国家。例如,沙特阿拉伯、科威特和阿联酋的官方发展援助主要对象都是穆斯林国家;2008年土耳其51%的援助额用于帮助其前5大受援国——阿富汗、吉尔吉斯斯坦、巴基斯坦、哈萨克斯坦和伊拉克。

4. "新兴援助国"援助力量不断增强,备受国际关注

"新兴援助国"多为发展中大国,具有一定的经济实力作为后盾,在国际上或所在区域具有较大影响力,希望通过对外援助扩大自身的影响力,因而近年对外援助增长迅速,而且今后还有较大的增长空间。据DAC《2010年发展合作报告》估计,2007年中国对外援助总额为14亿美元左右,巴西4.37亿美元,俄罗斯2.1亿美元,南非0.61亿美元,印度2008—2009年的援助额为6.09亿美元。此外,印度尼西亚、马来西亚、智利、阿根廷、委内瑞拉等发展中国家也在努力扩大对外援助规模。中国是"新兴援助国"中提供援助最多、受援国范围最为广泛的国家,因而也最受关注。事实上,从近两年的援助支出来看,中国已经超过了不少DAC成员国。

"新兴援助国"对外援助具有一些共同的特点,如均在南南合作框架下开展援助,具有南南合作的性质和特点;强调平等互利;援助方式以技术合作和项目援助为主等。由于不同于发达国家的对外援助,许多"新兴援助国"没有采用官方发展援助一词,也没有对外公布本国的援助金额。

（五）援助的形式已经发生变化

债务历来是发展中国家最沉重的负担，非洲的债务负担尤其严重。在全世界 48 个最贫穷的国家中，非洲占了 34 个，非洲人口占世界总人口的 11%，但经济却占世界经济总量的约 1%。据联合国的统计，非洲每年财政收入的 25%用来偿还 3 000 亿美元的债务，非洲的债务以每年 23%的速度递增，远远高于 3%～5%的平均增长率。针对这种情况，国际发展援助形式的变化主要体现在项目援助的比重下降，人道主义援助、方案援助和债务减免的比重上升。国际官方发展援助 ODA 主要通过人道援助、债务减免和发展项目形式进行，这 3 种形式在 2000—2005 年都有所发展。2005 年 DAC 成员国向伊拉克提供了 139 亿美元债务补助，向 2004 年遭受海啸灾难的国家提供了 22 亿美元的人道援助，而核心的发展项目主要是向伊拉克和阿富汗提供的。援助形式的变化主要体现在方案援助和债务减免的比重有所上升，而项目援助的比重相对下降。1990 年生产性项目援助占国际发展援助总额的比重从 1976 年的 21.8%，下降到 12.2%，债务减免的比重却达到了 23.3%。其中美国每年的债务减免数额占美国当年官方发展援助总额的 57.1%，1998—2004 年美国每年的债务减免数额占美国当年官方发展援助总额的比重均保持在 50%以上。2000 年年底，各国际金融机构联合签署了一份公报，宣布减免了 18 个非洲国家总额为 340 亿美元的债务，在 2005 年 6 月的八国财长会议上，发达国家减免非洲 18 国所欠世界银行、国际货币基金组织、非洲开发银行等国际金融机构 400 亿美元的债务，减免债务正在成为发展援助的重要方式。

（六）双边发展援助的地理分布相对稳定

发达国家一般从与其他国家的政治外交关系、地理位置、经济贸易关系和历史渊源出发，有重点地向特定的发展中国家提供国际发展援助。美国发展援助的重点在拉美和中东地区，法国集中在非洲讲法语的国家，英国将南亚和非洲的英联邦国家作为援助的主要对象，日本将大部分援助给予了东南亚各国，而石油输出国组织的成员国将援款的 80%以上给予了阿拉伯国家。这种地理分布一直比较稳定。

（七）援助的赠与成分不断提高

1989 年以后，发展援助委员会成员国向发展中国家提供发展援助的赠与成分平均达 90%以上，超过了发展援助委员会规定的 86%的标准。1995—2004 年，发达国家向 48 个最不发达国家或地区提供发展援助的赠与成分平均高达 98%以上，对 15 个国家援助的赠与成分则达到了 100%。

(八)援助国加强了对援助项目的管理和评估

20 世纪 80 年代以前,双边援助的管理与评估工作远远不如多边援助。进入 20 世纪 80 年代以后,援助国加强了同受援国就有关援建项目某些具体问题的联系与合作,并十分注重项目评估,有时甚至参与项目管理,以提高援助的效益。从 1997 年开始,联合国发展系统开始推行在驻地一级实行指定的"联合国发展援助框架"的做法,使受援国的发展计划与联合国的援助计划相一致,以提高援助资金的使用效益。

(九)发展援助重视新的领域

发达国家将精力集中到千年发展目标承诺的同时,也加大了对千年发展目标所涉及领域的资金投入和项目规划。其中对全球卫生、气候变化等领域的支持十分显著。以美国为例,2004 年布什政府就发起了 5 年全球艾滋病倡议,实施"总统防治艾滋病紧急救援计划"(PEPFAR),提供 180 亿美元支持,用于治疗 200 万名艾滋病病毒感染者和病人,并且照顾 100 万名艾滋病感染者、病人和孤儿。2008 年,这一倡议再次被授权延长到 2009—2013 年,提供 480 亿美元支持艾滋病、疟疾、霍乱的预防和治疗,与 2001 年度相比,艾滋病以外的传染性疾病的开销已增长 400%。2010 年 12 月,美国国务院发布的《四年外交与发展评估报告》(QDDR)申明,将致力于在 6 个依赖美国力量的特殊领域实现发展,即可持续经济增长、粮食安全、全球卫生、气候变化、民主治理和人道主义援助。对比美国 2010 年度和 2011 年度财政预算,在保持政府主要倡议的同时,2011 年度的财政预算新增了艾滋病防控之外的卫生项目,确定了热带疾病和营养这两个新的关注点。针对全球卫生倡议(Global Health Initiative),美国政府表示在未来 6 年将投入 630 亿美元到全球卫生领域,重点关注全球艾滋病、结核病和疟疾,并优先为受援国建立完善的、可持续发展的卫生体系。

气候问题是近年来重大的国际热点问题,也是国际发展援助的重点问题。2006 年,经合组织发展援助委员会和环境政策委员会通过了《气候变化纳入发展合作宣言》,将全球气候变化问题纳入发展合作领域。据估计,官方发展援助对气候变化投入的数字和比例占官方发展援助的 7%以上。2009 年 12 月《联合国气候变化框架公约》缔约方第 15 次会议商讨《京都议定书》一期承诺期后的后续方案,就未来应对气候变化的全球行动签署新的协议,气候问题在官方发展援助中的比重日益增大。

(十)发达国家往往是受益最多者

发达国家每年拿出数千亿美元的援款或物资,对受援国确实起到了救急和促进发展的作用,但这种援助最大的受益者却是发达国家自己。美国国际开发署的网页直言不讳地说,"美国对外援助计划的受益者始终是美国,美国国际开发署近 80%的合同和赠款直接落进了美国公司的腰包，从而为美国产品创造了市场，为美国人创造了成千上万个就业机会”。据美国《华盛顿邮报》报道，美国国际开发署的对外援助在首都华盛顿地区造就了一项庞大的“援助生意”，这个地区聚集了数十家争夺美国国际开发署合同的“开发公司”。其中大多数公司员工是美国国际开发署的退休人员。美国民主党议员吉姆·麦克德莫特所做的一项研究表明，美国花在对付非洲艾滋病危机上的每 1 美元中，有 53 美分留在了华盛顿地区。按照联合国的统计，在联合国所需援助物资的采购合同中，10 万美元以上合同的供应商一般都是发达国家的跨国公司，这也反映出联合国在采购中带有浓厚的援助国市场保护色彩。

第四节　中国接受和提供的国际发展援助

新中国成立以后，特别是改革开放以来，中国不断扩大同国际社会的经济技术交流合作，开始接受国际组织和发达国家大规模的经济技术援助。国际发展援助不仅为中国的发展提供了大量的资金援助和技术支持，而且带来了新的发展理念，对中国经济和社会发展起到了极大的促进作用。与此同时，伴随着中国经济社会的发展和国际经济政治格局的变化，中国也积极开展对外援助工作，成为一个重要的援助国。

一、中国接受的国际发展援助

（一）中国接受国际发展援助的概况

20 世纪 50 年代，中国开始接受前苏联的大规模经济技术援助；改革开放以后，为了更好地借鉴国外的经验和技术，中国积极寻求与国际多边和双边机构的合作，国际对华发展援助大幅度上升，中国与国际社会的交流与合作进入一个全新的阶段。截至 2005 年年底，不包括国际金融贷款，中国从国际上获得官方发展援助资金累计达到 457 亿美元，此外还接受了国际非政府组织的发展援助。

（二）中国接受国际发展援助的 5 个阶段

随着中国经济社会的不断发展，各援助国不断调整对华援助战略，国际对华发展援助呈现出阶段性的变化。从国际对华发展援助的规模和方式出发，我们可以将其划分为 5 个阶段，即前苏联对华援助阶段、援助停滞阶段、援助发展阶段、援助回落阶段和援助调整深化阶段。

1. 前苏联对华援助阶段（1949—1960 年）

在这一阶段的 10 多年间，前苏联帮助中国完成了 156 项重点工程，成为中国现代工业基本建设的核心，为中国的工业化奠定了基础。前苏联对华援助主要集中在工业部门，以军事工业和重点工业为主，在前苏联实际援建的156个工业项目中，有44个军工企业、20个冶金工业企业、24个机械加工企业、52个能源企业以及3个轻工和医药工业企业。军事领域的合作是前苏联对华援助的一项重要内容。前苏联对华援助主要有4种方式，即提供低息贷款、援建重点项目、进行技术合作以及在中苏贸易中实施价格补贴。前苏联对华援助以中苏同盟关系为基础，具有很强的政治色彩，是以“冷战”为目的的意识形态援助阶段。

2. 国际对华援助的停滞阶段(1961—1978年)

1961年中苏同盟关系的破裂直接导致了前苏联对华援助的终止，而此时西方发达国家对中国一直采取经济和政治上的封锁，再加上当时中国自我封闭的外交政策，中国与国际社会几乎没有经济交流与合作。因此，在这一阶段的近20年间，国际对华发展援助基本处于停滞阶段。

3. 国际对华援助的发展阶段(1979—1995年)

20世纪70年代末，中国开始实行开放，不断扩大与国际社会经济交流合作，国际对华发展援助逐渐恢复并大幅度上升。1979年联合国开发计划署理事会批准第一个援华方案，1981年中国与澳大利亚签署第一个双边发展合作协议，同年中国与世界银行签署合作协议。这一时期，国际对华援助资金规模大幅度上升，援助的形式主要以优惠贷款为主，援助的重点领域主要集中在经济基础设施和生产性部门，“硬件”援助项目占有相当比重。国际多边和双边援助中国的动机是多元性的。首先，随着国际经济秩序的调整，中国的改革开放为全球提供了巨大的潜在市场，支持中国的发展已经成为发达国家经济发展的需要；其次，利用中国面向市场改革的机会从而争取中国平衡前苏联的影响；最后，通过援助促使中国的和平演变也是西方发达国家的政治需要，因此这一阶段的援助具有三重目的。

4. 国际对华援助的回落阶段(1996—2002年)

随着前苏联的解体和“冷战”的结束，各发达国家纷纷削减了对外发展援助的资金规模，导致国际发展援助持续几年下降。在此国际背景下，中国接受的国际发展援助资金规模也呈现出明显的下降趋势。2000年联合国提出“千年发展目标”以后，各援助国对华的援助战略逐渐向千年发展目标靠拢。合作的重点领域逐步转向中国的中西部地区，合作方式趋于多元化。与此同时，一些新的发展理论和理念，如参与式发展、以权力为基础的发展、性别与发展等越来越受到关注。

5. 国际对华援助的调整深化阶段(2003年以后)

“十五”时期，我国国民经济持续快速发展，2003年人均GDP达到1 090美元，按照OECD的标准，中国已进入了中等收入发展中国家。与此同时，中国“神舟五号”、“神舟六号”飞船的成功发射，2008年奥运会的成功举办，发达国家要求“中国毕业”(要求取消中国享受国际发展援助的资格)的呼声不断增多，各援助国重新调整对华援助的资金规模，资金规模基本维持稳定。这一时期发展援助重点主要围绕“千年发展目标”的相关主题展开，并且援助领域逐步向政策层面转移。与此同时，中国与各援助国的关系也逐渐由原来的受援国——援助国的关系发展为国际发展援助问题上开展对话的合作关系。

（三）国际对华发展援助的未来趋势

1. 发达国家对华援助的下降趋势及其原因

（1）发达国家对华援助的下降趋势

据英国路透社报道，英国国际发展部表示，英国将在 2011 年停止对华援助。英国国际发展部计划 2009—2010 财政年度向中国援助 3 000 万英镑，2010—2011 降为 2 000 万英镑；德国原定 2009 年联邦发展援助给中国的 4 700 万欧元发展援助款没有被纳入联邦预算；长期以来作为中国最大的援助国——日本在 2008 年停止了对中国发放新增低息贷款；其他一些发达国家也相继缩减了对华援助的预算。因此发达国家对华援助预计存在下降的趋势。

（2）发达国家对华援助下降的原因

发达国家削减对华援助的原因主要有以下 3 点：

① 中国经济实力的提升。经过多年的飞速发展，中国已经成为世界第二大经济体；人均国民收入位居世界中等水平；截至 2006 年 2 月底，中国外汇储备规模为 8 537 亿美元，超过日本位居世界第一，并继续保持第一。中国经济实力的提升成为西方发达国家削减甚至结束对华发展援助的首要理由。

② 中国的重大亮点规划取得成功。中国在航天领域的重大工程取得成功，如“神六”、“神七”、“神九”、“嫦娥一号”等的成功；中国成功主办 2008 年北京奥运会、2010 年上海世博会等。这些规划的成功实施也显示中国综合国力的增强。

③ 发达国家经济低迷。受国际金融危机影响，发达国家经济不景气，财政吃紧，债务问题严重。

2. 国际对华发展援助前瞻

尽管国际对华发展援助呈现不断下降趋势，但出于地缘和双边利益考虑以及中国人口、经济、环境等的发展情况对世界发展局势的影响，国际对华发展援助不会在短期内结束。与此同时，由于中国目前社会经济体制改革的不断深化，不少发展合作领域将更富挑战性。通过对国际对华援助发展阶段的回顾和分析，我们可以推断，国际对华发展援助的未来趋势将主要表现在由援助转向合作，由“支持”转向影响，由促进经济发展逐渐转向对国家宏观政策方面的影响，由中国问题转向区域和国际问题，具体讲体现在以下几个方面：

(1) 资金规模将有所缩小

国际对华发展援助的资金规模将进一步缩小，并且其中贷款援助的资金额将不断减少技术援助，并成为国际对华官方发展援助的主要形式。

(2) 更重视项目的影响力

各援助国和发展援助组织越来越强调相互之间的战略伙伴关系的建立,以便集中有限资源和交流经验,扩大项目的影响力。

(3) 强调受援国政府的作用

援助国更加强调受援国政府在发展中的核心作用,援助的重点领域将从现阶段的社会公共服务逐步转向经济社会体制改革和政府治理;通过改善政府治理以实现受援国经济发展和社会公平的双重目标。

(4) 进一步加强与政府部门的接触与合作

各受援国将重视与中国高层政府部门的接触与合作,以扩大援助项目的示范作用和影响,并且援助活动越来越强调对国家宏观政策方面的影响。

(5) 推动公民社会组织能力建设

国际援助机构更加重视与中国公民社会组织的合作,并将积极推动中国本土公民社会组织的能力建设,公民社会组织将在国际对华援助中发挥举足轻重的作用。

(6) 促进角色转变

随着我们经济和社会的持续快速发展,我国在国际发展领域将发挥越来越重要的作用,并将逐步完成由目前受援国向将来援助国的角色转变。

(四) 国际对华发展援助的机构

目前对华提供发展援助的国际组织从性质上可以分为四大类,即联合国发展系统、国际金融机构、双边援助机构和国际非政府组织。表 9-2 列出了对华提供发展援助的主要机构和组织。这些组织由于性质不同,在对华援助资金的运作上存在着很大的差别,联合国发展系统和非政府组织主要提供无偿发展援助,国际金融机构以贴息或低息贷款以及普通商业贷款为主,而外国政府对中国的发展援助多为无偿技术援助,但要求中国政府进行财政配套。

1. 以联合国开发计划署为代表的联合国系统

联合国机构是最早参与中国发展援助工作的国际机构,1979 年,联合国开发计划署(UNDP)在中国设立了代表处,同时作为联合国系统在华机构的协调处。此后,联合国粮农组织(FAO)、世界粮食计划署(WEP)、联合国教科文组织(UNESCO)、联合国儿童基金会(UNICEF)、联合国劳工组织(ILO)、联合国人口基金(UNFPA)等机构先后在中国设立了代表处。联合国系统在开展工作的核心指导原则是推动 2000 年联合国大会提出的人类千年发展目标(MDGs)的实现,其所属各个机构在中国的发展援助活动均围绕这一目标展开。

表 9-2 国际对华发展援助的主要机构

类 型	机构名称	进入年份	援助领域
联合国发展系统	联合国开发计划署	1979	包括农业、工业、能源、公共卫生、减贫、经济重建以及许多交叉领域
	联合国儿童基金会	1979	妇幼保健、计划免疫、基础教育残疾儿童康复、农村供水与环境卫生、妇女参与发展、扶贫等领域
	联合国人口基金	1979	生殖健康和计划生育领域、艾滋病防治、性别平等、人口老龄化问题
	世界粮食计划署	1979	粮食援助
双边发展援助机构	英国国际发展部	1981	减轻贫困、实施"良政"和人权、妇女权利、卫生健康、教育、环境以及防止冲突和灾害等
	德国技术合作公司	1982	经济和社会改革、法律咨询服务、金融业发展、环保侦测、能源管理、自然资源管理和城市可持续发展
	澳大利亚国际发展署	1981	农村发展、环境、水资源、治理、人权、健康、艾滋病和流行病、教育等
	加拿大国际开发署	1982	民主政治、私营部门发展、卫生、基础教育、性别平等和环境的可持续发展
国际金融机构	世界银行	1981	交通、工农业、能源、城市建设、环境保护、教育、卫生、供水与环境卫生
	亚洲开发银行	1986	能源、交通、环境保护等基础设施建设
非政府组织	施乐会(中国香港)	1987	社区组织发展、农村综合发展、增加收入、小型基础建设、卫生、能力建设、政策倡议及教育等
	福特基金会(美国)	1988	环境与发展、生育健康、公共政策与政治治理、法律和权利、教育
	国际行动援助	1998	以妇女权利和社会性别平等、善治和社会公正、教育、公共卫生和艾滋病、粮食权、人类安全为六个主题领域

资料来源:李小云,唐丽霞,武晋. 国际发展援助概论. 北京:社会科学文献出版社,2009.

2. 以英国国际发展部为代表的双边发展援助机构

目前在中国比较活跃的双边发展机构主要有英国国际发展部(DFID)、德国经济合作部(BMZ)支持下的德国技术合作公司(GTZ)和德国复兴发展银行(KFW)、澳大利亚国际发展署(AusAid)、加拿大国际开发署(CIDA)、美国国际开发署(USAID)、日本国际协力机构(JICA)、新西兰国际开发署(NZAID)、法国开发署(AFD)等。这些组织主要是外国政府支持对华援助活动的代表机构,同时也要求中国政府的积极参与,体现的是双边政府间的合作。

3．以世界银行和亚洲开发银行为代表的金融机构

目前参与中国发展援助活动的国际金融机构主要有世界银行(WB)、国际农业发展基金会(IFAD)和亚洲开发银行(ADB)、德国复兴银行(KFW)、泛美开发银行(IADB)、日本国际协力银行(JBIC)等。这些国际金融机构的对华发展援助主要采取优惠贷款的形式，并辅之以一些社会发展项目和财政赠款项目，在这些机构中，以世界银行的发展干预为重点，包括了各种反贫困行动。

4．以福特基金会为代表的国际非政府组织(NGO)

国际非政府组织大量涌入中国是在1990年代，目前比较活跃的有美国福特基金会(FF)、施乐会(中国香港)(Oxfam Hong Kong)、国际计划(Plan International)、国际行动援助(Action Aid)、世界宣明会(World Vision)、英国救助儿童会(Save the Children)、无国界卫生组织(Health Unlimited)、世界自然基金会(WWF)等。国际非政府组织在中国的发展援助领域主要集中在环境保护、反贫困、性别平等、基础教育等方面。

二、中国提供的国际发展援助

(一) 中国对外援助概况

站在中国的角度看，中国提供的国际发展援助即是中国的对外援助。它是指中国政府或由中国政府授权的组织向发展中国家、地区或其他多边国际组织提供的含有政府赠与成分的(发展援助、人道主义援助和其他带有援助性质的互利合作活动等)援助活动。中国从事国际发展援助活动也是参与国际经济合作的一种形式。从事对外发展援助既是中国应履行的国际义务，也是维护和发展中国与发展中国家的友好合作关系、促进世界和平与发展的重要途径。

中国的对外援助始于1950年，中国政府在力所能及的范围内，通过各种方式向非洲、亚洲、东欧、拉美和南太平洋地区的160多个国家提供了援助。新中国成立后，面对西方资本主义国家的政治和经济封锁，为了争取第三世界国家的支持，中国积极开展对外经济技术援助和军事援助。改革开放以来，中国将工作重心转移到国内经济建设，对外援助从规模、布局、结构到方式和管理体制等方面都进行了调整，开始强调对外援助项目的经济效益。进入21世纪以来，随着中非合作论坛的启动，中国对外援助快速发展，援助内容和形式日趋多元化。中国的对外援助对欠发达国家或地区的经济社会发展起到了极大的推动作用，同时有力地配合了中国的外交工作和经济建设，拓展了中国的外交空间和国际影响，逐步树立起中国在国际事务中的大国形象。

（二）中国对外援助的管理体系

1. 中国对外援助的管理机构的历史沿革

新中国成立之初，援外事务相对比较少，加上当时实行计划经济的配给制，外援工作由国家计委统一协调管理。1955 年万隆会议后，中国开始对非洲进行援助，援助事务越来越多，国家计委无法承担。因此，1956 年中国政府成立了国务院直属的对外经济合作总局专门负责援外事务；1964 年，为了使援外工作更加规范管理，中国在对外经济合作总局的基础上成立对外经济合作委员会，1969 年又发展成为对外经济联络部；1982 年，政府机构改革，将外经部、外贸部、进出口管理委员会合并成外经贸部，设一司一局，即援外司和中国对外援助执行局（中国成套设备出口总公司）来负责援外工作；1993 年，国家实行政企分开，中国对外援助执行局和援外司脱钩，原执行局所执行的政府职能全部收回至援外司。2003 年，国务院机构改革，外经贸部撤销，成立商务部，援外事务归口商务部管理，同年，商务部设立了国际经济合作事务局来辅助中国援外事务的管理。目前的商务部援外司是我国对外援助的归口管理部门，主要负责拟定并执行对外援助政策；起草对外援助法律、法规，拟定部门规章；研究和推进对外援助方式改革；编制对外援助计划，拟订国别援助方案，确定援助项目并组织实施等。

2. 现有的中国对外援助管理体系

（1）主要管理部门及其职能

随着对外援助工作的开展，我国逐步建立起了以商务部（14 个司局）、外交部和财政部 3 个部门为主，23 个部委以及地方省区市商务部门共同参与的对外援助管理体系。

① 商务部。商务部主要负责拟定对外援助政策、编制对外援助计划、拟订国别援助方案等。

② 外交部。外交部负责在外交战略上提出对外援助的建议，包括确定对哪些国家提供援助，采取什么方式的援助等。

③ 财政部。财政部负责制定对外援助的具体预算，在 2000 年前由涉外司统一负责援外预算职能，2000 年后由各职能司负责列入各职能部委的预算。

④ 对外援助协作支持机构。除了商务部、外交部、财政部等国家部委和省区商务部门，援外工作的顺利开展还需要其他相关机构的支持和协助。商务部国际经济合作事务局、商务部中国国际经济技术交流中心、商务部培训中心以及中国进出口银行就是其中重要的 4 个对外援助的协作支持机构。

（2）援外管理机制

随着我国对外援助各项机制的建立和强化，对外援助管理体系总体框架基本形成。2006 年，以中非峰会为契机，商务部、外交部、财政部与中央有关部委、地方商务主管部门进一步加强了部门沟通与协作，采取积极有效的措施，不断优化援外管理机制，提高援外管理水平。目前我国现有的以及正在建设的援外管理机制包括：

① 商务部、外交部和财政部三部门援外工作联动机制；

② 商务部、中国人民银行、财政部以及国家开发银行、进出口银行等部门和机构的减免债务工作机制；

③ 商务部、外交部等部门的紧急人道主义援助联动工作机制；

④ 23 部委援外合作机制；

⑤ 商务部与地方省区市商务部门的工作联系机制；

⑥ 商务部部内 14 个司局援外工作联系机制；

⑦ 商务部、外交部、财政部及部内财物、人事、纪检和地区司等单位和技术专家建立的援外项目巡检机制；

⑧ 与进出口银行优惠贷款联系会议工作机制等。

3. 中国对外援助项目的管理原则

(1) 中国对外援助项目的基本管理原则

中国援外工作按照宏观和微观协调，决策和执行的科学、合理划分的原则，由商务部援外司执行宏观政策、宏观决策和监督援外项目管理工作的宏观职能，以及涉及援外成套项目管理的少数微观职能。援外项目的具体实施和管理的微观职能主要由国际经济合作事务局执行，包括援外项目招标、援外项目管理和援外财务管理。

(2) 中国对外援助项目的管理手段

商务部援外司运用行政法规、制度对援外工作进行规范化的宏观调控；运用经济手段保证援外工程的质量和进度；实施援外任务的企业总承包责任制；运用竞争机制，通过招标择优选定承担各类援外任务的总承包企业，视项目规模、性质和内容，分别采取相应的方式招标；择优选定技术、咨询、审计单位对援外项目进行设计审查、质量监督、财务审计和工程验收，实现对外援助工作的宏观管理。

4. 中国对外援助管理的主要环节和程序

中国对外援助管理要经历以下 7 个主要环节和程序：

(1) 资格认定

援外项目由具有独立民事主体资格的中国法人具体实施，对援外项目实施主体实行资格认定制度。商务部对取得援外物资企业资格的企业实行动态资格管理，每两年进行一次资格核验。

(2) 立项

商务部根据对外援助协议与国务院批准的年度资金计划负责受理援外项目的立项申请，组织立项评估、确定援外项目并与受援方签订立项协议、办理相关手续。

(3) 招标

援外项目执行机构在经资格认定的援外项目实施主体范围内通过招标方式确定援外

项目的实施主体。援外项目招标可采取公开招标、有限邀请招标、议标 3 种形式。

(4) 合同的订立

商务部或援外项目执行机构根据招标结果与援外项目实施主体签订承包合同,必要时授权援外项目实施主体与受援方订立实施合同。在合同订立后 10 日内,执行机构应将合同报国务院商务主管部门备案。

(5) 项目实施的监督

商务部或其授权的执行机构对对外援助项目实施主体质量、进度、投资等方面进行监督管理。

(6) 援外项目的验收与移交

商务部或其授权的执行机构应组织援外项目的验收并与受援方办理移交手续。

(7) 项目实施结果评估

在援外项目移交后,商务部对援外项目实施效果组织(追溯性)评估。

(三) 中国对外援助的方式和内容

自新中国成立以来,中国的对外援助战略逐步发生变化,对外援助方式逐日益多样化,从新中国建国初期单一的无偿援助发展为当前的无偿援助、无息援助、优惠贷款、混合贷款、合资合作等多种方式,援助内容从物资援助扩展到成套项目、投资合作项目、一般物资、现汇援助、技术合作、人员培训和派遣志愿者等多个领域。

1. 中国对外援助的方式

从援助资金的性质看,中国对外援助主要包括无偿援助、贷款援助(包括无息贷款、优惠贷款和混合贷款)和项目合资合作等方式。

(1) 无偿援助

无偿援助主要用于帮助受援国建设中、小型社会福利性项目,如医院、学校、低造价住房、打井供水等。此外,无偿援助还用于提供物资援助、人道主义紧急救灾援助及人才培训等。

(2) 无息贷款

无息贷款主要用于帮助受援国建设一些基础设施和民用设施项目。在建国后的长时间里,中国帮助发展中国家建设了一大批公共民用设施。今后,为满足受援国的迫切需要,中国政府还将保留适当比例的无息贷款,用于帮助受援国建设此类项目。

(3) 优惠贷款

优惠贷款是中国政府指定的金融机构对外提供的具有政府援助性质的中、长期低息贷款。优惠利率与中国人民银行公布的基准利率之间的利息差额由中国政府进行补贴。优惠贷款主要用于中国企业与受援国企业合资合作建设、经营当地需要又有经济效益的生产性项目,或提供中国生产的成套设备和机电产品等。优惠贷款是具有援助性质的贷款，因此主要向经济困难的发展中国家提供。

(4) 混合贷款

混合贷款是我国对外商业银行贷款与出口信贷以及我国政府的援助、捐赠相结合的一种贷款方式。它的特点是综合利率相对较低，还款期限较长，贷款期限可达30～50年，宽限期可达10年。混合贷款有一定限制条件，手续比较复杂。

(5) 援外项目合资合作

援外项目合资合作是援外与投资、贸易等互利合作形式相结合的一种新型的援助方式，其特点是援助国政府和受援国政府在政策和资金上给予扶持，通过将受援国偿还的回收资金设立基金、鼓励援助国企业“走出去”与受援国企业开展合资合作项目而对受援国提供间接援助。目的是帮助受援国发展经济，培训管理和技术人才，促进援助国与受援国的共同发展。

(6) 其他专门方式

除以上几种主要援外方式外，中国政府还面向非洲国家设立了“投资专项资金”和“非洲人力资源开发基金”。前者用于支持和鼓励有实力、有信誉的中国企业到非洲国家投资，开展互利合作；后者用于帮助非洲国家培训各类管理和技术人才等。

2. 中国对外援助的具体内容

中国对外援助的具体内容主要包括物资援助、成套项目、现汇援助、技术合作项目、人道主义援助和人员培训项目等。

(1) 物资援助

物资援助是我国最早的对外援助内容之一。物资援助又包括紧急物资援助、结合项目的物资援助、设备的升级换代和紧急救灾援助等。

(2) 成套项目

成套项目是在我国政府向受援方政府提供的无偿援助、无息贷款、低息贷款及其他财政援助资金项目下，由我国政府选定实施企业进行勘察、设计，提供施工机械和设备材料并派遣工程技术人员，在受援方境内承担或指导施工、安装和试生产全过程或其中部分阶段的各类工程项目。目前我国共实施了约2 000个对外援助的成套项目。这些项目与当地人民生产和生活息息相关，包括工业、农业、交通、通信、文教、卫生、社会公共设施以及政府办公楼建设等项目。

(3) 现汇援助

现汇援助主要有两种方式：一是直接提供资金和贷款；二是减免重债穷国的对华到期政府债务。2000年，我国免除了40多个非洲国家1999年到期的债务；2005年，免除了所有发展中国家2004年到期的债务；2006年免除了非洲重债穷国2005年到期的债务。截至2007年年底，中国已累计对非洲、亚洲、加勒比和南太平洋地区的49个国家免除到期债务374笔。

(4) 技术合作项目

主要包括成套项目的运营、管理、维修技术合作以及轻工类技术援助，主要是指以减贫和脱贫为目标，为当地人培训一些轻纺、针灸、针织和刺绣等技术，或者是结合当地的资源，开展竹藤编制培训以及信息技术培训等。

(5) 人道主义援助

近年来，中国已成为世界上最大的人道主义援助国之一。

① 我国对外提供的灾后紧急救援。2005年年初，印度洋海啸后，中国向印度尼西亚提供了包括163万元人民币现汇、5亿元人民币及2 000万美元多边捐助；2005年8月美国南部遭受"卡特里娜"飓风袭击，中国政府向美国提供500万美元救灾援款，并提供大批救灾急需物资；2005年11月至12月，中国共向巴基斯坦地震灾区空运了26批救灾物资；2009年4月，为帮助墨西哥抗击甲型H1N1流感疫情，中国政府向墨西哥政府提供了500万美元人道主义紧急援助。

② 医疗援外工作。应受援国要求，中国一直向部分发展中国家派遣援外医疗队，自1963年以来，先后派出援外医务人员约2万人次，遍及亚、非、拉和东欧的65个国家和地区。截止2007年年底，我国共有48支医疗队约1 200多名医务人员在47个国家工作。

(6) 人员培训项目

为帮助受援国增强自主发展能力，长期以来中国政府一直重视援外培训工作。中国自1983年开始实施人员培训援助项目，主要形式是结合项目开展培训活动，或者开设专门的培训班。自1983年以来，中国共举办各类技术培训班264期，培训技术人员6 500多人，涉及农业、畜牧业、机械、能源、医疗卫生、环保等几十个专业。此外，中国政府迄今已承办35期中国—发展中国家经济管理官员研修班，培训了来自世界各地110个发展中国家和地区的838位官员。截至2007年年底，已有近10万名官员以及管理和技术人才来华参加培训和研修。此外，中国还派遣技术人员赴当地提供技术服务和指导，实施成套项目建成后的技术援助和单项技术援助。

(四) 中国对外援助的变化特征

通过对中国外援政策和发展阶段的历史回顾我们发现，从20世纪50年代中期开始，中国的对外援助不仅在指导思想和原则上不断做出调整，同时在援外支出规模、援外对象的地区分布、援外的形式与内容等方面也发生了明显的变化。

1. 中国对外援助政策的变化

从新中国成立到现在，中国对外援助政策的调整变化主要体现在以下几个方面：

① 意识形态在对外援助中的作用逐渐减弱。新中国成立至改革开放，中国的对外援助工作基本上是在无产阶级国际主义的指导下进行的，即通过援外，反对帝国主义、殖民主义，促进民族解放运动，促进世界和平，意识形态色彩很浓。1980年后，中国外交政策

逐步进行了调整，政治上平等互信、相互尊重主权和互不干涉内政，经济上互惠互利、共同发展成为中国对外政策的主题，意识形态逐渐淡化。

② 经济因素在对外援助中的作用不断增大。20 世纪 80 年代后，随着外交战略的调整，中国在处理对外援助与国内经济建设的关系时，越发侧重于经济建设的需要。

③ 人道主义援助力度不断加大。从 20 世纪 90 年代后半期开始，特别是近两年，随着中国国际地位的提高和影响力的增大，中国向遭遇战乱和严重自然灾害的国家提供了大量人道主义援助。

2. 中国对外援助支出总额变化

对外援助支出总额占国民生产总值(GNP)和财政支出的比例是衡量一个国家或地区对外援助力度的重要指标。1953—2005 年间，中国对外援助总支出占 GNP 比重为 0.088%，其中 1980 年以前对外援助总额占 GNP 的 0.87%，1981 年以后对外援助总额占 GNP 的 0.054%，比前一阶段有大幅度的下降。从各援外发展阶段的具体情况看来，从 1953 年开始，中国对外援助支出占 GNP 的比重变化趋势是先升后降，最高达到 1973 年的 2.052%；随后基本上逐年递减，2005 年占 GNP 比重仅为 0.041%，与 1973 年相差近 50 倍。对外援助总支出占财政支出比重的变化趋势与占 GNP 比重的变化趋势大体相同。改革开放以后，中国对外援助资金总量呈大幅上升趋势。

3. 中国对外援助的地区分布变化

1950—1978 年间，我国共向 66 个国家提供了援助，建成 880 个成套项目。这一时期的援助重点是非洲，受援非洲国家(地区)多达 45 个，占中国对外援助国家总数的 68.18%，援助总额占该时期中国对外援助总支出 56.96%。受到中国援助的亚洲国家(地区)17 个，占中国对外援助国家总数的 25.76%，援助总额占该时期中国对外援助总支出的 39.65%；其余为拉美国家 3 个、大洋洲国家 1 个。

从 1979 年开始，中国进行对外援助改革，对外援助支出有所减少。1979—1999 年的 20 年间，受援国(地区)的总数变化不大，但是地区分布略有变化，其中非洲国家略有减少但仍占中国对外援助国家(地区)总数的 57.8%，拉美和大洋洲数目增加较多(有 8 个拉美国家、4 个大洋洲国家接受了中国援助)。在接受中国援助金额的地区分布上也有较大变化，中国对外援助亚洲国家尤其是中东和南亚地区国家金额增幅最大。

2000—2005 年间，中国对外援助的总支出的洲际分布来看，亚洲国家所占比例最大，在 40%～50%之间；其次为非洲，在 30%～40%之间波动；拉美占一定比例，但基本不超过 10%；大洋洲略呈增长趋势，但未超过 5%；也有少额的援欧项目，但所占在两个百分点上下浮动。这一时期中国对外援助的区域特点是，周边国家如越南、朝鲜、柬埔寨是首要重点，其次为非洲国家。2006 年中非合作论坛北京峰会以后，中国对外援助的重点重新转移到非洲地区。

4. 中国对外援助具体形式的变化

随着国际形势的变化和中国外交战略的调整，中国对外援助的具体形式也不断变化，呈现出以下 3 个方面的特点：

① 军事援助由多到少。20 世纪 50 年代到 70 年代，中国为支持各国的民族解放而向第三世界国家提供了大量的军事援助，具体包括武器、军事培训和为战争服务的成套项目等。随着殖民体系的瓦解，中国对外军援也相应大幅度减少。

② 对外经济援助在改革调整中日趋灵活与成熟。改革开放前的 28 年(1950—1978 年)，中国对外援助的主要内容是向受援国提供无息贷款或无偿援助。1979 年后，中国对外援助方式逐步发展为多种形式的经济技术合作。总体表现为物资援助和现汇援助减少、成套项目援助比例上升、技术和智力援助取得较大发展。

③ 由双边援助合作转为多边援助合作。改革开放以前，中国采取双边援助的方式较多；而从 1973 年开始，中国向联合国发展系统捐款，积极参与联合国多边援助活动，还开始注意与第三国援助相结合。截至 2006 年，中国已提供了总价值约 32 亿美元的多边援助。

(五) 中国对外援助的成果与挑战

1. 中国对外援助的成果

新中国成立以来，中国在自身经济困难的情况下，给非洲及其他一些欠发达国家提供了宝贵的支持和力所能及的援助。中国对外援助虽然数量有限，但援助效果十分显著，使受援国和中国自身都从中受益。

① 中国的对外援助支持了发展中国家各方面的事业。在“二战”后的相当长时间里，“冷战”盛行，新老殖民主义对发展中国家构成了政治和外交、经济和社会发展的障碍。中国站在发展中国家一边，通过向它们提供发展援助，有力地支持和帮助它们取得政治独立、经济发展和社会进步，中国的援助对改善当地人民生活水平以及提高教育、医疗、卫生水平等诸多方面发挥了重要作用。中国的许多援建项目如坦赞铁路、毛里塔尼亚友谊港等已成为中非友好的重要象征。在接受中国援助的国家中，进步最突出的就是受到西方孤立的苏丹，中国与苏丹在石油开发中的合作，帮助苏丹建立了比较完整的、在第三世界产油国中少有的石油化工工业体系，有力地促进了苏丹的经济发展，在过去 10 年中，苏丹 GDP 年均增长率达 8%以上。

② 中国对外援助也有力地配合了中国的外交工作和经济建设。中国的对外援助推动了中国与发展中国家的经贸关系乃至整个双边关系的发展，拓展了中国的外交空间和国际影响，有助于树立中国是负责任的、积极参与国际事务的大国形象。

③ 中国在对外援助的过程中也获得一定的经济性收益。此外，对外援助有助于扩大中国对外贸易，通过鼓励发展中国家和中国的经济合作，支持中国企业“走出去”，开拓国

际市场。

2. **中国对外援助面临的挑战**

随着中国对外援助的影响日益扩大,国外对中国援助的关注和研究日益升温,其中有许多批评的声音,由此形成了具有一定市场的"中国援助威胁论"。伴随着中国综合国力的迅速提升,非洲等欠发达国家对中国的期望也"水涨船高",对中国的援助提出了更高的要求。另外,中国对外援助在理论指导、管理实施、援助方式、透明度等方面还存在诸多的不足,这些都影响到中国援外项目的实施效果。为了应对这些挑战,中国既要在援助政策上加大开放力度,和西方国家开展有效对话,化解对方的猜疑和误解,又要不断创新本国对外援助模式,努力提高对外援助的水平。

"二战"后初期美国的对外援助

"二战"后初期,美国对外援助也是自身经济发展的需要。"二战"时美国经济得到了空前的发展。战争结束后,美国要保持经济的发展和繁荣,就必须有一个稳定和日益扩大的国际市场。"二战"结束后,杜鲁门总统和美国其他领导人坦率地承认,美国必须出口商品,进口战略原料,到1947年美国出口占世界出口的1/3,价值每年达140亿美元。关键性的工业,例如汽车、卡车、工作母机、钢、农业及其的繁荣严重依赖对外贸易。农民大约出口其一半的小麦。当时的总统经济顾问委员会副主席利昂·凯塞林说:"如果我们要想避免经济崩溃,美国必须在未来十年内,在国内另外找到4 000亿美元的市场。"由此可见,美国经济的发展和繁荣需要高度依赖国际市场,如果美国的出口缩减,海外市场缩小,那么美国将出现严重的生产过剩,20世纪30年代的大萧条将会重演。马歇尔在"马歇尔计划"的演说中毫不掩饰这一点,欧洲经济的衰败"除了对整个世界的影响,以及因人们的贫弱而引起混乱的可能性之外,美国经济的后果如何,也应该使大家明白"。欧洲是美国最大的传统市场。"二战"后初期,西欧地区面临经济崩溃,美元和黄金储备几乎枯竭,外贸能力几乎丧失。如果没有美国的援助就不会有西欧经济的恢复和贸易的活跃,美国的西欧市场就会急剧缩小,美国的经济运转就会失灵。1947年11月,美国对外援助委员会发表的"欧洲复兴和美国的援助"报告,提出了援助欧洲的四项原则:帮助欧洲国家恢复预算平衡;鼓励私人资本向欧洲投资;援助应采用贷款形式而不是赠与;援助必须符合美国经济发展需要的要求。

"二战"后的亚非拉落后地区同样对美国的经济有着重大的意义。其一,美国称霸世界、进行全球扩张需要进口大量战略原料。美国外交史学家托马斯·帕特森说:"只要少数几个例子来说,锰钨、铬的进口在美国的工业体系中是必不可少的。"而许多落后国家战略计划所包括的进口原料丰富，美国要取得这些战略资源，最好的办法就是以经济援助为诱饵，对其进行经济控制。根据美国国际开发委员会1951年给总统的报告，美国战略储备计划所包括的进口原料有3/4来自不发达国家。其二，广大的亚非拉地区是美国的重要工业品销售市场、最大的投资场所和工业原料的最大供应基地。

战后，美国和前苏联为扩张其势力范围不遗余力地展开争夺。1947年2月21日，英国照会美国，声称因国内经济困难而无力继续向希腊、土耳其提供援助。鉴于希、土两国重要的战略地位，1947年3月12日，美国总统杜鲁门在国会两院联席会议上宣读了后来被称为“杜鲁门主义”(Truman Doctrine)的国情咨文。咨文强调，美国必须向希、土危机提供援助，以抵制前苏联的“直接或间接侵犯”，如果丧失希腊，就会立刻危及土耳其和整个中东，“影响不仅远及东方，而且远及西方”(这便是“多米诺骨牌”理论的早期阐述)。国会两院经过辩论后，分别于4月22日和5月8日通过关于援助希、土的法案，向两国政府提供4亿美元援助，帮助它们镇压本国的革命运动。1949年1月20日，美国总统杜鲁门在就职演说中提出美国全球战略的四点行动计划，并着重阐述了第四点计划(Point Four Program)，即对亚、非、拉美不发达地区实行经济技术援助，以达到在政治上控制这些地区的目的，又称“技术援助落后地区计划”(前三点计划是：支持联合国、战后欧洲经济复兴计划即“马歇尔计划”和援助自由世界抵御侵略)。这是一项利用美国先进的科学和发达的工业来改进和发展不发达地区的新计划。杜鲁门认为“第四点计划”的经济目的在于使美国的“商业也有扩张”。“第四点计划”特别强调技术输出。杜鲁门说：“为了以我们先进的科学和进步的工业帮助改善和发展那些尚未发展起来的地区，我们必须着手制订一项大胆的新计划。”这实际上就是以技术输出作为向落后地区进行经济扩张和渗透的重要手段，这必然为美国资本输出和商品输出开辟新的道路。同年6月24日，杜鲁门在致国会的特别咨文中对“第四点计划”的概念做了详尽的阐述。根据“第四点计划”，美国国会于1950年6月通过了“援助不发达国家”的法案。到1951年年底“第四点计划”已扩展到33个国家。自1945年7月1日到1967年6月30日，在累计达1 172亿美元的美国对外经济和军事援助中30%以上是给予非共产主义的不发达国家。“第四点计划”所开创的一系列对外援助计划一直延续到今天，对世界政治和经济格局产生了重大而深远的影响。在“第四点计划”下，美国打着援助不发达地区的旗号，以抵制共产主义扩张为名，行蚕食老殖民帝国势力范围之实。同时，“第四点计划”也给美国带来了长远的、巨大的经济利益。作为老殖民帝国势力范围的中东，以其蕴藏极其丰富的石油以及重要的战略地位，很快成为美国实施全球战略的焦点。“一战”前，中东石油几乎完全由英国垄断资本独占。1927年，美国石油垄断资本开始打入中东，与英国展开激烈的争夺。“二战”后，美国仰仗其强大的军事、经济势力，开始全面排挤英国在中东的势力。“第四点计划”出台后，美国旋即将埃及、伊拉克、沙特阿拉伯、约旦、黎巴嫩、伊朗、以色列等国都列入该计划。美国“填补”英国的“空白”是在“遏制”前苏联的口号之下逐步加速实现的。伊朗因为地处波斯湾,横贯前苏联南下印度洋通道,本身又蕴藏丰富石油,因而也是美苏争夺的重要目标。“杜鲁门主义”发表后,美国国务院特设一个司,掌管希、土与伊朗事务。前苏联为了取得伊朗北部石油的开采权,逼迫伊朗政府签订了《伊苏石油协定》,英国对此表示妥协。但是美国全力支持伊朗。议会否决了这个协定,乘机为自己的石油财团进入伊朗扫除了障碍。“第四点计划”出笼后,伊朗成为美国实施该计划的第一个国家,美国资本随之大量涌入伊朗。如今被美国视为“眼中钉”的伊拉克也曾长期引发美国的青睐。20 世纪 40 年代末,乘英国与伊拉克关系紧张之际,美国石油财团竭力挤进伊拉克,扩大在伊开采权。通过实施“第四点计划”,美国进一步笼络伊拉克,向它提供军事援助。除了与前苏联接壤或接近的国家外,中东诸多国家同样受到“第四点计划”这一“美国旋风”的冲击。美国通过政治与军事控制,独霸着沙特阿拉伯的石油资源。通过“第四点计划”,美国逐渐控制了中东。以此为契机,美国石油垄断资本获得了惊人的发展,仅从 1945 年到 1955 年,美国在石油工业中的投资就增加了 400 亿美元。1939 年美国在中东石油开采额中所占的比例为 13.1%,1956 年则增加到 65%,而英国则由 1939 年的 80%下降到 1956 年的 30%。

“第四点计划”作为扩张工具,拓展了美国在第三世界的势力范围,为美国的垄断资本带来滚滚红利。在“第四点计划”下,美国奉行“门户开放”政策,以此来排挤老殖民主义国家的势力,使非洲、近东、远东以及中南美等诸多经济不发达地区,纷纷成为美国的势力范围,美国垄断资本由此则获得巨额利润。仅 1951 年,美国就从上述地区获得 120 亿美元利润,约占美国垄断组织全部利润的 30%。与大英帝国的“血与火”的野蛮征服方式不同,美国穿着自由与民主、和平与发展的外衣,打着经济技术援助的旗号,实现了新殖民扩张,这对战后世界政治与经济格局产生了重大而深远的影响。

针对西欧,根据“马歇尔计划”,美国成立了总统领导下的对外援助委员会。1947 年 12 月 19 日,杜鲁门向国会提出“美国支持欧洲复兴计划的咨文”,要求国会在 1948—1952 年拨款 170 亿美元援助西欧。1948 年 4 月 2 日美国通过《对外援助法》。《对外援助法》规定:美国拨款 100 多亿美元援助西欧各国复兴经济,但受援国必须购买一定数量的美国货物;尽快撤销关税壁垒;取消或放松外汇限制;把本国和殖民地出产的战略物质供应给美国;设立由美国控制的对等基金,保障美国私人投资和开发的权利;必须同美国一起对社会主义国家实行禁运;经济上要接受美国的监督;政治上要把进步力量排除出政府。由此可见,“马歇尔计划”不仅仅是一个援助西欧的计划,而且是一个对西欧进行经济控制和经济侵略的计划,是一个反对共产主义扩张的计划。“马歇尔计划”原定为 5 年(1948—1952 年)。到 1952 年年底,美国宣布提前结束,而代之以共同安全计划。从 1948 年 4 月 3 日到 1952 年 6 月底,共拨款 131.5 亿美元,其中 90%为赠与,10%为贷款。“马歇尔计划”促进了西欧经济的恢复和发展,1948—1952 年西欧国家的国民生产总值增长 25%,工业生产上升 35%,农业生产提高 10%,钢产量从 1947 年的 3 100 万吨增加到 1951 年的 6 000 万吨,汽车月产量从 5.4 万辆增加到 14.5 万辆。贝文说,欧洲复兴计划“就像是给落水者投下一条救生圈”。“马歇尔计划”为美国以经济手段控制西欧铺平了道路，使西欧纳入了美国同前苏联抗衡的战略轨道，在西欧逐步形成了以美国为盟主抗衡前苏联的力量。杜鲁门曾经宣称，执行“马歇尔计划”是为了“明智而有效地实现我国外交政策的伟大事业”。为实现这一目标美国以共产主义威胁为幌子，在援助西欧时附加政治条件，使美国直接插手受援国的经济，甚至干涉别国内政的计划。《真理报》曾评论说，“马歇尔计划”旨在“用美元帮助施加政治压力，是一个干涉别国内政的计划”。美国经济合作署还通过与各国签订双边或多边协定，削弱了西欧国家的关税壁垒，取消了大部分贸易限额，最后成立了促进贸易和支付自由化的欧洲支付同盟。“马歇尔计划”为美国过剩的工业品找到了市场。按“马歇尔计划”提供的援助，在美国对西欧出口总额所占的比重，1948 年为 36.3%，1949 年为 62.7%，1950 年为 73.2%。毫无疑问，“马歇尔计划”在一定程度上缓和了美国 1948 年经济危机，使这场危机破坏程度轻、时间短。美国外交史学家托马斯·帕特森也指出：“由于 20 世纪 50 年代至 60 年代持续的经济繁荣打下了基础。通过这种方式，美国出口商品得以继续大量流入欧洲传统市场。”“马歇尔计划”为西欧从战争废墟中复苏起了促进作用，还为北大西洋联盟的成立铺平了道路，为欧共体的成立奠定了组织基础，强化了美国在资本主义世界的领袖地位。对广大的亚非拉落后地区进行援助，是美国称霸世界、与前苏联进行争夺和遏制共产主义全球战略的重要组成部分。

资料来源：许国林. 论“二战”后初期美国对外经济援助. 河南科技大学学报(社会科学版)，2004(3)；百度百科，http://baike.baidu.com/view/176956.htm.

研讨问题：

1. “二战”后初期，美国对外援助的两大计划是什么？分别概括其基本内容。
2. “二战”后初期，美国对外援助的目的是什么？
3. “二战”后初期，美国对外援助的效果怎样？
4. 查阅资料，分析美国 20 世纪 90 年代以来的对外援助情况。
5. 查阅资料，比较分析美国、日本、欧盟、俄罗斯(含前苏联时期)对外援助的异同。

本章小结

本章首先阐述了国际发展援助的定义、目标和分类；介绍了国际发展援助的体系(包括援助方和受援方)和国际发展援助的资金来源；分析了国际发展援助的历程和特点；最后介绍了中国接受和提供国际发展援助的情况。通过本章的学习，学生将能够熟悉国际发展援助的基础知识以及中国获得和提供的国际发展援助的知识，为以后从事援外工作打下良好的知识与技能基础。

复习思考题

1. 什么是国际发展援助？简述国际发展援助的分类、特点和目标。
2. 国际发展援助的主要援助方有哪些机构和组织？
3. 国际发展援助的资金来源有哪些？
4. 中国对外援助的方式和内容分别有哪些？
5. 分析中国对外援助的管理体系。
6. 中国对外援助取得了哪些成果？面临哪些挑战？

印度表示不再需要英国援助 英媒称其忘恩负义

国际在线消息：近日，印度财政部部长慕克吉的一番表态让英国大受刺激，他说“印度不需要英国提供的少得可怜的经济援助”。此言一出，立刻有英国媒体评论称“印度是个忘恩负义的孩子”。本网连线环球资讯广播驻印度记者胡唯敏，介绍一下这场“援助风波”。

记者：根据印度媒体报道，印度财政部部长慕克吉近日在议会上发言时表示，“印度不需要英国提供的少得可怜的经济援助”。早在去年，印度就曾试图停止接受英国经济援助，但在英国的坚持甚至是“恳求”之下，印度最终接受了英方提供的2.8亿英镑援助。而此次慕克吉的表态再次使英国“陷入尴尬境地”。过去5年中，英国累计向印度提供超过10亿英镑的发展援助，并计划到2015年再向印度提供6亿英镑。但是，印度方面对于英国的援助却并非总是抱有感激之心。据英国媒体披露，印度前外交秘书拉奥去年就曾表示，援助计划给印度带来了负面形象，印度从2011年4月1号起将不再接受英国国际发展部的援助。总的来说，印度和英国在援助这件事上，一方是勉为其难地接受；另一方则是“上赶着”一定要给，可以说是非常微妙。而这中间折射出的，恰恰是英国和印度这两个历史冤家之间的特殊情感和心态。

主持人：确实，毕竟印度曾经是英国属下最大的殖民地，而且我们都知道，英国也确实在印度留下了非常庞大的殖民遗产，比如语言，英国式的政治、经济、教育模式等。可能在英国人看来，印度在发展道路上的成功会让他们感到某种心理上的满足。但是，显然从这场援助风波来看，印度的心态很纠结，也很复杂，胡唯敏，从你在印度多年的生活和工作经历来看，印度人对于英国援助究竟是怎样一种心态呢？

记者：说得没错，正如一位印度学者所指出的，英国人即使已经退回到了位于北大西洋上的海岛，但英国对于当年曾处于他们羽翼下的前殖民地国家，仍然喜欢时时重温那种充当保护者的母性情怀。但是，曾经被英国殖民的国家，那里人民的感情与殖民者的感情未必一致。谈到昔日的被殖民历史，印度知识精英的头脑中存在着深刻的纠结心理。一方面，他们承认英国人为印度奠定了进入现代社会所需要的基础，承认英国统治者比历史上任何其他王朝具有更加先进的属性；但另一方面，与贫困、落后、愚昧等概念相联系的前殖民地这个标签，却也深深地刺痛了印度人敏感的神经。

1947 年独立后，印度多年来一直在接受西方援助。1958 年，英国等 11 个西方国家组成了“国际援印财团”，专门协调对印度的发展援助。如果再加上其他渠道的西方经济援助，印度平均每年都从西方国家得到数十亿美元的巨额援助。但是，这些援助并非不附加任何条件，这个条件就是——印度必须在政治、经济乃至文化上亲西方。近 20 年来，随着印度经济改革的成功和增长速度的加快，印度社会主流意识中的变化非常明显。简单地说，就是随着经济的强大，印度的自我意识也在成长。举例来说，印度媒体通常喜欢使用购买力平价法来统计 GDP，因为这样一来印度经济就不再是令人尴尬地落在世界十名开外，而是一跃成为超越英国的主要经济大国。总之，在印度部分人士的心目中，他们非常不希望印度被看作是一个贫穷落后、需要接受外国援助的国家，更加不希望西方国家在施舍了一点点援助之后便在印度面前指手画脚。这次慕克吉有关拒绝英国援助的谈话，正是印度国民心态变化的一个标志。

资料来源：国际在线，2012-02-08. http://gb.cri.cn/.

第 10 章 国际租赁合作

学习目标：

通过本章的学习，学生应该能够：

1. 重点掌握现代国际租赁的概念、特征和主要方式；
2. 掌握开展国际租赁合作的意义；
3. 掌握中国国际租赁发展存在的问题。

现代国际租赁是第二次世界大战后才出现的一种国际融资手段。租赁业自 20 世纪 50 年代初在美国开展以来，已被发达国家广泛采用，发展中国家从 20 世纪 80 年代以来开始以融资租赁的方式解决资金短缺的问题，以发展民族工业。目前，在世界资本市场上，租赁已成为仅次于商业贷款的第二大筹资方式，国际租赁业在国际经济合作活动中的地位日益重要。

第一节 国际租赁概述

一、国际租赁的概念

租赁(leasing)是指出租人在一定时期内把租赁物出租给承租人使用，承租人按租约分期付给出租人一定租赁费的经济业务。在这种业务中，租赁物的所有权始终归出租人，承租人则通过缴纳租金取得在规定租期内对物品的使用权。也就是说，在租赁过程中货物的所有权与使用权是分离的。

国际租赁(international leasing)也称跨国租赁，是在国内租赁的基础上发展起来的，指分居不同国家和地区的出租人与承租人之间的租赁活动。在目前的国际租赁市场上，租赁物的范围非常广泛，包括交通设备、开发资源的设备、通信器材、基建设备以及工业机械等。承租人向出租人租借这些设备进行以生产经营为主要目的的生产；承租人一般以企业用户为主，拥有租赁设备的使用权；出租人享有法律上的设备所有权。

租赁的本质是一种信贷关系，是租赁双方以赢利为目的而进行的一定数量的投资。租赁以特殊的金融信贷和商业信贷为媒介，设备出租方向承租方提供设备，实际上是提供了一笔有别于赊购或延期付款的商业信用。

二、国际租赁的产生与发展

国际租赁的历史可以追溯到原始社会末期，在漫长的发展过程中，租赁业已经历了古代租赁、近代租赁和现代租赁 3 个发展阶段。

（一）古代租赁

古代租赁出现于原始社会末期，当时一些富人出租其房屋、工具、牲畜、货物乃至人以获取租金。公元前 3000 年前，居住在地中海沿岸的腓尼基人发明了租赁这种新的商业贸易模式。当时有些商人从事水上贸易，于是船主便租船给那些从事货物贸易而不愿意或无力自备船只的商人使用，船只租赁由此产生。巴比伦王国曾在公元前 1750 年通过一项立法，规定个人资产也可用于租赁交易。中国有文献记载的租赁可以追溯到公元前的西周时期，据《卫鼎（甲）铭》记载，邦君厉把周王赐给他的五田出租了四田。古代租赁实际上是一种实物租赁，它以获取租赁物的使用价值为目的，以支付一定的报酬为前提。

（二）近代租赁

近代租赁开始于 18 世纪中叶，它是伴随着第一次科技革命带来的欧洲工业革命的开始而发展起来的。1836—1849 年，伦敦第一条铁路——伦敦至格林威治线，经过 8 年的单独经营后，被租给东南铁路公司经营。火车租赁的出现明显地促进了租赁业务的进一步发展和租赁技术的提高。近代租赁的租赁物主要为火车、船舶、制鞋机、缝纫机、电话等设备。但租赁的目的仍然只限于使用设备本身，而且只租不售。

（三）现代租赁

现代租赁起源于第二次世界大战以后的美国。“二战”后，美国的工业从战时的生产转变为平时的生产。一方面，企业需要筹集资金更新设备，扩大再生产；另一方面，生产设备部门迫切需要通过市场来推销产品。由此，以融资为主要目的的现代设备租赁开始在美国出现。1952 年 5 月，H. 叙恩费尔德在旧金山创建了世界上第一家专营租赁业务的“美国租赁公司”（现名美国国际租赁公司），从此揭开了标志着真正以独立的企业形态大规模经营现代租赁业务的序幕。

美国在经历了租赁的初期发展后，租赁企业开始开辟海外市场。1959 年 6 月，美国租赁公司在加拿大开设了第一家附属机构。同时，美国租赁公司融资与融物于一体的融资方式很快被其他发达国家所效仿。20 世纪 60 年代，国际租赁业务迅速扩展到欧洲和日本；进入 20 世纪 70 年代以后，银行开始参与租赁业务；从 20 世纪 80 年代起，发达国家的租赁业进入成熟期，租赁物主要包括飞机、汽车、计算机、无线电通信设施、工业机械与设备、医疗设备、废物处理设施、家具和办公用品等，而且发展中国家也开始将租赁业作为一种融资手段，如 1994 年巴西一家航空公司从美国、日本及欧洲以融资租赁的方式租进 60 架飞机。到 2004 年年底为止，世界上已有近 100 个国家或地区开展了租赁业。《2010 世界租赁年报》（*World Leasing Yearbook 2010*）的数据显示，自 1985 年以来，除了个别年份外，全球租赁（主要是融资租赁）市场总体呈现增长的态势，到 2007 年，以最大的 50 个租赁市场国家为代表的全球租赁市场，其交易总额达到了 7 602 亿美元。受金融危机的影响，2008 年的租赁总额下降了 15.26%，约为 6 340 亿美元。全球国际租赁业已成为当今国际资本市场上仅次于商业贷款的第二大融资方式。①

三、现代国际租赁的特征

现代国际租赁既不同于销售、分期付款和租用，也不同于古代租赁和近代租赁。由于现代租赁以融资为主要目的，因此其具有以下特征：

（一）是融资和融物相结合并以融资为主要目的的经济活动

近代租赁的承租人只是为了获取租赁物的使用权，到期偿还，对租赁物的所有权不感兴趣。而在现代租赁业务中，出租人按承租人的需要购得设备后，再将其出租给承租人使用，目的是收取超过贷款本息的租金，这实际上是出租人的一种投资行为。而承租人则通过取得设备的使用权，解决其资金不足的问题，并用租来的设备生产出具有高额利润的产品来偿还租金。租赁的设备在使用一段时间后可以退回、续租或留购。在现代租赁合同中，租赁期往往与租赁物的寿命一样长，这就等于将所有权引起的一切责、权、利转让给承租人，实际上已变成了一种变相的分期付款交易，即融资与融物相结合。这表明，承租人的目的不仅是在某一时间内使用该物品，而且以此为融资手段占有该物品。

（二）租赁物的所有权和使用权相分离

现代租赁虽然在租期结束时，出租人和承租人可能成为买卖关系，或在租期未到之前就已含有买卖关系。但在租期内，由于设备是由出租人购进的，设备的所有权仍属于出租方，承租人只是在按时支付租金并履行租赁合同各项条款的前提下，对所租设备享有使用权，而不拥有所有权。

---

① 据相关研究，在 1997—2007 年的 10 年中，全球租赁年交易额从 2 900 亿美元增加到 7 600 亿美元，年均增长超过 10%，远高于同一时期全球 GDP 的增长。

（三）一笔租赁业务往往存在两个或两个以上的合同，并涉及三方或更多当事人

在现代租赁活动中，有些租赁方式往往要在一笔租赁交易中签订两个或两个以上合同。例如，融资租赁至少涉及三方当事人，即出租人、承租人和租赁物的供货商，并由出租人与承租人之间签订一个租赁合同，出租人与供应商之间签订一个购物合同。如果出租人需要融资，不仅要涉及银行或金融机构，还需要由出租人与银行或金融机构签订一个贷款合同。

（四）承租人有选择设备和设备供货商的权利

在现代租赁业务中，承租人租赁的设备往往是出租人根据承租人提供的型号、规格、技术指标和性能购置的，甚至连提供设备的供货商及购买设备的商务条件都由承租人指定和商定。

四、开展国际租赁合作的意义

国际租赁是一种融资与融物相结合的中长期信贷方式。它具有许多其他合作方式所没有的优点，既可以作为推销商品的方式，又可以作为筹措资金的手段，还可以作为一种投资或贷款的形式。

（一）开展国际租赁合作可以充分利用外资

当国内生产企业亟须引进国外先进设备又缺乏外汇资金时，与出口信贷和商业贷款相比较，国际租赁是利用外资的有效途径。因为出口信贷不仅限定所购商品，而且限定贷款数额，只贷给购买设备合同金额的 85%；商业贷款虽然能得到购买设备所需的 100%的贷款，但往往是以各种形式的抵押作为贷款条件。而用租赁方式引进设备，生产企业可暂时不支付现汇资金，留待以后分期支付租金给国外出资者，这样企业的资金周转不会遇到困难，从而达到提高产品质量、增加产量和扩大出口的目的。

（二）开展国际租赁合作有利于加快设备的引进

在企业缺乏资金购买设备的情况下，申请各种形式的贷款往往手续复杂，如需提供担保或进行资信调查等，有些贷款还需要借款国政府出面商谈或提供担保以及审批等。这往往需要很长时间，有的甚至长达 1～2 年。而使用融资租赁的形式，通过信托公司办理，可使融资与引进同步进行，既减少了环节，又缩短了时间，使进口货物很快落实，从而达到加快引进的目的。

（三）开展国际租赁合作可以避免国际通货膨胀造成的损失

租赁合同经双方认可，根据租赁时设备的售价与初步计算的银行利息所确定的金额，在写成正式书面合同文件后，就固定了下来。因此，在整个租期内，合同条款不会变动，即使遇到通货膨胀或国际贷款利率上浮等情况，也不能改变合同中已订的价款、利率和租金，这就可以有效避免由于通货膨胀给承租人造成的损失。

（四）开展国际租赁合作有利于提升企业竞争力

利用现代国际租赁，一方面能够降低企业的生产成本。企业不需要投入巨额资金购买设备，只要付出少量租金就可以使用设备进行生产，这样不仅避免了企业在投产前的大额资金支出，还可以减少整个生产过程中的固定资产占用，提高资金的流动性和资金的利润率。一些租赁形式可以享受税收上的优惠，如税收减免、加速折旧等，可以降低融资成本。此外，出租人由于能从其应税收入中抵免设备的投资支出，从而可以大大降低出租人的购买成本，使承租人以租赁方式获取设备的成本比购买方式低成为可能。鉴于出租人将其投资和加速折旧的部分好处给了承租人，以及承租人本身享有的优惠，采用租赁比采用借款购买设备的成本要低得多。另一方面，企业采用租赁方式，能经常替换残旧和过时的设备，使设备保持高效率及其先进性，使企业产品更具有竞争力。尤其是经济寿命较短或技术密集型的设备，用租赁方式引进最新设备，出资者负责维修，有利于企业的技术改造。

（五）减少投资风险

租赁融资的风险小于贷款风险。在贷款的情况下，当债务人不能偿还债务时，债权人只能通过法律程序起诉；在债务人以其资产和资金不足以偿还债务时，债权人只能自认倒霉。而采用租赁的方式，在租赁期间，由于承租人对租赁设备不具有所有权，当承租人不能按时支付租金时，出租人有权收回租赁物。现代租赁可以避免设备盲目引进的风险。购买引进设备，一旦发现其产品不符合国内外市场的形势和要求，要想很快脱手是相当困难的；若压价出售，会使企业蒙受不必要的经济损失；暂时闲置不用，又会占用企业资金使企业背上沉重的包袱；勉强维持生产，而产品又销售不畅，则会造成更大的损失。而采用租赁的方式却非常灵活方便，如果发现情况不利，则可立即收手退租，使企业损失降低到最小程度。

（六）扩大设备的销售

在租赁方式下，由于承租人的租金是分期支付的，再加上享有税收和折旧等方面的优惠，使得以租赁方式购买设备比贷款方式购买更加便宜，这就增强了社会购买力，实际上是增加了销售量。现代租赁有助于扩大产品销售，推广新技术和新设备。企业采用租赁的方式向客户推销新产品，可以减轻客户对新产品缺乏了解所产生的顾虑，使他们更容易接受新产品；企业在租赁设备的同时，还可以向客户提供相应的服务，保证产品的市场份额。美国著名的计算机公司 IBM 就一直把租赁作为重要的销售手段。即使在经济处于不景气或政府采用紧缩政策致使购买力下降时，仍然可以依靠租赁方式来维持商品的销售。

五、国际租赁业务的当事人

国际租赁是一项复杂的业务，涉及的当事人较多。一般来说，国际租赁业务主要涉及 3 个方面的基本当事人，即出租人、承租人和供货人。国际租赁业务中的三方当事人可分别处于不同的两个或三个国家与地区。

（一）出租人

出租人即出租租赁标的物的所有人，实际上就是投资人，又是购买租赁标的物的人，在法律上享有租赁物的所有权。目前在国际租赁业务中从事出租业务的组织和机构有以下几种：

1. 专业租赁公司

20 世纪 70 年代以来，由于国际租赁业务的迅速发展，专营租赁业务的独立公司纷纷成立，国际租赁成为一门独立的行业，许多大公司纷纷在海外设立分支机构及信贷公司从事租赁业务。

2. 银行、保险公司等金融机构

国际租赁业务实质上是一种国际筹资和投资手段。银行和保险公司从事租赁业务通常采用两种途径：一种是自己设立租赁公司，如日本东京租赁公司，实际上是第一劝业银行的子公司；另一种是由几个银行和工业垄断组织联合设立租赁公司，如日本租赁公司就是由三井、三菱、住友、高士、三和、东京、东海等银行和 7 家信托公司、17 家保险公司、5 家贸易公司、3 家钢铁公司、6 家机械公司、7 家电气公司和 11 家运输机械公司组建而成的。

3. 制造商

发达国家大工业制造厂商为了扩大本企业机器设备等产品的销售或出口，一般在企业内部设立租赁部或附属于它的租赁公司，在法律上以独立的经济实体身份，从事租赁业务，以获取财物或税务上的优惠。例如，在国际电子计算机租赁业务中，美国国际商业机器公司(IBM)、通用电气公司、贝兹公司等在国内外开设了 1 500 家出租计算机的租赁中心。

4. 经销商或经纪人

经销商是介于生产者和消费者之间从事储存、分配、运输等业务的中间商或批发商，

他们从事租赁业务的目的是摆脱销售困境、扩大销售或出口以谋取利润。

5. **租赁联合体**

租赁联合体是指由多个经济主体联合组成的从事出租业务的组织和机构。在现代大型的国际租赁业务中，由制造厂商和大的租赁公司与提供资金的银行或保险公司等金融机构联合组成多边经营机构或卡特尔等垄断组织。

6. **融资租赁公司**

融资租赁公司有别于专业租赁公司，它侧重于租赁业务中的资金融通工作，只限于接受承租人的请求，出资购买机器设备，并由制造商直接运交出租的机器设备。而专业租赁公司往往专营某一类或几类设备，租赁的设备由公司根据市场需求购置，或根据承租人的指定代购，同时提供出租设备的保养、维修等服务，也从事租赁业务的介绍和担保等业务。

（二）承租人

承租人是支付租金，享有租赁标的物使用权的人。在当代国际租赁业务中，承租人通常为生产或服务性企业，很少有个人。有些国家在有关租赁的法律条文中甚至明文规定，承租人是指企业而不是个人。

（三）供货人

供货人是租赁标的物的生产者或其他供应商。出租人一般从供货人那里购进货物，然后由供货人直接将货物交付承租人使用。

第二节　国际租赁的主要方式

掌握现代租赁业的主要方式对于准确把握现代租赁业的基本特征和法律性质以便对现代租赁业务中所出现的争端进行公正的仲裁，而不为现代租赁业中的各种具体形式所迷惑，有着非常重要的现实意义。根据租赁的目的、程序和出租人收回投资的方式的不同，现代租赁业主要包括 6 种租赁类型，即融资租赁、经营租赁、杠杆租赁、售后回租租赁、综合租赁和维修租赁。

一、融资租赁

（一）融资租赁的概念

融资租赁（financial lease）也称金融租赁或购买性租赁，是指出租人根据承租人的请求及提供的规格，与第三方（供货商）订立一项供货合同，根据此合同，出租人按照承租人在与其利益有关的范围内所同意的条款取得工厂、资本、货物或其他设备（以下简称设备)，并且出租人与承租人订立一项租赁合同，以承租人支付租金为条件，授予承租人使用设备的权利。

目前，融资租赁已成为国际上应用最为广泛的融资方式，其实质是租赁公司给予用户的一种中长期信贷，出租人支付了全部设备的价款，相当于对企业提供了100%的信贷，具有较浓厚的金融色彩。融资租赁适用于价值较高和技术较先进的大型设备，如大型电子计算机、施工机械、生产设备、通信设备、医疗器械、办公设备等。

(二) 融资租赁的特点

(1) 至少涉及三方当事人和两个合同

融资租赁是一项至少涉及三方当事人(出租人、承租人和供货商)，并至少由两个合同(买卖合同和租赁合同)构成的自成一类的三边交易。这三方当事人相互关联，两个合同相互制约。

(2) 承租人自行选定设备

在融资租赁方式下，拟租赁的设备由承租人自行选定，出租人只负责按用户的要求给予融资便利、购买设备，不承担设备缺陷、延期交货等责任和设备维护的义务，承租人也不得以此为由拖欠和拒付资金。

(3) 全额清偿

出租人在基本租期内只将设备出租给一个特定的用户，可在一次租赁期限内全部收回投资及合理的利润。

(4) 租期内合同不可撤销

对承租人而言，租赁的设备是承租人根据自身需要自行选定的，因此承租人不能以退换设备为条件提前终止合同。对出租人而言，因设备为已购进商品，所以不能以市场涨价为由在租期内提高租金。总之，一般情况下，租期内租赁双方无权终止合同。

(5) 设备的所有权与使用权长期分离

租期内设备的所有权在法律上属于出租人，而经济上的使用权则属于承租人。

(6) 承租人承担风险

在融资租赁方式下，设备的保险、保养、维护等费用及设备过时的风险均由承租人负担。租期结束时，承租人对设备拥有留购、续租或退租等3种选择权。在大多数情况下，承租人以一定名义支付较小数额的费用取得出租物的所有权作为固定投资。

(三) 融资租赁的基本交易程序

融资租赁的基本交易程序包括10个主要步骤，如图10-1所示。

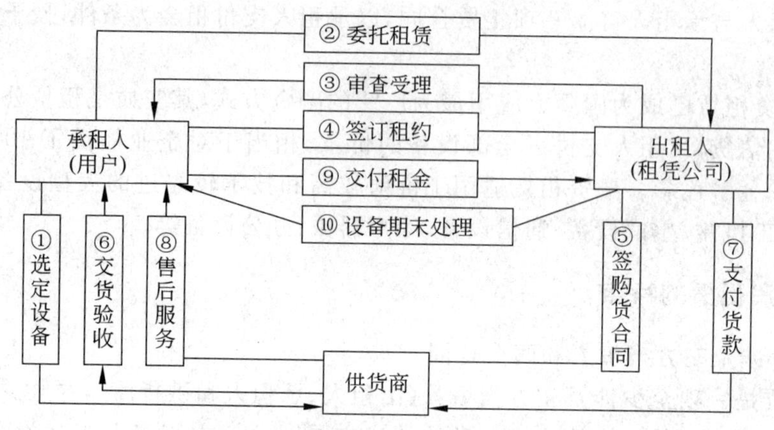

图 10-1 融资租赁的基本交易程序

资料来源：公言磊. 融资租赁在我国的应用研究. 大连：东北财经大学出版社，2007.

二、经营租赁

（一）经营租赁的概念

经营租赁(operating lease)亦称营业性租赁，是指出租人根据市场需求购进通用设备，通过不断出租给不同用户使用而逐步收回租赁投资并获得相应利润的一种租赁形式。出租人负责提供设备的维修与保养等服务，并承担设备过时的风险。

经营租赁适用于专业性较强、需要精心保养和管理、发展较快而且是承租人自己进行保养和维修有一定困难的设备，如计算机、科学仪器、工业建筑设备等，也可以是市场上有普遍需求的小型设备和工具，如汽车、照相机、摄像机、录像带等。

（二）经营租赁的特点

（1）租期较短

经营租赁以满足用户短期需要为主，租期一般远远低于设备的使用寿命，大多在 3 年以下。

（2）租金较高

经营租赁的出租人要向承租人提供各类专门服务，如设备的维护与保养，并承担设备过时的风险。所以，经营租赁的租金要高于其他租赁方式。

（3）非全额清偿

在经营租赁方式下，出租人的投资回收来源于不同的承租人在每一租期内所缴纳的租金之和，因此其投资回收表现为非全额清偿的特点。

(4) 只涉及两方当事人

经营租赁的当事人为两方，即出租人和承租人。作为出租人的租赁公司购买设备的过程是独立行为，一般与承租人无关。

(5) 租赁对象多为有一定市场需求的通用设备

因为出租人不能从一次租约中收回成本和赢得利润，而要通过多次出租给不同的用户来达到收回成本和赢得利润的目的，因此出租人购置的用来出租的设备多为具有普遍需求的通用设备。

(6) 可提前解约

承租人可根据自身的需要，在租赁交易到期之前，通过一定的手续，提前终止合同。

(三) 经营租赁的基本交易程序

经营租赁的基本交易程序如图 10-2 所示。

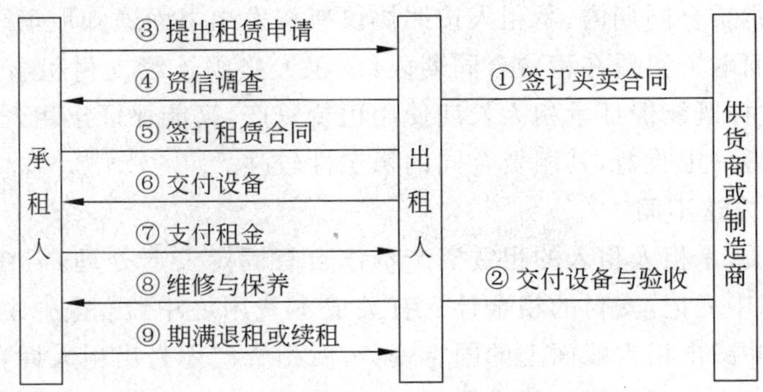

图 10-2　经营租赁的基本交易程序

资料来源：卢进勇，杜奇华. 国际经济合作教程. 北京：首都经济贸易大学出版社，2006.

(四) 融资租赁和经营租赁的区别

1. 租赁业务的性质、本质不同

经营租赁和融资租赁是租赁业务中的两种主要形式，经营租赁是指由出租人向承租人提供租赁资产，并提供资产维修、保养和人员培训的一种服务性业务，又称服务性租赁。因此，经营租赁具有服务业的性质。而融资租赁是由出租人(或租赁公司)按照承租人(或承租企业)的要求融资购买资产，并在契约或合同规定的较长时期内提供给承租人使用的信用业务，因此融资租赁具有信用业务性质，在租赁期内出租人一般不提供维修和保养资产等方面的服务。

经营租赁的本质是承租人不在于通过租赁而融资，而在于通过租入资产取得短期内资产的使用权和享受出租人提供的专门技术服务。而融资租赁的本质在于承租人通过融物达到融资的目的。另外,经营租赁虽然是以出租人提供服务为主要目的,但从承租人不必先付款购买资产即可享有资产使用权这个角度来看,也有一定的短期筹资作用,因此属于短期筹资方式。而融资租赁是以融通资金为主要目的,是融资与融物的结合,带有商品销售性质的租赁,是筹集长期资金的一种重要方式,因此属于长期筹资方式。

2. 租赁期限不同

经营租赁是一种临时性租赁,一般属于短期租赁。而融资租赁既融物又融资,因此租赁期限较长,按国际惯例,租赁期限一般接近租赁资产经济适用寿命的70%～80%。我国现行有关制度规定,融资租赁期限不得低于经济适用寿命的50%。由于经营租赁租赁期限短,租金数额较小,从某种角度来说,此种租赁不属于借贷关系的范畴,因此承租人的偿债压力较轻。而融资租赁由于租赁期限较长,租金数额较高,出租人与承租人之间形成了一种债权债务关系,因此承租人的偿债压力较大。

3. 租赁合同的稳定性不同

经营租赁在租赁合同期内,承租人按照协议有权发出书面通知取消合同,因此其合同的稳定性较差。而融资租赁在租赁合同期内,承租人必须连续支付租金,非经双方同意,不得中途退租,这样既能保证承租人长期使用租赁资产,又能保证出租人在基本租赁期限内收回投资并获得一定收益,其租赁合同的稳定性较强。

4. 会计处理方法不同

对于经营租赁,承租人租入的租赁资产不作自有固定资产处理,需在"租入固定资产登记表"备查账簿中登记,支付的租金计入有关成本费用之中,出租人对以经营租赁方式租出的资产不能冲减出租人账面上的固定资产,所租资产还是出租人拥有的固定资产,只不过要在固定资产有关明细账之间进行调整,并照提折旧,当收到承租人支付租金时,按照其他业务收入处理。而对于融资租赁,会计处理方法却截然不同,对于承租人来说,收到融资租赁资产时,要视作自有固定资产进行处理,在交付使用后还要计提折旧,支付租金时,冲减长期付款,不能再计入有关成本费用之中。对于出租方,出租时应作为销售或分期收款销售处理,而收到承租方支付租金时,按照收回销售货款或确认销售收入处理。

5. 租赁期满后对租赁资产的处理方式不同

经营租赁在租赁期满后,承租人将租赁资产退还给出租人,一般没有续租或优先购买选择权。而融资租赁在租赁期满后,承租人有优先选择廉价购买资产的权利,也可采取续租方式,或将租赁资产退还给出租人。

三、杠杆租赁

(一) 杠杆租赁的概念

杠杆租赁(leveraged lease)在英美法系的国家被称为衡平租赁,是指在一些金额较大的租赁项目中，出租人只需提供设备购置成本的 20%～40%，其余的 80%～60%由出租人以设备作抵押向银行等金融机构贷款，然后将用该方式获得的具有所有权的设备出租给承租人使用的一种租赁方式。由于出租人以较少的资金便获得了相当于 60%～80%的信贷便利，其效果与杠杆原理相似，因此被称为杠杆租赁。

杠杆租赁是把投资和信贷结合起来的一种融资方式，它起源于 20 世纪 70 年代末的美国，随后英国和澳大利亚也广泛采用这种方式。杠杆租赁实质上是一种举债经营，出租人将以定期收取的租金来偿付贷款。通过财务杠杆，可以充分享有政府提供的税收优惠和加速折旧的好处，使出租人和承租人共同受益。杠杆租赁适用于价值百万元以上的及有效寿命在 10 年以上的大型设备或成套设备。

（二）杠杆租赁的特点

（1）当事人关系复杂

通常涉及供应商、承租人、出租人和长期贷款人等多方当事人，如果是联合贷款或银团贷款，涉及的当事人则更多。

（2）贷款人对出租人无追索权

出租人是以设备、租赁合同和收取租金的受让权作为贷款担保的，在承租人无力偿付或拒付租金时，贷款人只能终止租赁，通过拍卖设备得到补偿，而无权向出租人追索贷款。

（3）出租人拥有设备所有权并承担风险

当承租人未按规定支付租金时，贷款人保留对租赁设备的处置权，有权停止租赁合同，收回设备并转租他人。

（4）租金费用支付压力不大

各期所要支付的租金相对平衡，大小相差不能悬殊，租金费用相对较低。

（5）期满不得留购

租赁期满，承租人必须以设备残值的市场价格留购该设备，不得以象征性的价格留购。

（三）杠杆租赁的基本交易程序

杠杆租赁的交易程序如图 10-3 所示。

四、售后回租租赁

（一）售后回租租赁的概念

售后回租租赁(sale leaseback)简称回租，是指设备的拥有者将设备出售给出租人，然后再作为承租人以融资租赁形式租回使用的一种租赁方式。采用回租实际上可以使承租

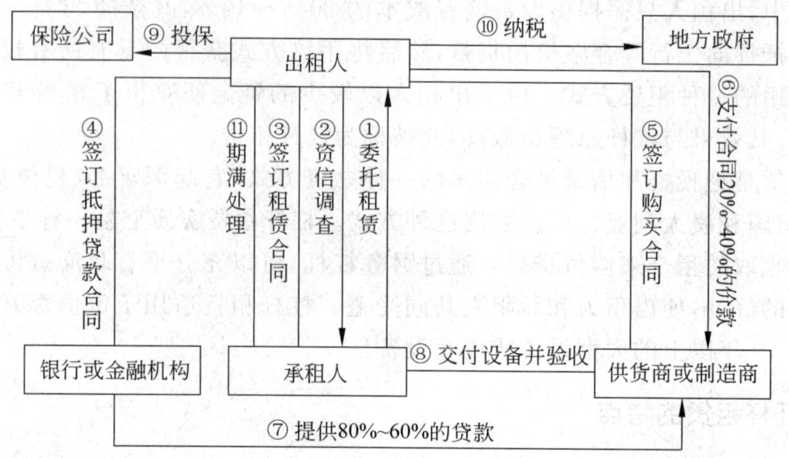

图 10-3 杠杆租赁的基本交易程序

资料来源：卢进勇，杜奇华. 国际经济合作教程. 北京：首都经济贸易大学出版社，2006.

人在继续对原来所拥有的设备保持使用权的前提下，收回设备的投资，以解决资金不足的困难和加速企业的资金周转。

回租通常在以下情况被使用：当某一企业缺乏资金而又不便于从其他渠道融资时，可借此融得一笔资金以维持正常生产。回租方式因涉及的当事人仅有两方，业务程序比较简单。

（二）售后回租租赁与融资租赁的区别

回租与融资租赁相类似，都是租赁公司把购入的设备租给承租人使用，承租人按合同规定定期向租赁公司支付租金的一种融资方式，但是二者有着明显的区别。融资租赁是出租人出资直接从供货商或制造商那里购买承租人选定的设备。而回租则是承租人先出资从供货商或制造商那里购买所需设备，然后转卖给出租人并继续租用该设备。回租的租赁物多为已使用过的旧设备，回租新设备的情况极为少见，即承租人一般不会为出售给出租人而出钱购买设备，而是为使用而购买该设备，并在使用一段时间后，为解决企业资金的暂时困难采用回租方式。如果回租的设备在出售或回租前已提足了折旧，企业在回租后仍享有租金免税待遇或折旧的好处。如果出售设备的价款高于其账面价值，承租人还可以获得资产差价的收益。

（三）售后回租租赁的基本交易程序。

回租的交易流程如图 10-4 所示。

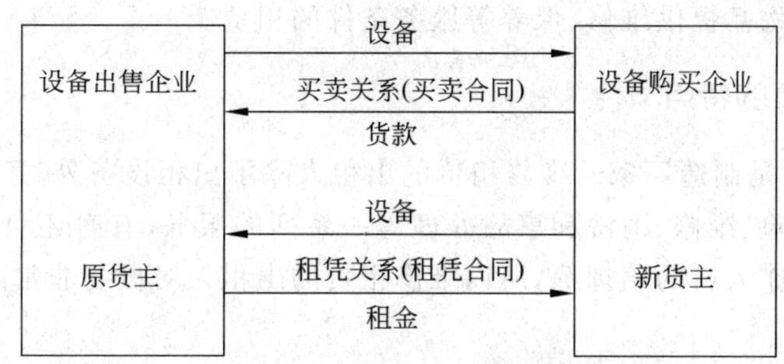

图 10-4　售后回租租赁的基本交易程序

资料来源：刘文涛，吕佳. 国际经济合作. 北京：中国物资出版社，2011.

五、综合租赁

（一）综合租赁的概念

综合租赁是指将租赁方式与其他贸易方式相结合的租赁方式。采用这种方式可以减少承租人的外汇负担，扩大承租人和出租人两国之间的贸易往来，带动双方国家的商品出口，促进商品贸易与租赁业的共同发展。

（二）综合租赁的形式

由于结合的方式不同，综合租赁主要包括以下 4 种形式：

① 租赁与补偿贸易相结合。即出租人把机器设备租给承租人使用，承租人不是以现汇而是以租进机器设备所生产的产品来抵付租金。

② 租赁与来料加工、来件装备相结合。即承租人在租进设备的同时，承揽出租人的来料加工、来件装配等业务，并以来料加工与装配业务的加工缴费收入来抵付租入设备的租金。

③ 租赁与包销相结合。即出租人把机器设备租给承租人，并包销由承租人通过租入设备所生产的产品，出租人从包销收入中扣取租金。

④ 租赁与出口信贷相结合。即出租人把利用出口信贷所购买的租赁物出租给承租人使用，从而降低承租人租金的一种租赁形式。这种做法可以增强出租人在租赁市场上的竞争能力。

六、维修租赁

（一）维修租赁的概念

维修租赁是介于融资租赁和经营租赁之间的一种租赁形式，是指在设备租赁期间，由租赁公司对出租的物品提供维修、保养等服务条件的租赁。

（二）维修租赁的特点

① 出租人一般是制造厂家。维修租赁的出租人除了出租设备外，还要提供如运输工具的登记、上税、保险、维修、清洗和事故处理等一系列的服务，有时还负责燃料的供应和设备的管理以及操作人员的培训等，所以维修租赁的出租人对设备非常的了解，一般是设备的制造企业。

② 租金较高。由于维修租赁的出租人除了出租设备以外，还要提供其他服务，所以租金要高于融资租赁，但一般低于经营租赁。

③ 适用于技术复杂的运输工具租赁。在设备租赁期间，由租赁公司提供的维修、保养服务专业性强，技术含量高，所以该种方式适用于租赁飞机、汽车及其他技术较复杂的运输工具和设备。

第三节　中国的国际租赁业务

中国国际租赁业是在计划经济体制下萌芽、在改革开放浪潮的洗礼中成长和发展起来的。近年来，虽然说在租赁总量、结构等方面有所发展，但是与我国的一般进出口贸易、引进外资与对外投资相比较，还存在着量上与质上的明显差距，与发达国家和一些发展中国家的国际租赁业务相比较，也存在着有待进一步改进的问题。

一、中国国际租赁的产生与发展

（一）中国国际租赁的产生

我国的国际租赁业务起始于 20 世纪 80 年代初。当时，我国恰逢改革开放初期，国家实行计划经济，社会效率低下，严重阻碍了经济发展。为了解决这些问题，我国政府希望通过借鉴西方市场经济国家的经验，引入市场经济中的机制与手段。另外，当时我国绝大多数企业面临着技术设备陈旧、工艺落后的压力，不仅严重阻碍了企业自身的发展，也不利于我国产业结构的优化升级。各企业都迫切需要进行技术改造、设备更新，可是它们又缺乏资金，加上我国又恰好处于外汇短缺时期，种种不利因素使得企业通过购买方式从国外引入先进技术和设备变得很困难。这时，国际租赁业务恰好弥补了我国企业投资资金不足的问题，满足了企业引进国外先进技术和设备的需求，还满足了我国利用外资、短期内实现产品更新换代的特殊要求。

1979 年 7 月，中国颁布了历史上第一部《中外合资经营企业法》。同年 10 月，中国国际信托投资公司在北京成立，作为中国利用外资窗口之一的中国国际信托投资公司随即便开展了国际租赁业务。1980 年年初,中国国际信托投资公司运用租赁方式从日本租进了第一批日产汽车,同年,还为河北涿县塑料厂引进了编织机生产线。1981 年,中信公司又与美国汉诺威尔制造租赁公司和美国劳埃得银行合作,以杠杆租赁的方式帮助中国民航从美国租进了有史以来第一架波音 747SP 飞机。这两笔业务拉开了我国国际租赁业的序幕。1980 年 2 月,在时任董事长的荣毅仁的倡议下,由中国国际信托公司与日本东方租赁公司共同组建了我国第一家专门从事租赁业务的中外合资租赁企业即中国东方租赁公司。同年 7 月,又由中信公司与国内其他相关单位共同投资组建了国内第一家专营租赁业务的中资租赁企业即中国租赁有限公司,这两家专营现代租赁业务公司的建立标志着我国国际租赁业的正式诞生。

(二) 中国国际租赁的发展

国际租赁在我国已有 30 多年的发展历史,大体上经历了以下 3 个发展阶段:

1. 国际租赁业架构初步形成阶段(1981—1991 年)

这是我国国际租赁业发展的第一阶段,在这一阶段中,国际租赁交易额逐年增加,业务范围从飞机、汽车等运输行业逐渐扩展到了电力、机电等多个工业领域。租赁项目中的 80%以上是技术改造项目,其中相当一部分还是出口创汇项目。在这一阶段发挥主要作用的是中外合资租赁公司。据中国外商投资企业协会中外合资租赁业委员会的统计,中外合资租赁公司通过国际租赁为我国引进的外资,最高时占到我国利用外资的 20%,为弥补我国当时外汇短缺的情况做出了贡献,从一定程度上推动了我国经济的发展。

2. 曲折发展阶段(1992—2000 年)

这期间我国国际租赁业的发展有了一些波折,走了一条 W 形的曲折发展道路。一方面是受 1993 年、1994 年的宏观调控和 1997 年东南亚金融危机的影响,进出口总额在 1995 年和 1998 年分别出现了下降,尤其是 1995 年的下降幅度高达 71.31%;另一方面,中外合资租赁公司和金融租赁公司都产生了严重的欠租问题,影响了整个租赁业的正常发展。直到 1998 年,在中国外商投资企业协会租赁业委员会的努力下,解决租金拖欠问题得到了当时国家经济贸易委员会、财政部、中国人民银行和原外经贸部等部门的支持。由中国银行提供 2 亿美元的特种贷款,采取化外债为内债的办法,使历经近 10 年的欠租问题得以解决。可是欠租问题却给中外出租人留下了阴影,使许多潜在的出租人对进入我国租赁市场继续保持观望的态度。

3. 快速发展阶段(2001 年以来至今)

我国加入世界贸易组织(WTO)以来是我国国际租赁发展的第三阶段。在这一阶段,伴随着我国国际租赁业领域的进一步开放和有关促进租赁业发展的新的法律、法规的出台,我国国际租赁业的发展又上了一个新的台阶。为了实现入世的承诺,我国于 2004 年颁布了《关于外商投资举办投资性公司的规定》,允许外资银行开展融资租赁业务、允许成立外商独资的租赁公司，允许外资进入我国的汽车租赁服务业。同年，商务部和国家税务总局发布了《关于从事融资租赁业务有关问题的通知》，允许内资机构（非金融机构）建立融资租赁公司。2007 年，银监会修订《金融租赁公司管理办法》，开始允许符合资质要求的商业银行设立或参股金融租赁公司。这一系列法规的出台丰富了我国国际租赁业的主体。另外，全国人大财经委员会还于 2004 年 3 月牵头成立了《中华人民共和国融资租赁法》起草组，于 2005 年形成了法律草案。虽然《中华人民共和国融资租赁法》由于种种原因没有在原定日（2007 年）正式出台，但是法案的起草工作体现了国家对于国际租赁和现代租赁业的态度，也为我们更好地规范租赁市场秩序奠定了坚实的基础，为投资人进入我国租赁市场提供了良好的保障。

二、我国国际租赁的主要类别和方式

（一）我国国际租赁的主要类别

根据《企业会计准则第 21 号——租赁》（以下称《企业会计准则》），我国的租赁业务可以分为融资租赁和经营租赁两大类别。

1.《企业会计准则》对融资租赁的界定

由融资租赁的概念可知，融资租赁是在实质上转移了与资产所有权有关的全部风险和报酬。根据我国的《企业会计准则》，只要满足以下任何一个条件就为融资租赁：

① 在租赁期届满时，租赁资产的所有权转移给承租人；

② 承租人有购买租赁资产的选择权，所订立的购价预计将远低于行使选择权时租赁资产的公允价值；

③ 租赁期占租赁资产尚可使用年限的 75％或以上；

④ 租赁开始日最低租赁付（收）款额的现值不小于原账面价值的 90％。

2. 我国学术界对经营租赁的界定

我国学术界认为，融资租赁以外的其他租赁都是经营租赁。经营租赁与融资租赁的区别在于，经营租赁是一种可撤销的、不完全支付的租赁方式，它没有转移与资产所有权有关的全部风险和报酬。也就是说，它将租赁业中的传统租赁与经营租赁统称为经营租赁。实际上，传统租赁与经营租赁的产生原因和经济性质完全不同，前者提供的是一次性租赁服务，后者还要在此基础上为设备投资活动提供融资途径和服务。

（二）我国国际租赁的主要方式

一项国际租赁交易具体又可以分为进口租赁和出口租赁两种。当外国公司作为出租人将资产出租给本国国内的承租人使用时，此项交易被视为进口租赁。当一国作为出租人将资产出租给该国以外的外国承租人使用时，此项交易就被视为出口租赁。

1. 进口租赁方式

在进口租赁实际操作过程中，我国采用的主要方式有：自营进口租赁、进口转租赁、回租后的进口转租赁、介绍租赁、杠杆租赁和综合租赁。

(1) 自营进口租赁

自营进口租赁是指国内租赁机构运用自筹资金的方式，按照国内承租人的要求，与国外制造商或供货商签订购货合同购买设备，然后再以出租人的身份将所购买的租赁设备租给国内承租人使用的一种租赁方式。

(2) 进口转租赁

进口转租赁是指国内租赁机构根据国内企业的委托，按照国内企业提交的设备要求，先以承租人的身份从国外租赁公司租入设备，再以出租人的身份将租赁设备转租给国内企业的一种租赁方式。

(3) 回租后的进口转租赁

回租后的进口转租赁是指国内租赁机构先从国外制造商或供货商处购入设备，接着按照与购买时相同的设备价款，将所购入设备的所有权出售给国外租赁公司，然后再与该国外租赁公司签订租赁合同，租回设备使用权，与此同时，国内租赁机构将租回的设备再转租给国内承租人使用。

(4) 介绍租赁

介绍租赁是指国内承租人通过国内租赁机构的介绍，直接与国外的制造商或供货商签订购货合同，并直接与国外租赁公司签订租赁合同，国外租赁公司则会根据租赁合同以及由国内租赁机构或金融机构出具的有关支付租赁费的支付担保函，将设备出租给国内承租人使用，并定期收取租金。

(5) 杠杆租赁

杠杆租赁是指国外出租人按照国内承租人的要求购买设备，并将所购入的设备出租给国内承租人使用的一种租赁方式。出租方政府会向设备出租者提供减税及信贷政策，使出租人能够以比较优惠的条件进行设备出租。

(6) 综合租赁

综合租赁是指将租赁业务的基本形式与某些贸易方式相结合的一种租赁方式。在我国外汇短缺时期，中外合资企业为缓解换汇困难的情况下使用过综合租赁。

2. 出口租赁方式

出口租赁是指国内的租赁机构，通过向国外承租人融通资金，将我国生产的设备出租给他们使用的一种业务。在实际的租赁操作中，我国主要采用两种出口租赁方式：自营出口租赁和回租方式。

(1) 自营出口租赁

这种租赁方式是指我国出租人通过国际融资渠道，筹集购买租赁物件所需的款项，然后根据国外承租人的要求，向国内厂商订购租赁物件，最后再将该租赁物件出租给国外的承租人使用。

(2) 回租

我国的外贸公司按照正常的贸易程序，与国外承租人签订设备出口合同，然后由国外的承租人与我国的租赁机构签订租赁合同，同时将该出口合同转让给我国的租赁机构。外贸专业公司则直接向我国的租赁机构收汇。

3. 我国国际租赁方式所处的阶段

(1) 租赁业发展六阶段理论

世界著名租赁专家苏迪尔·阿曼波(Sudhir P. Amembal)提出过租赁业发展六阶段理论。该理论是以世界上40几个存在租赁的经济体为基础，以租赁方式的演变为租赁阶段的划分依据，将租赁业从产生到发展再到成熟的全过程分为以下6个阶段：

① 出租阶段(rentals phase)。该阶段的主要租赁形式是传统租赁，租赁交易没有融资功能，交易形式比较简单，期限较短(一般低于12个月)，在出租合同期满后，承租方没有获得对租赁物的所有权。

② 简单的融资租赁阶段(the simple finance lease phase)。它是在商业银行、股票和债券市场较为发达的情况下出现的。承租人在租赁合同期满时，通过支付租金对出租人进行全额清偿成为了该阶段的典型特征。尽管租赁在这一时期仅被视作一种融资的手段，但是它改变了融资载体，货币不再是债权融资形式的唯一载体，以"融物"为载体的特性开始展现。

③ 创新的融资租赁阶段(the creative finance lease phase)。出租人开始向承租人提供各种不同的期满条款选择，各国政府开始密切关注租赁业的发展并制定一些政策法规。杠杆租赁、出售回租、转租赁和厂商租赁等新的租赁形式也纷纷出现，多样化的租赁形式进一步体现了租赁的"融物"特性。

④ 经营性租赁阶段(the operating lease phase)。经营性租赁在本质上区别于融资租赁，它集债权融资与物权融资特征为一体，使传统的以货币为载体的债权融资发生了根本性的变化，该阶段的租赁充分体现了物权融资的特性。

⑤ 新产品阶段(the new products phase)。它是在经营性租赁发展非常成熟、租赁期满时的选择安排更为复杂的情况下出现的。在这一发展阶段中，租赁创新、融资创新和金融创新进一步结合，风险租赁、租赁证券化、创业租赁等新形式开始出现。

⑥ 成熟期(maturity)。租赁产业的市场竞争越来越激烈，使得租赁产业内部产生了大量的整合。竞争力强的租赁公司通过合并、收购、合资/联合或者股权再投资等形式巩固自身地位，竞争力弱的租赁公司则退出市场。这一阶段中，租赁额的增长和整体经济的增长比较一致。

(2) 我国国际租赁方式所处的阶段

根据苏迪尔·阿曼波的租赁业发展六阶段理论，如果就我国实际运用的进出口方式看，进口租赁的方式比出口租赁丰富，包括杠杆租赁、回租、转租赁等多种较为新颖的形式。因此，我国的进口租赁业务应该已经进入了创新的融资租赁阶段，但出口租赁业务仍旧处于简单的融资租赁阶段。两者的发展没能保持同步，差距很大。出口租赁在很大程度上阻碍了我国国际租赁业的发展。

三、中国国际租赁的现状

(一) 中国国际租赁的总体规模

我国国际租赁的进出口总额从 1992 年的 7.24 亿美元增长到 2007 年的 82.9 亿美元，两者相比增长了 10.45 倍。在这 16 年期间，租赁进出口总额的年均增长率达到 34.32%，总体呈现增长趋势，从 2003 年开始，这一增长趋势尤其明显，从一定程度上反映了我国一系列新出台法规的效用。租赁进出口总额在各个年份之间的波动幅度相当大。1994 年和 2006 年的租赁进出口总额增幅都超过 100%；1995 年、2000 年和 2002 年却出现了较大幅度的下降，跌幅最大超过了 70%。最大的波动出现在 1995 年，在经历了上一年 200.32%的巨幅增长后，当年即出现了 71.31%的大幅度下跌，可见当时的经济结构调整对我国国际租赁业务产生的巨大冲击。

虽然从总体规模上看，我国的国际租赁业务从无到有，已经有了一个较大的发展。但与一些国家相比，总体发展规模依旧较小，差距仍旧很大。以美国为例，1992 年美国的租赁进出口总额就已达到 35.72 亿美元，相当于我国 2005 年时的租赁进出口总额。在 1998 年之前，美国进出口租赁总额几乎每年都是我国进出口租赁总额的 4 倍，这一差距自 1998 年开始更是高达近 14 倍。即使在 2006 年，当我国租赁进出口总额大幅增长到 82.8 亿美元，美国仍旧是我国的 5 倍多。

(二) 中国国际租赁的结构

1. 进出口结构

从我国国际租赁的进口和出口来看，进口租赁的发展远比出口租赁要快，在我国国际租赁业务中起到了决定性的作用。在 1992 年到 2007 年间，进口租赁在进出口租赁中的比重几乎每年都高于 95%，每年的业务额几乎就是我国进出口租赁的总额。相比之下，出口租赁的发展则相当缓慢，它对我国国际租赁的发展几乎没有起到作用。在这 16 年期间，出口租赁在进出口租赁中的最高比重仅在 2000 年达到 6.33%，即使是到了 2007 年，也只有 0.12%。在最初几年中，出口租赁额甚至为零。我国的出口租赁非常落后，不仅与我国先进的制造和研发能力形成鲜明对比，还与国外对我国设备技术的需求情况相悖，严重阻碍了我国国际租赁业的发展。造成我国进出口租赁结构失衡的原因在于，租赁公司对出口租赁业务的操作不熟悉也不规范、租赁市场混乱，更重要的是，租赁公司缺少开展出口租赁业务的意愿与积极性。

2. 产品结构

我国国际租赁业务主要涉及飞机、工程机械与设备、汽车、计算机与通讯设备等几个主要的产品领域。其中飞机租赁和工程机械与设备租赁是我国国际租赁中比较抢眼的两个行业品种，且都是我国未来重点发展的租赁产品种类。

(1) 飞机租赁

飞机租赁是我国国际租赁业务中第一个出现的租赁产品，它是众多制造业产品中租赁金额最大的门类之一。我国民航系统曾先后利用跨国杠杆租赁、日本经营租赁(japanese operating lease)、最优化税务租赁(the optimized lease)和固定美元汇率的设备租赁(the US dollar fixed rate equipment lease)等租赁方式，引进国际先进机种300多架，累计金额达150亿美元。我国还于2002年首次运用境外税收租赁(ETI)从美国租进一架波音747-400F飞机，这一举动为我国尝试创新租赁方式迈出了重要一步，也为我国今后开展飞机出口租赁业务提供了参考。

我国飞机租赁业务的规模相当大，租赁方式也在不断丰富。但长久以来，飞机租赁业务都集中于进口租赁，而且主要是由国内航空公司通过国外的租赁公司来租赁飞机的，反映出一个比较严重的问题，即国内的租赁公司在跨国飞机租赁业务尤其是飞机出口租赁业务方面还相当薄弱，难以满足我国飞机租赁市场的潜在需求。一方面，这类租赁公司的总量非常少(截至2007年，我国从事飞机租赁业务的租赁公司总共只有15家左右)，大多数公司都是租赁小型专用飞机，可供出租的飞机种类较少。尽管我国近年来又恢复了停滞20多年的大飞机研制项目，也有不少公司看到飞机租赁市场的潜力并开始涉足该领域，但短时间内仍难以形成强大的飞机制造业基础和具有规模的飞机租赁公司。另一方面，除5家银行类租赁公司有较雄厚的资金支持外，其他类型的租赁公司普遍缺乏比较完善的金融信托体系，不利于飞机出口租赁业务的有效实施。根据美国波音公司近期对我国市场的预测，我国国内航空市场的增速到2015年将达到11.6%。如果我们能够尽快妥善解决上述问题，就能借助跨国飞机租赁业务拉动国际租赁业的发展。

(2) 工程机械和设备租赁

从世界著名租赁专家丹·卡普兰(Dan Kaplan)预测的租赁普及率(指按价值统计的直接销售到租赁领域的工程机械设备的比例)来看，英国的租赁普及率为80%，日本为60%，印度不足5%，而我国还不到2%，可见我国在工程机械设备租赁方面的成熟度还相当低，远远落后于发达国家和一些发展中国家的水平。再从我国现有的工程机械设备租赁公司看，不仅普遍存在设备种类少、型号不全、缺少一站式服务和品牌形象的问题，而且90%以上都是中小型企业，缺乏有影响力的大型租赁企业来引领整个行业的发展。与发达国家相比，这一问题显得尤为突出。在美国机械工程市场中，10%以上的机械工程租赁公司是大型上市公司，而且有近 30 家企业进入了世界租赁 100 强。

尽管我国工程机械租赁业的总体发展不尽如人意，但它的发展潜力却是巨大的。一方面，世界租赁专家和国内租赁行业对我国机械设备租赁市场表现了很高的信心度。租赁专家丹·卡普兰认为，中国、亚太地区、南亚、南美和中东这些欠发达地区将成为发展最快的租赁市场。另据《建筑机械》杂志在 2007 年对我国工程机械租赁业的调查显示，参与调查的企业中有 82.3%的企业对行业发展前景表示乐观，这让我们看到中国工程机械租赁业广阔的发展前景。一些国外著名机械租赁公司，如赫兹、卡特彼勒已先后进入我国租赁市场，不仅带来了先进的技术和管理理念，还为我国的工程机械租赁公司打入国际市场和建立全球品牌搭建了平台，拓宽了途径。与此同时，国内一些工程机械主流企业也相继成立了各自的厂商租赁公司，开展工程机械国际租赁业务。2007 年，徐工、柳工、龙工等国内一流的工程机械企业先后成立了工程机械租赁公司；新利恒公司与美国当地租赁公司实施战略联盟，利用当地联盟者的人缘、地缘及市场渠道优势进入当地市场；倍力集团更是借助施工企业的海外平台，向埃塞俄比亚出租了总价值 2 500 万元左右的 40 台设备，为我国租赁企业走向国际市场迈出了新的步伐。

3. 主体结构

按照审批渠道的不同，我国从事国际租赁业务的主体主要分为以下 3 类：一是由商务部审批和监管的外商投资的租赁公司，包括中外合资、中外合作以及外商独资的租赁公司；二是由银监会审批和监管的金融租赁公司，包括非银行类金融租赁公司和银行类金融租赁公司；三是由商务部和国家税务总局联合试点的内资试点融资租赁公司。

截至 2007 年，我国已有 3 类租赁公司共 134 家。其中，外商投资租赁公司 91 家；金融租赁公司 17 家，其中，5 家是银行类金融租赁公司，12 家是非银行类金融租赁公司(6 家正常营业，6 家停业整顿)；内资试点的融资租赁公司 26 家。在这 134 家租赁公司中，有近 83%的公司同时经营国内和国际租赁业务，余下的租赁公司尚未开展国际业务。除了以上 3 类有专门资格的租赁主体，中国租赁市场还有许多没有专门资格的融资租赁公司以及约 400 家兼营租赁业务的信托投资公司和集团财务公司。

从开展国际租赁业务的主体总量来看，它们的数量相对于我国经济总量而言，实在太少。但从这些租赁公司成立的时间分布来看，近几年来的公司数量还是有明显增长的。134 家主要租赁公司中有 119 家从事国际租赁业务。其中，20 世纪 80 年代成立了 28 家，20 世纪 90 年代成立了 27 家，各占了 1/4 的比重；到了 2000 年以后，大量的租赁公司便开始成立并从事国际租赁业务。仅 8 年的时间，新成立的公司数量就超过了过去 20 年的总数，占到租赁公司总量的 1/2。其中，外商投资的租赁公司则占了近 80%。在 2004 年之后成立的外商租赁公司中，独资公司更是占了很高的比例，包括法国兴业、麦格理、德意志租赁、仲利租赁等各国投资者。产生这一现象的最主要原因在于，我国在 2001 年加入了世界贸易组织,并于2004年对外进一步开放我国的租赁市场,允许外商建立独资的融资租赁公司。如果能够保持这一增长势头,我国今后会有更多开展国际租赁业务的租赁公司,不仅能满足市场上的潜在租赁需求,还能适应我国总体经济的发展。

四、中国国际租赁存在的问题及对策

(一)中国国际租赁存在的问题

1. 认识不足,宏观指导不力

在企业界,有很大一部分人士对国际租赁的概念和要求不熟悉,有的至今仍然深受传统所有权观念的影响,在固定资产等的投资上,多倾向于选择自行购买的方式;在学术界,租赁研究长久以来被认为不入主流,仅有很小一部分学者在紧跟租赁业发展动态进行研究,研究成果也比较少;在政府层面,相关部门对国际租赁业的规划与引导,与利用外资、加工贸易等其他经济合作方式相比,广度与力度明显不足,战略推动作用偏弱。由于社会各界对于现代租赁尤其是国际租赁缺乏足够的认识,直接导致了我国国际租赁甚至现代租赁业务量的不足,使得国际租赁交易额占货物贸易或GDP的比重低下。

2. 政策法规不健全,行业管理关系没有理顺

国际租赁业务涉及两个或多个国家,各国可以采用国际统一私法协会于1988年出台的《国际融资租赁公约》来规范交易各方的行为。可是,当有一方不是公约的缔约国时,他们就可以不采用该公约,而应用一国国内有关租赁的法律、法规。然而,我国目前有关租赁的法律体系尚不健全,制约性因素较多,鼓励性政策较少,影响了我国租赁市场的建设,削弱了国内外租赁主体开展国际租赁业务的积极性。

(1)法律、法规不健全

为了缓解我国实际租赁交易中存在的矛盾,规范我国国际租赁和现代租赁业的行为,全国人大财经委员会在2005年形成了《中华人民共和国融资租赁法》草案,但是由于种种原因,它的正式出台日程被不断的延后,至今也没有确定的说法。至于已经出台的法规和政策,它们无法涵盖租赁交易的所有法律特征,缺乏可操作性与协调性,在实际操作中引发了许多争议。比如,《合同法》与《企业会计准则第21号——租赁》对于融资租赁的界定就不同,在实际交易时,按《合同法》定义的融资租赁在《企业会计准则第21号——租赁》中可能就成为了经营租赁,租赁种类界定的不同又会引发税收征收上的差异,使得租赁双方产生纠纷,影响租赁业务的正常开展。

(2)审批监管不统一

我国租赁业至今没有一个统一的行业主管部门,租赁主体主要由两个部门分别进行审批和监管。银监会负责审批和监管金融租赁公司,主要依据《金融租赁公司管理办法》;商务部则负责外商投资的租赁公司以及内资租赁公司,但是这两类公司是分开进行审批

和监管的。前者依据《外商投资租赁业管理办法》，后者虽然没有出台针对性的法规，但是它的依据不同于外商投资的租赁公司。正是由于审批和监管上政出多门的问题，造成了我国各租赁主体的待遇差异与不平等竞争问题，在一定程度上抑制了潜在租赁主体的进入，也造成了租赁市场的混乱。

(3)缺乏强有力的政策支持

国外租赁业迅速发展的原因之一就是政府的大力支持。美、日等许多国家都实行税收优惠政策，实行加速折旧办法，提供低息优惠贷款及推行信用保险制度等。而我国对于包括国际租赁在内的现代租赁业的鼓励性政策还是比较少的，企业没有获得更多采用国际租赁方式进行交易的动力。在信贷、信息服务等方面，我国的支持性政策几乎空白；在保险、折旧和关税减免方面，虽然有一些优惠政策，但是效果不明显。

3. 企业专业化程度不高，行业运行效率低下

企业的运作与管理直接影响到国际租赁业务的规模与水平，整个租赁行业的运作与管理则关系到租赁市场的成熟度以及租赁各方当事人的信心。就我国租赁行业自身的发展来看，不尽如人意的地方也很多。

(1) 企业定位不清晰

清晰的企业定位能够帮助租赁企业明确经营战略与经营目标，对于一个公司的发展有着至关重要的影响。目前，能够从市场、客户和产品各方面对自己进行明确定位的租赁公司主要集中于新成立的银行类租赁公司，他们主要从事面向国内外大客户市场的飞机、船舶和大型设备租赁业务。至于我国的中外合资或独资租赁公司以及内资租赁公司，只有近几年成立的一些公司尤其是厂商租赁类公司的定位比较清晰；对于一些较早建立的租赁公司，他们普遍存在定位不清晰甚至定位错误的问题，还有相当一部分企业没有能力进行市场定位，有些企业甚至认为没有必要进行市场定位，盲目开展租赁业务，造成企业业务不稳定。

(2) 企业专业化程度不高

租赁企业的专业化程度越高，它们的工作效率就越高，运作与管理的规范程度也会提升，自然能够拉动租赁业务量。我国企业在经营租赁业务时，专业化程度较低。主要体现在两个方面：首先，租赁公司在业务操作方面忽视某些重要环节的运作。在承接租赁项目前，租赁公司对于市场、经济和政策环境没有展开周全的考察，不了解目前的租赁环境适合开展哪种项目；对于承租方和供货商没有进行严格的调查及评估工作，加大了信息不对称的程度以及企业的信用风险。在承接租赁项目后，租赁公司没有对承租人的经营状况、租赁物件的使用状况以及项目的运行情况做定期的追踪与管理，无法掌握所承接的租赁项目的进度，加剧了公司的风险；此外，租赁公司在风险预测、风险控制和风险处理方面的专业化程度也不足以满足租赁业的内在要求。其次，租赁公司在租赁人才的数量和技能水平方面无法满足企业和行业的需求。在我国的租赁从业人员中，具备国际贸易、金融、财税、会计、法律等多方面知识的复合型人才有限，许多人员对业务操作、国内外租赁信息以及政策不了解；在一些开展飞机租赁等专业性程度较高的租赁公司中，既掌握租赁类知识，又掌握设备相关知识的专业人员数量更少；除此之外，租赁公司还很少为员工提供培训或者海外考察、交流和学习的机会，也很少与各大院校合作开展学术研讨或人员培养。

(3) 行业信用建设不健全

从20世纪80年代后期起，我国租赁业开始出现大规模的欠租现象。承租企业的平均欠租比例曾高达60%～70%，范围不局限于中外合资租赁公司和金融租赁公司，几乎波及整个行业。欠租、违约等信用问题直接引发了租赁公司的债务危机，造成他们资金短缺、业务停滞的困境，有些甚至面临停业整顿、到期清算、债务重组和股权转让的窘境。一系列的信用问题还引起了国内外潜在投资者的恐慌，抑制了他们开展国际租赁业务的积极性，影响了整个租赁行业的信誉。究其原因，除了租赁法律体系不健全、行业监管不完善之外，最主要是因为我们缺乏有效的信用机制。我国既没有针对承租企业的信用评级体系，对于承租人的真实信用等级难以查晓，也没有针对租赁物件的信息跟踪系统，对于租赁物的使用状况难以掌握，并且我国也没有形成风险共担机制。

(4) 行业协会建设不完善

在美国、英国、日本等发达国家，租赁协会的发展已经相当成熟，全国性租赁协会成为了租赁企业与政府之间的信息沟通与协调者，为租赁企业提供行业服务并对他们进行监督管理，对租赁业的健康发展起到了积极的作用。自20世纪90年代中期起，租赁协会在我国陆续形成，目前最主要的行业协会有中国外商投资企业协会租赁业委员会、中国金融学会金融租赁专业委员会和一些地方租赁协会。但我国至今还没有形成全国性的租赁协会，现有租赁协会明显缺乏权威性，而且功能缺失，没有肩负起行业监督的责任，在业务推广、信息服务、业务咨询、行业交流等方面也没有充当好行业服务者的角色。

4. 外部环境的制约

国际租赁发展的外部环境包括信息化建设、融资环境和二手市场的发展水平。

(1) 我国租赁业的信息化建设落后

信息化能够提高租赁业的管理效率和竞争力，是国际租赁业务发展的内在要求，也是信息社会的必然选择。我国租赁业的信息化建设相对落后，租赁企业与行业内部没有充分重视信息化建设，相关行业或部门也没有给予必要支持。我国租赁行业的统计不规范，目前还没有将租赁业务按国际租赁与国内租赁分类统计的年鉴，更没有按国别、地区、方式、品种等分类统计的权威年鉴；我国在租赁软件研发方面的工作比较落后；我国租赁企业普遍没有利用网络服务系统和微机管理技术来构建自己的营销客户服务体系，在市场分析、信用评估等各个环节少有配备专门的租赁软件系统。

(2) 我国租赁业融资不畅

我国租赁业一直存在着融资渠道受阻、资金来源有限的问题，严重限制了国际租赁业务的发展规模和经营水平。有些企业为了筹集资金，甚至进行了高风险的借贷和投资活动，造成了行业混乱的局面，不仅使我国的租赁业发展陷入僵局，还增加了金融机构的坏债和不良资产，对相关产业的发展起了副作用。在理论层面上，我国租赁公司既可以通过直接融资方式筹资，又可以通过间接融资方式筹资。但是在实际操作过程中，真正有效的筹资方式却相对单一。除了通过自有资本金进行融资外，银行贷款成为了租赁公司最主要的筹资渠道。从直接融资方式看，租赁公司可以通过股权性融资、发行企业债券和委托发行租赁信托基金筹资。股权性融资主要指新公司股本筹集和原公司增资扩股，这类融资方式的运用率在逐渐上升。因为现阶段有许多国外投资者纷纷进入我国租赁市场，还有许多处于停业整顿或者存在较高债务危机的内资租赁公司在进行增资重组；发行企业债券和委托发行租赁信托基金在实际操作中的运用率非常低。原因在于，租赁企业要运用此类融资方式就必须通过信誉、经营业绩与现金流量等一系列严格评估，进入门槛相当高，能够符合评估要求的租赁企业非常有限；从间接融资方式来看，在 3 类主要租赁主体中，只有金融租赁公司有资格运用吸收法人存款、发行金融债券和同业拆借等方式筹资，但是他们在实际操作中也会面临各种监管限制，使得这些融资方式无法实现，最后往往转用银行贷款。对于外商投资的租赁公司和内资试点融资公司而言，它们没有资格运用吸收法人存款等其他融资方式，只能利用银行贷款进行融资。

(3) 我国的租赁业二手市场发展水平低

二手市场是租赁产业链中非常重要的环节，它能够帮助租赁企业处理退出的租赁物件，实现残留设备的变现，从而达到盘活企业资产、减少企业经营成本并降低企业风险的目的。我国的二手市场尤其是二手设备市场，还相当不成熟，缺乏规范的交易程序和有效的监督管理，市场内的二手资产的流动性很差，不利于租赁公司处理自己的退出租赁物件，也不利于我国租赁市场的长远发展。

（二）中国国际租赁的发展对策

1. 建立统一的管理机构，加强宏观管理与指导

目前国家要切实加强对我国现代租赁业尤其是国际租赁业务的战略规划与引导。

① 对国际租赁和现代租赁业的发展情况进行有效地梳理，制定进出口租赁的产业目录和有针对性的法规政策；

② 规范行业统计，加快行业信息化建设；

③ 充分发挥新闻、网络与租赁行业协会的作用，进一步加强对现代租赁尤其是国际租赁业务的宣传力度；

④ 鼓励各大院校开展租赁类教学和研究工作，为企业开展租赁业务提供理论和人才支持；

⑤ 改善多头管理、政策不一的混乱局面，使租赁业统一置于国家宏观调控之中；

⑥ 加快出台《中华人民共和国融资租赁法》，为我国现代租赁和国际租赁业务的发展提供一个坚实而完备的法律、法规基础；

⑦ 政府相关部门可以考虑出台过渡性的临时政策，解决现有法律、法规之间存在相互抵触的地方，补充一些缺失的条款，填补现有法律、法规中的空白，为现阶段开展国际租赁和现代租赁业务的各方当事人提供保障。

2. 制定各种优惠政策，扶持国际租赁业的发展

中国应从解决几十万个企业的设备更新和技术改造的高度出发，借鉴国外融资租赁业发展的经验，在财政、外汇、税收、折旧、信贷和保险等方面制定相应的优惠政策和措施，鼓励和扶持这一行业的发展。例如，国民经济发展战略行业的租赁项目，由国家财政直接或通过银行向租赁机构提供低息融资；对以租赁方式引进先进技术设备的中小企业实行相应税收减免，并给予加速折旧的优惠措施；对由于政策性原因所造成的欠租，国家应注入资金，帮助组织清理；同时放宽对租赁机构资产负债方面的限制，增强其资金实力。

3. 创新租赁方式，拉动出口租赁业务

我国应该尽快创新出口租赁方式，通过拉动出口租赁业务，改善我国进出口结构严重失衡的局面，扩大我国国际租赁的经营规模，提升我国国际租赁的竞争力。我们可以积极引入国外的租赁方式，并在此基础上加快创新适合我国的租赁方式。比如，在与税法体系与我国有较大差异国家开展出口租赁业务时，我们可以借鉴法国、意大利等国的经验，利用税法差异为我国出租人找到减免税收的途径，使出租企业借助这些方式绕过税收限制，获得税收减免待遇，从而激励出租人从事出口租赁的积极性，促进出口租赁业务的发展。

4. 拓宽融资渠道，提高经营水平

融资渠道的改善和提高可以从租赁公司和相关金融与政府部门两方面展开。从租赁公司角度看，先要从最可行的方案着手，即充分利用内部子公司进行融资。经验上，卡特彼勒公司[①]运用自己的保险、金融公司以及全球金融网络直达交易账户等一系列内部子公司进行融资，我国中联重科公司也通过类似方式进入海外市场，取得了很好的成果。当然，并非所有租赁公司都有能力利用内部子公司融资，要真正解决融资问题，相关金融和政府部门的协助更重要。一方面，要适当放宽现有融资手段的准入条件，使现有的融资渠道能够被真正运用；另一方面，各金融机构或相关部门可以按照租赁市场环境以及租赁当事人需求，开发新的融资方式，以提高各公司开展国际租赁业务的积极性。国内银行则可以为国际租赁业务提供一定条件的长期贷款，尝试开展无追索权筹资等方式。除此之外，

---

① 卡特彼勒(中国)融资租赁有限公司于2004年4月在北京成立，股东是卡特彼勒的两家子公司——卡特彼勒金融服务公司和卡特彼勒(中国)投资有限公司。它是经中国商务部批准成立的第二家外商独资融资租赁企业，也是第一家工程机械行业业内的融资租赁公司。卡特彼勒(中国)融资租赁有限公司的目标是通过代理网络为客户提供世界水平的融资租赁服务，打造中国的租赁行业，充分满足并超越客户的融资服务期望，同时也希望通过一些灵活的融资方法服务于中国的建筑行业。

我国还可以尝试运用租赁证券化，在运用法律和监管对租赁证券化进行指导和管理的同时，充分利用租赁证券化的优势，拓宽租赁公司的融资渠道，提高企业的经营水平。

5. 提高行业信用，促进国际租赁健康发展

为解决国内外许多潜在投资者的后顾之忧，我国还要尽快构建适用于我国租赁行业的信用机制。首先，行业内需要构建高标准的信用风险评估体系。我们可以借鉴其他国家的评级体系，构建有关承租企业付款能力、信誉状况、跨国环境等的信息平台，为出租企业提供一个评估承租人整体资信状况的平台，以降低企业的风险；其次，要建立针对租赁物件的信息跟踪系统，制定一些有关物件状况的必要指标，为出租企业掌握租赁物件使用情况提供途径；再次，要建立风险共担机制，我国出租人应加强与国外出租人之间的合作，充分利用国外出租人熟悉当地市场环境的优势，降低我国出租人的风险；最后，我们还要建立出租人与政府相关机构之间的风险共担、利益共享机制，借助政府部门的支持来减少出租人在国际租赁业务中的跨国风险。

国家开发银行租赁思科设备升级网络

对于正准备升级换代网络设备的国家开发银行(下称国开行)来说，思科在中国市场推出融资租赁方案可谓“及时雨”，帮助他们在预算范围内精打细算，提升网络效能，实现最优化投资。

国家开发银行于 1994 年 3 月成立，直属国务院领导。目前在全国设有 32 家分行和 4 家代表处。10 年来，国开行认真贯彻国家宏观经济政策，发挥宏观调控职能，支持经济发展和经济结构战略性调整，在关系国家经济发展命脉的基础设施、基础产业和支柱产业重大项目及配套工程建设中，发挥长期融资领域主力银行作用。

信息化建设对于国开行保持高效运营发挥着关键作用。2006 年上半年，国开行准备对其网络设备进行升级，并部署新的基于思科网络准入的安全管理系统。这是一项庞大的改造工程，意味着国开行原有的交换机、路由器都要更换。如何在预算范围内最大程度提升网络效能，实现最优化投资的问题摆在了国开行信息化部门的面前。一般情况下，进行这样一笔投资会大量占用企业的当期财务预算，带来资金压力。还要考虑到，大笔固定资产后期的更新会带来很多管理上的工作负担。

就在此时，来自思科公司销售代表的消息给国开行带来了新的选择。思科可以向客户提供租赁服务，这样，国开行就可以不必一次性缴纳数额庞大的设备款，只需要每期付租金，在财务上保持自由度的同时，能够立刻获取最新网络设备带来的优势。

1. 租赁方案助企业精打细算

随着网络日益成为一种战略性资产，全球范围内的高层管理人员需要专注如何在固定预算内最大幅度地保持网络的灵活性和升级能力。以融资租赁方式降低用户的支出，是大型设备销售过程中普遍采用的一种策略。大约10%的思科客户采用了这一模式，从而得以摆脱财务预算羁绊，迅速采用最先进的网络技术以提高企业竞争力。思科融资租赁公司(Cisco Capital)是思科独立经营的子公司，自1996年成立以来，专门面向思科客户开展贷款、租赁等业务，通过为不同规模的企业提供专业的金融顾问服务，在满足客户的网络技术需求的同时帮助客户更好地管理现金与资产。2006年思科全球的融资租赁金额高达70亿美元，雄厚的财力成为思科广泛开展融资租赁业务的基础。

随着政策和经济条件的成熟，这一业务模式在中国市场也日益显现出其重要性。2006年商务部公布了《关于外商举办投资性公司的补充规定》，允许被认定为地区总部的投资性公司从事经营性租赁和融资租赁业务，思科也迅速拿到第一批许可，将在国际上采用了多年的成熟租赁解决方案引入国内。

国家开发银行营运中心关欣表示，早在2005年国开行就计划对网络设备进行升级换代，并考虑采用租赁方式减少固定资产管理的压力，“思科引进这个租赁服务，时机很好”。国开行与思科达成一个为时5年的设备租赁方案，将产品、维保和专业化服务捆绑起来，通过具有竞争力的按半年支付方式实现一揽子解决方案。

2. 5年节约数百万

与银行融资相比，租赁方案简化了手续，并可以根据企业的现金流、设备需求和财务状况确定灵活的租期。设备可以在租用期满后返还厂家，企业不需要考虑其账面价值，也不需要为其承担处置费用。由于将一次性的资本支出转化为相对固定的运营成本，减轻了资本预算分配的压力，这一方案为国开行进行战略融资，日常运营或满足紧急的需求节省了现金。此外，租赁计划中还可以包含设备升级，以及在租赁中期或末期，部分或全部更换设备。如此一来，将有助于帮助国开行快速、无间断地迁移到新技术。租赁方案给国开行带来了很好的效益。“综合算下来，我们大概可以节约10%的成本。”关处长表示，鉴于国家开发银行此次项目投资不菲，“一期工程总金额高达数千万元人民币，10%已经是非常可观的数字”。除了国家开发银行之外，思科在国内金融、电信、教育等行业都已经开始拥有了一些融资租赁试点用户。未来思科准备在中国大规模推广融资租赁业务。思科系统(中国)网络技术有限公司总裁林正刚表示：“思科融资租赁服务为客户提供了强大的全新投资工具，使客户在网络系统投资过程中，可以更好地管理现金流、节省资金并加强资产管理，以应对复杂的技术和财务问题带来的挑战，在网络通信技术飞速发展的经济环境中保持竞争力。”在信息化建设领域，随着“IT外包”战略不断深化，思科公司融资解决方案给国家开发银行带来了多方面的竞争优势，不仅提高了网络的安全和可靠性，降低了运营成本，更重要的是降低了因技术升级、设备淘汰速度不可预见而带来的风险。这将有力地帮助国开行扮演政府开发性金融机构的角色，支持其在关系国家经济发展命脉的基础设施、基础产业和支柱产业等重大项目及配套工程建设中，发挥长期融资领域主力银行作用。

资料来源：中小企业 IT 网，2007-10-01. http://www.cbismb.com/articlehtml/20075569.htm.

研讨问题：

1. 国家开发银行租赁思科公司设备属于哪种国际租赁方式？为什么？
2. 与直接购买思科公司的设备相比，该租赁对国家开发银行来说有哪些好处？
3. 租赁服务会不会给思科公司带来太大的资金压力？为什么？
4. 外资租赁公司的进入对当前中国租赁业的发展有何影响？
5. 分析该案例对中国企业的启示和借鉴意义。

本章小结

本章系统介绍了国际租赁的基本概念和国际租赁的产生与发展、国际租赁的特征、国际租赁业务的基本程序和开展国际租赁合作的意义；重点阐述了融资租赁、经营租赁、杠杆租赁、售后回租租赁、综合租赁、维修租赁等 6 种国际租赁主要方式的特点和基本交易程序；阐述了风险租赁的含义、特征和其对承租人和出租人的有利之处；介绍了租赁基金的设立和运作，租赁基金收益分配以及租赁基金的利弊分析；最后结合中国国际租赁发展的实践，分析了中国国际租赁存在的问题和发展对策。学生通过本章学习，能够掌握运用国际租赁进行资金融通和商品交易的业务常识，并了解中国国际租赁的发展状况。

复习思考题

1. 现代国际租赁业务的特征有哪些？
2. 国际租赁有哪几种主要方式？
3. 杠杆租赁为什么能起到杠杆的作用？
4. 我国国际租赁业在发展的过程中，主要面临哪些问题？如何解决？

工银租赁将扩大对爱尔兰投资，拓展欧洲租赁市场业务

工银金融租赁有限公司于 2012 年 3 月 28 日与爱尔兰投资发展局签署合作谅解备忘录。爱尔兰总理恩达·肯尼、中国工商银行行长杨凯生出席签约仪式。

恩达·肯尼表示，中国是爱尔兰重要的经贸合作伙伴，爱尔兰是中国企业走出去、特别是进入欧洲市场的理想平台。工银租赁在爱尔兰业务的迅速发展，是中国企业“走出去"、中爱经贸合作成功的典范。杨凯生表示，中国工商银行和工银租赁将扩大和深化对爱尔兰的投资，积极推动中爱两国经贸往来。

工银租赁是经国务院批准试点，中国银监会批准开业的第一家银行系金融租赁公司，是中国工商银行的全资子公司。经过 4 年多的发展，工银租赁资产规模已超过 1 000 亿元，拥有民用飞机 71 架，船舶 150 余艘和大型设备 1 800 余台套，在全球多地开展了租赁业务。

爱尔兰拥有良好的商业环境，为工银租赁等中国金融租赁公司走向国际市场创造了有利条件。2010 年 6 月，中国工商银行集团在爱尔兰投资设立了工银国际租赁有限公司，致力于发展国际金融租赁业务。公司开业一年多来，持有、管理的各类飞机资产已达 37 架，资产超过 20 亿美元，是目前爱尔兰最大的中资企业。工银租赁总裁丛林介绍，到 2014 年工银租赁机队规模将超过 200 架，船队超过 300 艘，其中很大一部分将注入爱尔兰公司。未来中国工商银行和工银租赁将充分利用爱尔兰在飞机、船舶、大型设备租赁业务的独特优势，继续拓展欧洲租赁市场业务，积极介入欧洲金融市场，为中国企业在爱尔兰投资建厂、产品出口以及爱尔兰企业赴华投资提供租赁和金融服务。

根据双方签署的合作谅解备忘录，工银租赁与爱尔兰投资发展局将全面共享欧洲宏观经济政策、爱尔兰税务政策等信息；合作举办经济、金融和商务文化等领域的培训；创新探索合作模式，推动双方合作深入发展；充分发挥好两个桥梁的作用，为在爱尔兰开展业务的中资企业、在中国开展业务的爱尔兰企业起到桥梁的作用。

资料来源：人民网，2012-03-28. http://finance.people.com.cn/GB/17524810.html.

第 11 章 国际信息合作

学习目标：

通过本章的学习，学生应该能够：

1. 掌握信息要素的特征、类型、跨国传递的经济效应；
2. 重点掌握国际信息合作的概念和主要形式；
3. 了解国际信息合作的发展概况；
4. 掌握国际咨询机构的咨询程序。

信息化是当今世界经济和社会发展的大趋势，以通信、网络为载体，以知识创新为核心的信息时代正加速到来，信息技术成为推动世界经济发展的核心。全球经济信息化的表现就是全世界范围内信息作为一种重要的生产要素呈加速流动的态势，流动规模也日益庞大，这就使得国际信息合作日益成为当代经济不可缺少的组成部分，是国际经济合作中最具活力的研究领域。

第一节 国际信息合作概述

人类自从诞生以来就在不断地利用和传递信息。特别是 20 世纪以来，随着计算机的普遍应用和网络技术的发展，信息在人类社会发展中发挥着越来越重要的作用，信息科学作为一门单独的学科开始受到广泛的关注。

一、信息要素的概念、特征和类型

（一）信息要素的概念

信息(information)一词有多种定义，据不完全统计，目前关于信息的定义有 100 多种，它们分别从不同层次、不同侧面揭示了信息的特征与性质。

《牛津辞典》中将信息描述为“谈论的事情、新闻和知识”;《韦氏字典》将其解释为“在观察或研究过程中获得的数据、新闻和知识”;2010 年出版的《辞海》中提到信息是“通信系统传输和处理的对象,一般指事件或资料数据。其量值取决于事件的不确定性,若接收端无法预估事件所含内容和意义,信息量就越大。通常以事件发生概率的对数测度来度量”。《中国大百科全书·自动控制与系统工程卷》中将信息定义为“符号、信号或消息所包含的内容,用来消除对客观事物认识的不确定性”,并指出“信息普遍存在于自然界、人类社会和人的思维之中”。还有学者将信息归纳为广义和狭义两类。广义的信息指的是客观世界中各种事物的存在方式和它们的运动状态的反映。用通俗的说法,可以认为信息就是客观世界一切事物存在和运动所能发出的各种信号和消息。狭义的信息是指能反映事物存在和运动差异的、能为某种目的带来有用的、可以被理解或被接收的消息、情况等。

尽管众说纷纭,但从本质上看,信息就是对客观事物的反映,是对社会与自然界的事物特征、现象、本质及规律的描述。因此,信息的概念可以界定如下:信息是指能够为人类获知的,通过文字、图像、声音、符号、数据等形式表示的,用来减少不确定性的知识。

(二)信息要素的特征

1. 可反映性

可反映性是信息最主要的特征之一。信息能够表征事物的属性、内在联系和运动变化,物质和能量不具备这一特征,一切事物的运动都产生信息。

2. 可传递性

信息的传递是与物质和能量的传递同时进行的,语言、表情、动作、报刊、书籍、广播、电视、电话等都是人类常用的信息传递方式。信息经过传递后便扩散和传播出去。

3. 可存储性

信息可以存储,大脑就是一个天然信息存储器,人类发明的文字、摄影、录音、录像及计算机存储器等都可以进行信息存储。

4. 可处理性

信息可以处理,人脑就是最佳的信息处理器,人脑的思维功能可以进行决策、设计、研究、写作、改进、发明、创造等多种信息处理活动,计算机也具有信息处理功能。

5. 可转换性

信息可以从一种形态转换为另一种形态,如自然信息可转换为语言、文字和图像等形态,也可转换为电磁波信号或计算机代码。

6. 可共享性

信息在一定的时间、空间里是可以共享,而不会被一个人或一个企业所永远占有。信息的分享不同于物质财富,它不能作转手交易,只能作分享交易。信息的发布者传递了信息,使对方获知并加以利用,而其本人仍然占有和利用信息,这就是信息的共享性。

7. 可再生性

信息的可再性是指一条信息产生后，其载体可以变换，可以被毁掉，如一本书、一张光盘，但信息本身并没有被消灭，可以其他方式再生成信息，例如，输入计算机的各种数据文字等信息，可以显示、打印、绘图等方式再生成信息。

8. 可浓缩性

信息经过处理就可浓缩成精练的、有用的、便于传递和存储的信息。人们可以把大量信息资料压缩成一个公式，也可以把许多复杂的现象总结或概括成一个规律或一条定理。

9. 时效性

一条信息在某一时刻的价值非常高，但过了这一时刻，可能一点价值也没有。如现在的经济信息，在需要知道的时候会非常有价值，但过了这一时刻，这一信息就会毫无价值。所以，有相当一部分信息有非常强的时效性。

10. 可更新性

信息的可更新性是指由于信息存在着老化、过时的问题，需要不断地收集和补充新的信息，进行信息更新。导致信息老化、过时的因素有两个：科学技术的不断进步及其应用；各项活动进行过程中质的更新和量的扩充。

（三）信息要素的类型

信息可以按照不同的标准进行分类，如按其来源可分为单位的内部信息和外部信息；按其所反映的活动涉及的区域，可分为国内信息和国外信息。在国际经济活动中，国际经济信息是最重要的信息，所以以下侧重介绍国际经济信息的种类。国际经济信息按内容或功能可以划分为客户信息、国际市场信息、国际经济法规信息、国际经济管理信息、国际金融信息和国际科技信息 6 种类型。

1. 客户信息

客户信息是指有关业务伙伴（包括潜在的）及竞争对手各方面的情况。它包括客户的资信、经营活动方式、市场营销特点、市场占有率、公司负债人、公司的财务数据、依托的银行、产品目录、技术开发能力以及其他有关该公司的背景材料。

2. 国际市场信息

国际市场信息包括国际商品市场信息和国际要素市场信息。

（1）商品市场信息

国际商品市场信息包括市场容量、市场特征、营销环境、营销渠道、消费者及其消费行为、商品价格及其动向、商品交易所行情等方面的信息。

（2）国际要素市场信息

国际要素市场信息主要包括以下 6 类：

① 资本要素市场信息。资本要素市场信息指资本要素国际移动的规模、结构、流向、

部门分布等。

② 劳动力要素市场信息。劳动力要素市场信息指各国人口数量与结构、国际工程承包的现状与趋势、国际移民动态等。

③ 技术要素市场信息。技术要素市场信息指国际技术转让的内容与规模、国际技术交流和国际援助的状况等。

④ 土地要素市场信息。土地要素市场信息指各个国家和地区各种类型特区的数量、优惠政策的具体内容、土地出售与出租的价格等。

⑤ 经济信息要素市场信息。经济信息要素市场信息指各个国家和地区的经济信息组织和机构的状况、经济信息咨询公司的收费标准、国际数据库和信息网的分布等。

⑥ 经济管理要素市场信息。经济管理要素市场信息指国外管理集团与管理专家的数量、分布和收费标准，管理咨询公司的有关情况，国际管理合同签订的动向等。

3. 国际经济法规信息

国际经济法规信息包括国际贸易法、国际技术转让法、国际投资法、国际移民法、国际金融法、国际税法、国际经济组织法等法规的内容与立法趋势及执行情况等方面的信息。在广义上，国际经济法规信息还应包括海商法、国际发展法、国际环境法等方面的信息。

4. 国际经济管理信息

国际经济管理信息是指一个国家或地区对其经济的各个方面实施管理方面的信息。主要包括产业政策信息、货币政策信息、财政政策信息、收入政策信息、就业政策信息、经济计划信息、行业管理信息等。

5. 国际金融信息

国际金融信息主要包括 3 部分：一是有关国际收支的信息，如国际收支的顺差或逆差、国际储备的增减情况等；二是国际金融市场信息，如外汇市场、货币市场、资本市场和黄金市场方面的信息；三是有关国际金融机构的信息，如这些机构各种贷款的条件、方式、利率、期限及这些机构的组织状况等。

6. 国际科技信息

国际科技信息主要是指科技的发展变化以及对国际经济贸易所产生影响方面的信息，如国外科技队伍规模、水平和行业分布，科研机构的状况，最新科技成果及其商品化、产业化的程度，科技开发和利用的政策，科技发展的趋势等。

二、信息要素跨国传递的经济效应

由于现代经济的复杂性和广泛性，几乎每一领域的信息都可能对经济活动构成影响，政治、经济、科技、军事、文化、宗教等领域的信息通过跨国传递对促进各国经济发展和推动国际经济贸易规模的扩大起到了重要的作用。

（一）信息是沟通、连接、协调国际经济的链条

从整个世界经济发展的角度看，由于信息的跨国传递成为影响各国经济决策和经济管理的重要因素，各国间的发展和相互联系是通过信息的跨国传递来沟通的。没有信息的传递，世界经济的各个组成部分是分割开来的，在发展上就不会有一体化和国际化的概念。同时，进行国际经济协调也离不开信息，从对协调内容的确定到对相关问题和情况的调查了解，再到各种协调手段与方案的提出和比较，以及确定协调方案后对执行情况的反馈监督等，都需要掌握大量的信息。

（二）信息的跨国传递是影响国际分工的重要因素

信息的国际间传递能为一个国家的经济决策者提供决策所需的各项经济信息，从而使该国的决策更加合理化，也能使该国的决策充分考虑国内外两个市场的情况，使该国经济外向化发展，产业结构与经济结构的调整更符合国际市场的发展趋势。由于信息的国际间传递使一国在接受外界信息压力的基础上形成自己的结构和地位，同时根据自身的条件和需要，确立自己的结构和地位。这也使经济信息的国际间传递在一定程度上影响了国际分工。

（三）信息的跨国传递是开展国际贸易的前提条件和基本保证

首先，信息产品和信息服务已成为国际服务贸易的一个重要组成部分，而且增长的速度很快。国际间信息产品与信息服务的买卖活动不仅能够增加输出国的外汇收入，而且能间接地扩大有形商品的进出口。其次，信息的跨国传递往往是有形商品交换的前提。在国与国之间，有形物质的交换活动主要依靠信息和货币两个媒介。信息是沟通联系媒介，而货币是交易结算媒介。从这个意义上说，没有信息的国际传递就没有商品的国际交换。现代的进出口贸易必须以市场信息为导向，如果不了解和掌握有关的国际市场信息，想独立地开拓国际市场是很难成功的。国际竞争在一定程度上也是一场信息竞争，谁掌握了信息谁就赢得了市场。

（四）信息的跨国传递能提高生产要素的使用效率，便于决策和科学预测

以生产要素的国际移动和重新组合配置为主要内容的国际经济合作活动，最终多表现为各种类型的经济建设项目。不论是引进生产要素的项目还是输出生产要素的项目，要想减少风险，都必须建立在充分占有信息的基础上。例如，技术引进项目在引进前，必须对有关客户的技术与设备的性能特点、先进程度、产品的市场容量、经济效益、价格是否合理、对方的资信情况及交易的商务条件等进行充分的调研和信息储备，进行必要的比较选择和可行性研究，以确定该引进哪家公司的技术和设备，以及怎样引进费用低廉且优惠

条件较多的技术项目。再如，开展国际工程承包也要先了解各个国家和地区工程承包与劳务市场的状况，对雇用外籍劳工的规定、招标的机构和程序、支付方式及竞争对手的情况等信息，然后才能做出是否参加投标的决定。其他的国际经济合作活动的开展，如海外投资、国际股票与债券的投资、借用国外贷款、引进先进的管理经验、接受联合国的多边援助及对外援助劳动力输出等，同样也需要以国际经济信息为导向。没有及时、准确、全面的信息就无法做出正确的决策，也无法科学地预测国际经济合作的发展趋势，很多国际经济合作项目也就难以发生和发展。

三、国际信息合作的概念和主体

（一）国际信息合作的概念

国际信息合作是指信息作为一种生产要素在国际间的流动、组合、配置及与此有关的国际协调合作机制。

（二）国际信息合作的主体

国际信息合作是一项庞大工程，主要有以下参与主体：

1. 信息的提供方

信息的提供方是信息的收集、加工、整理和出售者，它可以是参与国际经济合作的国家（地区）政府、国际经济组织及各国的企业和个人。

2. 信息的接收方

信息的接收方往往是信息的需求者。与信息的提供方一样，信息的接收方可以是参与经济活动的任何法人或自然人。

3. 信息的"承运人"

在货物的运输中，承运人是指将货物按合同要求运送到目的地，并向托运人收取相应报酬的一方当事人。在国际信息合作中，之所以引入"承运人"的概念是因为大多数情况下，信息的提供方和接收方往往不在同一地点，所以信息的传递在大多数情况下需要借助第三方的力量，而这个"第三方"可统称为信息的"承运人"。

在信息时代，信息除了存在于纸质载体上，还以声、光、电、磁、代码等形态存在。以实物为载体的信息在传递过程中，邮政通信部门和期刊、书籍及各类音像制品的出版和发行机构就是信息的"承运人"。对于非实物化信息的传递，各通信服务提供商就是信息的"承运人"，世界各国都有自己的通信服务提供商，如我国的中国电信、中国移动、中国联通，美国的AT&T电话电报公司、英国的沃达丰、德国的T-Mobile、日本的NTTDoCoMo、法国的Orange、西班牙的Telefonica以及俄罗斯的移动电信系统公司等。

4. 国际合作组织

在国际经济合作的过程中，逐渐诞生了一些国际合作组织。其中，有些同业间的国际合作组织直接参与国际信息合作的过程，它们可以提供专门的通信网络和信息交换平台，供成员方进行业务信息的传输和同业间的支付结算，如国际清算银行等。此外，为了推进国际信息合作的发展，一些国际协调机构相继成立。目前，专门从事国际间信息交换与传递的组织主要有两个，即政府间信息局(IBI)和国际间信息处理联合会(IFIP)。

IBI 是促进各国政府在信息方面进行合作的国际性机构，1974 年 12 月在巴黎成立，秘书处设在罗马。该组织的宗旨和任务是：加强成员国政府间的合作；建立常设联系机构以交流信息；研究信息在制定经济发展规划等方面的运用；促进国际信息的研究和传递。

IFIP 于 1960 年 1 月成立，总部设在卢森堡，隶属于联合国教科文组织，是在信息处理领域内进行合作的国际性组织。该组织的宗旨和任务是：强调成员国信息处理组织之间的联系和相互谅解，推动信息处理在科学和人类活动方面的科研、发展与应用，定期举办各类会议和展览，交换和处理信息情报，促进信息科学技术发展。此外，还有一些国际合作组织虽然不直接参与国际信息合作，但对国际信息合作却有着促进和引导作用。[①]

四、国际信息合作发展的动因

国际信息合作可以追溯到人类开始有跨国经济活动时，然而在 20 世纪 80 年代之前，它的发展速度相对缓慢。从 20 世纪 80 年代开始，国际信息合作进入高速发展期，这主要有以下 3 个方面的原因：

（一）经济全球化和国际间信息资源不均衡对国际信息合作提出了迫切要求

一方面，从 20 世纪 80 年代开始，经济全球化初现端倪，经济全球化需要将各类生产要素在全球范围内实现最优配置，而作为一种能够促进各种生产要素优化组合与配置的特殊生产要素，信息必然伴随其中。实际上，从事各种国际商务活动，都必须以完善的全球信息网络为前提，这就在客观上对深入而广泛地开展国际信息合作提出了要求。另一方面，信息资源在各国间分布不均衡，经济发达国家拥有充足的信息资源，而广大发展中国家信息资源匮乏。据统计，不论是信息装备率还是信息流通量，占世界总人口 15.6% 的发达国家拥有世界信息资源总量的 80%以上，而占世界总人口 84.4%的发展中国家拥有世界信息资源总量不到 20%。不仅如此，即使在发达国家之间也存在信息资源不平衡的现象，从美国输向日本和欧洲的数据资料就比从日本、欧洲输往美国的多得多。根据经济学的基本理论，生产要素在各国禀赋的不同是导致其在国际间流动、组合与配置的直接

---

① 例如，世界贸易组织、国际货币基金组织、世界银行、经济合作与发展组织等都规定，各成员国必须及时准确地向它们提供有关信息，这一“信息透明化”的原则是它们赖以运作的重要基础。同时它们又将收集到的信息经过加工整理后反馈给各成员国，帮助成员国政府进行宏观经济决策。

原因，因此国际信息资源分布的不平衡直接导致了国际信息合作的大规模开展。

（二）通信技术的巨大进步为国际信息合作的发展提供了有利条件

19 世纪初，人们传递信息还只能以书信等实物载体来进行；后来，电报和电话的发明使人类步入了电信时代，信息传输的速度大大提高。但是，信息传输的通道（信道）仍然很狭窄，信息传递的成本也很高。20 世纪 60 年代电子计算机的应用开创了数据通信的新时代，70 年代地球同步轨道通信卫星发射成功，卫星通信开始被应用到国际通信中，1985 年，世界上第一条海底光缆问世，海底光缆以其大容量、高可靠性、优异的传输质量等优势，在国际通信领域占据重要地位，起到了重要作用。时至今日，信息传输技术已发展到光纤通信、数字微波通信、卫星通信、移动通信及网络通信等多种技术综合应用的新阶段。信息传输的种类也由单一的语音、文字信息发展到电视、图文、数据等多种信息形式。毫无疑问，通信技术的发展为国际间的信息流动提供了极为便利的条件。

（三）信息作为特殊生产要素日益成为推进国际信息合作向纵深发展的动力

众所周知，人类经济的发展经历了农业经济、工业经济和知识经济三大阶段，而信息经济是向知识经济过渡的一个必经阶段，信息经济的一个显著特点就是信息产业对经济增长的贡献率快速提升。1982 年，全世界信息产业的销售额为 2 370 亿美元，1985 年达 4 000 亿美元，1990 年达 6 490 亿美元，并以每年 8%～10%的速度递增。20 世纪 90 年代中期，信息产业超越了汽车、钢铁等产业，成为世界第一大产业。尽管 20 世纪 90 年代中后期，世界经济增长放缓，但全球信息产业仍然保持高速增长，1998 年信息产业对全球经济增长的实际贡献率达到 25%。21 世纪以来，全球经济尽管一度陷入不景气，但是信息产业却一直保持高速平稳的发展。2008 年，受金融危机的影响，全球经济增长大幅放缓，而信息产业增长速度却仍维持在相对较高的水平。伴随着信息产业的发展，信息的生产、分配、变换和消费已成为社会经济的主要活动，在美国超过 2/3 的人从事与信息有关的工作，其余的人员也在紧密依赖于信息的产业中工作，与信息密切相关的产业产值早已超过国民生产总值的 50%，日本和欧盟也是如此。这标志着西方发达国家已率先进入信息时代，信息已成为现代经济中头等重要的生产要素。信息产业对经济增长贡献率的提升，对社会就业的大幅拉动效应使得各国对信息产业发展及信息资源的流动和配置也高度重视，这无疑成为加快国际信息合作步伐的动力。

第二节　国际信息合作的形式

国际信息合作的形式是指信息借以实现国际移动的途径、方式和组织机构等。国际信息合作的形式主要有信息咨询、公共媒介信息传递、内部信息交流、经济组织渠道信息传递和信息产业国际企业渠道传递等几种。

一、信息咨询

在信息化时代，社会分工日益细化，这就使信息的收集、加工、整理和出售成为一个专门的行业，为此，各种各样的国际信息公司和国际咨询公司迅速发展。国际信息咨询公司提供咨询服务的方式一般有两种：一种是信息的调研咨询服务，即受托方为用户提供有关国内经济和国际经济的信息，并向用户收取一定的信息咨询费。如一家公司欲在它国投资建厂，需要对当地的自然环境、经济水平、法律法规、交通状况及市场竞争状况等信息进行了解，它就可以支付一定的费用委托一家国际信息咨询公司为其进行调查。另一种是信息的查询，主要是通过一定的途径为用户查询数据库或信息网的有关经济信息资料，然后由用户支付一定的费用。如我国第一个大型产品样本库——全球产品样本数据库(global product database，GPD)，该数据库目前已收录了全球 1 万余家 50 余万件产品样本，其中欧美企业产品样本收录 30 余万件，世界工业 500 强企业产品样本收全率达到 80%以上，客户可支付一定费用利用这一数据库对国外企业信息进行查询。无论是哪种类型的咨询服务，客户都可以得到具有针对性的国际信息。

二、公共媒介信息传递

公共媒介是指通过有组织的技术传播，快速、有效地向公众传递信息的途径。狭义的公共媒介是指大众传播媒介，一般可分为两大体系，即印刷媒介(如报纸、杂志、书籍等)和电子媒介(如广播、电视、电影和互联网等)。广义的公共媒介除了包括上述大众传媒外，还包括各种类型的国际展销会、研讨会、博览会、发布会，以及大量公务、商务、旅游人员的国际间交流活动。通过公共媒介进行信息传递是国际信息合作的一种重要形式。例如，一国可以在一些国际性出版物上刊登文章以宣传本国的产业政策；一个企业可以在其网站上发布其需求信息；电视台可以通过制作电视节目使外界了解本国特色产业或企业文化；企业可以在国际展销会上展示最新产品；政府可以在旅游景区或涉外酒店设置户外广告或屏幕广告宣传本国的产品等。

三、内部信息交流

内部交流渠道主要是指通过信息交流协议或在本系统内部渠道进行的信息传递。前者如政府间或行业间订立的信息交换协议，后者如跨国公司和跨国银行所进行的公司或银行内的信息传递。内部交流渠道是目前应用最为普遍的一种国际信息合作方式。例如，跨国公司或跨国银行的子公司和母公司之间或分行和总行之间可以利用内部专用渠道相互传递信息。再如，2003 年中美双方在华盛顿签署了《监管信息交换协议》，为交换共享银行业监管信息开辟了便利的渠道。

四、经济组织渠道信息传递

国际经济组织也是国际经济信息传播的渠道之一。据1987—1988年国际组织年鉴的统计，世界上各种各样的国际组织，其总数已达21 764个，其中政府间组织3 569个，非政府间组织18 195个。据统计，世界上共有国际性、区域性和专业性的较稳定的经济组织1 100多个，其中影响和作用较大的有500多个。国际经济组织是由各国政府或各国企业、个人、民间机构和团体组成的。国际经济组织(尤其是联合国系统的经济组织)一般都有自己的出版物和信息情报机构，都定期或不定期地举行各种活动或召开各种国际会议，并且连续不断地有各类人员在国际间往来，所有这些都促进了经济信息在国际间的传递。例如，世界银行和国际货币基金组织每年都会就一些事关国际经济发展的重要信息和议题进行交流和讨论。

五、信息产业国际企业渠道传递

信息产业渠道主要是指通过国际投资在信息产业创办合资经营、合作经营和独资经营企业，以推动信息的国际间传递。信息产业是第四产业，它包括很多具体门类。近年来，国际投资的部门分布向第三和第四产业倾斜，在第四产业创办的国际企业广泛分布于通信、计算机、信息、咨询、广告、出版、产品设计、研究与开发(R&D)等行业。信息产业的国际企业直接从事信息服务、信息处理和信息设备的生产与销售业务，它们的存在和发展成为信息在国际间传递的一条重要渠道。

第三节　国际咨询机构与咨询程序

一、信息咨询机构的概念、起源及发展

(一) 信息咨询机构的概念

目前，学术界较为公认的关于信息咨询机构的概念，可以表述为：信息咨询机构是指凭借咨询人员的知识、技术和丰富的实践经验，以及所掌握的某一方面的信息资源，以客户需求为本，对委托方委托解决的问题进行客观、独立的研究，向客户提供相关有价值信息、决策、计划、方案等，并协助委托方使问题得到合理解决的组织。

信息咨询机构是20世纪中期以后首先在欧美等国家广泛兴起的一个全新的组织形式。和传统的组织机构(如企业组织、行政组织、科研组织等)不同，信息咨询机构是在第三次科学技术革命以后，在现代科学、技术、生产和社会的一体化以及自然科学和社会科学不断交叉、融合从而使当代决策问题变得越来越复杂、越来越让人难以把握的条件下产生的，在形成机制和变动规律上与传统组织形式差异极大。

（二）信息咨询机构的类型

信息咨询机构的种类繁多，其类型可分为：文献信息咨询部门（图书馆、情报所、档案馆）、新闻系统的咨询机构（具体包括报社、广播电台、电视台）、企业型咨询公司、具备咨询职能的各类经济信息中心、党政机构的咨询组织（如国务院和各省、自治区、直辖市技术经济研究中心），还有法律咨询部门，如律师事务所等；各民主党派、社会团体组织的咨询机构；以及开展职业教育、人才培训及其他方面咨询的教育咨询机构等。

（三）信息咨询机构的起源和发展

1. 信息咨询机构的起源

信息咨询机构有着悠久的历史。在我国，早在春秋战国时期，各诸侯国的"门人"、"食客"和后来的谋士、军师、谏臣、幕僚等都是咨询人员，由他们组成的集体即信息咨询机构的萌芽。战国时期诸侯养的这些"士"就是受过教育、拥有大量信息并善于摄取收集和加工处理信息（即信息研究）的人。谁资助他们，他们就为谁出谋划策，提供咨询服务。"士"只是一个阶层，必然要依附某一阶级。古代信息咨询机构虽然是逐步发展起来的，其中不少人物曾受到统治阶级的高度重视，并发挥了各种作用。

古代信息咨询机构主要是出于政治、军事的需要发展起来的。国家管理、社会秩序的管理，本质上也是一种信息工作。随着国家的建立和发展，统治者必须借助一批有才干的人员为自己提供信息咨询服务，以便使国家机器稳定运转或在战争中取胜。

国外的信息咨询机构最早起源于军事参谋机构。法国的柏特尔将军就是拿破仑的军事参谋。柏特尔曾在他的著作中总结性地提出，在军队需要建立参谋机构。1806 年普鲁士军队建立了较完善的参谋本部体制，随着 1870 年在普法战争中的获胜，参谋本部体制便成了各国军队效法的榜样。

2. 信息咨询机构的发展

信息咨询机构在近代以前的发展曾受到很大限制，原因是当时是农业时代，人们处在自给自足的自然经济条件之下，信息除了在政治、军事上受到了一定的重视之外，在其他情况下是不被重视的。

随着封建制解体和资本主义制度的建立，生产力逐步得到解放并迅速发展起来，经济日益走向繁荣，使信息的利用日益得到重视。于是，信息咨询机构逐步走向勃兴。勃兴后的信息服务机构，逐步从以政治、军事为重点转向了管理、科学技术、生产建设、市场预测等社会生活多个领域。

在第二次世界大战期间，美国最早建立了所谓的"思想库"即美国兰德公司。不久，其他国家纷纷建立这种新型机构。美国这类独立经营的咨询公司有服务项目 140 余种，涉及政治、科技、企业、管理等各个方面。例如，美国斯坦福国际咨询研究所的服务项目广涉能源、化学药品及石油化工产品、矿产及金属、节能、材料研究、工业技术经济、运输、电信、计算机系统数据通信、技术发展及其转让、国家经济计划及经济发展、地区及城市经济、贸易情报、社会服务、公共交通运输、治安及教育和社会福利、公共卫生、儿童教育、环境保护、国防和空间计划等。该研究所还在国外建立有400个"合伙公司"。日本在20世纪70年代也出现了"脑库热",[①]目前各个领域的"脑库"已达500多家,各种"脑库"还联合成立了"脑库协议会",以推动这一事业的发展。

二、国际信息咨询机构概况

(一) 国外信息咨询机构的发展现状

目前,西方国家的咨询服务业相当发达,咨询领域几乎涵盖所有行业,信息咨询业已成为一个重要的产业。据统计,世界咨询业的年收入高达4 000多亿美元,其中美国的信息咨询业最为发达,咨询服务市场最大,从管理咨询、技术咨询、决策咨询、工程咨询到个人咨询、专业咨询(会计、法律、税务、医药等),咨询服务几乎涉及社会生活的各个方面,从业人员超过40万人,大的咨询公司雇员超过5 000人。以2003年为例,在当年11月美国《咨询新闻》公布的该年度50大咨询公司最新排名中,总部位于美国的咨询公司占据了排行中的43个席位。该排名中居于前50大咨询公司中的另外7席均来自欧洲。从国别来看,英国占据欧洲咨询市场约31%的份额,德国和法国分别位居第二和第三。除欧美以外,日本的咨询业也比较成熟,其咨询市场占整个亚太市场的50%。

1. 英国的信息咨询机构

英国是世界上最早的工业国家,也是信息咨询业的发源地,在世界咨询业中享有很高的声誉。目前,英国约有信息咨询企业2 000多家,从业人员30 000余人。企业规模差别很大,大的约有2 000余人,小的仅有几个人。英国信息咨询业的服务范围很广,大致可分为工程咨询类、产品与技术咨询类、经营管理类和综合性类等。

英国的工程咨询业务已有200多年的历史,现有工程类信息咨询公司900余家,90余种专业。其中,土木工程320家、电气电力工程120家、机械工程130家、结构工程300家。英国基建工程的设计一般要由信息咨询公司负责,否则,有关部门就不会批准。英国是老牌的资本主义国家,历来海外工程咨询业务十分发达,早在1978年,英国海外咨询工程的总额已达340亿英镑,活动遍及138个国家和地区。从事产品与技术咨询类的公司约有1 000多家,200多种专业,基本上由工程技术人员开设。约有数百家企业从事经营管理类信息咨询活动,这类企业兼营微观和宏观两大领域的信息咨询业务,业务面较宽,

---

① 所谓"脑库"(或称"思想库")是指专门依靠研究人员的智慧、学识,为社会提供咨询服务的民间研究机构。它有别于完全附属于政府或企业的调研组织,在经济上独立自主。日本"脑库"业兴起于20世纪60年代中期,反映了日本社会经济发展的需要。

赢利也较高。

此外，英国也有一批为政府和大型企业提供综合性信息咨询业务的企业，如伦敦国际战略研究所，它是在爆发苏伊士运河战争和匈牙利事件以后，于 1958 年由学术界、政治界、新闻界和宗教界人士创办的综合性信息咨询机构，在技术、军事、政治和经济等方面取得了较大的成果，在国际上也颇有声望。但和美、日等国相比，英国的这类信息咨询机构的数量明显较少。

英国信息咨询业组织体制的建立较早，1909 年亚历山大·肯尼迪首先采用了“顾问工程师”（又译“咨询工程师”）这一名词，并于 1913 年创建了英国顾问工程师协会，制定了会章，并对会员的资格作了严格的规定。英国顾问工程师协会是个人会员制组织，作为对这一制度的补充，以单位（咨询公司）会员制为特色的英国咨询社于 1965 年成立。它的任务是：促进英国信息咨询企业开展海外咨询活动；利用自身的信息系统为会员招揽业务，促进信息咨询企业间的交流与协作；代表英国信息咨询业参加欧洲咨询商委会等。目前，咨询社成员达数百家，人数有数万人。咨询社的建立，为充分发挥英国信息咨询业的整体优势，广泛开展海外信息咨询活动起到了不可估量的推动作用。

2. 日本的信息咨询机构

日本的咨询业起步较晚，但崛起迅速，目前市场规模已仅次于美国居世界第二位。在日本，咨询机构可以根据不同标准进行划分，但一般按性质可以分为政府、官方信息咨询机构；半官方、社团法人信息咨询机构和民间企业信息咨询机构。

(1) 政府、官方信息咨询机构

政府、官方信息咨询机构直接隶属于国家政府首脑和部门，直接研究政治问题，为政治决策提供咨询。它包括：由最高行政长官领导并对其负责的咨询机构，一般由最高行政长官的办事机构和专门委员会组成；由议会领导并对议会负责的信息咨询机构；由政党领导并向政党负责的信息咨询机构；相对独立的信息咨询机构。各咨询机构的共同特点是均具有法人地位，收集信息比较广泛，主要为政府、政党制定政策提供决策咨询。日本的政府官方信息咨询机构主要有世界和平研究所、亚洲经济研究所和日本科学技术情报中心。

① 世界和平研究所。世界和平研究所成立于 1988 年 6 月 28 日，是被日本政府批准、具有财团法人资格的政府官方信息咨询机构。它被称为亚洲最具权威性的研究所，拥有资金 200 亿日元。

② 亚洲经济研究所。亚洲经济研究所(IDE-JETRO)成立于 1958 年 12 月，是根据日本国会通过的《亚洲经济研究所法》批准的特殊法人。它受政府监督和保护，属于政府、官方性的研究机构。主要针对开发中国家和地区的经济、政治、社会等各种问题，进行基础性和综合性的研究。1998 年 7 月与日本贸易振兴会(JETRO)整合，成为日本贸易振兴会的附属研究机构。随后所进行的活动皆以促进扩大与亚洲、中东、非洲、拉丁美洲、大洋

洲、东欧诸国等发展中国家和地区的贸易活动,提供经济援助为目标。

③ 日本科学技术情报中心。日本科学技术情报中心(HCST)成立于1957年8月,是根据《日本科学技术情报中心法》建立的国家科技情报中枢机构。它属于政府、官方信息研究机构,是日本最大的国家综合性情报中心。HCST的任务是快速准确地提供国内外科学技术情报,包括科学技术情报的收集、分类、整理、保管、供应及阅览等。HCST收集了50多个国家除数学和天文学之外几乎所有自然科学领域的资料。从国内外收集定期刊物10 200种,其中国外期刊5 700种,国内期刊4 500种;收集会议资料750种;公开资料3 700种;二次情报资料66种;专利资料26种。每年处理文献50.1万件。还从国外引进大量数据库,形成日本最大的数据库,存储文件2 200万件。它在全国有10个专用线路网,通过联机系统可向全国提供情报服务。

(2) 半官方、社团法人信息咨询机构

半官方、社团法人信息咨询机构的主要特征是:一方面由政府资助,接受政府委托,与政府签订相关合同,同政府相互协调、互通信息;另一方面,在经济上保持独立,主要由大公司或有关基金会提供赞助,有相对独立的研究课题或专项咨询业务。它也是日本信息咨询市场上十分活跃的主体。如成立于1974年3月的综合研究开发机构(NIRA),是根据国会通过的《综合研究开发机构法》而设立的半官方性质的信息咨询机构。该机构的计划资金300亿日元,由政府提供一半,民间和地方自治体承担一半。它的主要任务是为日本政府开展咨询活动和扶植民间脑库的发展,被称为日本信息咨询机构的"总管"。成立于1963年12月的日本经济研究中心(JERC)和1945年12月1日成立的国民经济研究协会均属于半官方、社团法人性质的信息咨询机构。

(3) 民间企业信息咨询机构

日本民间、企业性质的信息咨询机构是适应市场需求发展起来的,以民间大量的专家、技术人员为群体,组成信息开发系统。日本在各大企业集团内部也发展出相对独立的信息咨询系统,一方面为本企业提供市场信息;另一方面也参与信息市场的运作。它们同官方、半官方信息机构共同组成了日本信息咨询市场的主体,成为主要信息市场的供给方。在国际上较有影响力的是野村综合研究所(NRI),它接受政府、国内外企业和团体委托的研究课题,为用户提供智力成果,是一家卓有建树的著名信息咨询机构。

3. 美国的信息咨询机构

(1) 美国信息咨询机构概况

美国的信息咨询业自20世纪初产生,20世纪40年代以前发展极为缓慢。第二次世界大战期间,作为本土没有发生战争的国家,美国亟须发展生产,以经济实力推动战争的胜利,这大大推动了信息咨询业的发展。战后,美国经济和科学技术发展迅速,同时出于全球战略的需要,促使各种类型的信息咨询机构迅速发展壮大。美国政府除了发展政府内部的信息咨询机构外，[①]还采取一系列有力的政策措施重点发展民营或半民营的企业类信息咨询机构，这使得自 20 世纪 50 年代以来，美国信息咨询业的发展速度大大高于英国等老牌资本主义国家。目前，美国各类信息咨询企业已超过 9 000 家，其中，智囊团类型的综合性信息咨询机构约有 500 家，仅从事企业管理咨询的人员就有 4 万～5 万人，平均每 100 名管理人员中就有 1 名管理咨询工程师。据估计，美国信息咨询业的年营业额已突破 300 亿美元。美国 2/3 的大型公司和更多的中小型公司都需要利用咨询服务，因此，美国信息咨询业有 55%左右的业务来自企业界，45%左右来自联邦、州、市、镇各级政府和公众团体。

美国比较重视信息咨询企业的行业管理。早在 1933 年，为了把合法的咨询顾问和冒充内行的假顾问分开，当时美国最主要的 12 个信息咨询公司，按照一定的标准成立了管理咨询工程师协会，这是美国最早的咨询协会之一。1973 年，在原美国咨询工程师委员会的基础上，成立了民间咨询工程师协会。它是一个独立从事工程咨询业务的全国性组织，采取单位会员制，目前，拥有会员数千家。该协会由美国 49 个地区成员组织选出代表组成理事会进行管理。这类协会对外代表着美国信息咨询业的整体，在扩大影响、增进与国外同行的交流、增加海外业务的竞争力及规范本行业的发展等方面起了不可低估的作用。

(2) 美国专为企业服务的信息咨询机构

在美国，专为企业服务的信息咨询公司也很多，但大部分都是既为企业服务，又为政府和公众团体服务的。仅就企业而言，其业务范围如下：

① 设计和施工咨询类。这类公司的业务较单一，一般为专业性公司。在信息咨询公司总量中，这类公司的数量较少，但综合性技术能力和资金力量都很强，有些还是跨国企业，在国际同类企业中影响较大。特别是在中东产油国的一揽子承包的综合项目中能发挥优势。

② 技术经济咨询类。这类公司的主要任务是搜集、整理、加工和分析有关技术经济情报，使工业企业在选择产品方向、评价技术成果时，能够制定合理的决策方案。由于信息咨询公司能够采取中立的立场和态度，因而能够公正地评价技术方案的优劣，正确地预测科学技术发展变化的趋势，并可利用自身的技术力量为企业提供或搜集有关的技术情报。在美国的信息咨询公司中，有相当比重的公司可以提供这方面的服务。如在斯坦福研究所提供的信息咨询服务中，约有 24%为研制新产品和新工艺服务，23%为评价投资计划服务，20%为改善管理服务。

③ 规划和计划咨询类。这类公司的业务范围主要包括：制定长远规划，包括总体规划和专项规划(如科学技术发展规划、某行业或某产品规划等)；制定大型计划，包括综合性计划和具体计划；对规划和计划的实施及其后果进行分析；对生产和开发系统进行规划

---

① 美国政府内部的信息咨询也比较健全，其中仅为美国总统服务的咨询机构就不下 10 个，比如经济顾问委员会、国家安全委员会、政策发展办公室、科技办公室等。这些机构的职责是就某个领域的大政方针问题向总统提供咨询和建议。

和管理等。

在美国,这类规划和计划咨询类业务一般由综合性较大的信息咨询公司承担,咨询费用也很高,每年可达20亿美元以上。这类业务的专业性不强,一般只作为大公司咨询业务的一个组成部分。如兰德公司、林肯实验室、工具实验室、德雷珀实验室、米特尔公司等,它们的业务范围都很宽泛,但都涉及政府、公共团体或企业发展的规划和计划咨询服务。

④ 管理咨询类。这类公司的主要业务是研究企业管理系统的改进,包括机构的设置及它们之间的相互关系、人员配备与人事管理、生产和业务的组织与管理、质量控制、统计分析、标准化管理、研究和开发管理等。这类业务主要来自企业界,少数来自政府和公共团体。业务范围几乎覆盖了企业管理的各个方面。在这方面,美国较有声望的公司是布什阿伦和哈密尔顿公司,它有工作人员1 500余人,年咨询收入达5 000万美元以上。

(二) 我国信息咨询机构的发展现状

1. 我国信息咨询机构的总体概况

随着中国改革开放政策的实施,部分科研机构中的软科学、管理科学方面的研究人员敏锐地觉察到社会各个层面对信息需求量的激增,开始创办咨询服务公司,[①]迈开了中国信息咨询业发展的第一步。改革开放的深入发展,对科技信息的需求日益增长,中国的信息咨询业经历了孕育、形成、成长和成熟几个阶段,不断发展壮大,已深入到多种领域。相应地,信息咨询机构也快速发展(见表11-1)。目前在我国市场上,咨询机构有各级政府部门的常设或非常设顾问机构、高等院校和科研机构及各种咨询企业等。据2010年6月国家统计局的数据显示,在全国工商登记的中国咨询公司有13万家,普遍规模不大。注册资金在100万以下的(含100万元)占95.5%,100万以上占4.5%。不过,这其中真正有一定实力、在相关行业有一定知名度的公司不超过1 000家。

表11-1 我国咨询业的发展阶段

发展阶段	特征
产生阶段 (1978—1983年)	① 出现了由社科院、科协系统和大专院校筹办的非独立咨询机构,政府背景的咨询机构占主导地位; ② 1979年中国企业管理协会成立,引进国外企业诊断咨询方式,培养企业诊断师,并出版诊断教材、案例等书籍。
孕育阶段 (1984—1993年)	① 社会转型时期,咨询任务大多为政府行为; ② 咨询业第一次大整顿,民办咨询机构歇业清理; ③ 缺乏行业规范,从业人员素质不高; ④ 科技体制改革,各类咨询业务需求出现。

① 1980年8月创立的沈阳技术服务公司是中国第一家商业性信息咨询机构。

续表

发展阶段	特　征
形成阶段 （1994—2000 年）	① 政府背景的咨询公司逐渐与政府脱钩，非国有咨询企业迅速发展并居于主导地位； ② 咨询市场需求增加，外资和民营咨询公司不断涌现； ③ 具备专业技术的高智力人员进入咨询业； ④ 合伙人制公司开始建立。
发展阶段 （2001—2011 年）	① 咨询公司之间竞争加剧，行业开始新一轮整合； ② 决策层观念发生根本性转变，社会咨询意识加强； ③ 咨询人才淘汰与成才并存，符合全球一体化需要； ④ 信息技术、通信技术及网络技术的普遍运用。

资料来源：叶莎莎. 我国咨询业的现状分析与发展对策研究. 现代情报，2011(10).

2. 我国信息咨询机构的类型

中国的信息咨询机构类型齐全，从咨询内容来看，大体可以分为宏观信息咨询机构和微观信息咨询机构两大类型。

(1) 宏观信息咨询机构

宏观信息咨询机构是指咨询业务内容主要面向带有战略性、全局性、综合性咨询课题的咨询机构。主要是为领导决策提供最新信息和优化方案。其内容包括：科技、经济、社会等长远发展战略的研究；地区性、区域性的综合开发规划的制定；跨地区、跨行业、跨部门的政策研究；有关人口、粮食、生态环境、能源交通等重大综合性问题的研究。中国宏观信息咨询机构主要包括决策研究机构、政策研究机构及综合性的信息机构等。

① 决策研究机构。我国的决策研究机构主要有中国社会科学院的数量经济与技术经济研究所、中国科学院的系统科学研究所、中国社会科学院的工业经济研究所和经济研究所、中央各部的部门经济研究机构，以及高等院校建立的很多管理科学和系统工程教学、研究机构。它们的研究成果对国家总体规划和政策的制定、对部门和地方的管理决策都起到了重要的咨询作用。它们通过签订合同的方式直接为管理部门提供政策性建议、方案和计划。经国务院批准，于 1981 年正式成立的国务院技术经济研究中心是国务院下属的一个研究和咨询机构，它的任务是从国民经济全局出发，对国家重大技术、经济措施和建设项目进行可行性分析，并提出分析意见。对战略性、综合性和长远性的技术经济问题进行专题研究；对重大技术经济政策的效果进行预测分析，提出完善有关技术经济政策的建议。国务院于 1985 年成立了经济技术社会发展研究中心（简称国务院发展研究中心），以加强经济、技术、社会发展领域的咨询研究，并在国务院和中央有关部门的直接领导下开展工作。它的主要任务是研究经济、技术、社会发展中带有全面性、战略性、长期性和综合性的问题；分析经济发展、技术发展和社会发展方面的动态变化，预测发展的前景，并及时地向领导机关提供决策所需的各种建议和咨询意见。

② 政策研究机构。中央各部委和各级政府大多设立有政策研究中心或研究室，从事科学技术、教育、经济、社会发展等有关政策问题的研究。各级科技管理部门如科技部、中国科学院和省市科委也建立了政策研究室。这些机构直接为科技管理机构制定科技政策，为改进科技工作的管理提供服务。

对于政府及其所属主管机构而言，这些咨询机构是不收费的。但是这些咨询机构在完成政府有关服务的同时，可以在全社会范围内承接各种咨询课题，开展有偿咨询服务，但是不得挂用机构名称或班子名称。如国家信息中心建有全国宏观经济预测网，按月、季、半年、年度提供经济监测和预测报告，对国民经济、地区经济、部门(行业)经济进行全面预测，及时反映国民经济的运行状况、工业生产和市场动态，预测全国和各地区的发展趋势，为各级党政领导和经济管理部门了解经济形势、进行宏观调控提供重要参考。配合计划部门制订年度计划、两年滚动计划、五年计划和十年计划，为计划工作的科学化、现代化提供依据。该中心还建有固定资产投资、国外贷款项目、技术引进、生产调度等管理信息系统并已经运行。农业、物价、国土资源等信息系统的试点工作已经展开并取得了一定的效果。国家信息中心还和地方信息中心组建了信息网络，创办了信息刊物，提供信息咨询服务。同时，在数据库录入、硬件维护、软件开发、系统集成等方面广泛开拓市场。《中国产品信息年鉴》、中国产品数据库、国家法律库、宏观经济数据库、旅游资源数据库及国家经济文件文献库已经对外服务。

(2) 微观信息咨询机构

微观信息咨询机构的主要业务内容一般是对某一局部项目进行的比较单纯的咨询课题，不涉及或很少涉及全局问题，它可分为工程信息咨询机构、科技信息咨询机构、情报研究机构、管理信息咨询机构和专业咨询机构等5类。

① 工程咨询机构。工程咨询主要是对工程建设项目提供咨询服务。它的服务范围很广，大至各类矿区、港口等建设，小至一个工厂的建设与改造等。在英国，工程咨询项目有90多种，美国有150多种，在工程决策中，通过工程咨询公司所作的机会研究、可行性研究和项目评估等，对牵涉的各类问题一步步进行筛选，经论证或评价，使问题明朗化，便于投资者决策。这是信息咨询业中历史最为悠久、项目最多的一类。工程咨询业是现代咨询业的根基，可以说没有工程咨询业就没有现代咨询业。现在世界上最大的国际性咨询组织是国际咨询工程师联盟①。

中国的工程咨询业开始于20世纪80年代初期。继1982年8月由原国家计委组建了中国国际咨询公司后，先后在各省市及中央各部成立了许多工程咨询公司。中国的工程咨询已粗具规模，完成了大量国家重点建设项目和其他各种项目的可行性研究的评估

---

① 国际咨询工程师联合会(International Federation of Consulting Engineers，法文缩写FIDIC)于1913年由欧洲5国独立的咨询工程师协会在比利时根特成立，是被世界银行认可的国际上最具权威性的咨询工程师组织。

咨询业务，为国家和地区的建设项目决策提供了科学依据。其中，中国国际工程咨询公司已成为中国最大的工程咨询集团。它的职工人数为 500 人，注册资金 1 亿元人民币。自中国开始执行第七个五年计划以来，公司已完成评估咨询各类建设项目 951 个，完成国民经济发展中的重要研究专题 26 项，完成了 17 个城市和地区的经济发展规划咨询，提出了调整充实意见，完善协调了城市和地区经济规划，完成了国内能源、交通、冶金、化工、石化、机械、电子、轻工、纺织、水利等行业，以及城市基础设施的一批大中型建设项目的可行性研究和勘测研究，完成了一批国内涉外项目和国外工程的咨询任务，展示了中国工程咨询的实力和水平。

② 科技信息咨询机构。科技信息咨询机构主要进行技术服务，除了对先进技术的引进提供咨询外，还包括产品设计、工艺流程改造和新产品开发等。它是中国目前开展得最为普遍的咨询活动，重点是适应广大中小企业、乡镇企业对适用技术的需求。中国的科技咨询机构可以粗略地分为科协系统、民主党派咨询系统、职工技协系统、科研系统、民办科技咨询机构和其他科技咨询机构(如中国贸促会系统的下属机构分别建立了 160 个经济技术咨询公司，广泛从事国际和国内的经济、技术咨询)。

③ 情报研究机构。情报研究机构主要进行信息情报的调查收集、分析研究、提炼、整理、传递和应用等咨询服务，包括传播科技发展动态信息、商业情报等，分析各领域的现状和发展趋势所需要的情报调研工作，为管理决策服务提供多因素分析的综合性情报研究。情报研究机构是决策咨询机构的一种重要组织形式。

④ 管理咨询机构。管理咨询机构为企业提供管理咨询服务。常常由一些咨询专家深入到企业中去进行调查研究，在此基础上对企业的生产、财务、质量、销售、计划、科技、设备、环境管理等提出切实可行的改进措施或改善方案，并协助企业贯彻实施。中国自 1980 年开展企业管理咨询以来，已有 24 个省、市、自治区开展了管理咨询服务。中国企业管理协会与北京市企业管理协会合办的北京企业管理咨询公司，1985 年对 26 家工厂进行了咨询。经过几年的努力，北京已经拥有 400 多名专职和兼职的管理咨询人员。目前，中国的管理信息咨询机构从咨询水平上看，已从对中小企业的咨询发展到对大中型企业的咨询；从咨询深度上看，已从生产管理、质量管理的咨询深入到经营方针和经营战略的咨询。在中国企业管理协会的推动下，中国的管理咨询事业正在快速发展之中，为市场经济中企业市场竞争力的增强提供积极的服务。

⑤ 专业咨询机构。专业咨询机构涉及面较窄，专业性较强。如法律咨询专门为用户的诉讼案件提供法律依据，外贸咨询专门为国内外进出口商品牵线搭桥，会计咨询承担外商投资企业和部分国内企业的查账验证和经济公证业务。中华财务会计咨询有限公司、中国对外经济贸易咨询公司、中国信息信托投资公司等都属于专业信息咨询机构。随着市场经济的发展，这类咨询机构将会越来越多。

三、信息咨询程序

信息咨询是一项知识性、技术性很强的工作，而且是一项创造性的活动，没有固定的、现成的程式可言，但在技术操作过程中也有方法和规律可探索。尽管信息咨询有不同的层面，并涉及不同的技术领域，但是信息咨询本身有其共同点，都需要遵循一定的规则，因此，完全有必要归纳总结出一套具有普适性的方法体系。完整的信息咨询过程大致可划分为 4 个阶段：咨询委托阶段、咨询准备阶段、正式咨询阶段和咨询完成阶段。

（一）咨询委托阶段

咨询委托是委托性咨询活动的第一步，它包括委托单位或个人为了一定目的或需要向咨询机构或单个的咨询专家提出口头或书面委托申请，再由咨询方经过初步调查了解，根据主客观条件，做出是否承接该咨询课题的决定，直至双方签订服务合同为止的全部活动。

1. 咨询课题的产生

对咨询机构来说，获得项目委托大体有以下几个来源：

(1) 客户主动上门提出委托要求

当客户具有对咨询业的一定了解，或者其信息意识比较强时，往往在需要得到帮助时会及时提出委托。

(2) 通过各种途径获得用户的相关信息后，咨询方主动与之联系

大型咨询公司常设海外派驻机构，负责收集有关咨询需求的信息。政府驻外机构也常收集并向有关机构传递这类信息。有些委托方还会进行咨询招标，其方式有公开招标、邀请招标、协商议标等。委托方在招标时公布咨询项目、所提的条件、要求达到的标准和报酬数额。咨询方可以据之了解有关情况，决定是否投标。

(3) 咨询机构和从业人员主动向社会各界宣传自己的业务

通过公开宣传、上门介绍等方式联络客户。

(4) 由联系单位推荐或通过个人关系或者公共关系，或者通过以往客户牵线搭桥，促成委托方与咨询方的合作

(5) 为老客户提供新的咨询服务

这是成功率较高的咨询委托来源方式之一，它常常是在客户遇到新问题时，请自己信得过的、曾经合作过的咨询方再次提供服务；有时咨询方也可以主动根据客户情况的变化，提出新的咨询课题，然后导致双方的再度合作。

委托方在选择咨询方时，应该对咨询方进行初步了解，要选择专业对口、能够胜任的咨询方，还要将准备咨询的课题和项目实事求是地介绍给咨询方，使后者能做出是否接受委托的恰当判断。在提出委托时，委托方应明确提出咨询要求和希望达到的目的，以及自

己所希望的服务方式。特别重要的是，对于咨询方来说，要客观地估计自身的能力与特长，只接受在自身专业范围之内而且工作条件许可的咨询课题，使咨询工作建立在可靠的基础之上。

2. 初步咨询业务洽谈

在委托方提出申请、咨询方有意向承接咨询项目后，双方将就有关咨询课题、咨询目标及要求、费用、期限等问题进行协商，并达成协议。通常委托方会由一名负责人向咨询方陈述自己的问题和要求，并对咨询方的能力与水平做出判断。咨询方应派出相当职位的业务领导与委托方代表进行接触。其任务主要有以下几个方面：

① 倾听委托方的陈述，包括提出委托的背景、对咨询工作的要求、所要达到的目的及对咨询课题的看法等。

② 向对方说明咨询工作的性质、要求和范围等，使其对咨询工作有一个正确的看法和恰当的期望，并且明白应当提供的协助。

③ 提出对咨询问题的看法并与对方进行交流。双方对问题的看法可能不一致，这就要进行耐心的说明和解释，消除客户由种种原因产生的偏见，或修正自己的观点使之更贴近实际。

④ 通过接触给对方留下良好印象，使其产生信任感，并确立咨询工作的信心，为进一步合作打下良好的基础。

⑤ 安排进一步调查的内容、范围和时间等。由于客户和咨询任务的不同，这种初步接触会有很大的差异，需要灵活地应付。咨询方派出的代表应当是知识全面、工作能力强的人。他要事先收集对方资料以做到心中有数，在接触过程中要运用一定的谈判技巧，尽快触及事物的深层本质并取得对方的信任。

3. 初步调查论证

在这个阶段，咨询方有目的、有计划地收集到咨询课题相关的事实和资料，并对将要进行的工作做出估计。包括查阅企业资料、调查用户情况、确定咨询课题等。

① 调查论证的目的在不同咨询工作中存在差别。在工程咨询相关技术咨询过程中，咨询人员将通过调查，摸清委托咨询的工程或技术项目中的关键问题，明确解决问题所需要的方法和主要手段。在决策咨询与管理咨询中，调查的重点是有关系统的组成、状态和影响因素，找出问题的本质特点，对实现目标应当安排的主要步骤、方法和相关因素作出初步估计。

② 初步调查的方法有实地考察、面谈、查阅委托方提供的资料及其他相关资料等。委托方在提供资料时，可能由于对重要性认识不足或其他原因，没能提供某些有价值的资料。咨询人员应注意发现这种情况并向委托方说明获得这些资料的必要性。主持初步调查论证的人应该具有较高公关能力和组织能力，而且经验丰富。未来咨询工作小组的负责人通常也由其担任。

③ 初步调查论证的内容相对不同性质的咨询工作有很大不同。在工程咨询项目中，咨询人员将对项目的意义、背景、施工条件、技术要求和资金保证等进行调查，有时还要进行现场勘察。遇到预期效益差或无施工条件的项目时，应提出取消项目的建议。在企业管理咨询中，咨询人员要对企业的组织、环境、产品销售、利润、人事管理、财务状况、资源、设备与工艺等进行调查，进行实地观察和个人交谈。其他性质的咨询项目也有不同的调查重点和具体内容。通过调查和对调查资料的整理与分析，咨询人员将对有关系统的状态做出判断，找出存在的问题和不足，对咨询工作应包括的内容、步骤和所需条件进行论证，并编写出调查报告。

④ 初步调查论证完成后，咨询人员编写项目建议书。其内容包括：项目名称与委托方名称；项目负责人姓名；项目提出的背景和必要性；对项目完成后预期经济效益和社会效益的初步估计；调查得到的有关情况；咨询工作的方法与步骤；咨询人员的组成；正式调查的内容和范围；咨询所需费用预算；工作周期与时间安排；咨询的目标和作用等。项目建议书作为正式文件由咨询方提交给委托方。如果委托方不能接受咨询方的条件，并未能达成妥协，双方就不再进行下一步的合作。一般情况下，对初步调查论证的工作不收费。如果双方继续合作，其支出将计入成本。有些工作量大、难度较高的初步调查论证则根据事先协议收取成本费。

在初步调查论证过程中，咨询人员可能会发现本机构无力承担此项咨询任务。遇到这种情况，应向委托方进行充分耐心的说明。可能情况下要向对方介绍合适的机构与个人，以帮助其完成咨询委托。

4. 签订信息咨询合同

在调查论证工作完成后，委托方和咨询方即正式签订信息咨询合同。在合同中应明确规定当事人双方的权利和义务，单位名称、咨询项目、期限、咨询费用、结算方式、咨询成果形式、咨询责任等，最后由双方签字盖章。

(1) 信息咨询合同的签订

委托方与咨询方在初步调查论证阶段可能已就各种观点和有关计划进行了交流，这时委托方收到项目建议书后会迅速而且顺利地接受并签订咨询合同。另外一种情况是，咨询方基本上独立地进行初步调查论证工作，委托方收到咨询建议书后将进行仔细研究。这时咨询方应耐心等待对方的答复。委托方在研究建议书后，可能会提出若干疑问，尤其是在费用、工作条件和咨询机构与咨询人员方面。对此，咨询方应进行具体而详细的说明，直至双方达成一致。如有必要，可以安排进行讨论。咨询方在讨论中不仅要进行解释和说明，还要进行应有的调整，如对方是首次委托咨询，还要对咨询工作的特点和作用进行说明。委托方和咨询方就项目建议书中有关咨询工作的内容达成一致后，就可以起草和签署咨询合同。咨询合同是双方为完成咨询项目而签订的契约，一旦形成后便成为具有法律约束力的文件。双方必须全面履行合同规定的义务。因此，合同的签订必须在双方充分酝酿，全面考虑的基础上进行。

(2) 信息咨询合同的内容

咨询合同大致包括以下内容：委托方与咨询方的名称；咨询项目的名称；咨询目标、范围、要求；咨询业务的内容，调查的范围，研究方法和手段；经费预算；报酬数额与计算、支付方式；如果是跨国服务，说明纳税方式；咨询成果的形式和对编写报告书的要求；咨询成果的归属与使用；保护委托方权益；保护咨询方权益；合同终止或延期的条件与处理办法；违约责任；仲裁；其他由当事人约定的条款；附件，如与履行合同有关的技术背景资料，关于咨询人员的协议，可行性论证或技术评价报告，项目任务书和计划书，原始文件和有关数据与图表等。

（二）咨询准备阶段

委托方对委托咨询的项目一般有较强的时间要求，希望咨询工作尽早完成并发挥作用。咨询方在合同签订后应立即着手安排并进行必要的准备。

1. 组建咨询项目小组

一项咨询课题要由一个人员相对固定的专门工作组承担。根据情况的不同，在合同签订之前或其后要进行有关的组织工作。咨询工作组成立时应首先确定项目负责人，即工作组组长。项目负责人在一个项目的工作过程中负有组织和领导的责任，代表咨询机构与客户打交道。因此必须是一个熟悉咨询课题、具有丰富经验和领导才能的人。在大多数情况下，应由负责初步调查论证工作的人来担任，这有利于迅速开展工作，获取客户信任并与之建立良好的合作关系。对于工作组的成员，咨询机构要考虑课题的性质与规模，本机构正在和将要进行的咨询工作，项目负责人的意见，机构可用的咨询人员等各方面因素，然后进行统筹安排。工作组的组成应注意以下几个方面：一是要照顾客户的利益，按合同规定的工作任务，组织可以胜任的合格人员参加工作组；二是工作组成员应具有该咨询课题领域的实际经验；三是要使工作组成员的专业特长和知识结构符合咨询任务的需要；四是要注意工作组成员之间是否能良好地配合工作，能否与客户融洽相处；五是为降低咨询费用和培养人才，要适当吸收年轻的初级人员参加工作组。

2. 小组讨论

项目负责人要召集工作组成员进行讨论，介绍咨询课题，熟悉初步调查论证情况，了解客户对咨询的态度和愿望等。小组成员要对咨询建议书、咨询合同、调查记录、课题性质和客户情况进行全面讨论。形成对咨询任务的共同认识。

3. 制订咨询工作计划和双方协调

根据小组讨论的结果，项目负责人写出咨询工作计划书。有时要编制成工作进度表以利于督促和检查。咨询计划书包括咨询任务的项目分解、工作进度安排、个人分工与进展、调查工作的安排、工作协调、咨询报告的编写与修改以及报告提交程序等内容，并列出已有资料、工作条件和调查表格等。

咨询计划书应该分发至工作组每一个成员并提交给委托方，以供委托方了解咨询工作的进度，及时配合咨询工作和提供相应条件。在咨询工作过程中需要双方取得协调，为此，咨询方与委托方应各指定联络人员。有时咨询方还要为委托方培训联络员。

在制订工作计划与双方协调阶段，咨询人员还应对以下事项做出安排：怎样与客户及各方面及时联系；工作进程的控制；工作记录如何进行；工作中的不正常干扰与压力的摆脱；阶段性工作成果的交流与整理；以及本公司的监督如何进行等。

（三）正式咨询阶段

咨询工作正式开始后，主要工作内容包括调查、分析研究、编写中期报告、检查与修改报告和编写最终报告几个步骤。有时还要对实施工作进行协助。

1. 情况调查

调查工作是咨询活动的关键一环，它是在此之前进行的初步调查的基础上开展的。这是一项全面性的调查。调查工作的目标是取得充分研究资料，使咨询人员做出兼有整体性和综合性，定量精确、定性准确的对于对象事物的陈述。只有正确了解事物的特性、看清问题的本质、判断出主要规律和影响因素，才能够进行深入研究和提出有针对性的建议。调查工作可以丰富咨询人员的想象力，激发其创造性热情。

咨询人员所进行的调查工作要尽量在一定范围内全面收集所有有价值的资料。在向委托方索取资料时，应事先对所需资料的内容、类别、详尽程度、时间期限和范围等进行说明和解释，保证委托方能够提供准确、齐全、适合要求的资料。对其他文献资料的查询要尽量利用各种文献来源和检索手段。主要来源包括咨询机构内部积累、公开发表的文献及其他资料。手段有手检与机检。要注意对不同文献载体的使用。观察和测量、与有关人员交谈、设计和散发调查表等都是十分重要的直接调查方式。调查对象不仅包括与课题有关的系统，还包括这个系统的环境。资料收集要针对那些与问题有关的，能提供相关联系和背景情况的材料。资料收集还要有系统性，对反映对象主要特征的各个方面都不能放过。调查得来的资料可按事物特性与研究需要加以分类和排列。另外，还应注意资料收集的综合性，不能就事论事，所取得的数据也应该是准确的。

不同的咨询项目，其调查的重点、使用的主要调查手段和调查方法应当各不相同，应根据实际情况进行处理。咨询人员在调查工作过程中常会遇到两种困难：一是得不到可用的资料或无从下手；二是有关方面不予配合，甚至有所抵制。无论遇到哪种情况，咨询人员都务必保持冷静。如果遇到前一种情况，可以采取迂回方式，尝试一下其他途径或方法。如果遇到后一种情况，应与有关方面友好相处，不能畏难或产生敌对情绪，否则会使环境更坏且无法挽回。调查工作要求咨询人员具有敏锐的观察力，对资料的价值和资料的来源及它们的利用价值等，应当具有足够的判断能力。要善于寻找资料，有社会交往能力,而且具备较好的个人修养。

2. 深入研究

(1) 资料整理

进入咨询研究阶段,咨询人员首先要对所有资料进行仔细的核实、检查与调整,然后加以分类整理。资料的分类应反映研究事物的组成与特性,并适合研究的需要。有时要对一些数字、图表作一些技术性处理。在不同性质的咨询工作中,对资料整理的技术要求并不相同,要按课题性质和资料的专业特性对它们作处理。经过处理后的资料能反映出事物的组成、结构、相互作用、影响因素和运动变化情况。咨询人员可以从中了解到事物的总体状况。

(2) 资料分析

在对资料着手进行分析时,应遵循这样一条原则:要根据项目的需要,全面分析所有针对课题的调查资料,不能因为其中有些内容与以往所知的情况有相似之处,而不予重视,或将二者等同,以免造成判断失误,或使调查资料的价值不能被充分利用。对资料进行分析的主要目的是找出不同事件,不同因素的联系,以及这种联系的实质。通常,现实是十分复杂的,一个事件的变化也取决于多个因素的作用。因此,不能对各种联系和因果关系做出简单的判断,而应致力于寻找各种相关联系和它们的主要因果关系,找出主要联系方式和引起变化的主要原因。要对引起事物变化的原因追溯其源头。这些工作对咨询人员提出解决问题的切实建议十分重要。

(3) 提出建议与方案

提出解决问题和改进现状的建议与方案是咨询研究的最终目的。提出建议与方案要依据调查资料进行,应该具有针对性、综合性、实用性和可选择性。针对性要求方案和建议与事物的特性相符合,能帮助委托方实现预定的目标。综合性要求有总体方案,而不是罗列一大堆没有联系、不分主次的建议。实用性要求方案符合委托方的实际,委托方采纳方案后能够有效地实施。可选择性就是要提出多项可供选择的方案,使委托方有进行选择的余地。

咨询人员提出建议和制订方案的工作是一项富有创造性的活动,要根据丰富的材料提出新颖的方法、措施和步骤。方案初步形成后,要对每一个方案的每一步骤及其依据进行推敲与核对。对方案实行后可能产生的后果,执行中可能遇到的困难,各执行部门及其环境会受到的影响和相关反应等,要进行分析,还要对每一步骤的时间安排与衔接,与各方面的协调等作出合理安排。

3. 初步研究报告和对报告进行修改

研究工作完成之后,咨询工作进入编写初步研究报告的阶段。初步研究报告即通常所说的中期报告。编写中期报告的目的:一是总结咨询工作,为进一步改进、补充和提高打下基础;二是向委托方提交,供其分析研究和作为交流意见的依据。中期报告应当简明扼要,重点包括调查的主要情况、建议方案及其依据,每一方案的特点和条件要求、预期效果的分析等。用户在收到咨询报告后应进行深入研究,将自己所掌握的情况与咨询工作人员提出的报告进行对照,提出自己的疑问、看法和要求,然后双方共同进行讨论分析,以确定具有合理性与可行性的最佳方案。咨询方根据意见,再重新对研究工作和报告进行全面检查,对方案进行必要的补充和修改。

(四)咨询完成阶段

这一阶段指按委托方要求完成最后的工作,注意完成后的反馈。一般来说,以提交咨询报告为标志,因此也称为咨询报告阶段。

1. 正式报告

咨询方以书面形式向委托方提交的正式咨询报告是咨询工作的最后成果。咨询报告主要包括以下内容:

① 咨询项目名称;
② 委托方名称、地址、法人代表与联络人员;
③ 咨询方名称、咨询人员的组成情况;
④ 咨询工作的起始日期;
⑤ 内容提要;
⑥ 咨询的目的、结果、主要结论、评价;
⑦ 咨询工作过程;
⑧ 调查得到的重要事实、数据和其他资料;
⑨ 咨询研究发现的各种关系、结构、规律和特性等;
⑩ 各种方案、步骤及其比较,对这些方案的评价;
⑪ 附录。

在上述各部分内容中,需要注意以下几点:一要说明咨询工作的意义和咨询报告的价值,说明要有充分根据,尽可能以定量方式进行论述;二要预测实施方案时可能遇到的困难与麻烦,提醒委托方在决策实施中注意应避免的事情和需要准备的事项;三要指出进一步改进的可能和关键,使客户通过利用咨询成果不仅解决一时问题和需要,而且能独立做出继续发现问题的判断;四是报告中不宜对客户提出批评或指责,应善意指出其不足之处,并提出有利于改进的建设性意见;五要全面分析可能存在的风险和客户应该创造与保持的条件。

正式报告必须层次清晰、重点突出,因此应编制一份目录,在各部分加上必要的标题名称和序号。报告中的数据和图表应该一目了然。报告中的内容提要部分尤需精心编写,突出地反映咨询工作的情况、成果和价值。

2. 根据需要和项目特点参与实施或跟踪实施

一般项目在以下情况下需要参与实施或跟踪实施:

① 当完成的咨询报告之中有许多不易理解或执行过程中有一定难度的；

② 当项目实施过程中可能遇到较多的变化因素或实施可能有较大风险与阻力的；

③ 工程项目及比较具体的项目；

④ 大型项目。

项目的参与实施或跟踪实施主要有以下 6 项内容：

① 为委托方负责实施方案的人或机构提供指导和建议；

② 帮助拟定实施细节，并根据情况做出调整；

③ 制定实施工作的程序；

④ 监督实施，包括对实施条件的准备情况；

⑤ 培训人员；

⑥ 在实施过程中收集有关信息，及时发现问题和提出补充建议。

3. 咨询反馈

项目完成后，咨询方要听取委托方对咨询结果的意见，及时掌握信息反馈。咨询反馈的内容一般包括两个方面：一是实施效果反馈。即与委托方一起做出实施效果的调查与分析，对方案实施后有无明显的效果，以及有多大的效果做出判断。对于战略咨询短期内难以见效的，也要做出初步的估计。二是项目组服务质量反馈(服务态度、报告质量)。包括对咨询师个人的评估、对整个项目组的评估和对整个项目过程与完成过程的综合评估。

4. 项目评估

项目评估包括多项内容。在提交正式报告之前，对项目咨询报告要进行评估，确认咨询报告的有效性和针对性，评估咨询成果的水平与质量。在项目结束时，要对整个项目的研究与实施过程进行评估，评定该项目的整体效果，及时总结经验与教训，为以后的项目咨询和项目管理提供有益借鉴。

5. 建立和完成咨询档案

从项目一开始，就应有档案意识，保留所有重要的资料。项目结束时，必须整理所有关于本项目的资料，归档和存档。因为其中有许多属于客户的内部材料和保密资料，因此对项目档案的查阅必须有一定的限制。

国际咨询公司争夺中国市场

近年来，中国政府按 WTO 规则要求和市场经济原则，对电信、航空和电力等长期以来垄断经营的行业，专门颁布政府令进行大规模的兼并重组，不仅引起了世人的关注，全球咨询公司也纷至沓来，抢占中国兼并重组这一巨大市场，有些公司甚至还为政府编制各种规划，充当政府顾问。

航空重组引来国际竞争。2002 年 1 月，北京航空管理当局允许国营中国南方航空股份有限公司兼并两家较小的航空公司，从而使它成为中国最大的国内航空公司，拥有中国最大的机队。这家公司决定聘请一家咨询公司来帮助它完成兼并，并制定未来的发展战略，为此它联系了 18 家咨询公司，包括全球知名的大公司和几家较小的国内公司。各咨询公司都提出建议，南方航空根据这些建议把目标缩小到 8 家公司。这 8 家幸运的公司派其职员到南方航空在广州的总部进行了详细陈述。南方航空又把选择目标缩小到 3 家。这 3 家又回到广州进行了更详细的陈述后再次回家等待。南方航空告诉它们，如果它们得到合同，它们就不能再为中国其他航空公司工作。这听起来有点过分，于是对这个问题开始了协商。后来发生了中国国际航空公司班机在韩国坠毁事件，转移了国家民航总局的注意力，这件事被再次耽搁下来了。3 家入围的咨询公司还在等待南方航空的最终决定。

觊觎中国市场由来已久。一些西方的咨询公司从未见过这样的事情，它们一般不参加对竞争对手的建议进行评价的投标过程或类似于“选美比赛”的活动。“这简直闻所未闻，”其中一家咨询公司中国业务的负责人说，他为公司仅为赢得这份合同而花费将近 10 万美元而摇头。尽管花了这么多钱，他还担心，无论哪家公司当选，收取的费用可能仅相当于在西方获得一份类似合同收费的 60%。在过去两年间，由于一些世界级的管理咨询公司预计到，随着中国加入世界贸易组织，企业和行业可能将面临突变，因此大大加强了它们在中国的业务实力。追溯到 1980 年，许多这类公司只有为数不多的职员，他们大多是帮助一些跨国公司设法打入中国市场。但是今天，多数咨询公司主要是与那些试图重组或因中国加入 WTO 和解除监管后面临竞争压力的中国公司打交道。由于争夺合同的公司众多，以及有那么多中国公司首次尝试付费咨询领域，所以咨询公司之间的竞争越来越严酷。许多公司是按照国际标准支付薪水，所以它们的运营成本很高。但是它们收取的费用，尤其是在竞争合同的投标中的报价远远低于在西方的报价。Boston Consulting Group 驻香港的副总裁克里斯·哈森(Chris Hasson)说：“我们用在一个客户上面的时间一般要多许多，但是我们的收入却较低。”

竞争激烈压力增加。从下面的情况可以看出咨询公司所面临的竞争压力。被公认为当地市场领先者的麦肯锡公司(McKinsey&Co.)在中国内地有 80 名咨询顾问，而每天都有大约 120 人在工作。科尔尼管理顾问有限公司(A. T. Kearney)在大中华地区的员工也从两年前的 50 人增加到 70 人。欧洲最大的咨询公司，德国的 Roland Berger 已经和一个新的金融集团合作，在过去的半年中显著加强了公司在上海的业务。Boston Consulting Group 在上海和香港有 70 位咨询顾问，最近又成立了北京办事处。还有一些美国公司，如 PwC Consulting、Deloitte Consulting、KPMG Consulting 和 Bain&Co. 也进入了中国。

在中国的扩张势头与这些公司在美国所遇到的情况形成鲜明的对比，美国目前经济放缓、公司预算紧张、“千年虫”问题的信息科技预算开支和电信业泡沫的破灭,所有这些都给咨询公司的业务带来了一定的影响。但在中国,与那些实际在做的公司相比,告诉人们怎样做的咨询公司在进入这个市场方面并不容易。正如那些在南方航空面前竭力推销自己的咨询公司所证明的,其业务的主要内容是花时间寻找大的合同。在像美国这样的市场上,咨询公司与客户间的关系早已经建立,大多数咨询工作不会搞竞争性的招标,即令招标,也不会超过2至3家公司。但是,像广州那样的选美竞赛还只透视出此类问题的一个侧面。许多咨询公司都说,一旦完成了一个项目,中国的公司比西方公司更有可能回头要求咨询公司按照原有合同再多做一些工作。“在合同中要清楚规定应提交怎样的咨询结果,以及工作到什么程度为止,这一点是非常重要的”,S. M. Harner&Co.的总裁斯蒂芬·哈纳(Stephen Harner)说,这是一家独立的咨询公司,专门为中国金融业提供投资咨询。还有一点,但绝非最后一点,那就是收费较为困难。有几家咨询公司要求提前支付一半的项目费用,尽管如此,许多公司说,他们经常难以收回全部收费的最后的10%。因此你所面对的市场是高度竞争的,收费大大低于国际标准,顾客十分苛求,然后还存在收费的困难,如果在撰写一份行业报告,你可能不禁要问,有必要进入这个市场吗?

电信航空“蛋糕”诱人。很多公司肯定的答复是着眼于长期的潜力。中国有许多行业,如电信、航空和动力等,将按照政府法令进行彻底重组。大型国营公司常常试图实施那些令人难以理解的计划。例如,作为国营航空公司全国性重组工作的一部分,中国北方航空公司和新疆航空公司已归并到南方航空。现在,南方航空不得不把这两家公司各自的管理队伍、工作人员、飞机编队和航线和自己归在一起。与此同时,当局经常敦促国营公司找咨询公司使它们能转变成盈利企业。“政府不是在授权,简直是在命令这些国营公司就如何重组与运营进行咨询”,哈勒尔说。“国家对补贴这些亏损企业的做法已经感到厌倦了”。这为每个行业都创造了诸多机会。无论哪一家公司赢得了南方航空的合同,该公司都会有优势赢得为中国国际航空公司和中国东方航空股份有限公司的咨询业务。上述两家航空公司是政府指定兼并小型航空公司的大型集团。

日益充满活力的私营企业也开始成为咨询业务的一大用户。甚至某些政府机构也开始花钱买咨询,麦肯锡公司最近为上海市政府做了一个令人瞩目的咨询报告,是关于如何把著名的南京路重新设计成一个世界级的购物区。科尔尼公司就如何促进北京日益繁荣的软件行业向北京市政府提供建议。

因此,在中国的咨询业务还会保留下来。但现在的竞争非常激烈。“我们将力图守住一个价格点位,这对大家都有好处”,一家大型咨询公司在中国的负责人这样说。但如果是一家我们想优先争取的客户,我们会激进一些的。这意味着,为了让客户高兴,咨询公司的收费会降低。

资料来源:国际金融报,2002-05-17(11).

问题：

1. 从案例中可以看出，国际咨询公司在中国的压力大、条件苛刻，但是他们为什么还要抢滩中国？

2. 国际咨询公司在中国提供咨询的优势何在？

3. 国际咨询公司在中国提供咨询对中国企业会产生哪些积极效应？

4. 收集近年来国际咨询公司在中国提供咨询的失败事例并分析其主要障碍。

5. 本案例对中国咨询公司“走出去”有何启示？

本章小结

本章介绍了信息要素的概念、特征和类型，分析了信息要素跨国传递的经济效应和国际信息合作迅速发展的原因，并简要地概述了改革开放以来中国积极参与国际信息合作的情况。同时阐述了国际信息合作的概念、主体和形式，并在此基础上着重介绍了国际信息咨询机构的起源和发展、国内外信息咨询机构的概况以及咨询的程序。通过本章的学习，学生对信息要素国际转移有一个总体的认识和了解，明确国际信息合作在当前国际经济活动中的地位和重要性。

复习思考题

1. 国际信息合作迅速发展的原因是什么？
2. 信息要素跨国传递的经济效应有哪些？
3. 国际信息合作的主要形式有哪些？
4. 阐述我国咨询业的发展阶段和特征。
5. 国际信息咨询的基本程序如何？

中欧积极推动数字信息技术合作

2011 年 3 月 21 日，中国科技部副部长曹健林和欧委会信息社会与媒体总司副总司长 Zoran Stancic 在布鲁塞尔共同主持了“第二次中欧信息科技合作对话”会议，双方共 30 余名官员和专家出席了会议。会议主要议题是：双方一年来各自在数字信息技术领域的政策、措施和发展情况，回顾和总结双方一年来的共同合作和项目执行情况，确定双方的优先合作重点和未来合作方向，并就共同关心的问题展开深入地讨论。

2010年，数字信息技术的快速发展及其重要性使得中欧双方均把其列为研发的优先领域和战略性新兴产业。中国的中长期科技发展规划和新近发布的“十二五”规划均把发展新一代信息技术作为战略重点，从而支撑中国的信息化建设，推动信息技术改造传统产业，促进产业升级。加大信息技术与现代服务业的融合，拓展新型行业。对高端软件、下一代互联网、智能电网、感知科技等关键和前沿技术加强研发。欧盟发布了“欧洲数字议程”，力图充分发挥信息通信技术的优势和潜力实现欧洲智慧型增长和可持续增长的目标。通过第七研究框架计划对未来互联网、云计算、物联网等关键领域进行重点支持，攻克技术难关。

中欧双方在数字信息技术领域的科技合作继续深化。双方在新一代互联网、物联网等领域的合作与共同研发成效显著。中欧专家多次举办研讨会和学术会议，组成专家工作小组，围绕科研主题，加强科学家之间的交流。双方对在大规模IPV6研究、信息化标准、科技顶尖人才培养等方面开展的合作表示满意。在高速科研网络方面，由清华大学信息网络工程研究中心承建的中国教育和科研计算机网(CERNET)负责全国的远程教育和协同科研工作，在新一代互联网基础研究方面成绩卓著，建立了全国规模的IPV6试验床，中欧美科学家合作实现了CERNET与欧盟GEANT和美国INTERNET2的互联。在欧盟第七研发框架计划(FP7)信息与通信技术领域中，中方参与申请了160个项目，已签约31项。

中欧双方达成以下共识：

1. 在数字信息技术领域，继续加强平等互利、优势互补的科技合作，鼓励和支持双方科技人员开展共同研究、建立联合实验室、创办创新型中小企业等合作。

2. 确定高性能计算机、云计算、未来互联网、IPV6、智能电网、物联网、新一代通信技术等为双方合作的重点，加大支持和投入力度。

3. 继续扩大和开放双方的科技计划，加强合作，特别是数字信息技术领域的合作。

4. 创造环境，支持和鼓励双方科技人员往来，继续组织数字信息技术领域的研讨会和学术会议等，为中欧双方科学家的交流创造合作平台。

5. 重视双方在研发基础设施建设方面的合作，在创新人才培养、创新机制建设和公众科学素养普及等方面加强交流。

6. 继续探讨双方在前沿科学、数字信息技术扩大应用、智能城市试点等方面合作的可能性。

1998年，“中欧科技合作协定”签署。随即成立了“中欧信息通信合作工作组”，确立了中欧科技合作框架下的中欧信息领域合作对话机制。2001年，工作组更名为“中欧信息社会对话”，提高了对话的级别。2009年，“中欧信息社会对话”发展为“中欧信息科技合作对话”和“中欧信息技术、电信和信息化对话”。

资料来源：中华人民共和国驻欧盟使团网站，2011-04-13. http://www.chinamission.be/chn/zojw/t814838.htm.

第12章 国际经济政策协调

学习目标：

通过本章的学习，学生应该能够：

1. 重点掌握国际经济政策协调的含义、目标、内容与方式；
2. 掌握国际经济政策协调的作用和局限性；
3. 了解国际经济政策协调机制的发展；
4. 掌握主要的国际经济政策协调机构；
5. 了解国际经济政策协调的发展趋势。

经济全球化已将世界经济融合为一个整体，各个国家的经济联系日益紧密，一国经济受到外来经济冲击的影响也越来越大。在开放经济条件下依靠各国自身的力量经常很难解决国际经济事务中的矛盾，因此迫切需要国家间的经济政策协调。20世纪80年代以后，国际经济政策协调不仅是各国学者研究的热点，更是各国政府和很多重要的国际经济组织实际工作的努力方向。国际经济政策协调极大地促进了世界经济的稳定，推动了国际经济合作的发展。

第一节 国际经济政策协调概述

一、国际经济政策协调的概念

国际经济政策协调(international economic policy coordination)又称为“宏观经济政策的国际协调”，是指在各个国家或国际组织之间，以发达国家或国际经济组织为主体，就贸易政策、汇率政策、货币政策和财政政策等宏观经济政策进行磋商和协调，适当调整现行的经济政策或联合采取干预的政策行动，以缓解政策溢出效应和外部经济冲击对各国经济的不利影响，实现或维持世界经济均衡，促进各国经济稳定增长。国际经济政策协调的含义有广义和狭义之分，从狭义上讲，国际经济政策协调是指各国在制定国内政策的过程中，通过各国间的磋商和协调，对某些宏观经济政策进行共同的设置；从广义上讲，只要能在国际范围内对各国国内宏观经济政策产生一定程度制约的行为，都可以被视为国际经济政策协调。国际经济协调的基础是各国经济的相互依赖和国际经济传递机制。

二、国际经济政策协调的目标

从国家角度看，一国的宏观经济政策目标是实现经济增长、充分就业、物价稳定和国际收支平衡。第二次世界大战后的一个较长时期内，国际经济政策协调的目标主要是在经济大国之间达成某些货币与财政政策默契，使其相互间的经济政策在短时期内不至于冲突太大，政策的负面效应不至于对世界经济产生较大的危害。20 世纪 80 年代以后，在经济全球化推动和影响下，国际经济政策协调目标开始向深层次发展，即通过对财政和货币政策长期、持续调整，以消除各国间经济结构、发展水平、政策制度的不平衡，使各国间的整体协调能够与经济周期同步；随着协调目标的不断深化，协调范围从流通领域扩展到了生产领域，深入到社会再生产和经济生活的全过程。20 世纪 90 年代以来，国际经济政策协调目标水平进一步提高，其目的是为各国经济发展创造一个平稳的竞争环境，在考虑本国宏观经济目标的同时，实现各国共同的福利最大化。

由于世界政治经济处于不平衡发展中，不同经济发展阶段和不同经济制度的国家在经济政策目标方面差异性较大，所以国际经济政策协调既是一个复杂的系统，也是一个充满矛盾和讨价还价的过程。

三、国际经济政策协调的方式

国际经济政策协调包括两种基本的方式，即相机性协调和规则性协调。

（一）相机性协调

相机性协调(discretion-based coordination)是指根据各国经济面临的具体条件，在没有既定协调规则的条件下，通过各国间的协商确定针对某一特定情况各国应采用的政策组合。许多学者都认为这种方式实际上是一国宏观经济调控中相机抉择(the discretionary approaches)在国际上的推广，如波恩会议、普拉查会议及罗浮宫会议，它采取一锤子买卖的方式，在协议当事国中公开进行磋商。自从布雷顿森林体系解体之后，西方国家之间的协调就是采取这种形式。

相机性协调方式的优点在于可以针对具体的情况就更为广泛的问题进行协调，其缺点有两个：一是可行性较差，每次政策协调行动实际上都是各国政府之间的一次讨价还价过程，不仅政策协调的决策成本很高，而且很难对各国政府真正形成制约作用；二是可信性较差，各国政府很难在缺乏明晰规则的情况下，通过一些临时性的措施来合理影响公众的心理预期,从而给政策协调带来相当大的不确定性。

(二) 规则性协调

规则性协调(rule-based coordination)是指通过制定出明确规则(包括原则、协定、条款及其他指导性条文等)来指导各国采取政策措施进行协调的方式。这种方式的优点有:一是规则清晰、明了,有利于协调各方理解、参考与执行;二是在较长时期内可保证政策协调的连续与稳定进行;三是这些规则一般都是通过全球性金融组织或其成员共同制定的,具有较高的权威性和可信性,受到更多的重视;四是主要协调方还可参与制定这些规则,在此过程中可以反映本国的情况,体现本国在国际协调上的思想、理念和价值观,因而规则性协调方式受到各国的普遍重视。布雷顿森林体系和欧元区成员国的政策协调,都是规则性协调的典型案例。

四、国际经济政策协调的作用与局限性

(一) 国际经济政策协调的作用

国际经济政策协调是由于经济活动的加强而产生的,它主要是为了避免各国宏观经济政策的相互冲突,同时对世界性经济危机和外部冲击进行联合管理和共同抵制。因此国际经济政策协调的作用主要有以下几个方面:

1. 减轻各种危机对世界经济的冲击

第二次世界大战以后,各主要资本主义国家又发生了次数不等的周期性危机和局部危机。由于当时各国政府和国际经济组织采取积极协调,明显减轻了危机的破坏作用,为更加深入的国际经济合作顺利进行提供了制度保障。同时,也加速了经济全球化的进程。

2. 缓和各国经济之间的矛盾和冲突

经济全球化的深入发展,各国经济交往的日益密切,各国、各利益集团之间出现这样或那样的经济矛盾、经济碰撞、经济摩擦是不可避免的。这在客观上要求各国加强国际宏观经济调控,在全球范围内建立起更加有效的经济协调机制。如美日、美欧矛盾通过西方七国首脑会议协调起到了积极作用,发展中国家与发达国家的矛盾通过国际经济组织的协调及采取相应的积极措施得到了缓和。

3. 对抑制通货膨胀发挥了较大的作用

经济全球化使通货膨胀的全球联动性增强、传导渠道增多,影响范围扩大。在 20 世纪 70 年代出现滞涨以后,国际经济政策协调对各国成功控制通货膨胀起到了至关重要的作用。

4. 促进国际贸易和资本的流动

这一方面的作用突出地表现在国际货币基金组织和关贸总协定/世界贸易组织的协

调和管理上。

（二）国际经济政策协调的局限性

国际经济政策协调虽然对维护国际经济秩序、推进经济全球化发挥了重要作用，但远不是完善的。国际经济政策协调要求各国主权在一定程度上进行让渡，也就是说，国际经济政策协调是以一定程度上牺牲本国利益为代价的。所以，当今的国际经济政策协调不论在范围上、力度上、成效上都还是有限的，还落后于经济全球化的实际进展，还不足以消除国际经济摩擦。

1. 缺乏约束力和彻底性

国际经济政策协调往往是危机出现时采取的临时性应急措施，缺乏长远性、战略性。多数国际经济政策协调组织是协商性的，没有法律效力，缺乏约束机制，参与国没有承担落实协议的硬性义务，从而往往使达成的协议缺乏约束性和权威性，效力有限。

2. 缺乏公正性和平等性

国际经济组织往往被发达大国所操纵，协调的措施往往有利于发达国家，对发展中国家的关切至少反映很不充分。

3. 目标与效果的非趋同性

由于各国经济结构的差异性和政策实施中的调整，使得国际经济政策协调的协议在执行过程中偏离原定目标，效果与既定目标相差甚远。例如，20 世纪 80 年代日元兑美元升值后日本的贸易顺差继续增加，日本对美国大量进行投资。

4. 缺乏完善的监督机制

国际货币基金组织在 1997 年亚洲金融危机和 2007 年美国次贷危机发生之前没有发出任何警示，受到普遍质疑。建立一个完善的危机预警与监督机制对于国际货币基金组织未来充分发挥其在国际金融领域的作用是非常重要的。

5. 首脑会议政治色彩多于经济色彩

少数大国通过国际经济组织用政治问题作为解决经济问题的附加条件，不仅削弱了对重大经济问题解决的力度，而且加剧了各国之间的分歧和矛盾，使得协调问题更为复杂和困难。例如，20 世纪 90 年代中期以来，八国首脑会议的政治色彩过于浓重。

第二节　国际经济政策协调的内容

在日益深化发展的当代国际经济关系中，很多国家提出了双边或多边政策协调措施，这些措施主要体现在贸易、汇率、货币和财政政策方面。

一、国际贸易政策协调

（一）国际贸易政策协调的内涵和形式

国际贸易要真正体现互惠互利，促进世界经济的发展，必须达成贸易政策的国与国之间的协调。国际贸易政策协调的主要内容是指消除关税和非关税壁垒措施，推动贸易自由化的进程。贸易政策国际协调的最初形式是有关主权国家为确定彼此间的贸易关系，通过签订贸易条约或贸易协定，规定各自的权利和义务，协调各自的对外贸易政策，经过协商或谈判缔结的书面协议。

贸易政策国际协调的高级形式是国与国之间的双边协调或多边协调，它表现为 3 个不同层次：一是双边国家之间的协调；二是集团性、区域性贸易政策诸边协调；三是致力于全球贸易体制的多边协调。

（二）国际贸易政策协调的发展阶段

1. 早期的国际贸易政策协调（1947 年 GATT 成立以前）

早在世界经济初步形成、以聚敛金银为主要目标的重商主义外贸政策在欧洲盛行时，关税就是各国政府重要的外贸手段之一。到了 18 世纪和 19 世纪，亚当·斯密和大卫·李嘉图创立并发展了自由贸易理论。该理论认为各国通过参与国际分工、进行自由贸易能够提高生产效率。

亚当·斯密及大卫·李嘉图的自由贸易理论主要是为当时的工业强国尤其是英国服务的，并不适用于所有国家，因此受到了许多倡导贸易保护主义的经济学家的挑战，其中李斯特的《保护幼稚工业论》最具代表性。在贸易保护理论的指导下，工业发展相对落后的国家为了保护国内的幼稚工业，纷纷推行贸易保护政策。例如，美国自 1816 年通过了第一个保护性关税法案后，就不断地提高各种产品的进口关税，1862—1864 年又将关税的平均税率从 37％提高到 47％；1890 年 10 月通过的《麦金利关税法》更是将进口关税提高至创纪录的 49％。1929—1933 年，资本主义世界经历了一场规模空前的世界性经济危机，造成了严重的失业以及大量商品的滞销，整个世界经济陷入了大萧条之中。不仅是美国，德国、意大利、俄国、法国甚至英国也相继转向贸易保护政策。世界各国为了转嫁危机，维持国内经济的正常运转，纷纷制定了以邻为壑的对外贸易政策，除了实行高额关税外，还大量采用数量限制、外汇管制、卫生检疫措施、烦琐的海关手续等新的保护措施。这些都使得国际贸易大幅萎缩，世界市场陷入一片混乱，并最终成为第二次世界大战爆发的原因之一。

世界各国的贸易战加深了 20 世纪 30 年代的经济大萧条，多数发达国家也日益意识到战时的那种贸易保护主义政策无益于本国和世界经济的发展，推行自由贸易、建立一个和平稳定的国际贸易环境才有利于各国经济的正常运行。"二战"结束以后，美国的经济实力空前强大，成为资本主义世界唯一的超级大国，而原来的老牌资本主义国家因为受到战争的破坏，其实力都已经大不如前，再加上需要美国经济的援助以恢复国内经济，这时国际贸易政策协调都是由美国主导和推动的。但该时期的国际贸易政策协调主要采取的是双边贸易谈判的方式，主要原因是，当时美国内部一部分人强烈呼吁降低关税，推行自由贸易，认为这样能够使广大消费者受益，并有助于美国产业结构的调整。但是这项提议却遭到了来自进口替代产品生产区的国会议员的反对。为此，美国政府不得不采取折中的办法，大量地与其他国家签署双边贸易协议，把减少对本国进口替代产业的保护同其他国家拆除贸易壁垒、扩大本国的出口有机地联系起来，以争取得到国内更多的支持。通过一系列双边性质的关税削减协议，美国平均进口关税从 1932 年的 59% 降至"二战"结束时的 25%。

但是，20 世纪 30 年代中期兴起的双边贸易谈判也有缺点，即由于第三国"搭便车"的现象削弱了有关国家进行关税减让的内在动力，从而不能在全球范围内实现贸易政策协调所带来的经济利益。例如，A 国同 B 国就 X 产品的贸易进行双边谈判，谈判结果是 A 国削减了对 B 国 X 产品的进口关税。如果 A 国是贸易大国，那么 X 产品在国际贸易市场上的交易量就会扩大，这就使得其他未参与谈判但出口 X 产品的国家获益。加之国际贸易内在的多边性倾向以及各国经济相互依赖性的日渐加深，削减关税的双边谈判最终发展成为涉及多个国家的多边贸易谈判，有关贸易政策的国际协调开始在全球范围内展开。

2. GATT 与全球国际贸易协调(1947 年 GATT 成立至 1995 年 WTO 成立)

为了实现全球范围内贸易政策的协调，"二战"结束后，以美国为首的西方国家便着手建立新的国际经济秩序。1947 年 4 月 10 日至 10 月 30 日，在联合国贸易与就业会议筹备委员会第二次会议期间，与会国家在起草《国际贸易组织宪章》草案的同时，进行了有关相互间减让关税的多边贸易谈判。会议结束后，与会国家决定将该宪章草案中有关多边贸易的规定作为业已取得一致的关税减让的基础，并将这些规定和各国所作的"关税减让表"结合成为独立的《关税与贸易总协定》(GATT)附于《会议最后文件》中。1947 年 10 月 30 日，与会国家签署了最后文件。同日，23 个最后文件签署国制定了关税与贸易总协定临时使用议定书。于是自 1948 年开始，作为与贸易有关的国际框架的 GATT 体制正式发挥其职能，并支撑了战后国际贸易的发展。

在 GATT 的体制框架下，世界各国一共举行了八轮多边贸易谈判。这些贸易谈判虽然是各个国家实力较量的结果，受到许多大国意志的左右，但是一次次的谈判使得国际贸易壁垒得到大幅的降低，并且由于发展中国家的积极参与，GATT 也陆续制定了许多有利于发展中国家的协定，从而极大地推动了国际贸易在世界范围内的发展。在第八轮乌拉圭回合谈判中，与会国更是取得了突破性的进展，令 GATT 对国际贸易的调控能力得到大大增强。此轮谈判无论从规模、参与国数目，还是从议题内容和涉及面看，都大大超过了之前的任何一次多边贸易谈判，特别是签署了《建立世界贸易组织协议》，决定建立取代关贸总协定的更具全球性的世界贸易组织（WTO），更是让国际贸易协调进入到一个新的时期。这也是对20世纪40年代联合国贸易与就业会议建立国际贸易组织（ITO）目标的圆满完成。

3. WTO框架下的国际贸易协调（1995年WTO成立至现在）

（1）WTO的多边贸易协调

世界贸易组织是1995年1月1日正式建立的国际贸易协调机构。它在与关贸总协定并存一年后，于1996年取代GATT，担当起国际贸易的协调组织管理的职能。

WTO的目标是建立一个完整的、更具有活力的和永久性的多边贸易体制。与GATT相比，WTO管辖的范围除传统的和乌拉圭回合确定的货物贸易外，还包括长期游离于关贸总协定外的知识产权、投资措施和非货物贸易（服务贸易）等领域。与GATT相比，WTO具有法人地位，它在调解成员争端方面具有更高的权威性和有效性。

WTO的基本职能包括：①制定和规范国际多边贸易规则。WTO制定和实施的一整套多边贸易规则涵盖面非常广泛，几乎涉及当今世界经济贸易的各个方面，从原先纯粹的货物贸易到后来的服务贸易、与贸易有关的知识产权、投资措施，一直延伸到21世纪才被逐渐关注的一系列新议题，如贸易与环境、竞争政策、贸易与劳工标准以及电子贸易等。②组织多边贸易谈判。如果将目前尚未完结的多哈回合谈判计算在内，WTO与其前身GATT已经组织了九轮多边贸易谈判，大幅地削减了各成员国的关税和非关税壁垒，极大地推动了国际贸易的发展。③解决各成员之间的贸易争端。WTO的争端解决机制在保障WTO各协议有效实施以及解决成员间贸易争端方面发挥了重要的作用，为国际贸易顺利发展创造了稳定的环境。④监督各成员贸易政策，并与其他同制定全球经济政策有关的国际机构进行合作。

WTO成立后又陆续举行了许多协调内容更加广泛、更加深入的合作谈判。目前谈判已达成4个重要的协议：1995年7月28日签订的自然人流动协议；1997年2月15日，69个国家政府签订了关于电信服务方面的协议；1997年3月26日，43个国家政府成功地达成了关于信息技术产品零关税的协议；1997年12月12日，70个成员国签署了涉及银行、保险、证券和金融信息等领域95%贸易量的金融服务协议。新千年开始，许多关于农业和服务业的谈判又被提上了议程。

2001年11月，在卡塔尔的多哈举行的第四届WTO部长级会议上，与会国家正式启动新一轮多哈回合谈判。多哈回合谈判在议题范围和参加成员数量方面又获得了进一步的扩展，谈判内容包括农业、非农产品市场准人、新加坡议题、服务贸易、与贸易有关的知识产权和规则、争端解决、贸易与环境、贸易与发展等，许多新的发展中国家也参与到了多哈回合谈判中来。

更加自由的多边贸易体制虽然为各成员发展国际贸易带来了明显的好处，但是在谈判过程中，因为涉及各方利益的进退取舍，谈判始终十分艰难。多哈回合启动以来，谈判进程一波三折。2003 年在墨西哥坎昆召开的 WTO 第五次部长级会议无果而终。此后，经广大成员共同努力，各方于 2004 年 7 月达成了“多哈框架协议”。根据这一协议，发达国家成员方同意在具体时限内取消所有形式的农产品出口补贴，对扭曲农业贸易的国内支持进行实质性的削减。作为补偿，发展中成员方同意降低工业品的进口关税和其他壁垒，进一步开放非农产品市场，降低市场准入门槛；对一些极度贫穷的成员方，协议允许他们继续在一些关键领域实行贸易保护政策。同时，还增加了对最不发达成员和新成员待遇安排上的灵活度。但这一协议只设定指导原则和基本内容，不包含具体的减让条款。2005 年年底，WTO 第六次部长级会议在中国香港举行，然而这次会议依然是在各个国家之间达成一个初步协议，在事关多哈回合成败的削减农业补贴、降低非农产品关税和开放服务业等关键领域，谈判仍未取得突破性进展。2006 年 7 月 27 至 28 日，由于各方分歧严重，WTO 总干事拉米建议多哈回合谈判中止。2007 年 1 月 27 日，WTO 小型部长级会议在瑞士达沃斯举行，与会成员一致同意正式、全面地恢复多哈回合谈判。2008 年 7 月 21 至 29 日，WTO 小型部长级会议在日内瓦召开，美国、欧盟、印度、巴西、中国等 30 多个成员派代表参加会议，目的在于就多哈回合中农业与非农业这两大核心议题的谈判模式达成共识，并讨论未来推进服务业规则和知识产权等领域谈判的最佳方式。通过这次会议，在造成贸易扭曲的补贴限制，总体关税削减，敏感产品、特殊产品、棉花和热带产品等方面各方意见趋同，但因为成员之间在特殊保障机制触发条件方面的分歧，最终未能达成协议。2011 年 12 月，在日内瓦召开的 WTO 第八次部长级会议上，成员方虽普遍认同应加强世贸组织作用，呼吁抵制贸易保护主义，但在多哈回合谈判等事关多边贸易机制未来的方向性问题上仍存在明显分歧。

(2) 双边贸易协调——区域贸易协定

出于对 WTO 多哈回合谈判前景的谨慎，近年来全球范围内的双边区域性自由贸易安排(FTA)发展得极为迅速，丝毫没有受到 WTO 建立的影响。根据 WTO 的官方统计，截至 2010 年 2 月，向 WTO 及其前身 GATT 通知备案的自由贸易协定总计达 462 个，其中 339 个是 1995 年 1 月 WTO 成立后备案的。在 WTO 的所有成员中，除蒙古国以外，其他都是一个或多个区域自由贸易协定的当事方，协定当事方之间的贸易额占到全球贸易总额的一半以上。20 世纪末至 21 世纪初，世界范围内形成的区域自由贸易协定名目繁多，其中对全球经济发展有重大影响的区域自由协定主要有：以美国为中心的双边自由贸易协定，欧盟东扩及其与世界其他国家进行的双边贸易合作和以中国、日本、韩国及东盟为主体的自由贸易协定。

① 以美国为中心的区域贸易协定。美国在北美自由贸易区的基础上，近年来不断地与中南美洲国家磋商、协调，力图建立一个包括全美洲国家在内的美洲自由贸易区

(FTAA)。现在,除了少数南美国家对美洲自由贸易区的启动持有异议,其他大多数的国家都在美国的作用下同意参与美洲自由贸易区的建立。除美洲以外,美国还积极参与亚太地区的双边自由贸易谈判。《美国——新加坡自由贸易协议》于2003年生效,美国希望以此为范本,将其推广到美国与东盟其他成员国的贸易关系中。

② 欧盟的区域贸易协定。欧盟在2000年的尼斯会议上通过了《尼斯条约》,正式开始实施"东扩计划",并于2004年5月使其成员国最终扩大到25个,几乎涵盖了所有欧洲国家,进一步扩大了其贸易区的规模。另一方面,欧盟也积极开展跨区域的双边经济合作,并先后与墨西哥、智利、南方共同市场、中东与地中海沿岸国家建立了自由贸易区。例如,1999年欧盟单独同南方共同市场成员国阿根廷、巴西、巴拉圭、乌拉圭及智利举行了首脑会晤,具体商讨关于在2005年建立两大集团的自由贸易区问题。因欧盟农业高关税和补贴等分歧,谈判于2004年中断。2000年,欧盟与摩洛哥、阿尔及利亚、突尼斯、埃及、约旦等12个国家起草了《欧盟——地中海和平与稳定宪章》,该宪章计划到2010年建成欧洲——地中海自由贸易区。目前,这一构想的第一部分已经逐渐成功实施了,欧盟已开始与除利比亚之外的所有地中海邻国缔结了自由贸易协定。2008年7月13日,首届地中海峰会在巴黎闭幕,与会领导人正式启动了"地中海联盟"计划。这一新联盟包括44个国家,其中27个欧盟成员国和17个地中海沿岸的非洲和中东国家,旨在深化欧盟和地中海国家的合作。2010年5月18日,欧盟和南方共同市场在第六次欧盟——拉丁美洲及加勒比峰会上宣布7月份重启中断了6年的自贸区谈判,至2011年5月,双方进行了重启后的第5轮谈判。此外,欧盟与海湾国家、南非、墨西哥、俄罗斯等国也都有双边自由贸易方面的合作。

③ 东盟的贸易区。东南亚国家在亚洲金融危机后区域意识明显增强,各个国家都充分意识到相互之间一荣俱荣、一损俱损的相互依存关系。因此,在近10年的时间里,以东盟——中日韩为主体的东亚区域合作发展得极为迅速,其合作已经扩展到诸多领域,如金融、货币、贸易、农业、旅游、卫生、打击犯罪等各个方面,并已建立了10多个部长级会议机制。2002年11月,中国东盟签署《中国与东盟全面经济合作框架协议》。2010年元旦,中国——东盟自由贸易区全面启动;日本——东盟自由贸易区预计于2012年启动;东盟——韩国自贸协定的投资谈判已经完成。

二、国际汇率政策协调

在开放经济条件下,一国不仅要考虑内部平衡,还要考虑外部平衡。当一国经济中的有效需求不足时,政府可以采取货币贬值政策,刺激出口和限制进口,但是如果各国政府都这样做,就会出现各国竞相贬值本国货币的局面,结果是各国货币之间的兑换率可能回到原来的出发点,如果任何一国的货币贬值幅度超过其他国家,各国之间的贸易风险也就随之产生。如果一些国家采取货币贬值,或预期货币贬值措施,而一些国家采取货币升值或预期升值措施,该国货币在外汇市场上的汇率就会发生变化,引起投机和资金转移,这些单纯由于汇率变动引起的资金转移不利于各有关国家经济的稳定和正常的增长。

(一) 金本位制下的国际协调

1. 金本位制的产生

历史上的第一个国际货币体系是国际金本位制。国际金本位制是在英国、拉丁货币联盟(含法国、比利时、意大利、瑞士)、荷兰、若干北欧国家及德国和美国实行国内金本位的基础上形成的。当时由于英国是世界上经济实力最强的国家,在国际贸易中居于支配地位,并且英国率先通过了一系列法规规范黄金的进出口和中央银行的业务,较早地实现了黄金的国际流通、英镑的国际化和英国金融市场的国际化,因此到了 19 世纪 70 年代,世界上各主要国家都相继实行金本位制,从而形成了以英镑为中心、以黄金为基础的国际金本位制。

2. 金本位制的特征

金本位制除了以黄金作为本位币这一基本的特征外,还具有以下 3 个典型特征:

(1) 黄金自由输出、输入

各国的储备货币主要是黄金,国与国之间的结算也主要使用黄金。黄金自由输出或输入国境,其数量不受限制,这就保证了各国货币之间的比价相对稳定。

(2) 自由兑换

各种金属辅币和银行券可以自由地去交换金币或与金币等量的黄金,本国货币当局随时准备以本国货币固定的价格买卖黄金。这保证了黄金与其他代表黄金流通的金属铸币和银行券的比价相对稳定。

(3) 自由铸造

任何人都可以按本国货币的含金量将金块交给国家造币厂铸成金币,以调节市面上的货币流通量,使各国物价水平保持相对稳定。

3. 金本位制的优缺点

(1) 金本位制的优点

在当时的条件下金本位制对汇率的稳定、国际贸易和资本流动的发展,以及各国经济的发展起到了积极的作用。在金本位制的条件下,当国际收支不平衡时,国际贸易参加国的国内货币供应量与其国际收支状况直接相连:逆差国货币供应下降,物价水平下降;顺差国货币供应增加,物价水平上升。而国内物价水平的变化又会改变顺差国和逆差国商品的国际竞争力,使得顺差国的出口能力相对削弱,逆差国的出口能力相对增强,这就逐渐地使国际收支恢复平衡。

(2) 金本位制的缺点

① 易引发国际商品价格波动。金本位制下国与国之间的清算完全依赖黄金的输出

与输入，而黄金本身作为一种自然资源，其供给量显然无法跟上国际市场对其的需求量，这导致了黄金价格的不断调整、上扬，从而引起世界市场上商品价格的动荡。

② 导致世界各国黄金分配的不均衡。由于资本主义国家发展的不平衡，较发达国家能够通过国际贸易和一些有利的贸易规则不断地积累黄金，这使得黄金的分配很不均衡。例如，1913 年，英、美、法、德、俄 5 国的黄金存储量占到了世界黄金总量的 2/3，其他国家很难继续维持金本位制。

③ 调节国际收支不力。金本位制下的国际货币协调机制——物价铸币流动机制调节国际收支并不是完美的，它往往要求各国以本国经济内部的不稳定为代价来换取外部的收支平衡，这无疑就为金本位制的崩溃埋下了伏笔。

4. 国际金汇兑本位制的确立及特点

(1) 国际金汇兑本位制的确立

由于上述的种种原因，使得国际金本位制受到了越来越大的挑战，在第一次世界大战爆发前，由于世界各国相互之间经济矛盾的激化，各资本主义国家不得不采取各种各样的贸易限制措施，增加银行券的发行量，限制黄金的自由兑换等手段来维持内部经济的平衡并为战争筹措资金。终于在大战爆发时，各国纷纷终止了银行券与黄金的自由兑换，国际金本位制宣告瓦解。“二战”结束后，出于对经济恢复的需要，世界各国又着手开始进行世界货币体系的重建。1922 年，在意大利的热那亚召开了世界货币金融会议，讨论重建国际货币体系的问题。当时人们普遍倾向于恢复到战前相对稳定的国际金本位制，然而在缺乏国际合作，无法全面提高黄金价格的条件下，已有的黄金储备显然不足以支撑世界各国对黄金的需求。因此，在此次会议上就确立了一种节约黄金的国际货币制度——国际金汇兑本位制。这种货币制度又称为“虚金本位制”。

(2) 国际金汇兑本位制的特点

① 黄金依然是国际货币体系的基础。世界各国的纸币都规定了相应的含金量，并代替黄金执行流通清算和支付手段的职能。

② 世界各国的货币均与黄金挂钩。一些主要发达国家的货币与黄金直接挂钩，其他国家通过与这些国家的货币维持固定的比价而与黄金间接挂钩。

③ 国际禁止黄金的自由流通。黄金的输出输入由中央银行负责办理，当那些没有与黄金直接挂钩的国家需要黄金时，必须通过购买挂钩货币来获取黄金，并需要在直接挂钩的国家存入一定数量的外汇和黄金作为维持汇率的平准基金。

④ 支付手段职能减弱。黄金只在最后才充当支付手段，以维持汇率的稳定。

(3) 国际金汇兑本位制与国际协调

国际金汇兑本位制度在一定程度上解决了黄金储备不足的难题，在一定时期维护了金本位制在世界范围内的继续，但是从本质上说黄金数量的增长依然满足不了世界经济增长和汇率稳定的需要，因此它充其量也只能作为一种旧事物在作出局部改善后的一种延续，并不能摆脱被历史淘汰的命运。在金本位制度下，国际收支均衡化的过程需要各国中央银行的国际合作与相互支持，主要是货币政策方面相互配合，例如，中心国规定平价要切合实际，一国对黄金流失进行干预时其他国家要实行政策协调来帮助该国恢复国际收支平衡。这些金本位下的国际货币协调是根据金本位制度的要求产生的，而不是出自各国政府的考虑。而一旦各国从本国经济角度出发，采取刺激本国经济增长的政策，则很容易导致金本位的垮台。

（二）固定汇率制下的国际协调

1. 固定汇率制度的建立

第二次世界大战以后，世界政治经济格局发生了重大变化，建立一个世界统一的货币汇率体系迫在眉睫。为构划一个新的国际经济秩序，1944 年 7 月，美、英、苏、法等 44 个国家的代表在美国新罕布什尔州布雷顿森林举行“联合国货币金融会议”，又称“布雷顿森林会议”。在英国经济学家凯恩斯和美国外交家怀特的影响下，这一划时代的会议通过了《联合国货币金融会议最后决议书》及由美国提出的设立“国际货币基金组织”和“国际复兴开发银行”两个协议，从而确立了布雷顿森林体系。布雷顿森林体系所制定的固定汇率制度成为国际货币体系在相当长时间内的主要特征。其核心内容为：美元规定含金量，其他货币与美元挂钩，两种货币兑换比率由黄金平价决定，各国的中央银行有义务使本国货币与美元汇率围绕黄金平价在规定的幅度内波动，各国中央银行持有的美元可按黄金官价向美国兑取黄金。在布雷顿森林体系下，会员国货币与美元建立固定的比价，汇率波动幅度不得超过固定比价的上下各 1%，超过这一限度，各国中央银行有义务进行干预。

2. 固定汇率制度下国际货币基金组织的汇率协调

布雷顿森林体系在规范国际货币秩序、促进国际贸易发展的同时成立了国际货币基金组织（IMF）。IMF 是政府间的国际货币金融协调机构，布雷顿森林体系下，IMF 主要致力于维持固定汇率制度，协助成员国调节国际收支以及提供技术援助等目标。在汇率制度方面，在布雷顿森林体系发挥作用的时期，各国的汇率不能随意调整，IMF 要对成员国的汇率政策进行全面评估和监督。这种监督作用不仅是针对经济发达国家的，也是针对发展中国家的。因为它们的货币政策、财政政策与汇率政策也一样会对世界经济产生影响。

IMF 的汇率监督主要采取多边监督和个别监督两种形式。①多边监督。多边监督主要分析各成员国国际收支和汇率政策的相互作用，并估价这些政策对世界经济的影响。该组织试图在讨论和协商的基础上，促进各成员国在国际货币金融领域的合作和加强其在宏观经济政策上的协调。②个别监督。个别监督主要是检查成员国的汇率政策，要求各成员国将其汇率调整的安排通知给该组织，以利于成员国之间的政策协调。然而由于国际货币基金组织所涉及的成员国过多，并且它们经济发展的程度也有差别，因此从总体上看，这种协调是有限的，特别是一些国家与其他国家之间的经济联系不像另外一些国家那样大，所以各国对这种协调的重视程度是不同的。

总之，在布雷顿森林体系下，IMF发挥了其重要的维持国际汇率稳定的重要作用，但是由于以美元为中心的固定汇率制度本身存在着不可克服的缺陷——“特里芬难题”①，国际社会如果要持有足够的国际货币，则美国国际收支必须逆差，否则各国就无法持有足够的美元，但是如果美国国际收支持续逆差，则美元的国际地位下降，各国就不再愿意持有美元。因此，布雷顿森林体系只有在美国经济持续强劲增长的情况下才能保持稳定。随着美国经济20世纪六七十年代的逐渐下滑，布雷顿森林体系也最终瓦解。

（三）浮动汇率制下的国际协调

1. 浮动汇率制度的建立

布雷顿森林体系崩溃以后，国际货币制度进入了一个新的时期。美元的连续下滑和汇率的剧烈波动引起国际社会新的不安，为此国际货币基金组织着手研究国际货币制度的改革问题。1976年IMF“国际货币制度临时委员会”在牙买加首都金斯敦召开会议，达成了关于国际货币制度改革的“牙买加协定”。该协定内容在同年4月通过的第二次“国际货币基金协议条款”修正案中得到肯定，并于1978年4月开始生效。牙买加协议的一个重要内容就是确立了浮动汇率制度合法化的地位，同时赋予了各会员国在汇率制度选择上的自由。在这一原则背景下，一般发达国家大多选择浮动汇率制度，而大多数发展中国家仍然继续实行与某种货币或合成货币保持钉住汇率的制度。然而，在世界上主要国家货币实行浮动汇率制度的背景下，这种钉住汇率的安排已经有别于原先的钉住汇率制。一国货币绝不可能同时与所有相互之间汇率波动的主要货币都保持固定的比价，选择钉住其中任何一种主要货币，便意味着本币的汇率将对其他主要货币浮动。从这个意义上讲，我们称1973年以后的汇率制度为浮动汇率制度。②

2. 浮动汇率制下的国际货币汇率协调

(1) IMF的治理机制和职能面临改革

在从以固定汇率制为特征的布雷顿森林体系过渡到以浮动汇率制为特征的牙买加体系之后，IMF的职能也遇到了挑战。一方面，维持固定汇率制的职能自然消失，IMF职能

---

① 1960年，美国经济学家罗伯特·特里芬在其《黄金与美元危机——自由兑换的未来》一书中提出“由于美元与黄金挂钩，而其他国家的货币与美元挂钩，美元虽然取得了国际核心货币的地位，但是各国为了发展国际贸易，必须用美元作为结算与储备货币，这样就会导致流出美国的货币在海外不断沉淀，对美国来说就会发生长期贸易逆差；而美元作为国际货币核心的前提是必须保持美元币值稳定与坚挺，这又要求美国必须是一个长期贸易顺差国。这两个要求互相矛盾，因此是一个悖论。”这一内在矛盾称为“特里芬难题(Triffin Dilemma)”。

② 但这个时期汇率并不是仅由市场供求力量决定的。由于许多国家中央银行不时地介入外汇市场买卖外汇以达到其政策目标，这种汇率制度实际上是一种有管理的浮动汇率制度。

弱化;另一方面,浮动汇率制下汇率剧烈波动带来的风险又要求 IMF 具备更多的功能。它要求 IMF 能够适应金融全球化发展的进程,为成员国提供更加高效、安全、及时的援助和保护。亚洲金融危机后,IMF 进一步加强了对新兴市场国家、对汇率问题的监督,而对发达国家,特别是发行储备货币的国家监督不力,2008 年全球金融危机爆发初始,由于缺乏有效的危机预警机制,IMF 未能及时发出危机警报,危机发生后又反应迟缓、救助不力。因此国际社会普遍认为,IMF 应加强这方面的功能,建立有效的危机预警机制。

① 加强对整个金融体系及成员国特别是发达国家金融政策的监督。应关注成员国公共债务的持续性状况,加强对跨国资本转移的调控,把复杂的金融衍生产品及其市场纳入其监管范围。加强对金融风险因素的分析、监测和预测,以便及时发现其中的脆弱环节,从而及早预测到问题并采取有力防范措施。

② 增强 IMF 的信息发布和传播功能。应及时、准确和充分地将所获信息和分析、监测的情况通过各种方式传递给各成员国(包括在相关出版物上发布这些信息),并据此对成员国经济政策的调整提供建设性建议,帮助其做出正确的判断,必要时应发出风险警告。

③ 增强 IMF 对成员国国际收支逆差进行干预和援助的职能。IMF 应对长期处于严重逆差状态的国家进行政策规劝及对政策的实施提供帮助,并积极创建新的贷款设施,以防止成员国国际收支的不断恶化和金融危机的爆发。

④ 增强成员国防范和化解国际金融风险的实力。应增加基金份额,便利贷款条件,增强其防范和化解国际金融风险的经济实力,提高成员国及早向其寻求援助的积极性,从而防止危机发生、加剧和蔓延。

(2) 七国汇率协调发挥重要作用

自 1973 年浮动汇率制取代固定汇率制以来,西方各主要国家的货币汇率波动加剧,对世界经济的稳定性造成了很大的负面影响。由于新的国际货币体系很难在短时间内建成,世界外汇市场的协调主要依靠发达国家尤其是七国集团进行干预,特别在 20 世纪 80 年代以后,西方各国针对美元、日元、马克等几种主要世界货币之间汇率的联合干预和协调变得更加的频繁。例如,在 20 世纪 80 年代中期,日元对美元汇率就发生了两次大幅度调整:一是 1985 年 9 月的广场协议,主要为解决日美贸易争端,日元对美元大幅度升值;二是 1987 年 2 月的罗浮宫协议,主要为解决美元过度贬值对世界经济带来的不利影响,日元对美元出现短暂性的大幅度贬值。而 2008 年金融危机中,七国集团及其他主要发达国家通过采取同向救市措施、扩大货币互换、政府间紧急贷款等方式进行了广泛的政策协调。

西方国家的联合干预尽管对特定时期的具体事件有一定的成效,但是它在国际汇率协调方面仍然存在着许多弊端。第一,西方各国在联合干预外汇市场的同时常常因为彼此在宏观经济政策的协调方面缺乏配合而使得最终效果大打折扣。例如,令欧洲货币体系自成立以来受到最大冲击的1992年欧洲金融风暴，从根本上讲，其爆发的原因就是欧共体内部各个国家货币政策的失调。第二，由于世界经济中货币协调体系的非对称性，各国政府间所进行的货币政策往往出现冲突，从而最终导致了世界性的通货膨胀或通货紧缩。例如，1979年后，为了抑制美元汇率的不断上涨，日本和西欧国家都在不同程度上紧缩银根，对外汇市场进行干预。但是美国并没有相应的增加货币供应量，使得世界经济发生通货紧缩，这也在一定程度上加剧了20世纪80年代世界经济的衰退。

(3) 区域货币合作取得重大进展

由于新的国际货币体系难以在短时间内建成，而区域性货币体系安排既能为集团内更多成员国所接受，又有利于维持国际金融秩序，防范大规模的、破坏性的金融风险和危机。因此在布雷顿森林体系崩溃之后，为了加强国际货币合作和国际金融合作，有效地控制汇率波动，防范金融风险，各货币区域联盟纷纷建立。其中，欧洲区域货币合作取得重大进展，在欧洲货币协调中发挥了重大作用。欧盟对于货币汇率的协调也是逐步进行的，其主要措施包括以下几方面：

① 实行联合浮动。1972年4月10日，为了缩小成员国汇率的波动幅度，稳定各国汇率，欧共体决定组成联合浮动集团，实行蛇形浮动制。具体规定是：成员国货币间汇率可在±1.125%范围内波动，对美元等非成员国货币，汇率波动幅度可达±2.25%。根据这一协定，当某一成员国货币受到冲击，对美元汇率上升或下降时，其他成员国要采取一致行动，使本国货币对美元汇率也大致升降相同幅度，以保持相互之间的汇率稳定。

欧共体实施联合浮动措施以后的一段时间内，成员国的汇率波动有了明显减少，促进了各国经济的稳定发展。但在1973年秋以后，由于相继发生了石油危机和严重的世界经济危机，英国等国由于严重的国际收支赤字，不得不放弃固定汇率；欧共体成员国忙于应付自身的经济困难，无暇顾及欧洲经济货币联盟计划，货币合作暂时停止。

② 建立欧洲货币体系。20世纪70年代后期，欧共体的货币合作再度受到重视。1979年3月13日，欧共体9国首脑在巴黎举行的欧共体理事会上正式建立起欧洲货币体系，以增强对成员国间汇率政策的协调作用，促进西欧国家的联合。欧洲货币体系的主要内容有：创立欧洲货币单位——埃居，以其代替过去的欧洲记账单位；建立双重中心汇率制；建立欧洲货币基金。欧洲货币体系建立后，对稳定成员国的国际收支和汇率起到了显著作用，并促进了欧共体的经济一体化发展。

③ 统一货币，建立欧洲中央银行。为适应国际收支领域平稳发展的要求，推动欧盟内部的合作，欧盟于1999年1月1日创立欧元，统一了成员国的货币。为确保统一货币的正常运行，协调成员国间的货币政策，欧盟同时也成立了欧洲中央银行。这些措施极大地保证了欧洲各国汇率与国际收支的稳定。

三、宏观经济政策协调

（一）宏观经济政策协调的提出

“二战”以后，伴随着社会生产力的不断提高，市场经济的缺陷日益明显。为了解决市场失灵问题，西方国家不得不利用宏观经济政策对本国经济进行调节。然而由于世界经济相互依赖性的不断加强，世界性的经济问题对各国的影响不断地放大，这就使得一国单方面对本国经济进行宏观调控的能力受到削弱。各国政府发现，通过协调与合作来制定和实施有关经济政策要比各自为政、彼此独立地进行经济调控取得更好的效果。

（二）宏观经济政策协调的内容

宏观经济政策协调，其主要内容包括财政政策协调和货币政策协调，是指在有关国家解决失业或是通货膨胀目标不一致时，在相互协商的基础上，就这些国家的财政政策、货币政策等宏观经济政策进行协调，达成某项协议或临时默契。当然这种协调的结果对于整个世界经济来说是一种最优的选择，但是短期内对于某一个或某一些国家来说就并不一定是最佳的选择，这常常会阻碍各国经济政策协调的正常推行。在国际宏观经济政策协调中，七国集团国际经济政策协调机制占有重要地位。七国集团包含两个层次：一是七国首脑会议；二是七国财长及央行行长会议。七国财长及央行行长会议从 20 世纪 80 年代中期开始在首脑会议以外对国际宏观经济政策进行协调，是七国集团宏观经济政策协调的重要决策者。很多重要议题都是由七国财长与央行行长会议通过后，再提交首脑会议签字对外发布的。从 20 世纪 70 年代中后期开始，七国集团在国际宏观经济政策协调方面发挥了越来越重要的作用。

1. 货币政策协调

各国货币政策的目标主要是国内经济目标，如低通胀率、低失业率、经济增长等，但在经济全球化趋势日益增强的今天，一国的货币政策往往会产生溢出效应而影响其他国家。为避免以邻为壑的政策，G7 在货币政策方面进行了协调，必要时，还对本国的货币政策做出了适当调整，以适应他国的需要，其中主要表现为对利率政策的协调。G7 的利率协调主要通过 G7 央行行长和财政部长会议来协商、确定政策方向，通过国内的宏观政策加以实施。20 世纪 80 年代初协调降低利率，以促进经济回升与发展。80 年代中期以后，随着通货膨胀率有所上升，又调高利率；而在股市危机和经济不景气时又调低利率。从自身利益出发，虽然各国的意见有时不尽一致，但总的来说通过协调，大都能在短期内实现一定的政策目标。

2. 财政政策协调

财政政策是指政府通过变动税收和支出以影响总需求，进而影响就业和国民收入的宏观经济政策。作为宏观经济政策协调的主要内容，财政政策的协调在 G7 进行经济协调过程中十分重要。在每年一度的 G7 首脑会议或 G7 财长会议上，G7 首脑或财政部长就各国的政府预算、税收政策等方面进行讨论协商并达成一定的协议，以期促进各国经济的持续增长、保持较低的失业率和通货膨胀率。1978 年，为了解决西方国家经济发展的不平衡问题，G7 在当年召开的波恩会议上开始就财政政策协调达成了一系列具体的政策协调措施，提出了“护舰队计划”，7 个经济体共同实行了适度的扩张性财政政策。由于后来的一些客观原因，波恩会议的财政政策协调并没有取得很好的效果，但却为 G7 的财政政策协调开了头。

在此后的 30 多年中，财政政策协调一直是 G7 促进各国经济增长、减少各国之间经济发展不平衡的主要协调手段。在不同的历史阶段，由于经济理念和经济发展阶段的差异，G7 财政政策协调的具体内容及各国的参与程度也在不断变化。不同国家对于宏观经济政策的适用偏好不同，由于政治、经济和历史方面的原因，美国一向对财政政策作为反周期工具存有依赖，特别支持实施扩张性的财政政策以推动经济增长，因此 G7 之中，往往是美国在频繁地推动其他各国实施“协同增长计划”，而德国、日本对财政政策的协调却相对比较保守被动。

不过就目前而言，国际宏观经济政策协调还是处于较低层次，其协调的方式具有临时性的特点，协调的对象也往往是当前世界经济所发生的较为棘手严峻的问题，而对于各国经济发展中诸如产业结构的调整、发展中国家贸易条件的改善等深层次的问题一般很少涉及。而即便是对一些已经引起人们重视、各国进行共同协商解决的问题，有关国家也常常是为了本国的利益而进行激烈的讨论，最后得到的结果通常体现出大国的意志。

第三节　国际经济政策协调机制的确立与发展

国际经济政策协调机制（regime of international economic policy coordination）是对国与国之间经济上的相互依存关系产生影响的一系列具有主导性的安排。国际机制的出现、发展与成熟，与国家对国际关系认识的深入程度是相一致的。基欧汉（Robert. O. Keohane）认为，国际机制主要是应 3 种需求而生的：一是帮助达成协议；二是提供信息；三是降低交易成本。只有当国家意识到了某种共同需要并愿意为此携手时，它才能产生发展起来。在现象上，它与国际经济组织的形成与发展、国际经济秩序的建立与完善之间有着密不可分的关系。

一、国际经济政策协调机制形成的动因

在开放经济条件下，世界各国的经济密切相关。一国的经济政策自然会对他国经济产生影响，这在客观上要求国际经济协调行为的产生；同时，各国为了实现本国经济利益

最大化,主观上要求与他国进行国际经济协调。

(一) 经济活动和经济政策的"溢出"和"传递"效应要求加强国际协调

随着经济全球化的发展,世界上大多数国家实行了开放政策和市场经济体制,降低了贸易壁垒,国内市场拓展为全球市场;越来越多的国家遵行现有的世界贸易规程和普遍性的市场规则,不同程度地参与了世界贸易体系。由此,各国已经无法仅仅通过制定相应的财政政策、货币政策、实现国内外的经济均衡;并且由于政策的溢出和传递效应日益增强,一国的国内政策也会影响到其他国家的国家利益的实现。因而就经济手段而言,需要在全球市场的意义上正视市场运行规则的冲突及其协调方式。

(二) 世界经济中出现的危机和冲突要求加强国际协调

国际经济政策协调是伴随着世界经济的动荡和危机不断发展的。从 1857 年爆发第一次世界性经济危机至"二战"结束,除了某些国家的特殊原因外,经济危机的爆发总是席卷整个西方世界,越是大的危机越具有世界性。世界性经济危机的爆发,使主要西方国家同时陷入困境,破坏力极大。当出现经济大动荡的威胁时,它们往往需求协调行动,以避免大动荡的发生或缓和危机和冲突的发展。

二、国际经济政策协调机制的确立

早在经济国际化和统一市场开始出现和形成时,国际经济协调就出现了。克拉斯纳(Stephen D. Krasner)认为,最早的全球性机制产生于 16 世纪的地理大发现以后。随着殖民主义在全世界范围内的扩张,整个世界被纳入了全球资本主义市场体系中。马克思和恩格斯早在《共产党宣言》中就曾指出,"资产阶级,由于开拓了世界市场,使一切国家的生产和消费成为世界性的了"。

近代世界市场的产生、国际分工的形成、国际贸易的发展,乃至发达国家争夺殖民地市场的竞争等,都要求国家间进行必要的协调和规范。在此要求下,国际经济机制的构建最初始于 19 世纪初的欧洲。1815 年,欧洲国家成立的莱茵河委员会是世界上第一个官方国际经济组织,也是第一个通过机制化和制度化途径协调各国经济利益、确立规范以合理分配资源。

19 世纪中后期出现了构建经济规则的第一次高潮。一方面,在国家间的经济关系及各层次的国际经济体系的发展过程中,开始遵循一定的"约定",这些"约定"逐渐形成通则,对各个国家的行为产生约束作用,随后,国际机构、组织或定期的国际协调出现,并开始在各自领域内确立了统一原则和规则,有效地促进了其规范范围内部事务的有序化进行。到 20 世纪初的 1909 年,国际经济组织已达到 37 个,如 1865 年成立的万国电报联盟、1875 年成立的万国邮政总联盟和国际度量衡组织、1890 年成立的国际铁路货运联盟等。另一方面是民间经济组织的协调。这类协调机制最初是生产同类产品的各企业通过签订销售协定而形成的"普尔"或"卡特尔",后来发展为规定统一价格并分配各企业的产量和销售量。19 世纪末,在卡特尔基础上出现了辛迪加,同类企业在商品销售和原材料方面实现联合。与此同时,在生产领域出现了托拉斯,在此基础上形成的国际托拉斯以瓜分市场为目的,协调了各自的世界性或跨国性的商品生产与流通,在资本和管理组织方面实行分配。从本质上说,不管是卡特尔还是托拉斯,都属于垄断形式,不属于真正意义上的国际机制要素,但鉴于其客观上的协调和资源配置功能,它们仍可看成是一种特殊的国际经济机制,或者是具有国际经济机制功能的垄断。

三、国际经济政策协调机制的发展

19 世纪时的国际经济机制的构建主要是专业性的,这是由当时世界经济体系形成初期的特性所决定的。进入 20 世纪特别是"二战"以后,随着国家间相互依存态势的逐步形成和深化,国际经济机制开始在世界经济的各个领域和各个层面得到迅速发展。战后国际经济政策协调机制的形成和发展可分为以下 3 个阶段:

(一) 国际经济政策协调机制启动阶段("二战"后——20 世纪 70 年代初)

"二战"后初期是国际经济机制发展的一个新高潮,相继产生了构成国际经济机制核心的联合国经社理事会、国际货币基金组织、世界银行、关贸总协定等。这些机构的产生,不仅使国际相互依存程度不断增强,也使国际经济的运行逐步走向规则化,促进了经济政策协调机制的综合化和专门化。战后国际经济政策协调最突出的特色是以机构性协调为其基本特征,这不但表现于国际货币基金组织、世界银行、关贸总协定三大经济组织及众多区域性组织的建立,还集中体现在国际经济体系所确立的、几乎涵盖经济中所有重要方面的若干运行规则。

进入 20 世纪 60 年代后,随着发展中国家的独立,国际经济机制中出现了新的协调问题。一大批发展中国家在世界经济舞台上的出现意味着它们将成为一股强大的经济力量,世界经济呈现南北两极的态势。长期在世界经济中处于被剥削被掠夺地位的发展中国家为了积极谋求经济上平等的地位,开始了争取国际经济新秩序的斗争,这就有效地促进了国际经济机制向平等方向发展。与此同时,发展中国家还加强了自身的南南经济协调,建立了 77 国集团、石油输出国组织等大批经济组织,进而导致了国际经济机制质的转变。

(二) 世界经济转向全面动荡和国际经济政策协调频繁阶段(20 世纪 70 年代初至 80 年代初)

这一阶段,西方国家经济陷入"滞胀"困境,国际金融秩序混乱,贸易保护盛行,世界经济格局三足鼎立。伴随着布雷顿森林体系的崩溃,国际经济政策协调进入了新的阶段。

其主要标志是西方七国首脑会议的召开，特别是1977年的“伦敦会议”和1978年的“波恩会议”，西方国家开始在经济发展总体目标上进行协调，突破了以往仅在汇率方面进行协调的局限。

（三）以世界经济多极化为基础，以西方大国为主的多层次全方位的多边国际经济政策协调阶段（1985年至今）

20世纪80年代中期以来，国际协调的范围日益扩大，程度逐渐加深，甚至涉及历来被视为是国家内部事务的财政、货币、外贸等方面的经济政策。区域性和专门化组织蓬勃发展。国际货币基金组织与世界银行在世界经济中的作用越来越大，关贸总协定通过8轮多边贸易谈判，极大拓展了对国际贸易的规范、各国贸易行为的国际监督。乌拉圭回合谈判成功地把服务贸易、知识产权与货物贸易并入一个单一的组织，形成一个单一的规则并使用单一的争端解决机制，完成了世界贸易组织的构造及对世界贸易进行规范和协调的目标。

20世纪90年代经济全球化时代的到来，为国际经济机制的构建提供了前所未有的良好环境和条件。在国际贸易领域，1995年1月1日成立的世界贸易组织承担了构建和完善全球贸易机制的职责；在国际金融领域，国际货币基金组织和世界银行的作用得到了一定强化，构建全球性金融机制的问题自1997年东南亚金融危机以来已得到了越来越多国家的关注。联合国经社理事会、国际货币基金组织和西方七国首脑会议等重要的国际经济组织都已明确了构建安全高效的国际金融机制的目标。除领域方面的巨大发展和不断完善外，20世纪90年代国际经济机制在功能的完善和规范强度的增强方面也取得引人注目的进展。

进入21世纪，欧元的推出以及欧元区的建立使得欧洲国家间经济政策的协调突破了单一财政政策协调框架的束缚，拓展到货币、税收以及结构性政策工具等更广泛的领域，极大地丰富了国际经济政策协调理论的实践及内涵。2003年以来，为促进发达国家与发展中国家在人类面临的共同挑战和重大国际问题上的沟通和了解，八国集团加强了同发展中国家的联系①，多次召开八国集团同发展中国家领导人对话会议，就全球化进程中世界经济、全球能源安全、气候变化和其他重大的国际问题进行磋商和政策协调，对世界经济和政治产生了重要的影响作用。2006年9月，中美战略经济对话机制启动，为世界上最大的发展中国家和最大的发达国家之间在经济领域创造了更好的双边政策协调平台。2008年全球金融危机爆发以后，国际经济政策协调发生了崭新的变化，其协调格局与层次都得到了进一步的拓展和深化：经济政策协调的格局从传统的G7迈向了更具包容性

---

① 1994年，俄罗斯作为正式成员参加七国集团首脑会议政治问题的讨论，形成“7+1”机制。1997年，七国集团首脑会议演化为八国集团首脑会议，“7+1”的模式结束。但在经济问题上，八国集团首脑会议依然保持七国体制。

和前瞻性的G20协调格局；中美两国间的“大国协调”具有引领和导向作用；IMF等国际协调机构的现有运行机制与政策已经不能满足当今世界经济发展的需要而亟待改革；欧债危机不仅促进欧元区，更使得整个国际间经济政策协调向纵深发展。

第四节　国际经济政策协调的组织形式

随着国际经济政策协调的不断发展，国际经济政策协调的组织形式也在不断创新，主要有4种形式，即国际经济协调机构、区域经济集团、国际经济条约与协定以及国际会议。它们在不同的时期分别充当着国际经济政策协调的主要形式，对各国经济的约束与影响以及对世界经济的贡献也各不相同。

一、国际经济协调机构

（一）国际经济协调机构的概念

国际经济协调机构是指政府间以协商解决经济问题为主的国际经济组织，它是由3个以上的主权国家或地区通过条约或协定组建的国际性经济协调管理机构。国际经济协调机构有明确的宗旨和制度，其成员国既是其主体，也是其权力的授让者，各成员国必须按照条约或协定规定接受国际经济协调机构的管理。

（二）国际经济协调机构的分类

国际经济的协调机构按照不同的划分标准可以分为：全球性的和区域性的、综合性的和专门性的、政府间的和非政府间的。随着人们对国际经济协调机构要求的不断提高，一些国际经济协调机构的成员国逐渐让渡出部分国家主权，因而又有了国家间的协调机构和超国家协调机构之分。

1. 按参与机构组织的国家范围划分

按照参与机构组织的国家范围划分，可以将国际经济协调机构划分为全球性的和区域性的国际经济协调机构。

（1）全球性的经济协调机构

全球性的经济协调机构是指那些成员国遍及世界各地，旨在为全球性的经济事务服务的机构组织，如联合国的相关经济组织、世界贸易组织、国际货币基金组织、世界银行等。

（2）区域性的经济协调机构

区域性的经济协调机构往往是基于一定的地缘经济关系建立起来的。区域性协调机构由于参与的国家数量较少，因此机构的目的、宗旨一般更为具体明确，并且对区域外的国家表现出较为明显的排斥性。

2. 按国际经济协调机构的职能划分

按照国际经济协调机构的职能划分，可以将国际经济协调机构划分为综合性的和专门性的国际经济协调机构。

（1）综合性的国际经济协调机构

综合性的国际经济协调机构的协调领域是多元化的，其协调对象并不固定，多是针对当前所发生的具体事件进行协商解决，如联合国的有关经济机构、经济合作与发展组织等。

（2）专门性的国际经济协调机构

专门性的国际经济协调机构是专门从事特定技术领域协调管理的机构组织，它们的协调活动往往是定期的，因而具有稳定、经常、持续的特点，如国际海事组织、世界知识产权保护组织等。

3. 按国际经济协调机构的参加者类型划分

按照国际经济协调机构参加者的类型划分，可以将国际经济协调机构划分为政府间的和非政府间的国际经济协调机构。

（1）政府间的国际经济协调机构

政府间的国际经济协调机构是基于政府间的协议建立和运作的国际经济机构，它的参加者是各国政府。这种组织在国际经济事务中发挥着重要作用。国际货币基金组织、世界银行、世界贸易组织等都是典型的政府间的国际经济协调机构。

（2）非政府间的国际经济协调机构

非政府间的国际经济协调机构不是由政府间协议创建的国际经济机构，其参加者不是主权国家的政府而是个人、民间团体、法人等。这种组织在国际经济关系的特定方面往往也有重要的影响力，典型的如国际商会、国际清算银行等。

4. 超国家的国际经济协调机构

国际经济协调机构实际上就是为了解决不断涌现的国际经济关系问题而建立和发展的。由于生产力的发展以及世界经济一体化所蕴含的是国际经济关系在深度和广度上的持续推进，在各国经济相互依赖性、一体化日益增强的今天，原有的那种仅仅为主权国家提供一个解决问题的平台或是作为一个协调中介的国际经济协调机构的局限性已经日益明显，不能充分发挥国际经济政策协调的效用。因此，成员国让渡出部分主权，超国家的国际经济协调机构也陆续诞生，例如欧盟，其统一货币的发行无疑是国际经济协调道路上的一个里程碑，并且为其他国家起到了一个很好的表率和示范作用。

二、国际经济条约与协定

国际经济条约与协定是两个或两个以上的国家或地区为了确定彼此之间的经济权利

和经济义务而缔结的书面协议。国际经济条约和协定具有法律效力,并且具有时效性,它由各国分别落实,但没有专门的机构组织协调,当出现新的问题时,由国家之间进行临时磋商解决。国际经济条约与协定以书面的形式管理、协调国际经济的交往,使世界经济的运行更加规范。如《联合国国际货物销售合同公约》、《保护工业产权巴黎公约》和《商标注册马德里协定》等。由于国际经济条约和协定自身时效性的特点以及新的经济状况不断地发生,都促使这些条约与协定随着世界经济的发展而不断地更新、完善,当然这个过程中存在着时滞的问题。

三、国际会议

(一)国际会议的概念

国际会议是主权国家间政府代表通过会晤,就相互间经济关系和有关国际经济问题进行协商,进而规定各方权利和义务的协调形式。相对于其他几种组织形式,国际会议的约束力较差,大多是临时性的,而且很不稳定。国际会议一般没有长期固定的议题,与会国主要就当前迫切需要处理的经济问题交换意见,进行协商,最终达成某项共识。会议可能成立国际经济组织或区域经济一体化组织,也可能产生国际经济条约和协定,但也可能仅就某方面的政策性协调表明共同的意见或立场。如欧盟峰会。

(二)主要的国际会议及其作用

国际会议的参与国数量、级别和举行期限都不固定,因此比较灵活,包括双边的和多边的、首脑级的和部长级的,以及定期的和不定期的等多种形式。目前,在众多国际会议中对世界经济影响最大的是西方七国首脑和财长会议。1975 年以来,七国集团每年定期举行会议,针对经济增长、国际贸易、国际金融、南北关系、环境保护等国际经济政治问题进行广泛的讨论,并在干预石油价格、稳定美元汇率、抑制通货膨胀、缓解第三世界国家的债务危机和对国际金融危机的救助上都取得过显著的成效。

随着世界多极经济格局的形成,发展中国家对世界经济的影响越来越大。1997 年亚洲金融危机的爆发使国际社会认识到,国际金融问题的解决除西方发达国家外,还需要有影响的发展中国家参与。因此,为了推动发达国家和新兴国家之间就实质性问题进行讨论和研究,以寻求合作并促进国际金融稳定和经济的持续增长,1999 年 9 月 25 日,八国集团财长在华盛顿宣布成立二十国集团(G20),成员国包括中国、印度、巴西、阿根廷、墨西哥等发展中国家。G20 以非正式的部长级会议运行,集团财长和央行行长每年举行一次会议、一至两次副手级会议,每年的部长级例会一般与七国集团财长会议相衔接。自 2008 年由美国引发的国际金融危机使得金融体系成为全球的焦点,开始举行二十国集团首脑会议,扩大各个国家的发言权,这取代之前的八国首脑会议或二十国集团财长会议。

其他具有较大影响的国际会议还包括发展中国家的国际会议，如不结盟国家和政府首脑会议、东盟政府首脑会议、安第斯集团首脑会议以及针对人类社会的某项具体问题而举办的会议，如世界粮食大会、世界环境与发展大会等。

第五节　当代国际经济政策协调的进展与发展趋势

一、当代国际经济政策协调的进展和特点

（一）当代国际经济政策协调的进展

1. 从七国集团到二十国集团

以西方七国首脑会议为标志，国际经济政策协调进入了一个新的阶段。在 G7 最初的一、二届会议中，只对汇率、能源价格等局部目标的合作和协调达成一致意见，而真正意义的国际经济政策协调是在 1977 年的“伦敦会议”和 1978 年的“波恩会议”才初现端倪。在伦敦会议上，制定了以美国、原联邦德国和日本三个经济大国作为带动整个西方经济回升的“火车头”策略，并规定了当年三国经济增长指标。1978 年的波恩会议则制定了“共同协调刺激经济回升的政策”，它标志着西方各国开始在经济发展的总体目标上进行协调，而不像布雷顿森林体系那样，只在汇率方面进行协调。

进入 20 世纪 80 年代以后，主要发达国家的国际经济政策协调继续向纵深发展，其范围也在扩大。1981 年渥太华会议要求与会国把利率和汇率波动减到最低限度。翌年凡尔赛会议“把奉行谨慎的货币政策和加强对预算赤字的控制当作当务之急”，研究了各国对动荡不定的外汇市场进行联合干预的可能性，并成立了美、日、英、法、德组成的“五国集团论坛”，加强对各国经济政策的相互监督。1985 年的广场会议上，五国就联合干预汇率问题达成一致协议，认为美元价值过分高估，承诺要联合干预外汇市场促使美元有秩序地贬值，实行“软着陆”，它标志着发达国家间的协调已开始落到实处。1986 年的东京会议进一步将其政策协调具体化，并采取 10 项指标进行监督。这一指标体系既包括汇率、国际收支指标，也包括各国的通货膨胀率、利率、货币发行量、失业率等指标，这是西方国际经济政策协调向前迈进的又一标志。1987 年的罗浮宫会议又将上述指标减为 7 项，把愈来愈多的国内宏观经济政策纳入国际协调的范围。在以后的几次会议中，随着“冷战”结束，世界经济格局的转变，特别是西方经济面临不景气，会议重点又转向经济问题。1994 年举行的第 20 届那不勒斯会议，在西方经济开始出现复苏的背景下，会议没有解决当时最紧迫的美元危机和就业等问题，也没有对世界的热点地区提出解决方案。这说明西方内部矛盾加深，并且由于缺乏杰出新兴市场的代表，G7 协调作用已日趋下降。

为了更好地倾听发展中国家的声音，早在 1999 年 9 月，七国财长就创造了 G20 作为 G7 的有益补充，这是在布雷顿森林体系框架内主要国家（包括发达国家和发展中国家）之

间的一个非正式对话机制。2008 年 11 月在华盛顿召开的首次 G20 峰会中发达国家和发展中国家首次以首脑会议的方式共同应对全球金融危机并商讨国际金融体系改革方案，这象征着发展中国家在政策协调中的地位得到显著提高。

2. 区域经济集团的协调范围更广、程度更深

出于本国经济发展、抵御危机的需要以及受先前区域一体化组织示范作用的影响，区域经济一体化组织的数量在这段时期内急剧增加。这一时期，亚太经济合作组织(1989 年)、北美自由贸易区(1994 年)等区域一体化组织也相继成立，极大地促进了区域经济一体化的发展。伴随着新建组织数量的不断增加，原有区域一体化组织也在不断壮大。以欧盟为例，欧共体 1986 年吸纳了西班牙和葡萄牙，其成员国增加到 12 个；1993 年欧共体正式启动统一大市场，使商品、劳务、资本在区域内得以自由流动；1995 年，奥地利、瑞典、芬兰加盟；1999 年，欧元正式启动(英国、丹麦、瑞典和希腊当时未加入)，成立欧洲中央银行，协调成员国的经济、财政和金融政策，组成欧洲经济与货币联盟；2000 年 6 月 19 日，希腊加入欧元区；2004 年，欧盟东扩，又有 10 个欧洲国家加入欧盟，这使欧盟成员国数量扩大到 25 个。2007 年 1 月 1 日，罗马尼亚和保加利亚加入欧盟，欧盟成员国达到 27 个。在亚洲，近年来一些次区域性国际合作获得了发展，东盟由原来的 10 国加上中、日、韩三国的次地区性的合作组织演变成“10＋3”，同时确立了首脑定期会晤、财长定期会商和政策对话机制，东盟已与中国于 2010 年建成自由贸易区，同时也积极与日本、韩国、印度和欧美国家商讨建立自由贸易区，计划到 2020 年年底之前创建一个类似欧盟的经济共同体。

3. 国际贸易协调领域扩大，新的协调机制已经建立

1995 年 1 月 1 日，世界贸易组织正式取代关贸总协定行使其职能，从而令国际贸易协调进入到一个新的时期。相较于关贸总协定只对农产品、纺织品以外的部分货物贸易进行监管，世贸组织不仅对所有货物贸易进行管辖，还将范围扩大到服务贸易、知识产权，甚至是环境保护等新领域。不仅如此，世贸组织规定成员国必须以“一揽子”方式接受世贸组织制定的所有协定和协议，并且争端仲裁机构所做出的决策除非世贸组织成员完全反对，否则视为通过。这些改革，令国际贸易协调的权威性和效率都得到了很大的提高。

(二) 当代国际经济政策协调的特点

1. 国际经济组织协调继续发挥作用，但局限性日益明显

战后成立的国际货币基金组织一直以来在促进国际货币合作、稳定汇率、调整国际收支以及对危机国家的救助方面发挥着积极的作用。然而由于其自身经济实力有限，当危机爆发时无法迅速有效地采取行动，并且其提供贷款所附带的一系列苛刻的经济改革条件对受援国的经济也产生了诸多负面影响，所以近年来遭到了越来越多专家学者的质疑和批判，人们对改革的呼声愈加强烈。

2. 以美国为主宰的国际经济政策协调局面被以大国为核心的协调局面改变

伴随着 20 世纪 90 年代美国新经济的强劲增长，美国在国际经济协调中仍然占据着主导地位，但是其单边主义及霸权主义的手法受到了越来越多的抵制。长期以来，当美国自身经济出现问题时，美国政府往往不从本国寻找解决问题的方案，而是把矛头直指国外，要求别国做出相应的调整。例如，21 世纪初，美国就将它的"双赤字"问题和失业问题归咎于日元和人民币，在不同的场合对日本和中国施压，要求日本停止对汇率的干预，要求中国令人民币升值。随着经济多极化趋势的发展，美国这种霸权主义的手法受到了世界各地的反对。近年来频繁展开的中美、中日、中欧经济战略对话，就是以大国为核心协调双边及全球发展问题的成功尝试。

3. 发展中国家在国际经济政策协调的地位得以显现

"二战"后，在国际经济的协调领域中，发达国家控制的国际经济组织以及发达国家组成的七国集团始终占据着主导地位，整个国际经济体系是以发达国家的利益为中心而建立的。正因为如此，发展中国家在经济发展的同时面临着重重障碍，许多困难由于自身经济规模有限无法自己解决，而且又常常是历次金融危机的受害者，因此强烈地要求参与到国际经济协调中来，以改变现有不合理的国际经济秩序。同时，随着发展中国家经济实力的增强，国际经济协调也确实需要发展中国家的参与。1997 年亚洲金融危机的爆发使国际社会认识到，国际金融问题的解决除西方发达国家外，还需要有影响的发展中国家参与。1999 年 9 月 25 日，二十国集团的成立，推动了发达国家和新兴国家之间就实质性问题进行讨论和研究。2008 年的国际金融危机更是促成 G20 以首脑会议的方式开启了世界的新秩序，以寻求合作并促进国际金融稳定和经济的持续增长。

二、当代国际经济政策协调的发展趋势

（一）国际经济政策协调在发展中存在的问题

国际经济政策协调在其发展过程中也暴露了许多的缺陷和问题，主要表现在以下几个方面：

1. 分歧和矛盾多

参加协调的各国，由于经济基础不同，在国际分工体系中所处的地位也就不同，因此代表着不同的利益要求，在进行协调时往往就利益的分配，采取的政策措施上产生分歧和矛盾，影响了国际经济政策协调的发展和积极作用的发挥。一般来说，参与协调的国家越多，分歧和矛盾也越多。

2. 有限协调

由于南北关系的根本改善不是短期内可以实现的，所以全面深刻的国际经济政策协调还缺乏一定的条件，目前所能实现的只是有限度的协调。

3. 机构和运行机制不完善

从目前国际经济政策协调机构和其运行机制的角度来看，也存在一些不合理、不完善的地方，如机构重叠庞大、缺乏效率、渠道不畅通等，给国际经济协调带来一些直接或间接的制约影响。

4. 国际经济协调组织对金融危机的预警能力亟待加强

危机爆发后的救援安排固然十分重要，但是建立一套科学、合理的危机预警系统更为重要。如果在一个国家具有发生金融危机的潜在因素不断上升和累积之时，能够预先发出警告，并列出政策选择菜单，就能够有效地避免危机发生，大大降低危机最终爆发的概率。国际货币基金组织和世界银行的危机预警能力在1997年东南亚金融危机爆发时，曾令人失望，而在这次金融危机中，也未表现出明显的进展，它们对2007年发生的美国次贷危机的后续影响估计不足，没有及时给以警示并提出有效的危机预防政策建议。危机再次表明，难以依靠一个或少数几个发达国家的经济金融力量掌控金融形势，因此，建立一个能够预警和克服全球性金融危机的国际经济协调机制迫在眉睫。

（二）国际经济政策协调具有广阔发展前景

1. 改善经济不平衡现象需要国际经济政策协调

目前，世界经济不平衡现象依然存在，而且不平衡还在进一步加剧，这种不平衡一方面表现在南北经济发展上的不平衡；另一方面表现在发达国家内部经济发展的不平衡，发展中国家之间也存在着不平衡。不平衡就会导致矛盾与冲突，对待矛盾与冲突，最佳的办法就是通过国际经济协调与合作加以解决。

2. 全球性问题的解决需要各国共同协商和努力

在日益全球化的新经济中，协调与合作是必要的。贸易、投资、金融以及生产的全球化把世界紧密联系起来，彼此间的依赖不断加深。一国的经济活动和经济事件将对另一个国家产生传导作用，同样，该国的经济活动和经济决策也将受到他国所发生的经济事件的影响。人们面临越来越多全球性问题，国家之间的共同利益相应在扩大，许多问题需要各国共同努力才能够解决。

3. 在国际贸易、国际金融、国际投资及科技合作等方面都需要国际经济协调

在世界各国的贸易经济合作活动中需要不断地协调，使其能够顺利地进行。在国际贸易中，随着关税和非关税贸易壁垒的消除和减少，一些国家又打着技术标准、卫生和绿色环保的幌子实施新的贸易保护主义；在国际金融中，人们面临着如何防范和解决金融危机，怎样使现行国际汇率机制不断完善等诸多问题；在国际投资中，协调跨国投资中出现的问题，促进投资的自由化与便利化；在科技合作中，加强各国经济技术合作，缩小差距，促进世界经济共同发展。这一系列的问题都离不开国际经济政策协调。今后，国际经济政策协调将会有更大的发展，无论是协调的方式、协调的范围还是各国对其重视的程度都

是如此,应该说国际经济协调已成为当代国际经济的重要组成部分。

金融海啸下的联合行动

2008 年的金融危机主要表现为市场信心匮乏、货币市场紊乱、信贷枯竭,并通过资本流动和国际贸易等渠道,危机已经从局部蔓延到全球、从虚拟经济扩散到实体经济并对国际货币体系和国际金融体系构成较大冲击,转化成为全球性问题。全球性问题需要全球性的解决方案,任何单边行动都难以奏效,以邻为壑的政策则会进一步恶化危机。为此,国际社会必须加强国际经济政策协调,采取集体行动,形成政策合力,尽快平息金融危机,确保世界经济复苏。

1. 西方六国联合降息应对危机

2008 年 9 月中下旬至 10 月上旬,国际金融市场发生了一系列惊心动魄的事件:华尔街爆发了金融海啸,美国声名显赫的五大投行全部覆没,美国国际集团被接管。金融危机同样肆虐着大西洋彼岸,欧洲金融机构也相继遭受洗盘。鉴于金融危机恶化增加了经济的下行风险,需要采取联合降息来缓解全球金融局势。西方主要经济体央行对金融危机进行了持续和密切的磋商,并决定采取联合行动以应对危机。2008 年 10 月 7 日,美国联邦储备委员会、欧洲央行、英国英格兰银行以及加拿大、瑞士和瑞典等国的央行均宣布将基准利率降低 0.5 个百分点。美联储宣布将联邦基金利率降低 0.5 个百分点,至 1.5%。欧洲央行宣布将基准利率从 4.25%降至 3.75%。英国英格兰银行宣布将基准利率降至 4.5%。加拿大央行宣布将利率降至 2.5%。瑞士和瑞典央行分别宣布将基准利率降至 2.5%和 4.25%。

美联储在声明中说,经济活动弱化和通货膨胀压力下降是美联储此次紧急降息行动的依据。近几个月来,经济增长步伐显著减缓,金融市场动荡加剧可能进一步抑制消费开支,家庭和企业获得信贷的能力进一步下降。在通胀方面,美联储认为能源和其他商品价格下降和经济增长步伐放慢减少了通胀上升的风险。

西方六国联合降息不仅降低了国际金融市场的资金成本,更重要的是向国际社会发出了强烈的信号——主要经济体采取联合行动共同应对金融危机的信心和决心。

2. 西方十国签署货币互换协议注入流动性

"对症下药"直接向市场注入流动性是本次危机救助的重要手段,而货币互换协议是政府增信的重要工具,有利于增强市场信心,维护外汇市场的稳定。随着危机的蔓延,各国央行加强了政策协调,签署货币掉期协议,向市场注入流动性。美联储、欧洲央行以及英国、日本、加拿大、澳大利亚、瑞典、丹麦和挪威央行进行合作,多次签署了不同期限、不同金额的货币互换协议，共同向市场提供流动性。2008 年 9 月 29 日，10 家发达国家央行再加 3 300 亿美元的临时互惠货币互换规模，至 6 200 亿美元。10 月 13 日，美联储、欧洲央行、英格兰银行、瑞士国家银行和日本银行联合采取措施，向市场注入美元流动性。并且，美联储和英格兰银行、欧洲央行、瑞士国家银行之间的货币互换规模可以无限增大，以适应美元资金的需求。此外，各国央行在向市场注入流动性的同时，还开发出一系列货币政策工具。美联储创设新的流动性管理手段，包括短期标售工具、短期证券借贷工具、一级交易商借款机制等，向市场注入流动性，并逐步延长和增加上述工具的期限和额度，放宽抵押品的条件。

3. 七国集团利用一切手段维持金融稳定

2008 年 10 月 10 日，针对濒临枯竭的信贷市场，由美国、德国、日本、法国、英国、意大利和加拿大组成的七国集团财长和央行行长会议在华盛顿召开，会后公布了一项联合行动计划，目的在于稳定全球金融形势，恢复市场信心，支持经济增长。

联合行动计划突出强调要利用一切手段维护金融市场稳定，具体内容包括：

(1) 采取决定性行动，利用一切可以利用的手段，支持那些对金融系统安全具有重要意义的金融机构，防止它们倒闭；

(2) 采取所有必要措施，解冻信贷和货币市场，确保银行和其他金融机构有获得流动性和资金的广泛途径；

(3) 确保银行和其他主要金融媒介必要时能够通过公共或非公共途径筹集资本，获得重建市场的信心，并继续面向家庭和企业发放贷款；

(4) 确保各成员国的储蓄保险和担保计划行之有效并协调一致，使储户对存款安全保有信心；

(5) 适时重新启动抵押贷款和其他证券资产的二级市场，执行高质量会计标准，反映资产准确价值。

七国集团部长级会议特别强调，上述行动计划的执行不得损害纳税人利益，不得给其他国家造成潜在破坏性影响。该次会议暂时为市场吃下定心丸，信贷枯竭状况有所缓解。

4. 危机救助——欧洲联合行动

由于欧美金融市场高度一体化，很多市场参与者均是同一机构，美国金融市场紊乱状况必然会影响欧洲的金融市场。从资金运作情况看，尽管欧洲银行主要的资产来源和运用均是欧元，但由于它们同时发行以美元计值的债券，所得资金多投资于美元资产，因此受美国市场影响较大，美元资产缩水后，需要额外的美元资金来源偿付美元债务，在额外美元资金来源出现困难时，其资金链可能出现断裂，从而陷入危机。

事实上，在 2008 年 9 月中下旬华尔街出现金融海啸后，欧洲金融机构也出现类似“地震”。9 月 29 日，英国财政部确认将深陷本国房地产市场泥潭的布拉德福德——宾利(Bradford & Bingley)公司国有化。同日，比利时、卢森堡和荷兰 3 国政府宣布向受美国次贷证券业务影响而濒临绝境的富通(Fortis)银行注资112亿欧元,分别取得该银行在本国所设分支机构49%的股份。同日,德国政府及当地银团宣布向本国主要的商业房地产银行——Hypo房地产银行——提供350亿欧元的信用担保。

针对欧洲金融机构出现的问题,2008年10月7日,欧盟27国财长在卢森堡召开会议,就各国统一应对银行危机达成7条原则意向:

(1) 救援必须及时,但原则上应只是临时措施;

(2) 纳税人利益必须得到保护;

(3) 现有股东应承担政府干预的后果;

(4) 必要时,政府有权自由撤换银行高管;

(5) 政府有权限制银行高管薪酬;

(6) 欧盟的相关法规必须得到尊重以确保为自由竞争保留空间;

(7) 救援行动不得损害其他国家利益。此外,欧盟各国财长还同意,今后一年内,把欧盟境内私人银行存款的担保上限由2万欧元提高至5万欧元(6.8万美元)。

2008年10月12日,欧元区15国领导人在巴黎举行有史以来的首次峰会,会议通过了一项大规模的救助计划,宣布了应对金融危机的3点主要措施:

(1) 欧元区国家政府将在2009年年底前,为银行5年期以下的新发债务提供担保;

(2) 同意各国政府以购持优先股的方式向本国银行直接注资;

(3) 承诺对陷入困境且有系统性影响的核心银行进行资本重组。次日,欧元区15国宣布了总规模近13万亿欧元的本国救助金融机构的具体方案。其中,德国为5 000亿欧元,法国为3 600亿欧元,荷兰为2 000亿欧元,西班牙为1 500亿欧元,奥地利为850亿欧元。

2008年11月7日,欧盟国家领导人在布鲁塞尔举行非正式会议,并一致承诺将参与欧元区15国的银行救助方案,但未就经济刺激方案达成一致。

由于欧洲央行缺乏统一监管金融市场的功能,欧元区的联合行动的重要性更加突出。一直以来,关于欧洲央行的职能与治理的争论不断,主要涉及欧洲央行除维持物价稳定外是否还应有责任促进经济增长,以及欧元区政治家是否应参与欧洲央行政策制定。对此,法国立场非常明确,坚决要求欧洲央行加强与各国政府财政政策的协调。随着欧洲经济形势日趋严峻,加强货币政策与财政政策的配合逐渐得到舆论支持。在各成员国丧失货币主权的情况下,欧元区和欧盟的政策协调及联合行动显得至关重要。

5. 召开二十国集团峰会

在2008年世界银行/国际货币基金组织秋季年会期间,国际金融危机全面升级并转化为金融海啸,美国首先非正式提出召开二十国集团(二十国集团的成员包括:八国集团成员国美国、日本、德国、法国、英国、意大利、加拿大、俄罗斯,欧盟以及主要发展中国家中国、阿根廷、澳大利亚、巴西、印度、印度尼西亚、墨西哥、沙特阿拉伯、南非、韩国和土耳其)

特别峰会，商讨应对金融危机之策。随后八国集团(七国集团十俄罗斯)领导人发表声明，宣布将在“近期适当时候”召开各主要国家参加的国际峰会。

2008年10月15日，欧盟峰会在布鲁塞尔召开，法、英、德三国倡议在当年年底前召开一次全球峰会，共商国际金融改革问题，以推动建立一个新的“布雷顿森林体系”，并建议会议地点选在金融危机爆发地纽约。10月18日，法国总统萨科齐携欧盟委员会主席巴罗佐访美，与布什总统发表联合声明，宣布计划召开一系列世界领导人峰会，以应对世界经济危局。此后几日，布什总统与多国领导人通话，并最终议定召开首次峰会的名义、时间和地点。10月22日，白宫发言人最终宣布，美国计划于11月15日在华盛顿特区召集二十国集团领导人峰会，就全球金融危机展开讨论。

美欧虽同是本次金融峰会的倡导者，但各自的出发点并不一致。在次贷危机肆虐下，美欧经济金融形势都在恶化，但欧盟的表现更加脆弱，这导致在金融海啸爆发后欧元和英镑兑美元快速贬值。尽管如此，欧洲大国仍然迫不及待希望给美国贴上“危机始作俑者”的标签，以赢取国际金融领导权。在2008年11月7日召开的欧盟领导人非正式会议之后，欧盟轮值主席国法国总统萨科齐宣布，欧盟将在即将召开的二十国金融峰会上就改革现行国际金融体系以及其他应对金融危机的举措提出建议。萨科齐表示，欧盟27国领导人一致同意重建国际金融体系，这是欧盟“坚定”和“雄心勃勃”的目标。他说：“为更好地应对当前这场金融危机，全球需要更加透明的金融体系、更为严格的金融监管，既要采取短期措施，也要考虑中长期的策略。”

但即便同是欧洲大国，法、英在国际金融体系改革方案上也不尽相同。法国提出的国际金融改革路径是建立适应21世纪的国际金融框架，具体主张包括：

(1) 打击国际金融避税港；

(2) 严格监管金融机构；

(3) 加强监管对冲基金，与主权财富基金一视同仁；

(4) 国际货币基金组织职能应从发放援助贷款向金融监管回归；

(5) 严格管理信用评级机构；

(6) 限制金融机构高管薪酬；

(7)讨论未来的国际货币体系。

相比而言，英国态度相对温和，主要针对国际金融监管，呼吁建立第二代布雷顿森林体系。英国首相布朗提出的改革方案意在建立全球统一规范的金融监管体系，其具体主张包括如下两个方面：

一是改革金融监管。要求在年底前各方承诺调整公允价值会计准则、银行报表中增加风险披露、实施巴塞尔新流动性风险管理指南、对全球最大的30家金融企业实行跨国监管等。

二是改革全球治理。包括建立全球金融与经济预警系统；制定统一的全球监管标准，解决金融全球化与监管国别化的矛盾;各国金融监管当局密切合作,实现对跨国金融机构的有效监管;建立应对金融危机的全球合作和协同行动机制。

美国处境相对被动,但因其在国际经济和金融领域的地位无人替代,美国还是积极化被动为主动,召集二十国金融峰会,以调动全球力量应对金融危机,转嫁危机所带来的调整成本。美国虽对改革现行国际金融体系表示同意,但强调任何改革都应该是改善而并非阻碍自由市场和贸易投资自由流动。鉴于此,美国倾向于在首次峰会上讨论国别金融监管的"原则",而非其他具体问题。

日本虽然作为2008年七国集团(八国集团)轮值主席国,但未能跟上美欧节拍提出金融峰会的倡议,作为美国的同盟,日本必然会尾随美国,共同维护现行的国际货币体系和国际金融体系。

新兴国家作为一个整体第一次被推向前台,与主宰世界经济格局的发达国家领袖共同商议全球金融危机救助。对于大多数新兴市场国家而言,他们显然并没有准备好对国际经济事务"参政议政",他们的与会,更多是一些象征意义,重在参与,为市场提振信心。

正因为参与金融峰会的各方在初衷上存在较大的差异,这注定首次二十国金融市场和世界经济峰会难以达成建设性成果。全球性危机需要全球性解决方案。正如南非Transnet集团执行总监和本届达沃斯论坛联合主席Maria Ramos所强调的:"二十国集团的领导人应该拿出胆识和谋略,通过全球合作,采取有效措施。当前仅仅止于谈论已于事无补,我们必须采取措施和行动。假如6个月或一年后我们仍然在谈论同样的事情,那就表明我们已经失败了。到那时我们不得不面对灾难性的社会动荡。"

全球合作是全方位多层次的,不仅包括国家之间在刺激经济增长方面的政策协调,而且还包括各国政府与企业,尤其是与金融机构之间的协调与合作。正如世界经济论坛创办人施瓦布在闭幕会上强调的:"我们必须强化'我们做得到'这个观念,我相信这次会议得出了相当多的构思,但最关键的是全球合作。政府和企业应携手共对金融危机。即便是对金融危机负有责任的银行家们也可成为解决问题的一部分。"

资料来源:熊平安,秦月星. 金融业反思与复兴. 北京:人民邮电出版社,2009(4).

问题:

1. 分析案例中采用的国际经济政策协调的主要组织形式。
2. 结合所学知识阐述金融海啸爆发后进行国际经济政策协调的重要性。
3. 本案例中的国际经济政策协调涉及了哪些内容?
4. 进一步查阅相关资料,分析上述国际经济政策协调的效果及缺陷。
5. 发展中国家应该如何在国际经济事务中更好地"参政议政"?

本章小结

本章介绍了国际经济政策协调的目标、方式和作用，较详细地阐述了国际经济政策协调的内容，即国际贸易政策协调、国际汇率政策协调和财政货币政策协调。同时介绍了国际经济政策的4种组织形式，阐述了国际经济政策协调机制的确立和发展过程，并分析了当代国际经济政策协调的进展和特点，对国际协调的发展趋势进行了探讨。通过本章的学习，学生对国际经济政策协调的重要性有充分的认识，了解国际经济政策协调的概念和理论，掌握当代国际经济政策协调的机制和内容，把握其发展过程和趋势。

复习思考题

1. 国际经济政策协调的两种基本方式是什么？
2. 简述"二战"后国际经济政策协调的主要内容。
3. 现行国际经济政策协调机制有哪些局限性？
4. 国际经济政策协调的组织形式有哪些？
5. 在2008年的金融危机中，国际经济政策协调机制是如何发挥作用的？

二十国集团峰会上的"中国时刻"

现代意义上的全球经济治理发端于"二战"结束后，以国际货币基金组织（IMF）、世界银行和世界贸易组织（WTO）前身关贸总协定（GATT）为代表的全球治理机制框架在美国主导下基本形成，美国在其中担当着领导角色；20世纪70年代，全球经济治理面临了第一次重大挑战——美元危机，之后诞生的七国集团（G7）开始在国际宏观经济政策协调中发挥核心作用；20世纪90年代以来，G7的全球经济协调能力逐步下降，亚洲金融危机又一次暴露出全球经济治理体制的固有缺陷，呼唤发展中国家参与国际经济与货币政策的协调与对话，在世纪之交成立了二十国集团（G20）并召开财长和央行行长会议；2008年爆发的国际金融危机以及随后的欧洲主权债务危机使人们认识到，单纯依靠发达国家的治理机制已无法继续有效运行，无法应对包括金融危机在内的全球性问题，这加速了全球经济治理机制的新一轮深刻变革，G20逐步成为国际经济合作新的主要平台。先后举行的六次首脑峰会，使传统的G20机制开始具有了许多反映时代要求和国际力量变化客观现实的全新内涵，强劲可持续平衡增长的新框架逐步形成共识，各国在促进世界经济可持续发展等方面承担着共同责任，快速崛起的新兴经济体的意愿需要得到更多反映，全球经济治理正从 G7、G8 主导向发达国家和发展中国家共同主导转变。作为世界第一大外汇储备国、第二大经济体同时也是对世界经济增长贡献率最大的国家，中国本着积极和建设性的态度参与了二十国集团的每一次峰会，在这一机制形成和发展过程中发挥了重要作用。多年来，历次峰会都有自己的"中国声音"，上演的是愈来愈为世界瞩目的"中国时刻"，成为二十国集团机制发展历程中不可磨灭的一页。

在 2008 年二十国集团的首次峰会——华盛顿峰会上，面对前所未有的金融海啸冲击，胡锦涛主席做了题为《通力合作，共度时艰》的重要讲话——"为了有效应对这场金融危机，世界各国应该增强信心、加强协调、密切合作"。中国领导人的真诚呼吁，最终成为了峰会成果的写照——"我们决心采取共同行动，改善对世界金融市场的管制、监管和全部运作"。

2009 年 4 月，在英国伦敦举行的二十国集团第二次峰会正逢春暖花开之季，但金融危机却在扩大蔓延，世界经济陷入衰退的"寒冬"，胡锦涛主席发出鼓舞人心的呼吁："只要我们坚定信心、共同努力，就一定能渡过难关，实现我们共同确定的目标。"结果，伦敦峰会推出具体措施：国际货币基金组织获得巨额增资，各方达成对对冲基金、信用评级机构、金融衍生品等加强监管的共识……而这些措施，实质上成为世界经济走出危机、摆脱衰退的"信心之源"，伦敦峰会因而成为世界经济形势变化的一个转折点。

2009 年的匹兹堡峰会上，胡锦涛主席呼吁各方充分利用二十国集团这一平台，继续加强宏观经济政策协调，保持政策导向总体一致性、时效性、前瞻性。后来，此次峰会正式确认二十国集团是"国际经济合作的主要平台"，确立世界银行投票权从发达国家向发展中国家转移至少 3%、国际货币基金组织份额从发达国家向发展中国家转移至少 5%的政策目标，表明包括中国在内的新兴市场国家和发展中国家正在世界经济格局中崛起以及话语权的提高。

2010 年夏，胡锦涛主席在加拿大多伦多二十国集团第四次峰会上发表讲话时指出："我们应该着眼长远，推动二十国集团从协同刺激转向协调增长、从短期应急转向长效治理、从被动应对转向主动谋划。"这一呼声不仅点明了二十国集团的核心价值和发展趋向，而且为这一机制进一步发挥引领作用提供了具体的思路。

2010 年 11 月的首尔峰会是二十国集团在新兴市场和亚洲国家举行的首次峰会，峰会上首次将"发展"作为会议主题之一。胡锦涛主席在此次峰会上提出 4 点建议，呼吁二十国集团"再接再厉，共促发展"。

2011 年 11 月的戛纳峰会上，胡锦涛主席为此向全体会议发表题为《合力推动增长 合作谋求共赢》的讲话。在不同场合，胡锦涛主席还就贸易问题、发展问题、世界经济治理、大宗商品价格和国际货币体系改革等诸多议题做专题发言。在电影宫会议大厅、在峰会新闻中心、在荧屏上、在网络上，"中国时刻"成为戛纳峰会一道道醒目的风景线……

“中国时刻”传递出的信息、提出的建议主张体现在戛纳峰会通过的《戛纳峰会行动计划》、联合声明与宣言等成果文件之中，成为二十国集团发展历程中的宝贵财富，成为助推世界经济的养分和动力。

从华盛顿、伦敦、匹兹堡、多伦多、首尔到戛纳，“中国时刻”表露出了中国的远见，如同思想之泉，不断为二十国集团这一平台注入启迪。

资料来源：瞭望新闻周刊，2011(45).

第 13 章　当代中国的对外经济合作

学习目标：

通过本章的学习，学生应该能够：

1. 了解我国对外经济合作的发展历程；
2. 重点掌握改革开放后的国际经济合作战略；
3. 了解现阶段我国参与国际经济合作的发展环境；
4. 掌握新时期中国进一步拓展国际经济合作的思路。

作为世界上人口最多、坚持建设有中国特色社会主义的发展中国家，中国发展对外经济合作，对世界经济及其发展具有与日俱增的重大意义。当代中国的对外经济合作事业已经走过了 60 多年的历程，特别是改革开放 30 年以来，我国对外经济合作持续发展，取得了举世瞩目的辉煌业绩。党的十七大强调中国应“形成经济全球化条件下参与国际经济合作和竞争新优势”，为今后一个时期拓展对外开放广度和深度、提高开放型经济水平指明了方向。随着中国对外贸易和外资流入在全球的比重不断提高，对外开放进入了商品和要素全面流动的新阶段。在此背景下，中国参与国际分工的方式、层次和特点必将随之进行调整、拓展和提升，形成参与国际竞争与合作的新创新优势。

第一节　中国参与国际经济合作回顾

国际经济合作的实质是生产要素的国际移动和重新组合配置。所以，从生产要素移动层面来看，我国的国际经济合作活动从新中国成立就开始了。但在不同的历史时期，受国际政治经济影响，国内有不同的指导思想，所取重点与采用的方式区别较大。本节主要介绍新中国成立后到改革开放前中国参与国际经济合作的情况。在对 1978 年以前中国对外经济合作总体情况做简单回顾后，侧重介绍这一时期的利用外资、对外发展援助和参与多边经济技术合作。

一、新中国成立后中国对外经济合作的简单回顾

新中国成立之初，中国政府就昭告世界：内外交流是中国进行经济建设的基本政策之一。然而，20 世纪 50 年代和 60 年代，以美国为首的主要资本主义国家先后对中国采取了封锁、禁运或遏制的政策，我们只能和前苏联、东欧社会主义国家及一些发展中国家进行有限的交往。在此期间，中国政府遵循无产阶级国际主义原则开始向朝鲜、越南、蒙古等社会主义国家及一些亚非友好国家提供经济技术援助。20 世纪 50 年代末 60 年代初，前苏联撕毁了同中国的经济合同，社会主义阵营内部发生很大变化，这迫使中国同苏东一些国家的经济来往大为减缩。这种不利的国际环境使进出口总额在中国经济中所占的比重长期处于很低的水平。中国人民被迫在几乎与外界隔绝的条件下从事经济建设。然而，不屈不挠的中国人民继承和发扬了我党在革命战争时期的“自力更生为主，争取外援为辅”的传统，在主要依靠自己的力量恢复和发展国民经济的基础上搞建设，并取得了很大的成绩。这期间，由于尝过帝国主义封锁、禁运的苦头，吃过别国撕毁合同、撤走专家、逼迫还债的苦果，这在客观上助长了中国国内的一种忽视对外经济技术交流的倾向，这一倾向在 1966 年以后的一段时间曾盛行一时。

20 世纪 70 年代初，随着中国在联合国合法席位的恢复，中国对外关系开始大踏步发展，要求中国提供经济技术援助的第三世界国家增多。在此期间，越南、柬埔寨、老挝的抗美救国战争空前激烈。作为中国对外经济合作的重要内容，对外援助在一段时间内急剧扩大。当时中国对外提供的巨大援助与中国的国力不相适应，但总的来说，在国际事务中还是起到了重大的积极作用。同时，中国与西方国家的经济贸易往来也有了一定的发展。1973 年以后，中国通过延期付款的方式从西方国家引进了一批发展化工、冶金、能源所需的大型成套设备。

20 世纪 60 年代后期和整个 70 年代，是世界经济技术和国际经济联系迅速发展的时期，一些国家和地区（如韩国、新加坡、泰国、中国香港和中国台湾）及时把握和利用了这个机遇，有效地利用了外资和引进了技术，实现了经济腾飞。而中国却处于“十年动乱”时期，经历了一场长达 10 年的使党、国家和人民蒙受浩劫的“文化大革命”，经济工作受“左”的指导思想影响，对外搞闭关自守，国内经济遭到破坏，贻误了大好时机。那时，党的方针、政策受到严重的歪曲和颠倒，“自力更生”成了万事不求人的同义语，被奉为独立自主的象征，“既无外债又无内债”成了社会主义的“气节”和“尊严”，把学习外国先进技术斥为“洋奴哲学”。这些使我国在经济建设和外交上发生了许多失误，如在经济建设上强调“以阶级斗争为纲”，在外交上把西方发达国家和一些发展中国家都列入“帝、修、反”之列，并与它们进行“不调和”的斗争。中国的自我孤立使得我国本来就没怎么打开的大门更加处于关闭或半关闭状态，严重地阻碍了对外经济合作的开展。

综上所述，从新中国成立到 1978 年，中国在开展对外经济合作方面迈出了艰难的步

子，在对外援助工作方面则在国际上产生了良好的影响。但是，由于国际、国内多种因素的制约，中国在发展对外经济合作方面，无论在规模、内容，还是形式上都有很大的局限，与发达国家经济来往很少，把商品经济和资本主义等同起来，盲目排外，自我封锁。而当时正是世界更加开放，经济迅速发展的时期。结果，中国同世界先进国家乃至一般国家之间的经济技术差距进一步拉大了。

二、新中国利用外资的发展历程

新中国建立之初，为了迅速改变旧社会遗留下来的贫穷落后面貌，加快社会主义工业化的进程，我国已经重视利用外资补充国内建设资金的不足，并取得了一定的成果。但由于受当时国际国内条件的制约和影响，利用外资的规模很小，形式单一，这期间主要是利用前苏联提供低息贷款，用于中国经济建设项目。

20 世纪 50 年代，中国主要通过借用前苏联政府的贷款引进技术和成套设备，购买经济建设、国防建设所需的物资。整个 50 年代，中国同前苏联共签订了引进 304 个成套项目设备和 64 个单项车间设备装置的合同，实际执行总金额为 17 亿多新卢布，这些成套项目为新中国建立较为完整的工业体系打下了初步基础。在利用贷款的同时，1950—1951 年，中国还与前苏联、波兰共同投资创办了中苏（新疆）石油股份公司、中苏（新疆）有色及稀有金属股份公司、中国民用航空股份公司和中苏（大连）造船公司，成为新中国成立后建立的第一批中外合资经营企业。

整个 20 世纪六七十年代，囿于当时国际国内的特殊环境和条件，中国利用外资工作基本上处于停顿状态，但在 60 年代，还利用了西方国家银行的卖方信贷，以延期付款方式从法国、英国、联邦德国、瑞典、瑞士、荷兰、比利时、奥地利和日本等国引进了 65 项先进技术设备，总金额包括利息共 2.8 亿美元。20 世纪 70 年代初，随着中国联合国合法席位的恢复，对外关系迅速发展，国家开始增加设备进口和扩大对外经济交流，从 1973 年至 1979 年年底，对外签约 39.6 亿美元，引进 13 套化肥、4 套化纤、3 套石油化工、3 个火电站、43 套综合采煤机组、1.7 米轧机等大型成套设备。到 1979 年年底，引进的先进技术设备项目绝大部分建成投产，对于提高中国工业技术水平发挥了积极的作用。1978 年党的十一届三中全会后，中国利用外资进入了新的发展时期。

三、新中国对外投资的发展历程

由于受传统理论和体制较长较深的影响，中国企业的对外投资之路，在认识和实践上，都经历了一个较长的过程。从新中国成立到实行改革开放政策的前 30 年间，我国企业在国外开展了少量的对外直接投资活动。在这期间，为了开拓国际市场，国有专业外贸公司先后在巴黎、伦敦、汉堡、东京、纽约等国际大都市设立了国外分支机构，建立了一批贸易企业；同时，一些与贸易相关的企业也在国外投资兴办了一批远洋运输和金融等方面的专业企业，这些国外企业投资规模小，分布在世界上著名的港口和大城市，主要从事贸易活动，基本上属于贸易性的对外投资，为新中国对外贸易事业的发展做出了一定的积极贡献。

但是从本质上看，这些企业基本上属于国有企业在海外的办事处或挂牌公司，大多没有什么效益或基本没有什么发展前景，这些所谓的海外公司，实际上只不过是一个接待站或中转站。将举办国外合营企业作为对外经济技术合作的一种重要方式在广泛领域内开展是在改革开放以后。

四、新中国对外发展援助合作的发展历程

对外发展援助合作是指中国政府或由中国政府授权的组织向发展中国家、地区或其他多边国际组织提供的含有政府赠与成分的(发展援助、人道主义援助和其他带有援助性质的互利合作活动等)援助活动。中国从事国际发展援助活动也是参与国际经济合作的一种形式。新中国成立后，面对西方资本主义国家的政治和经济封锁，中国为了争取第三世界国家的支持，积极开展对外经济技术援助和军事援助。

(一) 新中国对外发展援助的起源

新中国对外发展援助从帮助周边友好国家开始起步。1950 年，中国开始向朝鲜和越南两国提供物资援助，从此开启了中国对外援助的序幕。1955 年万隆亚非会议后，随着对外关系的发展，中国对外援助范围从社会主义国家扩展到其他发展中国家。1956 年，中国开始向非洲国家提供援助。中国的对外援助事业并非权宜之计，而是有着深刻的国际主义价值原则，这种价值原则体现为中国对于人类的责任，特别是对于与中国人民有着同样经历的人民的责任。用毛泽东主席的话说："中国应当对于人类有较大的贡献"。①"已经获得革命胜利的人民，应该援助正在争取解放的人民的斗争，这是我们的国际主义的义务。"②

周恩来总理对这种国际主义和爱国主义的高度吻合做出具体的解释，他说："我国对外援助的出发点是，根据无产阶级国际主义精神，支援兄弟国家进行社会主义建设，增强整个社会主义阵营的力量；支援未独立的国家取得独立；支援新独立的国家自力更生，发展民族经济，巩固自己的独立，增强各国人民团结反帝的力量。我们对兄弟国家和新独立国家进行援助，把他们的力量加强了，反过来就是削弱了帝国主义的力量，这对我们也是巨大的支援。"③具体地说，在这种爱国主义和国际主义的结合中包含着两层意思：其一是

---

① 毛泽东. 纪念孙中山先生. 人民日报，1956-11-12.

② 毛泽东主席接见非洲朋友的谈话. 人民日报，1963-08-09.

③ 在第三届全国人民代表大会第一次会议上周恩来总理作政府工作报告. 人民日报，1964-12-31.

作为刚刚摆脱了殖民统治的国家，中国在获得了独立以后，必须支持其他被压迫民族争取民族独立、发展民族经济，这样才能打破西方世界对中国的经济和政治封锁，从政治独立走向经济独立；其二是作为经济落后的国家，中国对于公平合理的世界政治、经济秩序的诉求和广大发展中国家是一致的，帮助发展中国家，也就是改善自己的外部条件。所以，无论从国际主义的角度还是从爱国主义的角度出发，中国与广大发展中国家通过互助共同发展都是一项基本的政策。

（二）新中国对外援助的“八项原则”

1964 年 1 月 14 日，周恩来总理在同加纳总统克瓦米·恩克鲁玛(Kwame Nkrumah)会谈时，首次提出了中国对外援助的“八项原则”。其基本精神是：平等互利；尊重受援国主权，绝不附带任何条件，绝不要求任何特权；中国以无息或低息贷款方式提供援助；帮助受援国走自力更生、经济上独立发展的道路；力求投资少，收效快；提供中国最好的设备和物资；帮助受援国掌握技术；专家待遇一律平等。

中国对外援助“八项原则”在国际经济合作领域中独树一帜，在亚非国家中产生了广泛而深远的影响。通过中国援助，饱受殖民统治的前殖民地国家更好地了解并理解了中国，“中国援助”因而成为与其他西方援助截然不同的发展资源。在“八项原则”指导下，中国对外援助的实践在国际经济关系中创立了真诚合作的典范，博得了受援国政府和人民的广泛赞扬与高度评价，充分体现了中国同广大亚非国家进行经济、文化合作的真诚愿望。

1964 年对外援助“八项原则”提出后，中国与更多的亚非民族主义国家建立了经济合作关系，对外援助进入了发展阶段。广交朋友的中国终于在 20 世纪 70 年代迎来了一次国际力量对比的历史性转机：中国在遭受了来自西方各种势力挤压和围堵 20 多年后，1971 年 10 月，在广大发展中国家的支持下，中国恢复了在联合国的合法席位。中国同更多的发展中国家建立了经济和技术合作关系，并援建了坦赞铁路等一批重大基础设施项目。到 1978 年，中国的对外援助进入了急剧增长阶段，这一阶段对外援助支出为前 21 年(1950—1970 年)总和的 159%，特别是急剧增长的 1971—1975 年，占 8 年总支出的 78%，占同期国家财政总支出的 5.88%，其中 1973 年高达 6.92%，而当时国内正处于“文化大革命”之中，国民经济十分困难，如此巨大的援外支出与当时的国力不相适应，不可能长期继续下去，针对这种情况，党中央和国务院做出了合理安排对外援助的决定，开始对援助的规模、布局和结构进行调整。党的十一届三中全会后，中国对外援助工作经过调整改革，进入了新的发展阶段。

（三）新中国对外援助的方式与内容

1. 对外援助的方式

新中国的对外援助是通过向受援国提供贷款或无偿援助实现的。改革开放以前，中国政府对外援助贷款一般都是无息的，贷款期一般为10～20年，其中含5年宽限期，使用期一般为5～7年，每年偿还已使用贷款总额的1/10，受援国可以其出口货物或可兑换货币偿还，各类贷款到期，如偿还有困难，经两国政府协商，可以推迟或延长偿还期，对第三世界一些经济特别困难的国家，中国还提供无偿援助，对外援助执行方式包括成套项目、技术、物资及现汇援助。成套项目援助是中国对外援助的主要方式；技术援助方式较为灵活，如在成套项目建成后，继续派遣专家进行生产技术指导或帮助经营管理，农业生产技术援助，派遣医疗队等都是技术援助方式；物资援助是向受援国提供生产资料及生活必需品，解决生产建设和人民生活需要，抗击自然灾害等方面的紧急困难；现汇援助是在特殊情况下，应受援国政府急需而提供的，这一部分所占比重很小。

2. 对外援助的内容

在中国对外援助中，占有较大比例的成套项目援助就是将国内的“基本建设项目”移往国外，即凡是由中国负责设计并提供全部或部分设备、建筑材料，派人组织或指导施工安装，建成后能独立发挥作用的工程项目都称为援外成套项目。改革开放前30年，随着中国对外关系发展和国内经济技术力量提高，援外成套项目建设涉及的行业相当广泛，包括农牧渔业、林业、打井供水、轻工、纺织、水利、电力、机械、电子、冶金、化工、建材、交通、电信、文教卫生、公共建筑等各行各业。正是通过援外成套项目建设，使中国不仅与许多发展中国家建立了合作关系，同时也积累了国外施工和提供技术服务的经验，为20世纪70年代末中国的对外工程承包与劳务合作事业的兴起，从客观上提供了有利的外部条件。

五、参与联合国多边经济技术合作

1971年第26届联大通过决议，恢复了中国在联合国的合法席位。此后，我国相继同联合国开发计划署、工业发展组织、儿童基金会、人口基金会等一系列联合国机构建立了联系，开展了多边经济技术合作活动。从1972年到1978年，中国派代表出席联合国有关经济、贸易和社会发展的国际会议，参与审议发展决策，并与联合国开发署、工发组织、技术合作促进发展部和贸发会议等有关经济、发展业务的多边机构建立并发展了合作关系。通过这些活动，逐步了解了联合国发展系统各组织机构的目标和宗旨、资金来源和主要活动情况，积累了经验，培养和锻炼了一支从事多边经济合作的人才队伍，为深入发展同它们的合作奠定了基础。这一阶段，中国与联合国多边经济技术合作虽有了初步发展，但由于经验不足和国内“左”的思想的影响，与联合国之间的合作未能全面深入地开展。

第二节 改革开放后的国际经济合作

一、对外开放政策与国际经济合作战略

党的十一届三中全会做出了实行改革开放的重大决策，明确指出要积极扩大对外经济技术交流与合作，进一步确立了国际经济合作在中国社会主义现代化建设中的战略地位。自此以后，中国对外经济合作无论是广度、深度，还是合作成果都出现了前所未有的局面。

（一）对外开放政策的提出

1. 开放政策提出的背景

中国在 1976 年年末粉碎“四人帮”之后就已经意识到：高度集中的计划经济体制需要改革，闭关自守的对外政策需要改变，否则中国的发展就将受到极大的限制。当时已经有很多国家级和地方级的代表团先后出国考察。1978 年 5 月，国务院派出了由时任国务院副总理谷牧带队的新中国第一个赴西欧考察经济的代表团。他们在法国、德国、比利时、丹麦和瑞士等国家进行了一个多月的考察。1978 年 6 月下旬，中央政治局专门开会听取考察团的汇报。7 月，国务院召开关于经济建设的务虚会，充分讨论了对外经济合作的问题，并在以下几个重要问题上达成了共识：一是第二次世界大战后，发达资本主义国家的社会经济都发生了重大的变化，科学技术和经济发展日新月异，资本主义有很多我们可以借鉴的地方；二是我国的社会主义建设虽然取得了很大的成绩，但与发达资本主义国家相比，我国经济还比较落后，我国与发达国家间的发展差距不是缩小了，而是扩大了；三是发达资本主义国家出于政治和经济的考虑也想和我们进行经济合作，它们需要投资的市场和产品销售的市场；四是在发展对外经济关系中，许多国际上流行的做法，包括补偿贸易、合作生产、吸收国外投资等，我们都可以研究采用。

中国改革开放的总设计师邓小平指出，中国“如果从明朝中叶算起，到鸦片战争，有 300 多年的闭关自守，如果从康熙算起，也有近 200 年。长期闭关自守，把中国搞得贫穷落后，愚昧无知”。“现在的世界是开放的世界。中国在西方国家产业革命以后变得落后了，一个重要原因就是闭关自守”。“根据中国的经验，把自己孤立于世界之外是不利的”[①]。回顾历史，闭关自守，闭目塞听，就必然在世界上落伍，而落后就意味着挨打。

环顾全球，战后经济发展较快的国家，无一不是面向世界的。经济越是发达的国家，它们的国际经济联系就越广泛；经济越是发达的国家，它们在吸收外资、引进技术、发展对

---

① 邓小平文选(第 3 卷). 北京：人民出版社，1993：90、64、202.

外贸易方面下的工夫就越多，迈的步子就越大。美国是世界上经济最发达的国家，它的对外经济联系也最为广泛。战后日本、德国的经济能从战争的巨大创伤中很快恢复并取得迅速的发展，重要原因之一就是它们利用了国外的各种有利因素，吸收了外来的资本和先进的技术，积极开展了对外经济、技术、文化交流。发展中国家也是如此，亚洲的新兴工业化国家和地区都是通过充分利用国际环境获得了资金、技术、原料和海外市场等而发展起来的。在世界经济区域集团化和全球化趋势日益明显的情况下，各国的再生产过程已建立在国际范围内生产要素优化配置的基础之上，建立在广泛利用国际市场的基础之上。任何一个国家，不论是大国还是小国，不论其社会制度和经济发展水平如何，都不可能不同其他国家发生经济联系。对外开放已成为世界各国经济发展的潮流和必然趋势。

新中国成立后虽一直有对外贸易，但这并不意味着一直在实行对外开放。这除了因为当时我国的对外贸易十分有限，主要以互通有无、调剂余缺为目的，以及外贸本身过去和今天相比无论其规模还是性质都大为不同外，还因为单有外贸这一个渠道不能算是真正意义上的对外开放。因为对外开放在一定意义上说应是面向世界市场的开放，而世界市场早已不仅仅是指商品市场，而是一个多领域的世界市场体系。因此，对外开放应该是多领域、多渠道的开放。它应包括：通过对外贸易对国际商品市场开放；通过引进利用外资、对外投资，对国际资本市场开放；通过国际技术交流和转让，对国际技术市场开放；通过对外承包工程、国际劳务合作、国际旅游等，对世界劳务市场开放等。也就是说，对外开放是要大力发展和不断加强对外经济技术交流，积极参加国际交换和国际经济竞争，以生产和交换的国际化取代闭关自守、自给自足，促进经济改革，由封闭型经济转为开放型经济。

我国是一个资金比较缺乏、技术比较落后、社会化大生产的经营管理经验不足的国家，同时我国的社会主义现代化建设又将是在各国经济相互融合、相互补充，形成世界范围内的经济协作，商品经济空前发展的时代进行；在国际经济发展的大较量、大竞争中进行；在世界新的技术革命蓬勃兴起的背景下进行。时间紧迫，任务繁重，实现我国战略目标的关键在于加快速度。在经济生活国际化这一具有历史必然性的经济发展潮流面前，我国的社会主义现代化建设的速度，在相当大的程度上也取决于能否适应这种形势。正如邓小平所指出的："只有实行对外开放政策，吸收世界先进的科学技术和经验，包括资金，才能加速中国的建设。"[①]"在自力更生的基础上积极发展同世界各国平等互利的经济合作，努力采用世界先进技术和先进设备，并大力加强实现现代化所必需的科学和教育工作。"[②]实行对外开放，加强与他国的经济联系，能使我国获得后发性利益。当今世界发展

① 邓小平. 建设有中国特色的社会主义(增订本). 北京：人民出版社，1987：55.

② 中国共产党第十一届中央委员会第三次全体会议公报. 中共中央文件选编. 北京：中共中央党校出版社，1992：99.

中国家发展经济不必一切从头做起，可以通过发展对外经济关系，充分利用外国已取得的最新成果，借鉴国外的科学管理方法，少走弯路，用较短的时间实现现代化的目标。

2. 十一届三中全会确定对外开放基本国策

正是在上述背景下，在 1978 年 12 月召开的中国共产党第十一届三中全会上，党中央总结了国内外经济建设中正反两个方面的经验教训，总结出我国长期处于落后状态的一个重要原因是闭关自守；认为中国要进行现代化建设，必须抓住时机，充分利用国际国内一切有利条件，实行对外开放，即除应坚持自力更生，充分发挥本国的人力、物力和财力外，还必须把视野由国内扩展到国外，吸收其他民族、其他国家的好东西来不断发展壮大自己，从而加快四化建设的步伐；做出了在自力更生的基础上积极发展同世界各国的经济合作，把全党工作的重点转移到经济建设上来的重大决策。党的十一届三中全会确定了我国对外开放的基本国策，揭开了我国发展对外经济关系的新篇章。

随着改革开放政策的确立，中国的外交也取得了显著的成就：20 世纪 70 年代末，中日签署了和平友好条约，中美正式建交，中国同其他西方国家及前苏联的关系也有改善；中国同广大发展中国家的关系进一步发展，这些都为中国发展对外经济合作关系、实行对外经济开放提供了良好的条件。

1981 年 11 月召开的第五届全国人民代表大会第四次会议上的政府工作报告，又进一步明确指出实行对外开放政策，加强国际经济技术交流，是中国坚定不移的方针。同年 12 月，对外开放政策被正式写入我国宪法。这标志着我国对外经济关系、科学技术和文化交流发生了重大的转折和质的飞跃。

（二）国际经济合作战略

对外开放政策的提出，进一步确立了国际经济合作在中国社会主义现代化建设中的战略地位。对外经济合作事业由过去单纯对外提供援助，发展为“有进有出、有给有取”多种形式的互利合作，取得了迅速的发展。党中央明确指出：中国的社会主义现代化建设，要利用两种资源——国内资源和国外资源；要打开两个市场——国内市场和国际市场；要学会两种本领——组织国内建设的本领和发展对外经济关系的本领，可以通过多种途径从发达国家引进资金和技术，与发展中国家开展合资经营，根据不同国家的具体情况，开展多种形式的经济合作。这些重要的理论创新为新时期的对外经济合作树立了正确的指导思想。这一指导思想反映了邓小平同志关于对外开放的科学思想体系，也是我党在社会主义经济发展规律认识上的一次飞跃。

1. 邓小平同志的对外经济合作战略思想

邓小平同志始终关注和支持中国对外经济合作事业的发展，改革开放初期，邓小平同志指出“发展中国家之间的相互合作多起来，积累起来，就会发生质的变化，也就是全球范围的南南合作”(1984 年 5 月会见厄瓜多尔总统乌尔塔)，“经验证明，关起门来搞建设是不能成功的，中国的发展离不开世界，对内经济搞活，对外经济开放，这不是短期的政策，是个长期的政策，最少50年到70年不会变”(1984年10月会见参加中外经济合作问题讨论会全体中外代表)。1992年邓小平同志在视察武昌、深圳、珠海、上海等地时指出：改革开放胆子要大一些，敢于试验。看准了的，就大胆地试，大胆地闯。没有一点闯的精神，没有一点“冒”的精神，就干不出新的事业；多搞点“三资”企业，只要我们头脑清醒就不怕，“三资”企业是社会主义经济的有益补充，归根到底是有利于社会主义的。邓小平同志为中国现代化建设争取有利的国际条件，为对外开放和参与国际经济合作做出了巨大贡献。

2. 国际经济合作战略的主要内容

① 促进国际贸易。根据自已的特长，积极发展出口贸易，从而更好地利用国际分工，获得比较利益，节约社会劳动并赚取外汇；开展对外承包工程和劳务合作，通过人员交流，学习先进技术，并创造良好的经济效益和社会效益。

② 引进外资和技术。充分借鉴、吸收国外反映社会化大生产基本规律的经营管理知识和办法来提高自已的管理水平，引进外资和技术，从而优化经济结构，促进经济发展，增强竞争能力；发展中外合作生产、合作开发、合作研究项目及设计咨询等，更好地引进国外的人才、先进技术和设备。

③ 开展国际旅游业。旅游业有“无烟工业”之称，具有投资少、见效快、创汇多的特点，能吸纳大批劳动力就业并能带动诸如交通、商业、餐饮、旅馆等多种服务业的发展。

④ 2000年提出“走出去”战略。

3. “走出去”战略

(1) “走出去”战略的含义

“走出去”战略又称国际化经营战略，是指中国企业充分利用国内和国外“两个市场、两种资源”，通过对外直接投资、对外工程承包、对外劳务合作等形式积极参与国际竞争与合作，实现我国经济可持续发展的现代化强国战略。

(2) “走出去”战略的提出

“走出去”战略是党的第三代领导集体智慧的成果，是国家发展战略的一部分。中国改革开放的前20年，在积极发展对外贸易的同时，主要采取以引进外国先进技术和资金为特征的“引进来”战略，在经济全球化加速发展和加入世界贸易组织的新条件下，仅依靠“引进来”和贸易的发展已经不足以满足中国发展的需要和充分利用机遇。中国进一步的经济发展必须依靠更加全面的对外开放，特别是让那些已经在改革开放中成长壮大并具备一定实力的中国企业加入到世界经济行列中去。20世纪90年代初，党中央就开始意识到这一问题的重要性，中共十四大提出了实行跨国投资和跨国经营的要求。90年代中期，外经贸部提出了将包括对外投资、承包工程和劳务合作在内的对外经济合作与对外贸易融为一体的“大经贸”战略；90年代末，中央关于将对外开放由单纯的引进来扩大到“走出去”的想法日益明确和成熟。1997 年，江泽民指出：“引进来和走出去是我们对外开放方针的两个紧密联系、相互促进的方面，缺一不可”[①]。2001 年，他进一步明确提出：“改革开放 20 多年来，我们在引进来方面成绩很大，随着我国经济水平的提高和现代化建设的推进，我们必须加快实施走出去战略”。[②] 2001 年，“走出去”被写进中国发展十年纲要，标志着它正式被确定为一项重大的国家战略。

(3)“走出去”战略的内涵

① 发展对外投资，通过参与全球资源分配，获取或直接利用当地资源，缓解我国资源短缺对经济发展的制约，保证我国经济的可持续协调发展并逐步形成自己的跨国公司和著名品牌。

② 打破贸易壁垒保护，扩大外贸出口，改善外贸结构。以投资带动技术、设备、产品和服务的出口，改变以往主要依赖产品出口贸易的模式。

③ 转移我国明显过剩的生产能力，缓解国内市场上的资源浪费，推进我国产业结构的调整和提升。

④ 到境外利用外资，中国企业通过与东道国的资金合作，在当地利用直接、间接和政策性融资。

⑤ 随着时间的推移，根据中国改革发展及加入世界贸易组织的要求，中国逐渐全面地开放了国内能源、交通等基础产业及商业、外贸、金融、保险、电信等服务业领域。

中国近 30 多年的改革开放通过参与国际经济合作，为中国在国际经济舞台各项活动创造了有利形势，为“走出去”战略奠定了可行与较为坚实的基础，“走出去”战略提出时值中国在世界贸易组织地位恢复，自此以后，中国的对外开放程度更高，国际经济合作事业进入了一个全新的发展时期。

二、加入世界贸易组织与国际经济合作

（一）加入世界贸易组织

2001 年 9 月 17 日，在经过 15 年的磋商与谈判之后，世界贸易组织第 18 次中国工作组会议通过中国加入世界贸易组织的所有法律文件，自 2001 年 12 月 11 日起，中国成为世界贸易组织第 143 个正式成员。这标志着我国对外开放、发展对外经济关系进入了一个崭新的阶段。从国际经济合作角度看，加入世界贸易组织，意味着中国将在更开放的程度和更高的层次上，参与全球生产要素流动的全方位的国际经济合作。

---

① 江泽民．在接见全国外资工作会议代表时的讲话．江泽民论有中国特色社会主义（专题摘编）．北京：中央文献出版社，2002：191.

② 江泽民．在广东考察工作时的讲话（2001 年 11 月 27 日）．载《江泽民论有中国特色社会主义（专题摘编）》．北京：中央文献出版社，2002：194.

（二）入世对我国参与国际经济合作的影响

成为世界贸易组织成员后，我国经济与世界经济体系全面接轨，与各国在贸易、投资、金融、生产、科技、服务等各个领域中的合作全面展开，为中国在更大范围、更广领域和更高层次上参与国际技术合作和竞争、充分利用经济全球化带来的有利生产力进步的因素加快发展，创造了新的历史机遇。国际经济合作的开展不但促进了我国国民经济的发展，也使中国越来越深地融入世界经济全球化进程中，在国际经济领域发挥的作用日益显著，促进了与世界各国的共赢。

1. 对出口贸易的影响

改革开放以来，出口贸易一直是中国参与国际经济竞争和合作的主要方式。加入WTO后，中国享受WTO成员拥有的多边、稳定、无条件的最惠国待遇，享受给予发展中国家的特殊待遇，享受其他国家和地区贸易自由化的成果，并可利用WTO规则解决出口争端，保护自身的合法权益。这些有利因素为中国出口贸易规模的扩大创造了有利的条件，促进了中国出口贸易的大幅度增长。

2. 对国际工程承包的影响

中国加入世贸组织，在国内建筑市场开放的同时，也获得了更多国外市场的准入机会，为我国对外工程承包带来了更多的机遇。一方面，中国产品出口关税壁垒减少，有利于建筑业企业增强竞争力，带动更多的国产建筑设备和材料出口。另一方面，在外国公司进入中国市场的同时，中国的工程公司和设计公司也更多地走向国际市场，并扩大在国外的经营领域。在我国不是WTO成员国时，很多国家政府出资的项目我国公司不能做，只能做当地的外资项目，如国际金融机构和外国政府贷款项目以及部分私人投资项目，并且受到的限制也很多。加入世贸组织之后，我国的承包公司得到成员国建筑市场的市场准入资格，并享受最惠国待遇。①

3. 对国际投资的影响

加入WTO后，中国履行按照国际规则办事和进一步开放市场的承诺，降低关税，逐步削减诸如进口许可证、配额、外汇管制、技术检验标准等非关税壁垒；放宽市场准入条件和领域，逐步推进商业、外贸、金融、保险、证券、电信、旅游和中介服务等方面的对外开放。国外企业特别是发达国家的跨国公司，凭借其在资金、技术、人才、机制、品牌、信息、营销管理经验等方面的优势，进一步加大对中国投资的力度。外资的大规模进入，对于加快中

---

① 根据《服务贸易总协定》第2条的规定，“有关本协定的任何措施，每一成员方给予任何成员方的服务或服务提供者的待遇，应立即、无条件地给予不低于前述待遇给予任何其他成员方相同的服务或服务提供者。”这表明，在国际市场上，作为WTO的成员国，我国的建筑企业可以与其他的成员方建筑企业一样拥有同等的权利，并享有同等的关税减免。

国经济结构的调整和经济增长方式的转变，从根本上提高国际竞争力具有重要作用。同时，随着国内市场国际化、国际市场国内化趋势的出现，中国企业面临的市场竞争更为激烈，国内市场严峻的竞争形势，在推动中国企业加快技术进步和产品结构调整，以及加速改制、重组、联合、兼并进程的同时，促使有条件的企业走出国门，到海外投资办厂。最关键的是，面对经济全球化不断增强的趋势，党中央、国务院审时度势，在加入 WTO 全方位开放国内市场的同时，采取积极有效的政策措施鼓励我国企业"走出去"，因此，中国的对外直接投资迅猛发展。越来越多的中国企业通过跨国直接投资参与国际分工，形成了全球生产价值链，有效推动了我国与世界各国的产业合作和政府合作。

（三）入世后国际经济合作事业的发展

中国加入世界贸易组织（WTO）以来，积极参与全球化进程，对外贸易跨越式发展，吸收外资水平不断提高，国际经济合作步伐明显加快，经济发展和各项改革取得了重大的成就。

1. 对外贸易

入世后，我国对外贸易进入了新的发展时期，具体表现在以下几方面：

(1) 外贸规模迅速扩大

我国的外贸规模从 2001 年的世界第六位上升到 2010 年的第二位。2002—2010 年，我国货物进出口总额累计 157 287.8 亿美元，其中出口总额 85 187.8 亿美元，进口总额 72 099.9 亿美元，分别是 1978—2001 年（改革开放至入世间的 24 年）的 3.8 倍、4.0 倍、3.6 倍。10 年间，进出口贸易年均增长 21.6%，其中出口年均增长 21.9%，进口年均增长 21.4%。2010 年我国进出口总额达到 29 728 亿美元，是 2001 年的 5.8 倍。我国贸易规模相继超越英国、法国、日本和德国，2010 年，我国贸易规模仅次于美国居世界第二位。

出口规模逐年扩大，从 2001 年的世界第六位上升到 2010 年的世界第一位，占全球出口比重由 2001 年的 7.3%提高到 2010 年的 9.6%。从进口看，我国国内市场进一步国际化，进口规模从 2001 年的世界第六位上升到 2010 年的第二位，成为仅次于美国的第二大国际市场。

在货物贸易不断发展的同时，我国的服务贸易在入世之后也快速发展。2010 年，中国服务进出口（按国际收支口径统计，不含政府服务，下同）总额达 3 624.2 亿美元，是 2001 年 719 亿美元的 5.0 倍。其中服务出口 1 702.5 亿美元，是 2001 年 329 亿美元的 5.2 倍；服务进口 1 921.7 亿美元，是 2001 年 390 亿美元的 4.9 倍。中国服务出口居世界第四位（前三位依次为美国、德国、英国）；进口居世界第三位（前两位依次为美国、德国）。

(2) 贸易结构进一步优化

① 贸易平衡状况得以改善。入世以来，我国贸易平衡状况经历了由扩大到逐步平衡的发展历程。我国平均关税从 2001 年的 15.3%降到了 2010 年的 9.8%。我国还进一步

简化进口管理，完善进口促进体系，提高贸易便利化程度，基本取消了进口配额管理，分批取消了800多个税目商品的自动进口许可证管理。进出口格局由较大顺差转变为渐趋平衡，货物贸易顺差在2008年达到2 981亿美元历史高点后开始回落，2009年下降到1 957亿美元，2010年进一步减少到1 831亿美元。贸易不平衡度（货物贸易差额占进出口总额的比重）从2007年的12.1%下降到2010年的6.2%。

② 进出口贸易方式发生积极变化。10年间，一般贸易进出口年均增速达到23.3%，超过加工贸易19.3%的年均增速。2010年，一般贸易进出口达14 887亿美元，比2001年增长5.6倍，占进出口总额的比重由2001年的44.2%提高到50.1%；加工贸易进出口为11 578亿美元，比2001年增长3.9倍，占进出口总额的比重由2001年的47.4%下降到39.7%。

③ 进出口商品结构进一步优化。从出口方面看，2010年，工业制成品出口14 962.2亿美元，占出口总额的比重由2001年的90.1%提高到94.8%；机电产品、高新技术产品出口9 334.3亿美元和4 924.1亿美元，占出口总额的比重分别由2001年的44.6%和17.5%提高到2010年的59.2%和31.2%。从进口方面看，先进技术、设备、关键零部件进口持续增长，大宗资源能源产品进口规模不断扩大。2010年，机电产品、高新技术产品进口分别达到6 603亿美元和4 127亿美元，分别是2001年的1.9倍和2.1倍；非食用原料与矿物燃料、润滑油及有关原料两大类商品进口占进口总额的比重由2001年的20.3%提高到28.7%。这不仅满足了国内经济发展的需要，而且对遭遇金融危机的全球经济回稳和复苏做出了巨大贡献。

④ 出口市场和进口来源地进一步多元化。我国和主要贸易伙伴美国、欧盟、日本等国家和地区的进出口虽然快速增长，但包括东盟、金砖国家及非洲、拉美地区的进出口增长更快，主要贸易伙伴在我国总贸易规模中的比重逐渐下降，贸易区域更加平衡。欧盟、美国、日本仍然是我国前三大贸易伙伴，但我国对其市场依赖程度明显下降。2010年，对欧盟、美国、日本三大主要贸易伙伴双边贸易额合计占我国进出口总额的比重为39.1%，比2001年的48.0%下降8.9个百分点。对东盟、俄罗斯、印度、巴西、南非等新兴市场的开拓取得较大进展。东盟成为我国第四大贸易伙伴，2010年，对东盟双边贸易额为2 928亿美元，是2001年的7.0倍，占我国进出口总额的比重由2001年的8.2%提高到9.8%；对印度双边贸易额为618亿美元，是2001年的17.2倍；对俄罗斯双边贸易额为554亿美元，是2001年的5.2倍；对巴西双边贸易额为625亿美元，是2001年的16.9倍；对南非双边贸易额为256亿美元，是2001年的11.5倍。同时，与其他贸易伙伴贸易往来发展较快，对拉美和非洲进出口占比2010年也达到6.2%和4.3%。

2. 利用外资

入世10年来，我国吸收外资已从弥补“双缺口”为主转向优化资本配置、促进技术进步和推动市场经济体制的完善，从规模速度型向质量效益型转变，利用外资实现新发展，规模和质量得以全面提升。

① 利用外资规模跃居全球第二位。10 年来,我国外商直接投资累计达到 6 531.4 亿美元,年均增长 9.5%,全球排名由 2001 年的第六位上升至第二位,并连续 18 年位居发展中国家首位。即使在国际金融危机冲击较为严重的 2009 年,外商直接投资仍然超过 900 亿美元,降幅远远低于全球平均水平。2010 年,外商直接投资突破 1 000 亿美元,达到 1 057 亿美元,是 2001 年的 2.25 倍。

② 利用外资方式多样化。"十一五"期间,我国继续稳步实施合格境外机构投资者(QFII)制度,允许符合条件的境外机构投资者投资境内证券市场,促进境内证券市场开放。截至 2010 年 12 月,共批准 97 家 QFII 机构,投资额度共计 197 亿美元。允许外资以并购方式参与国内企业改组改造和兼并重组,2006 年颁布了《关于外国投资者并购境内企业的规定》,外资并购政策和环境进一步改善。

③ 利用外资产业结构优化。入世 10 年来,外商投资产业构成显著改善,第三产业投资比例大幅度提高。2001—2010 年,第三产业外商投资金额所占比重逐步提高,由 23.9%上升至 47.3%;第二产业所占比重则逐步下降,由 2001 年 74.2%下降至 2010 年的 50.9%。第一产业所占比重基本稳定,2001 年为 1.94%,2010 年为 1.81%。特别是第一、三产业吸收外资投向现代农业、商贸服务和民生服务领域的外资明显增多。第二产业中,电子信息、集成电路、家用电器、汽车制造等技术资金密集型产业继续发展,新能源、新材料、生物医药、节能环保等行业的外资日益形成规模。相关产业的核心竞争力也有了明显提升。目前,跨国公司在华设立的研发中心已超过 1 400 家,外资研发中心中,从事先导技术研究的近 50%,已超过从事市场调试型研究的比重;60%以上的研发中心将全球市场作为其主要服务目标。

3. 对外投资

入世后,我国深入实施"走出去"战略,对外投资合作取得新发展,"走出去"的规模和效益进一步提升。即使受到国际金融危机的严重影响,对外投资合作仍实现逆势上扬,为促进国民经济平稳较快发展发挥了积极作用。2003—2010 年,我国非金融类对外直接投资流量年均增长 54.1%,其中,2010 年 590 亿美元,是 2003 年的 20.7 倍。对外投资的领域不断拓宽,对外投资的层次和水平不断提升,呈现出市场多元化发展态势。对外投资国别已覆盖 170 多个国家和地区,主要集中在亚洲和拉丁美洲地区的发展中国家。对外投资方式也由单一的直接投资向跨国并购、境外上市等多种方式扩展。截至 2010 年 12 月,国家外汇管理局共批准 88 家合格境内机构投资者(QDII),境外投资额度共计 684 亿美元。这一制度拓宽了境内机构和个人的境外投资渠道,使之在全球范围内配置资产和管理风险。与此同时,对外经济合作驶入良性发展的快车道,已形成一支门类比较齐全、具有较强国际竞争力的队伍,业务范围向技术性较强的领域不断扩展,经济效益和社会效益明显提高。

4. 国际工程承包和劳务合作

(1) 我国对外承包工程实现跨越式发展

中国建筑企业“走出去”绝非始于中国加入 WTO,但有目共睹的是,入世 10 年来,我国对外承包工程实现跨越式发展,业务规模迅速扩大,合作领域不断拓宽,承揽的工程项目种类越发丰富,项目档次稳步提高,承揽方式逐步与国际接轨,在国际视野、人才培养以及建筑理念等领域所获得的进步也已经在显现,中国建筑企业在国际市场中的竞争力不断增强,实现了“两增长、两突破、一增强”。

① 业务规模持续快速增长。商务部统计数据显示,2001 年,对外承包工程新签合同额 130 亿美元,完成营业额 89 亿美元。到 2010 年,新签合同额达创纪录的 1 344 亿美元,为 2001 年的 10.3 倍;完成营业额 922 亿美元,为 2001 年的 10.4 倍,完成营业额和新签合同额年增长率近 30%。10 年来,对外承包工程累计完成营业额 3 703 亿美元,是入世前 20 多年累计营业额 662 亿美元的近 6 倍。

② 承接大型、复杂项目的数量大幅增长。2010 年,我国企业承揽 5 000 万美元以上项目达 491 个,合计金额占到新签合同总额的 79.6%。其中,上亿美元项目由 2000 年的 9 个增加到 2010 年的 261 个,且多为 EPC 总承包等综合项目。

③ 市场和行业领域多元化稳步突破。10 年来,我国承包工程企业努力巩固传统市场、积极拓展新兴市场,业务遍及世界 180 多个国家和地区。除了传统的非洲、东南亚等地区市场,中国公司在中东、西亚、拉美和美国市场都有重要突破:阿尔及利亚东西高速公路——中国企业承建的最大海外总承包工程;美国纽约州亚历山大·汉米尔顿改造工程——中国企业在欧美市场上取得的重要突破;阿根廷贝尔格拉诺货运铁路革新项目——中国公司在南美最大承包工程等。

④ 业务模式不断创新,高端业务取得重要突破。在施工实体企业加速“走出去”的同时,部分传统外经企业等窗口型公司成功地向自营业务方向发展。

⑤ 中国承包商的国际竞争力持续增强。10 年来,中国工程企业的全球业绩排名不断上升。

(2) 对外劳务合作伴随着管理体制改革的推进保持稳定增长

① 经营主体队伍不断扩大,业务规模稳中有升。对外劳务合作完成营业额、新签合同额分别从 2001 年的 31.8 亿美元和 33.3 亿美元增长到 2010 年的 88.8 亿美元和 87.2 亿美元,年均增长分别为 11.5%和 11.3%。年末在外人数从 2001 年的 47.6 万人增长到 2010 年的 84.7 万人。对外劳务合作业务实现统一归口管理后,经营公司数量由 500 多家增加到目前的近 1 000 家。

② 外派劳务行业结构和市场格局发生变化。受全球纺织品贸易自由化和金融危机等因素的影响,以建筑劳务为主的承包工程项下外派人员稳步增长。

③ 市场经营秩序规范工作成效显著,管理体制改革稳步推进。

④ 对外劳务合作的技术层次有了较大提高。从原来主要参与劳动密集型工程承包的劳务和一些单纯的低端普通劳务输出，发展到目前可以承揽一些电子、化工、冶金、石油、通信等专业性和技术性较强的工程及劳务活动，并开始向发达国家和利润率较高的高技术领域开拓。

(3) 对外承包工程和劳务合作的作用显著

10 年来，作为“走出去”最成熟的方式和最重要的载体，对外承包工程和劳务合作在拉动国民经济发展，促进双边经济、政治关系等方面发挥了越来越显著的作用。

① 对国民经济的贡献越来越突出。对外承包工程带动国产机械设备和材料出口的作用日益显著，据商务部测算，2007—2009 年，对外承包工程带动出口约 650 亿美元，其中以大型机电设备和建材为主，促进了外贸结构的进一步优化；拉动国内设备制造和建筑材料等相关产业的发展，带动了民航、金融、保险、邮电等服务产业的国际化。对外劳务合作年均帮助约 40 万劳务人员走出国门，为改善劳务人员家庭生活、带动家乡经济发展发挥了重要的作用。

② 在双边关系中的角色越来越重要。2001 年承包工程新签合同额过亿美元的国别市场 17 个，过 10 亿美元市场仅 1 个；到 2010 年，承包工程新签合同额过亿美元的国别(地区)市场达 99 个，其中过 10 亿美元的国别(地区)市场达 43 个。中国企业在海外完成了一大批关系民生大计的工程项目。

5. 多双边合作

入世 10 年来，我国积极拓展双边经贸关系，加快实施自由贸易区战略，不断深化多边经贸合作。目前已累计建立了 163 个双边经贸合作机制，签订 129 个双边投资协定，与美、欧、日、英、俄等均建立了经济高层对话。正与五大洲的 27 个国家和地区建设 14 个自贸区，已签署 10 个自贸协定，其中已生效 8 个。在推动多哈回合谈判和贸易自由化的进程中发挥建设性作用，逐步进入多边贸易体制的核心圈。特别是，自贸区建设对我国应对国际金融危机，实现对外贸易平稳较快增长发挥了积极作用。通过发展自贸区，我国对自贸伙伴双边贸易快速增长，双边贸易额明显扩大，并有效化解和减少了我国与自贸伙伴的贸易摩擦。2010 年，我国与 10 个自贸伙伴(包括东盟、巴基斯坦、智利、新加坡、新西兰、秘鲁、哥斯达黎加、中国香港和澳门地区、台湾地区)的双边贸易额达到了 7 826 亿美元，已占我国进出口总额的 26.3%。

6. 对外援助

我国积极推动建立更加平等、更加均衡的新型全球发展伙伴关系，加强南北对话和南南合作，加大对外援助力度。近 10 年累计对外提供各类援款 1 700 多亿元人民币，免除 50 个重债穷国和最不发达国家近 300 亿元人民币到期债务，承诺对同中国建交的最不发达国家 97%的税目的产品给予零关税待遇，将一部分无偿援助资金与联合国发展机构的资金相结合，开展发展中国家间的技术合作。为 173 个发展中国家和 13 个地区性国际组织培训各类人员6万多名，增强了受援国自主发展能力。

第三节 中国参与国际经济合作的最新进展

一、十七大确定的国际经济合作战略方向

2006年，国家主席胡锦涛在出席亚太经合会议之机，访问了越南、老挝、印度和巴基斯坦四国，胡主席的这次访问，与四国签订了多项经济合作协议，探讨了建立海外新经贸合作区的新模式，为推动十七大确立的国际经济合作战略思路进行了更高层次的尝试。2007年11月19日，国务院总理温家宝在新加坡国立大学发表演讲时说："中国对外开放各项事业取得了举世瞩目的巨大成就，近30年的发展告诉我们，现在的世界是开放的世界，任何一个国家要发展，孤立起来，闭关自守是不可能的。中国的对外开放是长期的，全面的，互利的。我们在经济全球化条件下搞社会主义市场经济，坚持同各国开展平等互利合作，按市场经济规律办事。对外开放不仅有利于中国的发展，也有利于世界的发展。中国吸收国外的资金、技术和管理经验，可以提高生产发展水平；外国也能从中获得利益和市场。只有双赢互利的开放才能持久，才能有利于各国人民的根本利益，促进世界和平与繁荣"，再次向世界明示了中国参与国际经济合作的长期思想。

党的十七大报告提出，在新的历史时期，面对对外开放日益扩大、国际竞争日趋激烈的新形势，中国要继续拓展对外开放的广度和深度，提高开放型经济水平，要"完善内外联动、互利共赢、安全高效的开放型经济体系，形成经济全球化条件下参与国际经济合作和竞争新优势"。"内外联动、互利共赢、安全高效"明确了新的开放战略的整体思路，"内外联动"即扩大开放领域，推动中国产业结构升级，充分利用全球资源，促进自主创新，扩大对外投资，培育中国的跨国经营企业等。"互利共赢"意味着中国将在推动建设和谐世界的旗帜下，以自己的发展促进地区和世界的共同发展，在开展多双边经贸合作时会更多考虑到对方特别是发展中国家的利益。"安全高效"首先是注重防范国际经济风险，在经济全球化加速发展的背景下全面提高对外开放水平，切实维护国家经济安全，构建有效的国家经济安全体制机制，增强国家经济安全的监测和预警、危机反应和应对能力；其次是注重防范金融风险，作为现代经济核心的金融体系是否安全直接关系到整个经济体系的稳定，如过去的日本金融危机、亚洲金融危机等都是前车之鉴，因此，防范金融风险对确保经济安全至关重要。

"十二五"时期(2011—2015年)是全面建设小康社会的关键时期，是深化改革开放、加快转变经济发展方式的攻坚时期。2010年10月举行的十七届五中全会为制定"十二五"规划提出了战略性指导思想。"十二五"期间，中国要继续"实施互利共赢的开放战略，进一步提高对外开放水平，适应对外开放由出口和吸收外资为主转向进口和出口、吸收外

资和对外投资并重的新形势，必须实行更加积极主动的开放战略，不断拓展新的开放领域和空间，扩大和深化同各方利益的汇合点，完善更加适应发展开放型经济要求的体制机制，有效防范风险，以开放促发展、促改革、促创新。利用外资要优化结构、丰富方式、拓宽渠道、提高质量，注重完善投资软环境，切实保护投资者合法权益。加大智力、人才和技术引进工作力度，鼓励外资企业在华设立研发中心，借鉴国际先进管理理念、制度、经验，促进体制创新和科技创新。扩大金融、物流等服务业对外开放，发展服务外包，稳步开放教育、医疗、体育等领域，引进优质资源，提高服务业国际化水平。按照市场导向和企业自主决策原则，引导各类所有制企业有序到境外投资合作。发展海外工程承包，扩大农业国际合作，深化国际能源资源互利合作，积极开展有利于改善当地民生的项目合作。逐步发展中国大型跨国公司和跨国金融机构，提高国际化经营水平。加强实施'走出去'战略的宏观指导和服务，积极参与全球经济治理和区域合作。引导和推动区域合作进程，加快实施自由贸易区战略，深化同新兴市场国家和发展中国家的务实合作，增加对发展中国家的经济援助"。

二、现阶段我国对外经济合作的发展环境

中国对外经济合作的发展离不开国际、国内经济发展的大环境，经济合作环境的变化客观上决定着我国对外经济合作的发展空间。分析我国对外经济合作的发展环境，大致可以分为国际环境和国内环境两个方面。

（一）对外经济合作发展的国际环境

从对外经济合作发展的国际环境来看，世界经济发展状况、主要发达国家发展状况及国际经济合作的发展态势等因素直接影响着现阶段我国对外经济合作的发展。

1. 国际金融危机后，世界经济复苏道路曲折

国际金融危机已历时三年多，其深层次影响还在不断显露，旧疾未愈，又添新伤，欧洲债务危机的解决并非在朝夕之间，欧美发达国家经济将经历一个较长的低迷期，更加凸显了世界经济复苏的长期性、艰巨性和复杂性。2010 年和 2011 年世界经济既经历了因复苏步伐加速所带来的欣喜，也因为复苏势头放缓有可能再次陷入衰退而忧心忡忡。2012 年世界经济有望延续复苏态势，但不稳定、不确定因素仍然较多。从发展态势看，欧洲债务危机仍有可能深化，甚至拖累欧洲乃至全球经济复苏，但只要相关国家携手有效应对，世界经济仍有望维持低速增长态势。迄今为止，国际经济组织和主要研究机构纷纷下调对 2012 年世界经济前景的预测，认为 2012 年世界经济增速不会高于 2011 年。联合国 2011 年 12 月发布《2012 年世界经济形势与展望》报告指出，受发达国家经济增长疲弱、欧元区主权债务危机、财政紧缩措施以及各国应对危机的政策缺乏协调等因素影响，世界经济在未来两年将继续减速，甚至有可能再度衰退。联合国预计，2012 年世界经济增速将

从2011年的2.8%下滑至2.6%，更低于2010年的4%。

2. 主要发达国家经济整体增长疲软

就目前世界主要经济体的发展而言，发达国家经济整体增长疲软。国际金融危机中，发达国家的经济总量相比历史水平大幅萎缩。在随后的经济复苏中，多数发达国家步伐缓慢，失业率居高不下，国内消费和投资需求疲软，财政赤字和主权债务大幅上升。2011年发达国家经济受到诸多重大不利因素打击，从自然灾害的影响到政府预算，从银行信贷到主权债务危机，各种问题层出不穷，导致经济复苏依然脆弱，经济增长维持低速。

(1) 美国

2011年美国经济虽未脱离正轨，但复苏乏力，复苏速度之慢前所未有。居高不下的失业率、持续低迷的房地产市场、不断膨胀的财政赤字和巨额债务等因素综合在一起，对美国经济复苏构成非常大的政策难题。2012年美国将迎来总统大选，为争取连任，奥巴马政府正千方百计地提振经济增长。短期内将注重财政政策的扩张对经济复苏的有利作用，美联储也继续维持宽松政策，已宣布将联邦基金利率维持在零至0.25%的水平至少到2013年中期不变。近期美国重要经济数据向好，预期2012年美国经济能够实现温和增长，通胀率维持在低水平。

(2) 日本

2011年3月日本遭遇了大地震、海啸和核泄漏灾难，日本经济复苏进程逆转。2012年，随着灾后重建带来的投资和消费需求增长释放以及产品供应链的恢复，有望对日本经济起到重要的支撑作用，日本经济有望逐步缓慢复苏。但日本经济面临着来自内、外部的诸多挑战。

(3) 欧洲

2011年欧洲债务危机蔓延速度和恶化程度远超预期，不仅是世界经济增长的最大威胁，而且影响了欧洲经济增长。许多欧元区国家被迫启动严格的紧缩计划，以规范国家财政。由于财政开支急剧减少，部分欧元区国家经济重新陷入衰退。2012年欧债危机的局面还将延续，其形势如何演变需要密切关注，欧盟峰会推出的各项新举措能否奏效尚待观察。经济增长前景暗淡和债务危机加剧降低了人们对欧元区经济增长的预期。欧洲央行预计，2012年欧元区经济增长率将只有0.3%。联合国报告称，2012年欧洲经济增长仍将十分低迷，多数国家经济处于萎缩边缘，而债务问题深重的欧元区边缘国家则可能陷入较长时间的经济衰退。从目前看，2012年欧洲经济前景不容乐观，存在较大的不确定性。欧元区经济衰退将加剧主权债务和银行融资市场的压力，对世界其他地区产生连锁效应，拖累世界经济放缓增长。

3. 发展中国家担当“全球经济引擎”的重任

国际金融危机加速了全球经济增长重心从发达国家向发展中国家转移的进程。2011年新兴经济体和发展中国家继续主导全球经济复苏，经济增速领先于发达国家，在全球经济中所占比重不断上升，成为世界经济复苏的主要引擎。在 2011 年，新兴经济体面临着通胀上升和经济增速回落的双重压力，为应对通货膨胀和信贷增长过快，许多国家采取了宏观经济政策调控，致使经济增长放缓。2011 年亚洲发展中国家的增长最为强劲，该地区正在更多地注重内需驱动型增长。中国的强劲经济增长对全球贸易和商品价格的反弹起到了至关重要的作用。日本投资银行野村证券的数据表明，2011 年中国贡献了全球经济增长的 40%。2011 年，北非、中东的许多国家经历了政治动荡，经济增长明显下滑。随着大宗商品价格震荡下跌，2011 年拉丁美洲的巴西和墨西哥经济也在减速。俄罗斯经济在 2011 年保持了较好增长，主要经济指标将恢复到危机前最好水平，同时俄罗斯在 2011 年底正式获准成为世界贸易组织新成员，迎来了对外经贸合作和自身经济发展的新起点。2011 年非洲经济在逆境中保持高速增长，但该地区仍极易受到全球经济放缓的影响。受发达国家经济疲软的负面影响，2012 年发展中国家经济将继续放缓增长，但仍会比发达国家强劲，继续担当“全球经济引擎”的重任。

4. 国际贸易增速回落，外国直接投资复苏缓慢

从国际经济合作的发展态势看，国际贸易增速明显回落，外国直接投资缓慢复苏。北非中东地区局势动荡对全球石油供应构成威胁，日本大地震使全球供应链突然中断等，这些突发事件以及一些短期性因素在一定程度上冲击和抑制了各国的经济活动，影响了世界贸易走势。更重要的是，全球经济增长再次减速严重影响了各国的进出口活动，使世界贸易失去持续增长的势头，重新出现下滑。国际金融危机后，受全球产能过剩、国际市场需求不稳以及新的投资热点尚未形成等因素的制约，全球跨国投资复苏步伐总体上滞后于世界经济和世界贸易。随着世界经济复苏、市场需求恢复、企业资金紧张有所缓解，跨国投资也在逐步复苏。

目前，世界经济发展存在的主要风险，主要来自欧洲债务危机可能激化，银行金融系统尚脆弱，高失业率和紧缩政策导致需求疲弱，更多的企业因消费疲软减少库存，一些发达国家的政治僵局及机构效率低下造成决策机制瘫痪，全球贸易保护主义压力增强等。如果这些因素进一步恶化，将阻碍世界经济的复苏，也将加大今后国际经济合作发展的不确定性。

（二）对外经济合作发展的国内环境

影响中国对外经济合作发展的国内环境因素，主要包括总体经济的发展态势，经济体制改革、经济结构的调整、转变经济发展方式等。

1. 中国总体经济发展态势良好

改革开放以来，中国的经济取得了长足的发展。但是，由于国际金融危机的爆发，外部环境发生了重大变化，世界经济形势趋于复杂，不确定因素明显增加，而且国际市场总需求锐减，国内短期需求收缩与中长期潜在增长率下降叠加，经济增长面临下行压力。

2007年第三季度以后，中国经济增长形成了一个倒“S”形曲线，先是用了六个季度经济增长率从14.4%下降到6.1%，然后用了四个季度经济增长率又上升到11.9%，此后经过六个季度经济增长率又回落到9.1%。在如此之短的时间里，经济增长率由降转升再到降是改革开放以来少见的。从当前看，在倒“S”形曲线上，我国经济增长正处于下行通道，但未来推动经济增长的有利因素也较显著。

(1) 基础设施建设投资将带动经济增长

“十二五”规划的实施，中央和各级地方政府谋划的一批基础设施建设项目相继进入开工建设阶段，这将通过投资带动经济增长。比如2011年开工的1 000万套保障房建设和2012年再开工建设的1 000万套保障房；还有，各地为了在“十二五”期间加快推进城镇化，所规划的城镇基础设施建设项目也将相继开工，这些都将对投资以及经济增长产生巨大影响。

(2) 战略性新兴产业将得到显著发展

随着我国战略性新兴产业相关规划及其支持政策的陆续出台，将会极大地促进战略性新兴产业的培育和发展。在有关规划和支持政策的推动下，各级政府会积极发展战略性产业，为经济增长添加新动力。

(3) 中西部地区发展加速

在区域产业梯级转移作用下，中西部地区投资以及经济增长加快，成为带动我国经济增长的新动力源。

(4) 扩大内需促进消费的效应进一步显现

2010年全国31个省市区调高最低工资标准，2011年又有21个省市区再次调高最低工资标准；同时，全国各地纷纷扩大社会保障覆盖面，提高社会保障标准；2011年9月1日还调整了个人所得税起征点标准，由此使纳税人少缴1 600亿元个人所得税；还有近两年城乡居民收入较快增长，都有利于从降低消费成本和提高购买能力两方面刺激消费。因此，2012年3月17日在北京举行的“中国发展高层论坛2012”年会上，中外专家学者一致认为，“十二五”期间，中国经济转型将创造巨大需求潜力和庞大市场，中国经济发展的基本面不会发生变化，对中国经济未来发展充满信心。

2. 经济体制改革需进一步深化

中国改革取得了举世瞩目的成就，但改革的目标并没有最终实现。面向未来，完善社会主义市场经济体制的任务仍然十分繁重。要实现新阶段的发展任务，把中国特色社会主义事业继续推向前进，必须坚定不移地深化改革。这一阶段，改革面临着新的形势，呈现出新的特点，其艰巨性、复杂性、系统性和风险性都大大增强。从改革内容看，目前面临的主要是一些涉及面宽、触及利益层次深、配套性强、风险较大的改革，改革到了真正啃“硬骨头”的时期。不仅如此，很多问题的解决，包括经济体制改革本身的深化，已与政治、文化、社会等方面的改革连在一起，改革真正成为庞大的系统工程。当前的重点在于，推进资源要素价格改革，理顺价格关系，充分发挥市场机制的调节作用；深化金融体制改革，大力发展中小金融机构，促进双轨利率向单一市场利率并轨；打破垄断和深化国有企业改革，放宽市场准入，营造多种所有制经济平等竞争的市场环境；推进土地制度改革，建立统一土地市场；实施结构性政策和加大结构性减税力度等。

3. 经济结构加速调整

经济结构的调整，既涉及投资、消费、出口三大需求结构的调整，农业、工业、服务业三次产业结构的调整，也涉及东、中、西部地区结构和城乡结构的调整，还包括产业结构、企业结构、产品结构的调整等内容。但是，从本质意义上说，经济结构调整是转换增长动力、培育新的竞争优势，从而推动我国经济在更长时期内保持平稳较快发展的根本途径。在经过了 30 多年的持续高速增长之后，我国原有增长动力逐步减弱，传统竞争优势逐步丧失，唯有通过经济结构调整、转变经济发展方式，成功实现增长动力的转换，培育起新的竞争优势，才能保持国民经济持续稳定发展。2011 年结构调整的重点在于加强农业基础设施建设，大力增强自主创新能力，积极促进服务业加快发展，加快构建综合交通运输体系，着力推动区域经济协调发展。2012 年，发改委表示在引导经济结构调整中重视发展和保护实体经济，严控"两高"和产能过剩行业盲目扩张；支持民间投资进入铁路、市政、金融、能源、社会事业等领域；把解决好"三农"问题作为各项工作的重中之重；下更大力气抓好节能减排；加强以改善民生为重点的各项社会事业建设。总体上看，未来我国经济结构调整有望取得积极进展。

4. 转变经济发展方式迫在眉睫

从"转变经济增长方式"，到"转变经济发展方式"，再到"加快转变经济发展方式"，这是继续推进中国现代化的战略抉择。过去我们一直提的是转变经济增长方式。转变增长方式就是提高效率，这涉及罗默(Paul M. Romer)的新增长理论(new growth theory)，就是要提高全要素生产率和增长的知识含量。转变经济增长方式更多是改进供给效率。而"十二五"规划提出加快转变经济发展方式，主要包括 3 个内涵：第一是转变总需求结构，要从出口、投资拉动经济增长，转向消费、出口、投资协调拉动增长；第二是转变供给结构，从依靠第二产业拉动增长，转向第一、第二、第三产业协同带动，特别是服务业要发挥更大的作用；第三是转变要素投入，从数量扩张转向依靠知识、科技、管理等全面提升。加快转变经济发展方式是我国经济社会领域的一场深刻变革，必须贯穿经济社会发展全过程和各领域，"十二五"规划提出了"五个坚持"：即坚持把经济结构战略性调整作为加快转变经济发展方式的主攻方向，坚持把科技进步和创新作为加快转变经济发展方式的重要支撑，坚持把保障和改善民生作为加快转变经济发展方式的根本出发点和落脚点，坚持把建设资源节约型、环境友好型社会作为加快转变经济发展方式的重要着力点，坚持把改革开放作为加快转变经济发展方式的强大动力，提高发展的全面性、协调性、可持续性，实现经济社会又好又快发展。这"五个坚持"对加快转变经济发展方式做出了明确部署，为加快转变经济发展方式确定了明确的路径。

三、现阶段我国对外经济合作的主要任务

改革开放以来,我国对外经济合作的发展取得了举世瞩目的成就。对外经济合作对国民经济增长发挥着极其重要的作用,在我国经济发展中的战略地位不可动摇。但是,随着现实国际、国内环境条件的变化,今后我国对外经济合作的发展环境更加复杂。一方面,世界经济结构加速转型,国际经济秩序加速变革,我国经济社会发展呈现的新变化和国内基础条件的进一步成熟,都将为对外经济合作事业提供新的契机,创造新的发展空间;另一方面,全球经济进入减速调整期,国内要素成本进入集中上升期,再加上这些年我国对外经济合作发展自身存在的问题,如粗放型的对外经济合作增长方式;自主研发和自主创新能力不足;外资利用效率低下等,使对外经济合作面临诸多前所未有的挑战。面对国内外形势的新发展、新变化,为更好地发展我国的对外经济合作,现阶段必须重点做好以下方面:

(一)深入实施更加积极主动和互利共赢的开放战略

实施互利共赢的开放战略,是在科学总结我国多年来对外开放的经验和深刻认识世界发展大势的基础上做出的重大战略决策。作为一个新兴大国,我国在未来发展中将面临更加复杂的国际关系,需要妥善处理各种矛盾,努力营造有利于我国和平发展的国际环境。这要求我们统筹规划对外经贸战略布局,继续坚持与不分大小、贫富的所有贸易伙伴发展务实合作和互利共赢的经贸关系,不断扩大我国与世界各国和地区经贸合作空间。要适应区域经济合作发展的新趋势,积极引导和推动区域合作进程,深入实施自由贸易区战略,开展与有关国家的自贸区谈判。逐步扩大与美国、欧盟、日本等大国的利益汇合点,减少矛盾面和冲突点。以“金砖国家”、发展中五国、中俄印等机制为依托,加强与新兴大国合作,在重大国际问题上协调立场。深化与发展中国家的务实合作,帮助发展中国家增强自主发展能力,保障和改善民生,实现共同发展。要把握后危机时期国际格局变动和我国国际地位上升的历史机遇,大力提升我国在国际事务中的影响力,推动国际经济体系改革,促进国际经济秩序朝着更加公正合理的方向发展,建立均衡、普惠、共赢的多边贸易体制,反对各种形式的贸易保护主义。

(二)坚持扩大开放与区域协调发展相结合,优化对外开放空间格局

改革开放以来,随着国民经济的迅速增长,我国区域经济发展差距也在不断扩大。面对这一越来越严峻的现实问题,党和国家提出了区域经济协调发展的战略,中共十七大把贯彻科学发展观,实现区域协调发展,作为国家经济建设的重要目标。鉴于区域对外开放在中国改革开放历史进程中的独特作用,以及新时期进一步扩大对外开放对促进经济协

调发展的重要意义,“十二五”规划纲要明确提出,在对外开放的空间布局方面,坚持扩大开放与区域协调发展相结合,协同推动沿海、内陆、沿边开放,形成优势互补、分工协作、均衡协调的区域开放格局。这为不同区域的开放提出了新的要求,有利于把对外开放和实现不同区域错位发展、特色发展和互动发展结合起来。要加快实施沿边开放战略,以边境重点口岸城市和中心城市为节点,形成一批产业链条比较完整、功能比较齐全的产业聚集园区。发挥沿边省区的区位优势,通过中国——东盟自贸区、上海合作组织、大湄公河次区域和东北亚区域合作等平台,建立与周边国家产业对接合作机制,共同打造跨境产业链。要充分发挥内陆地区优势,发展内陆开放型经济。推动沿海开放转型升级,深入实施内地与香港、澳门更紧密经贸关系安排,进一步扩大内地对港澳的开放,扩大两岸贸易,促进双向投资。

(三)优化对外贸易结构,推动服务贸易大发展

对外贸易是对外开放的核心内容,对外贸易结构关系到对外贸易发展的质量、效益和竞争力等方面,贸易结构不合理将导致出口竞争激烈、贸易摩擦加剧、贸易大而不强。中国正在迅速地融入经济全球化的大潮,正在成为全球产业链重新布局,产业转移中的重要角色,因此,在当前环境下,稳定出口、扩大进口,发展服务贸易是优化外贸结构的内在要求,在优化外贸结构中起着重要作用。要继续稳定和拓展外需,保持现有出口竞争优势,大力培育国际竞争新优势,实施技术、品牌、营销、服务带动出口战略,在巩固“中国制造”地位的同时,大力推进“中国创造”;在巩固“中国加工”地位的同时,重点推动“中国营销”;在增强出口竞争优势的同时,实施积极主动的进口战略,更加注重进口对促进宏观经济平衡和结构调整等方面的积极作用,完善进口促进政策,提高进口便利化水平,促进对外贸易持续稳定平衡发展。延长加工贸易国内增值链,推进市场多元化。抓住国际服务业加快转移和我国服务业大发展的重要机遇,规范提升传统服务贸易,深度挖掘传统优势服务出口潜力,着力发展现代服务贸易,研究创新服务贸易促进政策,提高我国服务贸易的规模和国际竞争力,促进贸易结构转型升级。

(四)提高利用外资的质量和水平

随着我国对低成本外资的吸引逐步下降,利用外资亟需转型升级,创造在新时期参与国际合作和竞争的新优势。努力提高利用外资的质量和水平,对于应对国际金融危机,克服当前的经济困难,保持国民经济平稳较快发展具有重要的意义。现阶段利用外资要优化结构,丰富方式、拓宽渠道、提高质量。要以“引资”推动国内产业结构升级,鼓励外资投向现代农业,高端制造业、高新技术产业、新能源和节能环保产业,积极稳妥扩大服务业开放,引入市场竞争机制和先进服务理念,激发国内服务业发展活力;要以“引智”促进技术和管理创新,通过外商投资引进先进技术、管理经验和人才资源,聚集全球技术、智力、研

发、服务等创新要素,支持国内中小企业与外资企业开展产业链、营销链合作,引进现代管理机制、提高创新能力、拓宽国际营销渠道,吸引跨国公司在华设立全球总部、地区总部、采购中心等功能性机构;要发挥国家级经济技术开发区和边境经济合作区在体制创新、产业集聚、结构调整、土地集约、节能环保等方面的载体和平台作用,推动其向多功能综合性产业园区转变。

(五) 加快实施"走出去"战略

"走出去"战略是党中央、国务院根据经济全球化的新形势和国民经济发展的内在需要做出的重大决策,是发展开放型经济、全面提高对外开放水平的重大举措,是实现我国经济与社会长远发展、促进与世界各国共同发展的有效途径。近几年我国对外投资保持较快增长态势,但与我国吸引外商投资规模相比,对外投资的总体规模还比较小。为适应发展趋势,我们必须进一步加大实施"走出去"战略的力度,提高对外开放水平,由过去以"引进来"为主转变为"引进来"和"走出去"相结合,形成两者并重且互动发展的新格局。在当前国际大环境下,每个地方的经济环境都可能引起全球的金融动荡。因此,要按照政府引导、企业为主、市场运作的原则,注重防范各类风险,推进"走出去"便利化建设,引导各类所有制企业有序到境外投资合作。发展海外工程承包,推动多层次、多领域的对外劳务合作,扩大农业国际合作,深化国际能源资源开发和加工互利合作,推进服务业国际投资合作,实施文化"走出去"工程,加强对实施"走出去"战略的宏观指导和服务,做好海外投资环境研究,强化投资项目的科学评估,维护我国海外权益。

四、我国对外经济合作的最新进展

(一) "十一五"期间国际经济合作取得了跨越式发展

虽然受到全球经济衰退的冲击,但由于国家针对对外经济合作业务的鼓励支持和规范管理力度加大,刚刚过去的"十一五"(2006—2010 年)期间,国际经济合作事业取得了跨越式发展。

第一,对外直接投资流量合计 2 166 亿美元,是"十一五"规划确定发展目标 3.6 倍;对外承包工程新签合同额 4 944 亿美元,是"十五"期间的 4.2 倍,完成营业额 2 850 亿美元,是"十一五"规划目标的 2.2 倍;累计派出各类劳务人员 192 万人,是"十一五"规划目标的 1.5 倍。

第二,中国政府营造良好投资环境的积极努力得到了各国投资者的认可与肯定,使中国成为全球最具吸引力的投资东道国之一。"十一五"前 4 年 (2006—2009 年)利用外资规模达 3 202 亿美元,服务业利用外资接近 50%,2009 年利用外资规模连续 18 年居发展中国家首位,首次超过法、英跃居世界第二位。

第三，充分利用国际多双边发展援助合作资金，与各国际机构及双边政府援助机构开展了卓有成效的合作。5 年来，援助项目更多地为中国经济、社会发展引入了新理念、新思路和先进的管理经验，促进了中国政策改革的创新及实施，为支持经济可持续发展、建设环境友好性社会和实现联合国千年发展目标等方面做出了显著的贡献。

第四，利用多边渠道，积极参与环境保护、能源效率与气候变化方面的国际合作，在综合环境政策、水资源管理、生物多样性、能效节约、新能源及应对与适应气候变化等方面开展了大量合作项目。如 2008 年组织召开第四届中国环境与发展国际合作委员会，李克强副总理出任第四届国合会主席[①]；启动总额为 1 200 万美元的中国——联合国气候变化伙伴框架项目。

第五，通过实施多双边发展援助项目，中国不仅与发达国家在公共政策制定和推广实施方面开展了有益的交流与合作，吸取了相关经验，而且在不断推动和深化体制改革、加强政府管理方面取得了有效成果。

（二）2011 年的对外经济合作成绩喜人

2011 年是我国“十二五”规划开局之年，同时也是国际金融危机持续发酵、世界经济形势十分严峻的一年。在党中央、国务院的正确领导下，2011 年在不利的外部环境中，我国的对外经济合作仍然取得了可喜的成绩。

1. 对外投资继续增长

随着中国企业加大“走出去”，中国的对外投资继续保持增长。据中国商务部统计，2011 年全年，中国境内投资者共对全球 132 个国家和地区的 3 391 家境外企业进行了非金融类直接投资，累计实现直接投资 600.7 亿美元，同比增长 1.8%；其中对欧盟的投资 42.78 亿美元，同比增长 94.1%；以并购方式实现的直接投资 222 亿美元，占中国同期对外投资总额的 37%。并购领域主要涉及采矿业、制造业、电力生产和供应业、交通运输业、批发零售业等。

2. 引资水平不断提高

2011 年，我国吸收外资工作以坚持科学发展观为指导，以优化吸收外资结构、创新吸收外资方式、完善吸收外资环境为着力点，克服诸多不利因素，实际使用外资金额 1 160.11 亿美元，同比增长 9.72%，再创历史新高；全国新批设立外商投资企业 27 712 家，同比增

① 中国环境与发展国际合作委员会（国合会）于 1992 年由中国政府批准成立，是一个由中外环发领域高层人士与专家组成的、非营利的国际性高级咨询机构，主要任务是交流、传播国际环发领域内的成功经验，对中国环发领域内的重大问题进行研究，向中国政府领导层与各级决策者提供前瞻性、战略性、预警性的政策建议，支持促进中国实施可持续发展战略，建设资源节约型、环境友好型社会。

长 1.12%。同时,吸收外资的质量和水平进一步提高。

3. 对外承包工程规模和劳务合作持续扩大

2011 年我国对外承包工程业务完成营业额 1 034.2 亿美元,同比增长 12.2%,新签合同额 1 423.3 亿美元,同比增长 5.9%。虽然与"十一五"期间年均 20%以上的增速相比,中国对外承包工程行业多年的高速增长脚步开始放慢,但是对外承包工程业务规模持续扩大。2011 年我国对外劳务合作派出各类劳务人员 45.2 万人,较去年同期增加 4.1 万人,其中承包工程项下派出劳务 24.3 万人,劳务合作项下派出 20.9 万人。年末在外各类劳务人员 81.2 万人,同比减少 3.5 万人。

(三) 积极参与国际经济合作,中国作用凸显

2011 年 11 月,二十国集团领导人第六次峰会在法国戛纳举行。这次峰会是在欧洲危机进一步恶化的背景下举行的。中国国家主席胡锦涛向全体会议发表题为《合力推动增长,合作谋求共赢》的讲话,全面阐述中方的立场、建议和主张。"作为国际经济合作的主要论坛,二十国集团应该继续发扬同舟共济、合作共赢的精神,在这个关键时刻要抓住主要矛盾,共同把握市场信心,积极化解风险挑战,努力促进世界经济增长和金融稳定。""形势越严峻,越显示出加强国际协调和合作的必要和迫切。我们应该加强团结释放合作共赢的强劲信号,增强国际社会对世界经济复苏和发展的信心"。胡锦涛主席在会上提出了 5 点建议:坚持在增长中兼顾平衡;坚持在合作中谋求共赢;坚持在改革中完善治理;坚持在创新中不断前进;坚持在发展中共促繁荣。中国的这一系列政策主张得到国际社会的广泛认同,给正在克服困难的世界经济带来了可贵的信心。

面临危机,各国都意识到在全球化时代,大家都是全球体系的一部分,无论是发达国家还是发展中国家,无论是大国还是小国,没有一个能够置身事外,大家需要共同应对,共同应对需要全球范围的国际合作,任何一种单边或单方力量都解决不了问题,一个以 G20 为核心全方位国际经济合作局面被打开。G20 更标志着新兴经济体走上全球经济治理舞台,与发达国家平起平坐共同讨论全球性经济问题时代的开始。在 G20 中,中国扮演着越来越重要的角色。就在举行的历次 G20 峰会上,由于中国的积极努力,举步维艰的国际金融体系改革终于有了重大突破,新兴工业化国家在 IMF 中的配额比例得以增加 5 个百分点,在世界银行的投票权权重也增加了 3%,此外还成功地争取到发达国家同意在全球经济失衡问题上进行协调,并在政府刺激经济政策方面制定共同的政府退出策略。这表明,中国的经济实力、大国风范和积极参与国际经济协调和合作的扎实行动得到了国际社会的认可,任何一项国际经济,乃至政治社会等活动,没有中国的参与几乎是不可能的。

日本对华清洁发展机制(CDM)案例

清洁发展机制简称 CDM(Clean Development Mechanism),是《京都议定书》中引入的灵活履约机制之一,是发展中国家参与环保合作的一种新型国际合作机制。其目的是协助未列入附件一的缔约方实现可持续发展和《公约》的最终目标,并协助附件一所列缔约方遵守其依第三条(《京都议定书》)规定的排放量限制和削减承诺。其主要内容是指发达国家通过提供资金和技术的方式,与发展中国家开展项目级的合作,通过项目所实现的"经核证的减排量",用于发达国家缔约方完成在议定书第三条下关于减少本国温室气体排放的承诺。原则上讲,清洁发展机制是一种基于项目的"双赢"合作机制:一方面,发展中国家通过合作可以获得资金和技术,有助于实现自己的可持续发展;另一方面,通过这种合作,发达国家可以大幅度降低其在国内实现减排所需的高昂费用。这类合作项目,称为 CDM 项目。

依据《京都议定书》的规定,日本到 2012 年时,温室气体排放量要比 1990 年时减少 6%。然而 2003 年度日本温室气体排放量与 1990 年相比反而增加了 8%。此外,日本早在 1990 年之前就已经率先推广了一系列节能措施,减少温室气体排放的余地不是很大,因此,日本想要实现议定书规定的减排目标,即运用清洁发展机制,通过技术援助换取中国的碳排放指标,由此削减的排放量来充当自己与公约约定的减排指标。《京都议定书》以 1990 年为基准,对各个国家制定了最大排放限度,越是经济的停滞不前或者节能技术低下的国家越是具有更多的排放量。换而言之,越是日本这样的节能发达国,对于指标达成的要求越是严格。在以机械设备为主的国际技术转移的历史进程中,发达国家的先端技术转移对发展中国家落后技术的更新日显重要。为能将像日本这样节能发达国家的技术及经验有效地转移给发展中国家,最近,在联合国规范化的计划中,引进了不靠设备投资也能削减 GHG 的规定,并通过促进普及来实现削减温室气体排放,这也正是日本所擅长的领域。发展中国家的政府有义务承担产品在碳排放上的高效率化,同时,日本企业在发展中国家的工厂,发展中国家为改善生产效率而引进管理体系,这些都属于 CDM 的范围。

日本政府承认的中国山东省 CDM 计划:在建筑物和产业设施中引进煤炭锅炉的自动控制设备,同时,对锅炉进行最为合适的能源诊断,并对工作人员进行节能操作的指导。

另外,日本电机工业协会所接手的中国河北省 CDM 计划,采用高价、但节能性高的灯泡型荧光灯来取代普通型灯泡,并用现金返还活动来进行促进销售。电能消耗量得到控制的同时,二氧化碳排放量也能得到减少,因此,获得联合国发行的碳信用。将其碳信用贩卖后的利润可用来抵充现金返还促销的成本。

中国巨化股份有限公司是中国国内首家实施清洁发展机制(CDM)项目的上市公司，该公司与日本JMD温室气体减排株式会社合作的CDM项目是目前国际上已经实施的最大的二氧化碳减排项目。该公司于2006年1月6日发表公告，向日本JMD温室气体减排株式会社转让CDM项目产生的温室气体减排量，转让期7年，转让总量不超过4 000万吨二氧化碳当量，转让价格每吨不低于6.5美元。日方无偿为该项目提供分解装置建设的全部资金和分解技术。该项目已于2006年8月建成投产，将使巨化公司自2007年起的7年内年净利润增加4 866.7万元，每股收益增加0.087元。根据CDM执行理事会数据的保守估计，在过去3年多时间内，中国通过核证减排量转让带来的直接收益已超过6.5亿美元。目前，中国在CDM执行理事会已注册成功的项目如能顺利实施，预计每年通过核证减排量转让为中国带来的直接收益将超过10亿美元。通过技术转化增加当地税收，创造新的就业机会，促进当地经济，培养地方的能力；更有效地使用能源以及利用废物发电，提高资源利用效率；改善水和空气质量，减少空气污染物排放如COD，NO_X和SO_2，保护自然和森林植被等。根据世界银行的预测，2012年全球碳市场将达到1 500亿美元，有望超过石油市场成为世界第一大市场。作为全球第二大碳排放资源国，2008年中国清洁发展机制项目(CDM)产生的核证减排量的成交量已占世界总成交量的84%。

可见，选择和设计与中国可持续发展战略及中国政府优先领域行动计划相一致的CDM项目可以产生多重效益，对中国经济增长和人民生活质量的改善将产生长期、明显的积极效果，实施CDM项目为中国走可持续发展之路提供了良好的契机。中国CDM的重点领域具体主要有：工业气体减排项目，可再生能源发电项目，煤层气或瓦斯气体发电项目，废物处理项目，垃圾填埋气发电；农业废物、动物粪便、酒精残渣或者淀粉残渣产生沼气发电等，工业能源效率提高项目和天然气替代煤炭或者石油发电。

资料来源：刘锦明. 经济外交案例. 沈阳：辽宁人民出版社，2011(1).

问题：

1. 当前，以节能减排为目的的低碳经济合作发展已成为世界各国共同的命题和不容回避的任务，在低碳经济领域的国际经济合作有什么特点？

2. 中国目前CDM国际合作的现状如何？

3. 结合案例分析中日CDM合作对中国经济社会产生的积极效应。

4. 进一步查阅相关资料，分析日本对华实现CDM核心技术国际转移的制约因素有哪些？

5. 认识到低碳技术国际转移的艰巨性，对我国制定应对新形势下清洁能源动力的战略你有何建议？

本章小结

本章介绍了我国对外经济合作的发展历程，特别是在不同的历史时期，受国际政治经济和国内不同指导思想影响，所取重点与采用的方式有所不同；较详细地阐述了我国改革开放以后的国际经济合作战略；同时介绍了我国参与国际经济合作的发展环境，分析了新时期中国进一步拓展国际经济合作的思路。通过本章的学习，增强学生对我国对外经济合作重要性的认识，能够运用所学知识解释和分析我国在国际经济合作中的做法。

复习思考题

1. 什么是新中国对外援助的八项原则？
2. 请阐述改革开放后国际经济合作战略的主要内容。
3. 什么是“走出去”战略？阐述“走出去”战略的内涵。
4. 现阶段中国对外经济合作的发展环境有何特点？
5. 现阶段中国对外经济合作的主要任务有哪些？

我国动车组核心技术首次输出海外

2012 年 4 月 4 日，中国北车集团获得孟加拉国的内燃动车组项目牵引及网络控制系统的配套合同。该项目共配套 20 列(60 辆)车，其中包含网络系统 20 套、牵引逆变器 40 台、辅助逆变器 40 台。作为动车组的核心关键技术，牵引和网络控制系统决定着车辆的性能和品质。其中牵引系统决定着列车的载重能力和运行稳定程度，网络控制系统则指挥、控制着列车的运行。上述两部分被昵称为动车组的心脏和大脑。这两大标志性技术国外于 20 世纪 70 年代初开始研究，80 年代中期被推广应用，但其关键技术仅为西门子、阿尔斯通、庞巴迪和三菱等少数跨国公司所掌握。有跨国公司代表曾私下称，其他技术可以转让，但这些“看家底的”绝对不行。但从 2004 年阿尔斯通公司和川崎重工与中国签署协议，从技术上协助中国制造高速列车开始，高速发展的中国高铁，不仅改变着人们的时空观，也在改变着国际高铁市场的发展观。这次的技术输出意味着原本舶来的动车组技术经过长时间的引进、消化、吸收，并自主创新后，我国掌握了最核心的技术。

这是我国自主牵引及网络控制系统的首次海外出行，也是中国轨道交通装备企业首次为海外车辆配套牵引及网络控制系统。它表明我国的动车组核心技术具备了和国际同行同台竞技的能力，同时也打开了高铁建设类公司拓展海外业务收入的渠道。

中国北车内部人士就此指出，此前客户订购动车、地铁等车辆时，由于是核心技术，所以往往还会单独对牵引和网络控制系统进行招标，国内高速动车大多仍使用进口的牵引和网络控制系统。而如果牵引和网络控制系统也由车辆供应商自行供应，无疑将提高整个车辆项目的利润率。从铁道部资金紧张状况以及我国固定资产投资规模缩减的趋势来看，未来几年铁路投资将逐步递减，回归常态，这对于高铁建设类公司的业绩将产生一定的压力。而此次我国首次动车技术输出的成功案例虽然总合同金额不大，但是开启了另一条重要的创收路径。随着高铁建设海外业务范围的拓展，相关公司的发展将迎来再次提速的契机。

获得订单的是中国北车大连电牵研发中心，是中国北车集团公司为快速提升轨道交通装备电力牵引核心技术的自主创新能力，加快相关核心技术产品研发步伐，于 2001 年 9 月组建的直属中国北车集团公司的高科技企业。随着中国北车股份有限公司的成立，并适应股份公司整体上市的要求，2008 年 9 月，变更注册为“中国北车股份有限公司大连电力牵引研发中心”。电牵研发中心一直紧紧围绕网络控制、变流技术和系统集成等三大电力牵引核心技术，坚持以我为主、从底层开发，在核心技术掌握上具有扎实的基础和相当的深度，电力牵引核心技术拥有完全自主知识产权，处于行业领先水平，形成了较强的自主创新能力。该中心是我国牵引和网络控制系统的核心研发机构，承担了大功率电力机车、动车组、城市轨道交通车辆等牵引和网络控制系统的研制和开发，这也是大连电牵研发中心进军动车组配套市场的第一个批量项目。

中国试图将高铁作为重要的出口产业，正在稳步推进“走出去”的战略，积极争取向美国、巴西、俄罗斯等国出口，还向陆路相连的东南亚、中亚和中东国家试探扩展高铁线路的可能性。

资料来源：中国科技网，2012-04-05. http://www.stdaily.com；新华网，2012-04-06. http://www.cq.xinhuanet.com；中国北车大连电牵研发中心网站，2012-04-17. http://www.cnrerd.chinacnr.com.

参考文献

[1] 王子先. 中国对外开放与对外经贸 30 年. 北京：经济管理出版社，2008.

[2] 刘赛力. 中国对外经济关系. 北京：中国人民大学出版社，2009.

[3] 黄梅波. 世界经济学(第二版). 上海：复旦大学出版社，2010.

[4] 刘锦明，等. 经济外交案例. 沈阳：辽宁人民出版社，2011.

[5] 邹瑾. 信息咨询. 北京：清华大学出版社，2011.

[6] 陈志龙. 国际经济合作概论. 上海：复旦大学出版社，1996.

[7] 章昌裕，储祥银. 国际经济合作实务. 北京：中国商务出版社，2011.

[8] 黄汉民. 国际经济合作. 上海：上海财经大学出版社，2007.

[9] 姬会英. 国际经济合作实务. 北京：清华大学出版社，北京交通大学出版社，2008.

[10] [日]小野寺直，著. 李小北，译. 国际经济合作(第二版). 北京：经济管理出版社，2009.

[11] 崔日明，李兵，刘文革. 国际经济合作(第二版). 北京：机械工业出版社，2009.

[12] 李旭. 国际经济合作. 北京：科学出版社，2010.

[13] 齐欣. 国际经济合作. 上海：上海财经大学出版社，2010.

[14] 刘文涛，吕佳. 国际经济合作. 北京：中国物资出版社，2011.

[15] 陈建. 国际经济合作教程(第二版). 北京：中国人民大学出版社，2005.

[16] 王云凤，杨云母. 国际经济合作. 北京：经济科学出版社，2008.

[17] 卢进勇，杜奇华. 国际经济合作. 北京：对外经济贸易大学出版社，2000.

[18] 马淑琴，孙建中，孙敬水. 国际经济合作教程. 杭州：浙江大学出版社，2008.

[19] 赵永宁，等. 国际经济合作. 北京：机械工业出版社，2009.

[20] 魏巍，冯琳. 国际经济合作. 大连：东北财经大学出版社，2009.

[21] 李虹. 国际经济合作(第三版). 大连：东北财经大学出版社，2011.

[22] 窦金美. 国际经济合作(第二版). 北京：机械工业出版社，2010.

[23] 汪建新. 国际技术贸易. 上海：格致出版社，上海人民出版社，2011.

[24] 李小云，唐丽霞，武晋. 国际发展援助概论. 北京：社会科学文献出版社，2009.

[25] 潘忠. 国际多边发展援助与中国的发展：以联合国开发计划署援助为例. 北京：经济科学出版社，2008.

[26] [瑞士]Martin Haemmig，著. 复旦大学中国风险投资研究中心，译. 风险投资国际化. 上海：复旦大学出版社，2005.

[27] 间定军，周德魁，刘良云. 国际投资. 北京：清华大学出版社，2005.

[28] 綦建红. 国际投资学教程. 北京：清华大学出版社，2005.

[29] 胡晓峰. 风险投资学. 北京：首都经济贸易出版社，2006.

[30] 王世浚. 国际经济合作理论与实务. 北京：中国对外经济贸易出版社，1997.

[31] [美]兹维·博迪,著. 刘曼红,译. 风险投资与中国金融体制改革. 北京：中国金融出版社,2002.
[32] 成思危. 风险投资——中国与世界互动. 北京：民主与建设出版社,2004.
[33] 邱闯. 国际工程合同原理与实务. 北京：中国建筑工业出版社,2002.
[34] 牛永宏,于东温. 国际工程合同管理程序指南. 北京：中国建筑工业出版社,2010.
[35] 李小云. 国际发展援助概论. 北京：社科文献出版社,2009.
[36] 姜凌,韩璐. 汇率目标区理论与人民币汇率机制的改革思路. 经济评论,2003(02).
[37] 杨照东,王劲松. 国际宏观经济政策协调理论研究综述. 经济学动态,2004(02).
[38] 史晨昱. 若戈夫:新开放经济宏观经济学奠基人. 上海证券报,2008-02-25.
[39] 钟伟,张明. 国际货币的逆效合作理念述评. 经济学动态,2001(04).
[40] 周园,梅强. 我国风险投资行业的五种竞争力量分析. 价值工程,2005(12).
[41] 曾一军. 跨国创业投资：FDI的新动向. 国际经济合作,2005(04).

教学支持说明

▶▶ 课件申请

尊敬的老师：

您好！感谢您选用清华大学出版社的教材！为更好地服务教学，我们为采用本书作为教材的老师提供教学辅助资源。鉴于部分资源仅提供给授课教师使用，请您直接手机扫描下方二维码实时申请教学资源。

任课教师扫描二维码
可获取教学辅助资源

▶▶ 样书申请

为方便教师选用教材，我们为您提供免费赠送样书服务。授课教师扫描下方二维码即可获取清华大学出版社教材电子书目。在线填写个人信息，经审核认证后即可获取所选教材。我们会第一时间为您寄送样书。

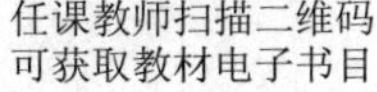

任课教师扫描二维码
可获取教材电子书目

清华大学出版社

E-mail: tupfuwu@163.com　　网址：http://www.tup.com.cn/

电话：8610-62770175-4506/4340　　传真：8610-62775511

地址：北京市海淀区双清路学研大厦B座509室　　邮编：100084